2016中国连锁经营年鉴

China Chain Store Almanac 2016

中国连锁经营协会　编

中国商业出版社

图书在版编目（CIP）数据

2016 中国连锁经营年鉴/中国连锁经营协会编 .—北京：中国商业出版社，2016. 8
ISBN 978-7-5044-9549-5

Ⅰ. ①2…　Ⅱ. ①中…　Ⅲ. ①连锁经营-中国-2016-年鉴
Ⅳ. ①F721. 7-54

中国版本图书馆 CIP 数据核字（2016）第 202103 号

责任编辑：唐伟荣

中国商业出版社出版发行
010-63180647　www. c-cbook. com
（100053　北京广安门内报国寺 1 号）
新华书店总店北京发行所经销
北京明月印务有限责任公司印刷
*
787×1092 毫米　16 开　23. 5 印张　560 千字
2016 年 8 月第 1 版　2016 年 8 月第 1 次印刷
定价：360. 00 元
*　*　*　*
（如有印装质量问题可更换）

编辑委员会名单

前　　言

2015年是"十二五"的收官之年，也是连锁企业通过转型、变革寻突破、谋转机、上台阶的关键时段。围绕国家制定的创新、协调、绿色、开放、共享五大发展理念，中国经济正在突破"新旧动力转换接续困难、科技创新能力不强、产能过剩等结构性矛盾突出、人口资源环境问题加剧"等"新常态"下的各种困局，取得"转方式、调结构、稳增长、惠民生、防风险"等诸多显著成效，其中的服务业跑出"加速度"，成为"第一大产业"，全年最终消费对经济增长的贡献率上升为66.4%。为适应经济发展新常态，"连锁消费"正在不断深化改革，加快转型升级，持续扩大民生，扎实推动大众创业万众创新，力促经济保持中高速增长、迈向中高端水平，加速集聚可持续发展新动能，真正成为中国经济的主要拉动力。综观2015年中国连锁行业整体发展状况，既有似曾相识的状况，也有不断翻新的特征和变化。

据中国连锁经营协会调查显示，自2011年下半年以来，连锁零售企业普遍出现销售增长乏力，销售负增长企业数逐年增多的状况。2015年连锁百强销售总体增长4.3%，连续五年慢于社会消费品零售总额的增长，不仅再创历年增长最慢，而且连锁百强企业所占市场份额仍在缩减，百强各业态的销售增幅呈现明显分化，这既是国内外经济环境复杂多变、企业经营压力连年持续增大的反映，也是随互联网应用平台向民生快速渗透、网络零售等新兴零售模式持续迅猛发展与扩张导致消费渠道加速分流、消费层级持续提升等多重因素影响的结果。从业态看，专业专卖店销售增长最快，增幅达16.1%，便利店的销售增幅也达到15.2%，而超市为4.1%，百货店更是出现-0.7%的负增长。从渠道看，网络和移动零售继续保持高速发展，特别是移动购物已成主流趋势，强力挤占着传统零售市场。而以连锁百强为代表的零售企业加速拥抱互联网，加速向全渠道营销转型，回归零售根本，打造全新的无缝对接消费体验，使服务质量和竞争能力持续提升。2015年连锁百强企业综合毛利率达到18.6%，七成以上的企业采用两种及以上的线上销售渠道，网络零售销售比上年增长85%。此外，跨境电商业务继续催生新的垂直电商，73%的百强企业也将进一步扩大跨境购业务。在成本方面，房租和人工费用继续走高，仍是影响企业利润提升最主要的两个因素。在零售资本角力方面，企业强强联合，并购整合活跃，关店潮虽持续发作，但购物中心、便利店仍在遍地开花，社区便利超市更是备受青睐，而在多变的零售格局下，区域连锁企业也在快速成长并逐渐独占鳌头。在经营方面，尽管连锁企业总体销售增幅持续下行，成本继续上升，但企业围绕消费结构和客户需求变化，加快对传统实体门店的升级改造，积极融入网络化、数字化大潮，引入微信、支付宝、Apple Pay等多种移动支付服务方式，打造以数据为主导，互联网和大数据为工具，形成内外通修、形神兼备，以"变革、融合、再造零售价值"向智慧零售创新演进的大趋势。

2015年，中国特许经营市场继续得到投资者的热捧，特许体系吸引了大量的加盟商。总体看，在政府逐年加大政策支持力度的大背景下，越来越多的特许连锁企业向细分市场延伸，在深耕细作的同时，新生业态及其品牌表现不俗。而特许企业广泛利用互联网平台和大数据工具，积极探索加盟体系网络化支持和精准营销，使企业的 O2O 业务继续快速推展。其中，特许连锁百强企业中，超过八成的企业支持在线支付，比上年翻了一番。据中国连锁经营协会调查，2015 年中国特许连锁百强企业销售规模达 4345 亿元，拥有连锁店铺 12.8 万个，其中加盟店 10.6 万个，平均拥有店铺 1280 个，加盟店占总店铺数的 82.8%。

2015 年，零售业变革不断，“互联网+”、“便利店+”、“实体店+”风起云涌。在零售业新常态下，未来几年将会迎来消费新常态，而消费新常态将带给零售业更大的挑战，引发零售业新的巨大变化。

2016 年是中国经济乃至整个连锁行业面对严峻挑战的一年，也是“十三五”的开局之年，是我国全面建成小康社会最后冲刺的关键时段。同时，我们正处在以消费、服务为主导的产业变革时期，政府支持内需消费的政策持续向好，全面激发创业、创新的步伐正在加大，抓住并掌握好这个发展趋势，借助全面推进供给侧结构性改革带来的发展契机，连锁企业就要加快转型、变革，以创新寻突破、谋转机，使行业整体的增长迈向新的台阶。连锁企业也要做好应对各种困难的充分准备，要对未来发展更加从容和自信，要以创新变革的勇气、融会贯通的智慧，不断迎接新的挑战，鼎力实现行业和企业的可持续发展。

随着中国连锁经营持续稳定、健康的发展，数据资料已经成为业内人士进行科学决策和分析的重要依据。《2016 中国连锁经营年鉴》继续秉持调查调研为主体，内容严谨、数据翔实、论述客观的风格，详尽反映 2015-2016 年中国连锁经营市场的发展状况，直观描述行业的运行环境，为业内人士经营、管理和决策提供高价值的参考和帮助。在此，向参加本书编写的专家、学者、业内人士和编委会工作人员表示衷心的感谢！

中国连锁经营协会理事会主席　王　填　　　中国连锁经营协会会长　郭戈平

目　　录

第一部分　综合篇

第二部分　行业业态篇

第三部分　管理与技术篇

第四部分　政策法规篇

第五部分　附录

附录一

附录二

附录三

第一部分

综 合 篇

2015 年中国连锁零售百强企业发展总体情况

中国连锁零售企业经过 30 多年的高速发展，已成为中国经济的重要组成部分。中国连锁经营协会（简称连锁协会）开展连锁百强排名以来，百强企业销售规模从 2001 年的 1620 亿元发展到 2015 年的 2. 1 万亿元，15 年间持续增长，翻了近 13 倍。而自 2011 年下半年，特别是 2012 年以来，一直持续到 2015 年，国内外经济环境复杂多变，连锁零售企业普遍出现明显的销售增长乏力，销售负增长企业数逐年增多，经营压力呈现连年持续增大，销售增幅连续 5 年下滑且呈现明显的业态分化趋向。同时，人工和房租等成本继续保持上涨态势，企业利润空间连年持续被压缩，多家企业爆出盈利警告，开店速度明显减缓，企业用工趋于理性、谨慎。与此同时，网络零售等新兴零售模式继续迅猛发展与扩张，但增速已经放缓。传统连锁零售企业在不断承受网络零售的强力冲击与挤压下，积极开展网上业务，重拾零售根本，并通过优化管理，转型升级，在创新发展中寻求新的突破。

连锁协会调查显示，2015 年中国连锁百强企业销售规模达到 2. 1 万亿元，同比①增长 4. 3%，连续第五年低于社会消费品零售总额的增长。连锁百强企业门店总数达到 11. 1 万个，同比增长 4. 7%。连锁百强企业销售规模占社会消费品零售总额的 6. 9%。

与往年相比，2015 年中国连锁零售百强企业发展具有以下几个特点。

一、销售增幅下降，业态分化明显

2015 年，连锁百强企业销售规模平均增幅为 4. 3%，其中 31 家企业销售呈现负增长，是百强统计以来增长幅度最低的一年。近几年来，连锁百强销售增幅连年下滑，并且持续低于全国社会消费品零售总额的增长。

2015 年，各业态的销售增幅分化明显。增长最快的是专业专卖店，增幅达到 16. 1%，便利店的销售增幅达到 15. 2%，超市的销售增幅为 4. 1%，百货店的销售增幅为-0. 7%。

① 销售同比与门店数同比，本统计同比值为本年度的连锁百强企业本年度数据与上年度数据的比值。

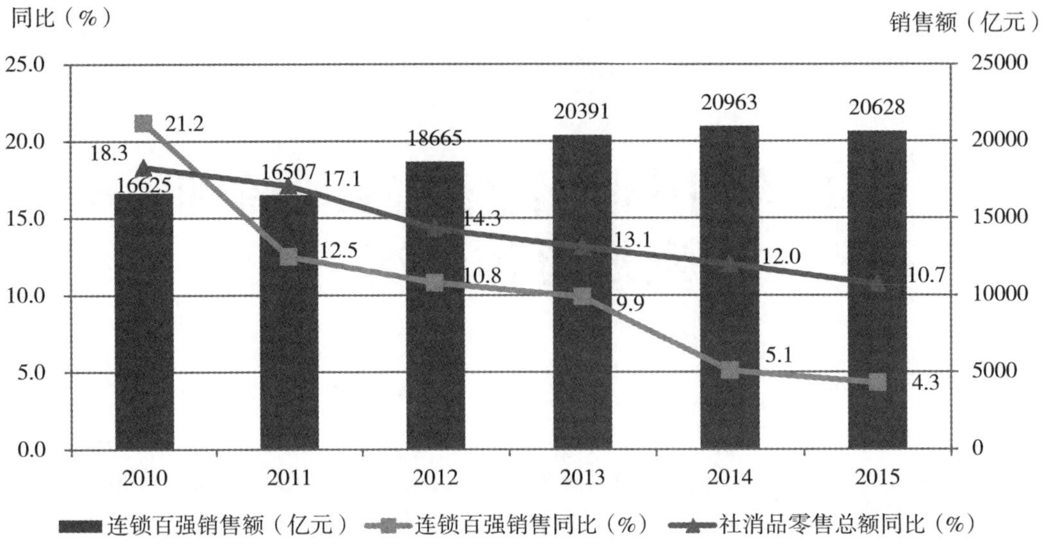

图 1　2010-2015 年连锁百强销售额及其同比增速

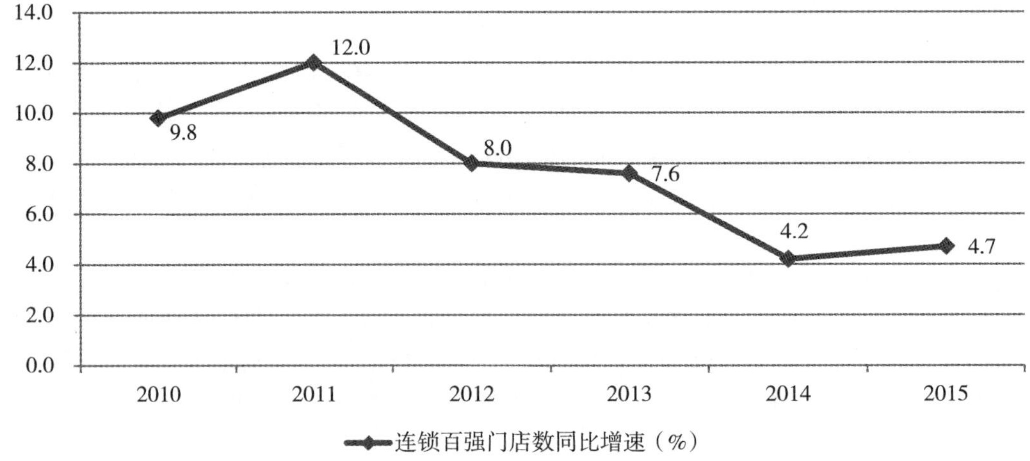

图 2　2010-2015 年连锁百强门店数同比增速

二、人工、房租持续上涨，开店放缓，用工减少

调查显示，2015 年连锁百强企业人工成本上涨 4. 2%，房租上涨 8. 6%。在企业经营成本持续走高，市场竞争不断加剧的形势下，百强企业门店扩张速度继续缓慢增长，且关店数量上升。2015 年，百强企业平均新开门店 115 个，同比下降 16%，平均关闭门店 62 个，同比上升 39%。

为缓解人工成本上涨压力，企业通过优化组织结构等手段减员增效。2015 年，连锁百强企业正式用工人数下降 3. 1%。其中，56%的企业用工数增幅低于门店数增幅；25%

的企业用工数降幅大于门店数降幅。

2015 年，连锁百强企业平均拥有的独立法人分支机构数由上年的 23. 8 个上升为 25. 0 个，平均购买发票的费用支出由上年的 49. 8 万元上升为 55. 1 万元。行政管理造成的隐性支出不断增加，削弱了连锁经营的规模效应。

三、优化管理，转型升级，在创新中寻求发展

2015 年，连锁百强企业净利润率为 1. 8%，同比下降 0. 1 个百分点，55%的企业净利润率出现不同程度的下降。面对经济增长放缓、竞争加剧、成本上涨等一系列不利因素，以连锁百强为代表的零售企业积极拥抱互联网，回归零售根本，在门店优化、商品采购、供应链管理、全渠道营销等方面积极探索，服务质量和竞争能力得到一定程度的提高。百强企业综合毛利率同比提高了 0. 5 个百分点，达到 18. 6%。

2015 年，连锁百强企业网络销售额达到 710 亿元，比 2014 年增长 85%。在开展网络零售的 83 家百强企业中，近 80%的企业拥有自建平台，超过 70%的企业采用两种及以上的线上渠道开展网络零售，有 20 家企业开发了自己的 APP。在提供数据的百强企业中，移动端销售占到企业网络销售额 30%以上的企业达到 58%，介于 10%～30%的企业占 11%，低于 10%的企业占 31%。企业研发投入比上一年增长 11%，平均达到 616 万元。

百强企业中有 18 家企业试水跨境购业务，一半以上的企业其跨境购规模占总销售额的比重不足 1%。尽管很多企业认为跨境购对企业整体销售和毛利贡献不大，但仍有 73%的企业打算进一步扩大跨境购业务。

连锁百强企业加快对传统实体门店的升级改造，引入多种移动支付方式，比如微信、支付宝、Apple Pay 等。在 55 家引入移动支付的企业中，22%的企业引入一种支付方式，78%的企业引入两种及以上的支付方式。29%的企业移动支付占总支付额的比例超过 10%，其他 71%的企业移动支付比例低于 10%。

2015 年是连锁企业经营最困难的一年，也是百强企业积极探索、提升质量、加快转型的一年，作为行业转型创新的先行者，这些优秀的连锁企业在困境中引领着行业向前发展。

（中国连锁经营协会）

2015 年中国零售行业发展总体情况

2014 年我国零售企业数量、从业人员和销售额均保持稳步增长，但由于受宏观经济增长放缓、网络销售渠道分流、房租人工等成本持续上涨等诸多因素的影响，销售额增幅明显放缓，营业利润收紧。面对压力和挑战，零售企业不断探索转型创新，加快转型升级。零售业态结构、经营模式以及整体格局加速调整和变化。零售各业态中，便利店业态保持较为良好的发展态势，专业店、百货等继续呈现出继续收缩态势。在电子商务分流消费的影响下，各零售业态都在积极进行转型调整，努力寻求线上线下的融合，全渠道营销已经成为主流趋势。

面临诸多压力，2015 年我国零售业进入低速发展阶段，但网络零售继续保持快速增长。线上线下融合程度和整合力度进一步提高，零售企业转型升级加快，供应链整合继续加强。同时，零售企业更多回归商业零售本质，坚持以消费需求为导向、以顾客为中心，降低企业运营成本、提升企业盈利水平，从而实现可持续发展。

一、零售业发展环境状况

（一）宏观经济环境

2014 年，面对复杂多变的国际与国内经济环境，国家坚持稳中求进工作总基调，全力推进改革开放，着力创新宏观调控，奋力激发市场活力，努力培育创新动力，国民经济在新常态下平稳运行，结构调整出现积极变化，发展质量不断提高，民生事业持续改善，实现了经济社会持续稳定发展。

初步核算，全年国内生产总值同比上年增长 7.4%。其中，第三产业增加值增长 8.1%，增加值比重为 48.2%。全国就业继续增加，年末城镇登记失业率为 4.09%。劳动生产率稳步提高，同比上年提高 7.0%。价格水平涨幅较低，全年居民消费价格同比上年上涨 2.0%，其中食品价格上涨 3.1%。粮食再获丰收，全年粮食产量同比上年增产 0.9%。工业生产平稳增长，全年全部工业增加值同比上年增长 7.0%。全年规模以上工业中，农副食品加工业增加值同比上年增长 7.7%，纺织业增长 6.7%。全年规模以上工业企业实现利润同比上年增长 3.3%。国内贸易方面，市场销售稳定增长。全年社会消费品零售总额同比上年增长 12.0%，扣除价格因素，实际增长 10.9%。按经营地统计，城镇消费品零售额同比上年增长 11.8%；乡村消费品零售额同比上年增长 12.9%。按消费类型统计，商品零售额同比上年增长 12.2%；餐饮收入额同比上年增长 9.7%。在限额以上企业商品零售额中，粮油、食品、饮料、烟酒类零售额同比上年增长 11.1%，服装、鞋帽、针纺织品类增长 10.9%，化妆品类增长 10.0%，金银珠宝类与上年持平，日用品类增长 11.6%，家用电器和音像器材类增长 9.1%，中西药品类增长 15.0%，文化办公用品类增长 11.6%，家具类增长 13.9%，通讯器材类增长 32.7%，石油及制品类增长 6.6%，建筑及装潢材料类增长 13.9%，汽车类增长 7.7%。全年网上零售额同比上年增长 49.7%，其中限额以上单位网上零售额同比上年增长 56.2%。

2014 年是中国着力推进大改革与大调整的一年，也是中国宏观经济沿着新常态轨迹持续发展的一年。一方面，GDP 增速等宏观参数在外需疲软、内需持续回落、房地产周期性调整等力量的作用下持续回落；另一方面，经济结构在消费升级、不平衡逆转以及政策调整的作用下出现较大幅度的调整。结构参数的良性调整、总体价格水平保持相对稳定以及就业状况的持续稳定，是 2014 年宏观经济发展的主要特点。

（二）政策环境

2014 年，党中央国务院高度重视流通业的发展，提出在当前稳增长促改革调结构惠民生防风险的关键时期，加快发展内贸流通，对于引导生产、扩大消费、吸纳就业、改善民生，进一步拉动经济增长具有重要意义。国务院办公厅于 2014 年 10 月印发《关于促进内贸流通健康发展的若干意见》（国办发〔2014〕51 号），对内贸流通健康发展提出了诸多利好指导意见。

同时，国家商务部高度重视中小商贸流通企业的发展，2014 年出台了《关于促进中小商贸流通企业健康发展的指导意见》（商流通函〔2014〕919 号），积极引导和支持中小商贸流通企业的发展。

随着新修订的《食品安全法》的出台，将为零售企业创造更加公平、公正、健康的法制环境，让更多的食品安全事件能够追根溯源，让更多零售企业的经营行为有法可依。

2014 年，国家税务总局印发《关于商业零售企业存货损失税前扣除问题的公告》，认定商业零售企业存货损耗，以清单的形式进行企业所得税纳税申报。该政策对零售企业起到了积极的减负作用。

二、零售企业经营发展情况

2014 年我国零售企业数量、销售额均保持稳步增长，但由于受到运营成本不断上升等诸多不利因素的影响，销售额增幅明显放缓，从业人员数量基本不变，营业利润收紧。面对压力和挑战，零售企业不断探索转型创新，加快转型升级。零售业态结构、经营模式以及整体格局加速调整和变化。

（一）总体规模

1. 销售额小幅增长，增速大幅下滑

据测算，2014 年全国零售业经营单位实现销售额 18.97 万亿元，较上年增长 4.0%。其中大中型法人企业实现销售额 7.82 万亿元，同比增长 6.6%；小微型法人企业及个体户实现销售额 11.15 万亿元，同比增长 2.3%。

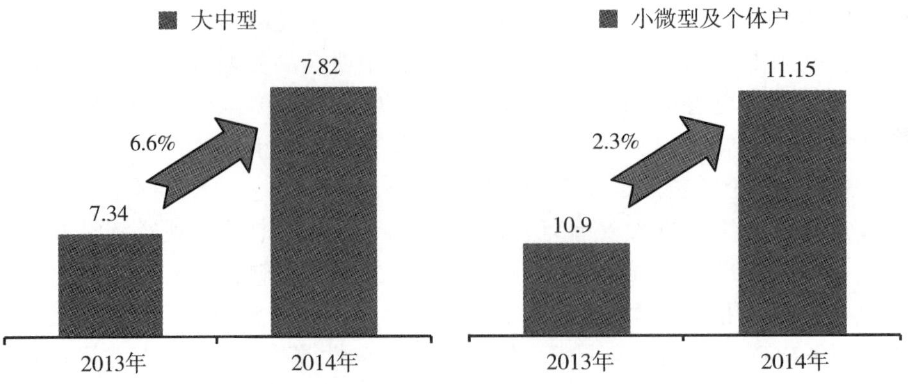

图 1　2013、2014 年全国零售业销售额（万亿元）

表 1　　**2013、2014 年全国零售业销售额**　　单位：万亿元

年份 单位类型	2012 年	2013 年	2014 年	2013-2014 年 销售额增速（%）
大中型法人企业	6. 66	7. 34	7. 82	6. 6
小微型法人企业及个体户	9. 51	10. 9	11. 15	2. 3
总体	16. 17	18. 24	18. 97	4. 0

2. 企业数量增速明显下降

根据国家统计局相关历史数据及商务系统典型零售企业数据测算，2014 年全国零售业经营单位达 2583. 0 万个，比上年增长 3. 4%。其中大中型法人企业 2. 42 万个，较上年增长 2. 4%；小微型法人企业及个体户单位 2580. 6 万个，较上年增长 3. 4%。

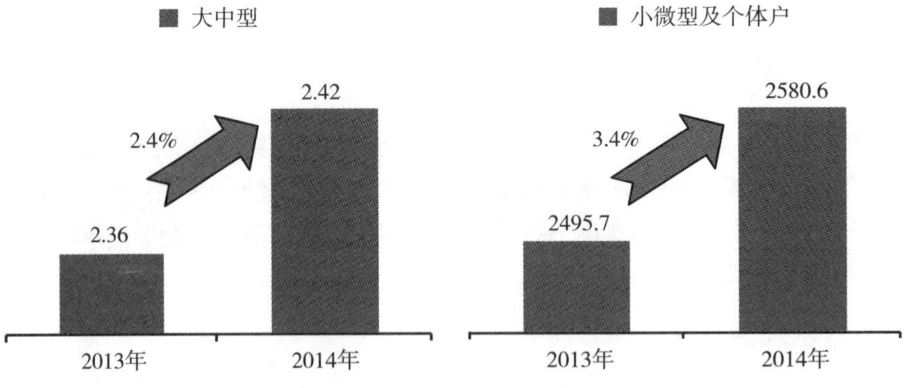

图 2　2013、2014 年全国零售业经营单位数（万个）

表 2　　2013、2014 年全国零售业经营单位数　　单位：万个

年份 / 单位类型	2012 年	2013 年	2014 年	2013-2014 年数量增速（%）
大中型法人企业	2.22	2.36	2.42	2.4
小微型法人企业及个体户	2352.2	2495.7	2580.6	3.4
总体	2354.4	2498.0	2583.0	3.4

3. 从业人数保持稳定

2014 年较上年末，全国零售业经营单位从业人数为 6308 万人①。其中大中型法人企业从业人数为 476.5 万人，比上年下降 0.1%；小微型法人企业及个体户从业人数为 5831 万人，增长 0.8%。在全部从业人员中，大中型法人企业从业人数占 7.6%，小微型法人企业及个体户从业人数占 92.4%。

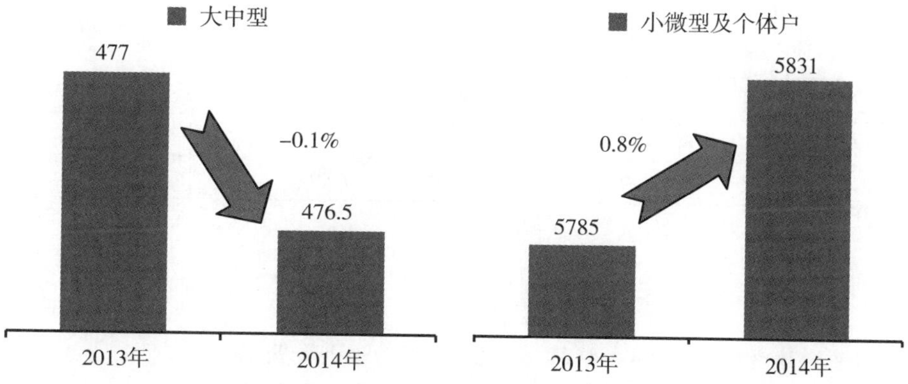

图 3　2013、2014 年全国零售业从业人数（万人）

表 3　　2013、2014 年全国零售业从业人数　　单位：万人

年份 / 单位类型	2013 年	2014 年	人员增幅（%）
大中型法人企业	477	476.5	-0.1
小微型及个体户	5785	5831	0.8
总体	6262	6308	0.7

4. 营业面积微幅增长

2014 年，全国零售业法人企业年末营业面积为 7.99 亿平方米，比上年增长 2.4%。其中大中型企业营业面积为 2.45 亿平方米，增幅为 2.0%，占零售业法人企业营业总面积的 30.64%；小微型企业营业面积为 5.54 亿平方米，增幅为 3.1%，占零售业法人企业营业总面积的 69.36%。

① 全国零售业从业人数：据商务系统典型企业调查数据，结合分业态及大中小法人企业结构推总测算所得。

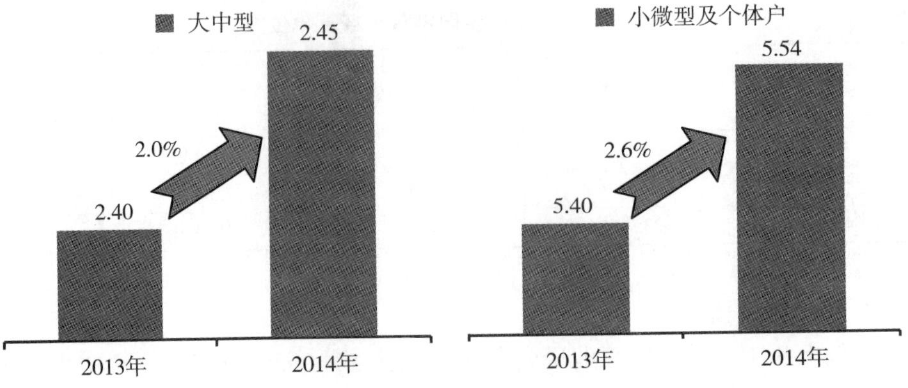

图 4　2013、2014 年全国零售业法人企业营业面积（亿平方米）

表 4　　2013、2014 年全国零售业法人企业营业面积　　单位：亿平方米

企业类型 \ 年份	2013 年	2014 年	增幅（%）
大中型法人企业	2. 41	2. 45	2. 0
小微型法人企业	5. 42	5. 54	2. 6
总体	7. 80	7. 99	2. 4

（二）发展效益与效率

1. 利润额增速放缓，利润率继续下降，小微企业下降明显

（1）营业利润增幅疲软

据测算①，2014 年企业营业利润比上年增长 3. 0%，其中大中型法人企业增长 3. 0%，小微型法人企业增长 3. 1%。

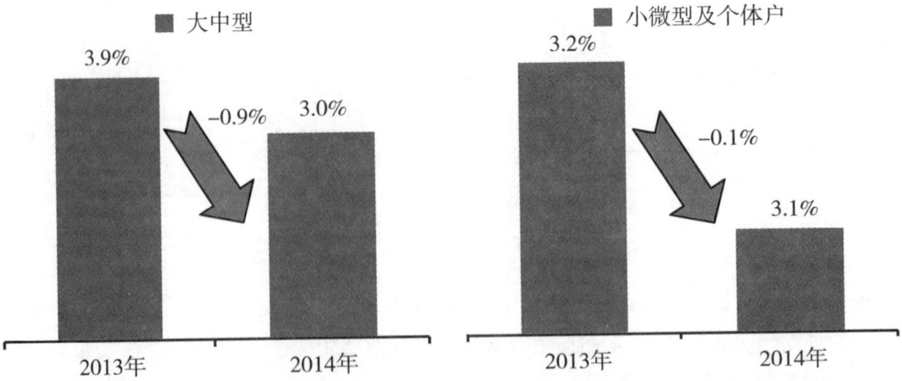

图 5　2013、2014 年全国零售业法人企业营业利润增幅（%）

① 根据商务系统典型企业数据和中国连锁经营协会百强统计数据综合测算所得。

表 5　　2013、2014 年全国零售业法人企业营业利润增幅　　单位：%

企业类型＼年份	2013 年	2014 年	差额
大中型法人企业	3.9	3.0	-0.9
小微型法人企业	3.2	3.1	-0.1
总体	3.4	3.0	-0.4

（2）毛利率微幅下降

2014 年我国零售业法人企业销售毛利率（毛利润/销售额）为 15.0%，比上年下降 0.1 个百分点。其中大中型企业为 15.9%，比上年增长 0.1 个百分点；小微型企业为 13.7%，比上年下降 0.4 个百分点。

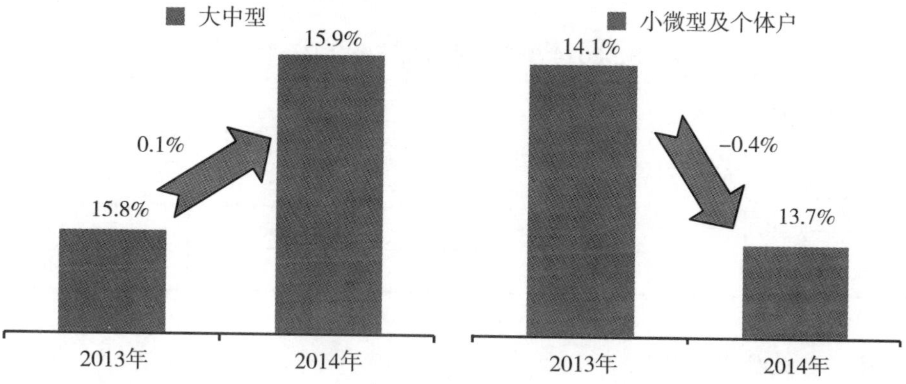

图 6　2013、2014 年全国零售业法人企业毛利率（%）

表 6　　2013、2014 年全国零售业法人企业毛利率　　单位：%

企业类型＼年份	2013 年	2014 年	毛利率差额
大中型法人企业	15.8	15.9	0.1
小微型法人企业	14.1	13.7	-0.4
总体	15.1	15.0	-0.1

（3）净利润率有所下降

2014 年，我国零售业法人企业净利润率（净利润/营业收入）为 2.3%，较上年下降 0.1 个百分点。其中，大中型法人企业为 2.9%，比上年提高 0.1 个百分点；小微型法人企业为 1.2%，较上年下降 1.1 个百分点。

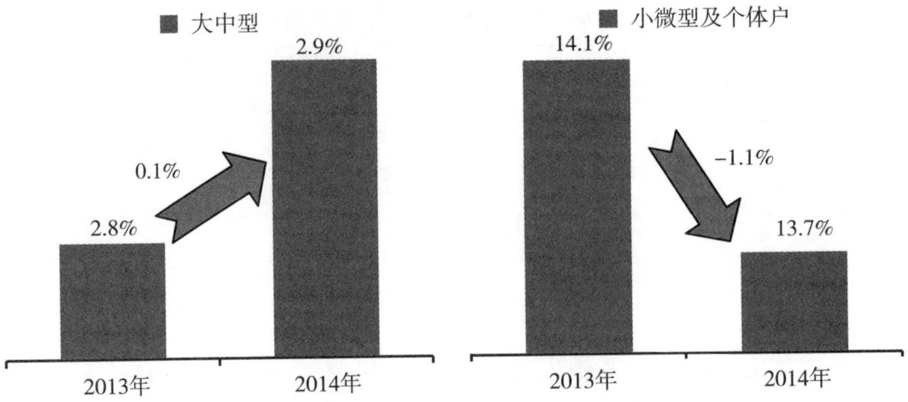

图 7　2013、2014 年全国零售业法人企业净利率（%）

表 7　　2013、2014 年全国零售业法人企业净利率　　单位:%

年份 / 企业类型	2013 年	2014 年	净利率差额
大中型法人企业	2. 8	2. 9	0. 1
小微型法人企业	2. 3	1. 2	-1. 1
总体	2. 4	2. 3	-0. 1

2. 平效、劳效稳中有升

（1）平效小幅提高。2014 年，零售业法人企业平效①为 14871 元/平方米・年，比上年上升 1. 7%。分企业类型看，大型法人企业为 15697 元/平方米・年，中型企业为 8400 元/平方米・年，小微型法人企业为 3956 元/平方米・年，同比分别上升 1. 9%、1. 6%和 0. 5%。

（2）劳效小幅增加。2014 年零售业法人企业人均劳效为 922955 元/人・年，比上年提高 3. 4%，销售额增长快于从业人员增加，人均创造的销售额在提升。其中，大型法人企业为 1001248 元/人・年，中型法人企业为 556637 元/人・年，小微型法人企业为 196121 元/人・年，增幅分别为 2. 8%、2. 2%和 5. 3%。在人工成本不断上涨，利润率维持较低水平的情况下，企业通过调整人员规模，提高人均劳效来缓解成本上升的压力。

（3）流动资产周转率略有提高。2014 年法人企业流动资产周转率为 2. 79 次，比上年有所提高。其中大中型企业为 2. 83 次，小微型企业为 2. 36 次，流动资产周转率略有提高。

---

① 平效：本指标，不含汽车及摩托车销售、汽车摩托车燃料及零配件零售、医药及医疗器材零售和烟草零售数据。

劳效：指个人实现的年销售额，用于考查从业企业人员效率的指标，单位为元/人・年。本指标，不含汽车及摩托车销售、汽车摩托车燃料及零配件零售、医药及医疗器材零售和烟草零售数据。

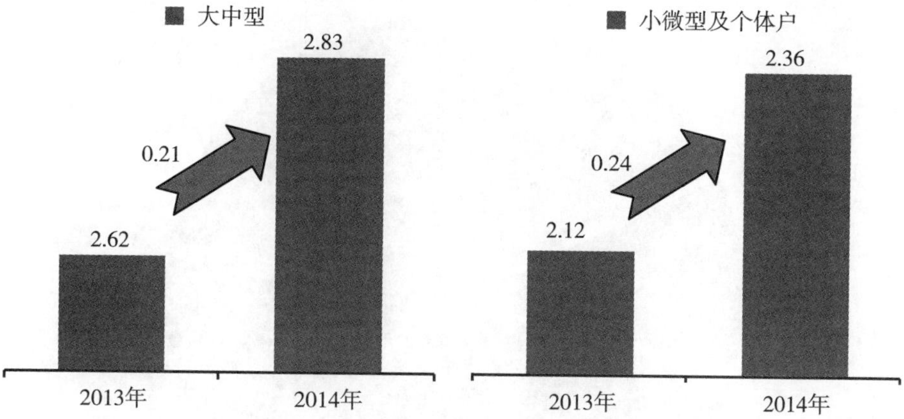

图 8　2013、2014 年全国零售业流动周转率（次/年）

表 8　　2013、2014 年全国零售业流动周转率　　单位：次/年

企业规模＼年份	2013 年	2014 年	周转率差额
大中型	2. 62	2. 83	0. 21
小微型	2. 12	2. 36	0. 24
总体	2. 58	2. 79	0. 21

三、零售业态发展情况

（一）零售业态结构

1. 专业店和专卖店销售额超过五成

2014 年专业店、专卖店、百货店、超市、大型超市、便利店销售额占零售业销售总额的比重分别为 36. 1%、21. 2%、13. 4%、11. 5%、9. 1%和 2. 7%，专业店和专卖店仍是最大的两个业态。从比重变化情况看，各业态基本保持上年水平，便利店较上年上升了 0. 1%，近三年呈持续上升态势。专业店、专卖店占比微幅下降，比上年平均下降 0. 1 个百分点。

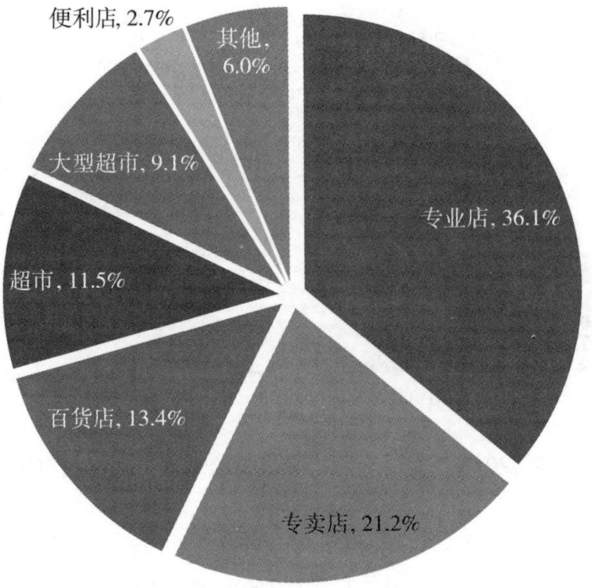

图 9-1 2014 年各业态销售额占比及较上年增减情况

2. 超市、大型超市、便利店从业人数占行业三成

2014 年专业店、专卖店、百货店、超市、大型超市、便利店从业人员占零售业从业人员总数的比重分别为 39. 1%、19. 3%、11. 2%、10. 7%、8. 1%和 4. 3%。专业店和百货店吸纳了整个零售业近 60%的劳动力就业，贡献突出，但专业店与专卖店的从业人数占比同比上年下降了 0. 1 个百分点。

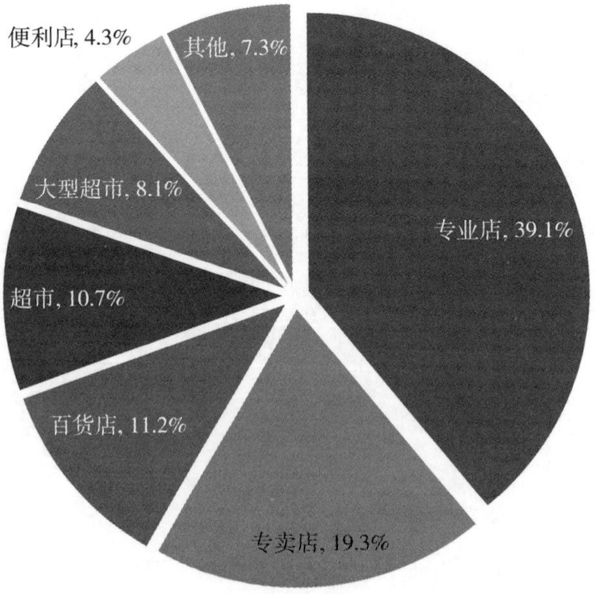

图 9-2 2014 年各业态从业人数占比及较上年增减情况

3. 专业店、百货店营业面积略有下降，便利店微幅上升

2014 年，专业店、百货店、专卖店、超市、大型超市、便利店营业面积占零售业营业总面积的比重分别为 37. 3%、19. 6%、17. 5%、9. 6%、8. 9%和 3. 6%，其中，专业店、百货店和专卖店三个业态营业面积占据了总体的近 75%。从占比变化看，便利店营业面积同比上年上升了 0. 1%，仍处于扩张态势；专业店受关店影响，营业面积占比下降了 0. 1%，呈收缩态势；百货店营业面积占比下降了 0. 1 个百分点。

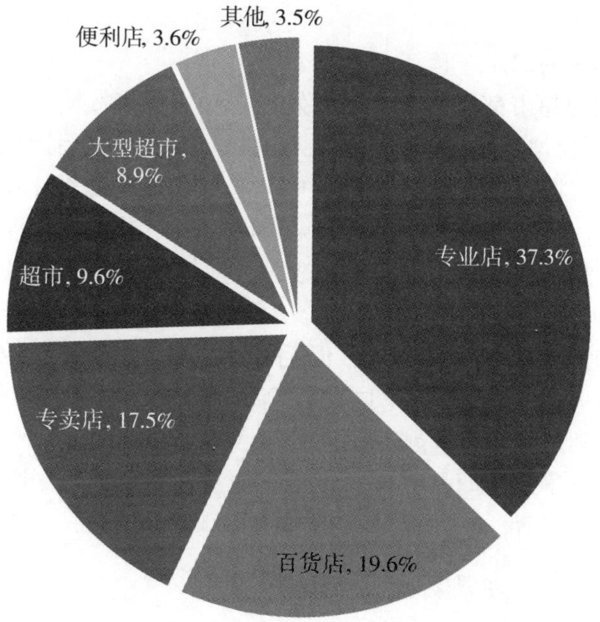

图 9-3 2014 年各业态营业面积占比及较上年增减情况

（二）零售业各业态发展特点

2014 年零售业各业态的销售额均实现了平稳增长，但由于受到运营成本提高、网络零售冲击等诸多不利因素影响，销售额增幅普遍呈现出放缓态势。其中便利店仍然是发展形势较好的业态。

1. 专业店盈利水平下降

专业店作为零售业的第一主力业态在 2014 年依然面临着较大的经营压力，虽然销售额同比上年实现了小幅增长，但是毛利率和净利润率同比上年均有小幅的下降，同时费用率同比上年提高了 0. 1 个百分点。专业店的运营压力来自多方面，一是受到网络零售的冲击较大，导致销售分流严重；二是各项运营成本持续上涨，导致盈利水平不断下降，亟待通过内部结构调整改善盈利能力水平。

2. 便利店发展稳中有进

据测算数据显示，2014 年便利店业态销售额同比增速为 8. 2%，居各业态之首，是发展形势较好的业态之一。其中 2014 年便利店销售额占零售行业比重从上年的 2. 6%上升至 2. 7%，提升了 0. 1 个百分点。另外便利店在发展的同时保持着良好的平效与劳效，同比

上年提高分别为 2.9%和 6.1%。

3. 专卖店发展保持稳定

2014 年专卖店业态销售额同比增幅为 3.7%，销售额占零售业销售额比重为 21.3%，营业面积占比提升 0.1 个百分点，平效、劳效均保持较高水平。从整体来看专卖店业态发展平稳，仍然是零售业的第二主力业态。但同时专卖店面临的运营压力也在增加，其中 2014 年专卖店业态的毛利率与净利润率同比上年均有小幅下降，而费用率同比上年有了小幅提高。因此，专卖店业态仍然需要加强渠道管理，严格控制库存高企及过度扩张等问题。

4. 超市及大型超市利润率下降，费用率上升

2014 年超市及大型超市都保持了稳定的发展态势。销售额同比上年分别增长了 4.9%和 5.3%，营业面积同比增长均为 1.0%，从业人数同比增长分别为 1.3%和 2.5%。但同时超市及大型超市也面临着与其他业态同样的问题，毛利率及净利率出现下滑，费用率出现了一定程度的上升。其中随着大型超市的渠道向三、四线城市不断下沉，若销售额增长放缓持续，毛利率和费用率的恶化不能得到改善，业绩承压将愈加明显。

5. 百货店发展面临多方面压力

百货店 2014 年销售额增幅为 4.2%，但毛利率同比上年下降 1.6%，为各业态之首，净利率同比下降了 0.7%，同时费用率同比提高了 0.2%。百货店面临重塑供应链、转变经营模式、寻找新盈利点等多重课题，整体处于收缩态势。因此，百货店需加速转型，未来的经营重心与核心竞争力为商品销售，应更多地掌握独家资源，通过个性化、差异化的品牌与商品重新捕获消费者。从而提升其经营产品和综合化的服务功能。

（三）零售业各业态发展效益与效率①

由于各自运营模式的不同，2014 年各零售业态在各自运营指标方面呈现出较大的差异性。主要表现在各业态的效益与效率方面。

1. 毛利率普遍下降，百货店降幅最大

从各业态销售毛利率情况看，2014 年百货店、便利店、超市、大型超市、专卖店、专业店毛利率分别为 13.7%、16.4%、13.3%、11.6%、14.6%和 12.1%。各业态毛利率均有不同程度下降，其中百货店毛利率下降幅度最大，为 1.6 个百分点。

① 各业态相关内容的分析均不含个体户数据。

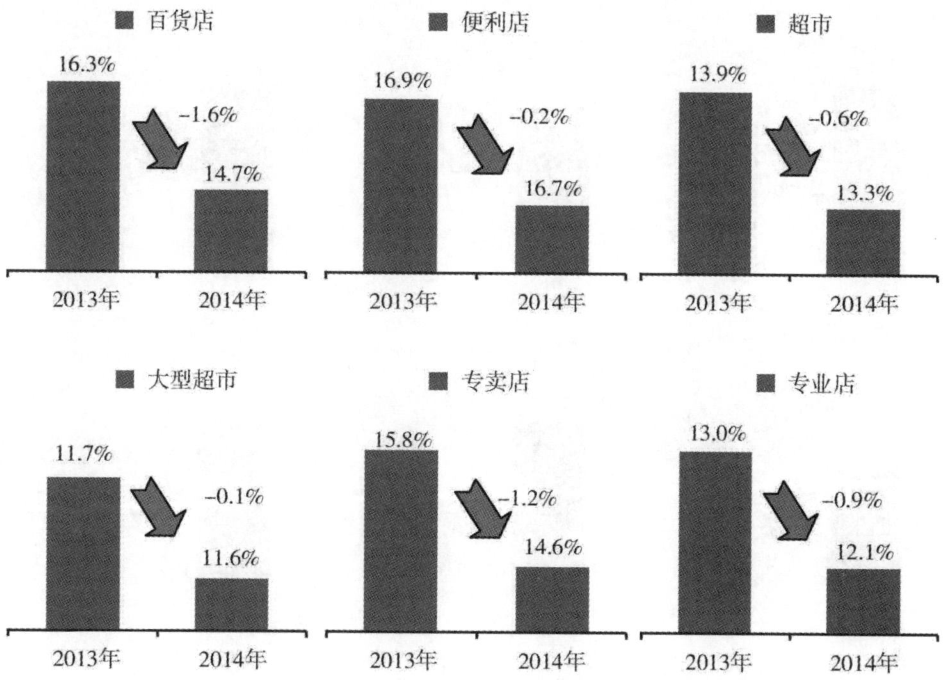

图 10　2013、2014 年零售业各业态法人企业毛利率

表 9　　2013、2014 年零售业各业态法人企业毛利率　　单位:%

年份 / 业态	2013 年	2014 年	毛利率差额
百货店	16.3	14.7	-1.6
便利店	16.9	16.7	-0.2
超市	13.9	13.3	-0.6
大型超市	11.7	11.6	-0.1
专卖店	15.8	14.6	-1.2
专业店	13.0	12.1	-0.9

2. 净利率微幅下滑

从各业态销售净利率情况看，百货店 2.3%、便利店 3.2%、超市 1.6%、大型超市 1.4%、专卖店 3.0%、专业店 2.0%，各业态净利率同比均有不同程度下降，其中专卖店和百货店下降幅度最大。

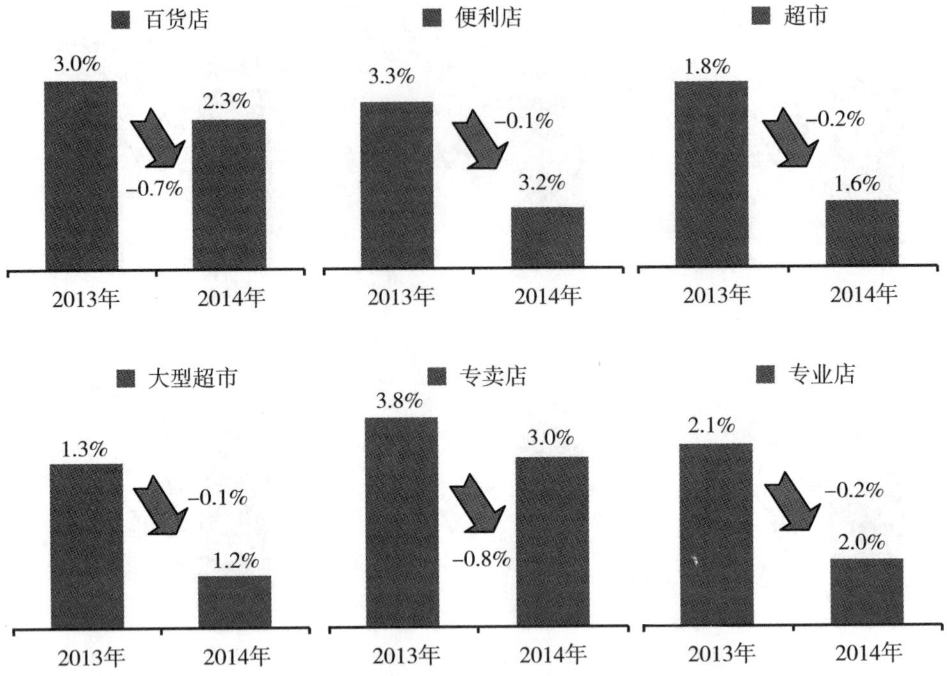

图 11　2013、2014 年零售业各业态法人企业净利率

表 10　　2013、2014 年零售业各业态法人企业净利率　　单位:%

业态 \ 年份	2013 年	2014 年	净利率差额
百货店	3. 0	2. 3	-0. 7
便利店	3. 3	3. 2	-0. 1
超市	1. 8	1. 6	-0. 2
大型超市	1. 3	1. 2	-0. 1
专卖店	3. 8	3. 0	-0. 8
专业店	2. 1	2. 0	-0. 1

3. 费用率不同程度上升，专卖店增幅最高

分业态看法人企业营业收入费用率，百货店、便利店、超市、大型超市、专卖店、专业店营业收入费用率分别为 12. 6%、16. 7%、13. 3%、15. 6%、20. 6%和 10. 5%。各零售业态的费用率均有不同程度的上升。

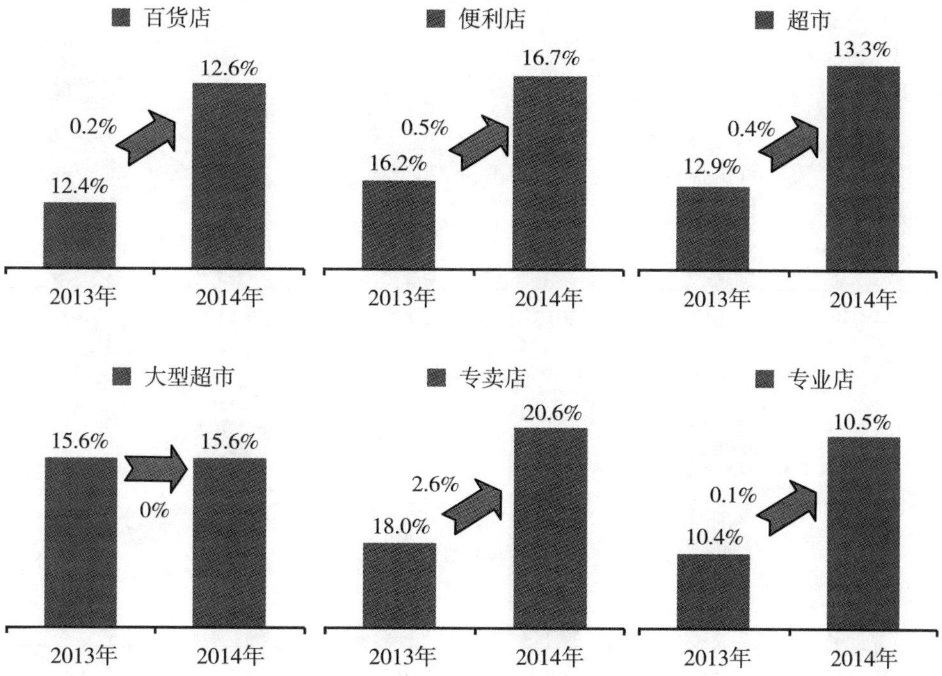

图 12　2013、2014 年零售业各业态法人企业营业收入费用率

表 11　　2013、2014 年零售业各业态法人企业营业收入费用率　　单位:%

年份 业态	2013 年	2014 年	增幅
百货店	12.4	12.6	0.2
便利店	16.2	16.7	0.5
超市	12.9	13.3	0.4
大型超市	15.6	15.6	0.0
专卖店	18.0	20.6	2.6
专业店	10.4	10.5	0.1

4. 各业态平效增幅呈现差异性

分业态看零售业企业平效，便利店、超市、大型超市同比上年均不同程度提高了平效，分别达到了 16073 元/平方米·年、10434 元/平方米·年、15913 元/平方米·年。其中便利店的增幅最大，为 2.9%；其次为超市、大型超市，分别为 2.6%、0.8%。而专卖店、专业店、百货店的平效同比上年均出现了不同程度的下降，分别为 24218 元/平方米·年、22360 元/平方米·年和 12663 元/平方米·年。其中专业店降幅最大，为 1.0%，其次为百货店、专业店，分别为 0.7%、0.2%。同比上年平效变化看，虽然各零售业态平效各有升降，但升降幅度都较小。其中专卖店仍然是平效最高的零售业态，其次为专业店、便利店。这说明零售业态仍然非常重视单店效率。在整体零售业发展放缓的情况下，保持并提高平效是实现集约型模式的重要手段。

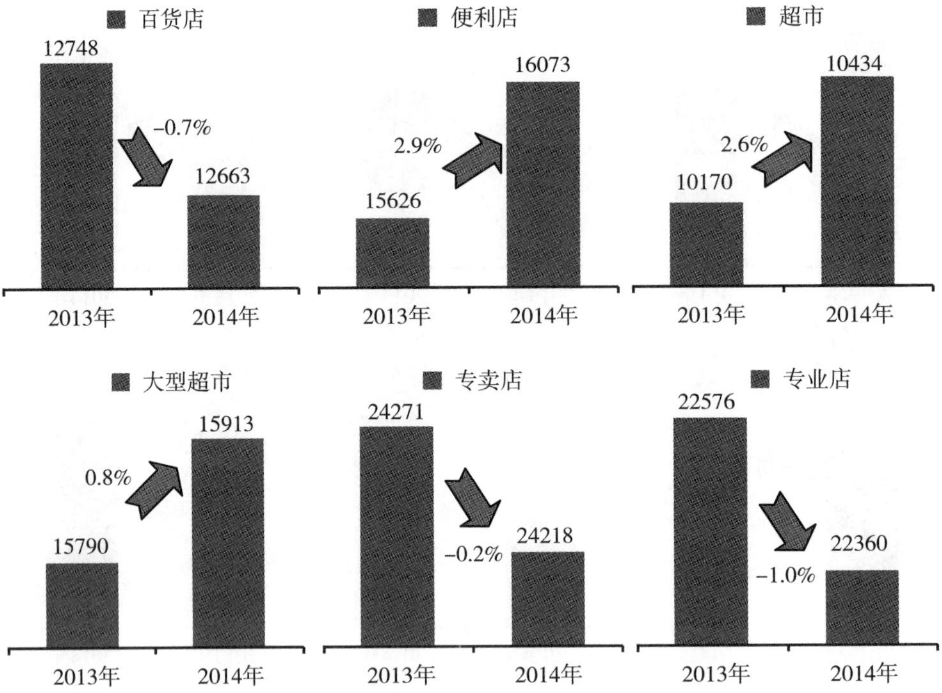

图 13　2013、2014 年零售业各业态法人企业平效（元/平方米·年）

表 12　　2013、2014 年零售业各业态法人企业平效　　单位：（元/平方米·年）

业态＼年份	2013 年	2014 年	平效增幅（%）
百货店	12748	12663	-0.7
便利店	15626	16073	2.9
超市	10170	10434	2.6
大型超市	15790	15913	0.8
专卖店	24271	24218	-0.2
专业店	22576	22360	-1.0

5. 除专卖店，各业态劳效均实现增长

分业态看零售业法人企业劳效，除了专卖店，其他各业态的劳效均实现了不同程度的提高。其中便利店的劳效增幅最大，同比上年增长 6.1%，其次是超市和专业店。但是专卖店的劳效仍然保持最高，达 1242414 元/人·年；其次是百货店，为 1241033 元/人·年；专业店、大型超市分别为 1138478 元/人·年和 766261 元/人·年，均高于便利店和超市，二者分别为 393953 元/人·年和 416217 元/人·年。

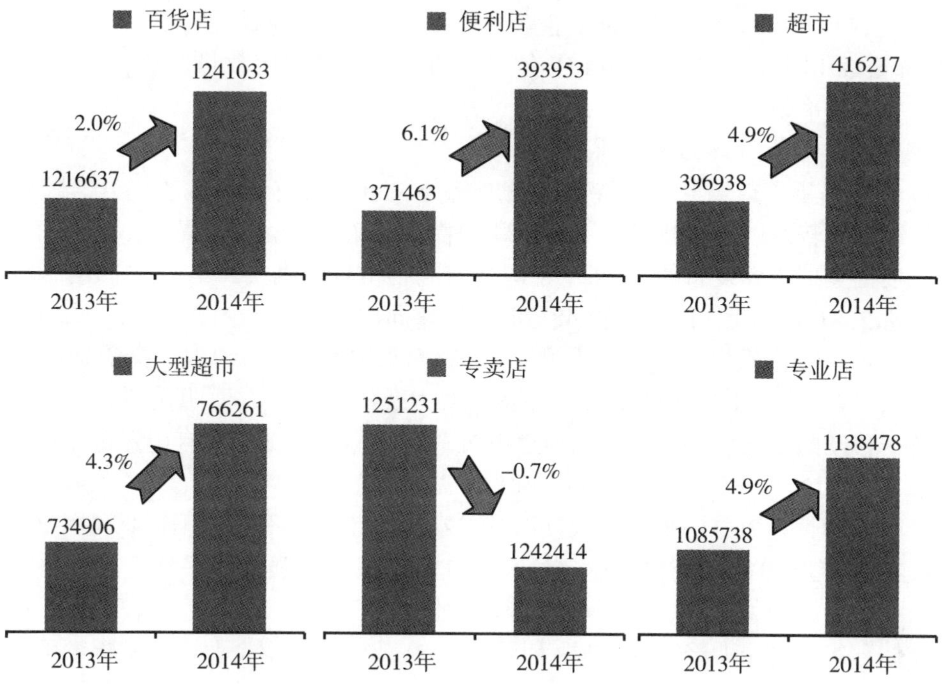

图 14　2013、2014 年零售业各业态企业劳效（元/人·年）

表 13　　2013、2014 年零售业各业态企业劳效　　单位：(元/人·年)

年份 业态	2013 年	2014 年	劳效增幅（%）
百货店	1216637	1241033	2. 0
便利店	371463	393953	6. 1
超市	396938	416217	4. 9
大型超市	734906	766261	4. 3
专卖店	1251231	1242414	-0. 7
专业店	1085738	1138478	4. 9

四、零售业发展主要特点

（一）行业发展主要特点

1. 实体零售增长持续放缓，成本压力依然巨大

2014 年社会消费品零售总额为 262394 亿元，同比名义增长 12%，连续第 5 年增幅下降。连锁百强的销售状况也不例外，不仅销售增幅持续回落，从 2010 年的 21%下滑到 2014 年的 5. 1%，而且所占市场份额也在缩减，在社会消费品零售总额中的占比从 2010 年

的 11%降至 2014 年的 8%。连锁百强企业的扩张步伐也在不断放慢，门店增幅从 2010 年的 9.8%降至 2014 年的 4.2%。2014 年有 23%的企业净增门店数量为负，7%的企业门店数量与上一年持平。

2. 网络零售规模持续高速增长

2014 年网络零售市场继续保持快速发展态势，市场占有率进一步提升。随着互联网络及网络终端的普及、支付技术的不断创新和物流配送效率的快速提升，电子商务保持快速发展。根据艾瑞咨询发布的 2014 年中国网络购物市场数据，2014 年中国网络购物市场交易规模达 2.81 万亿元，同比增长 48.7%，增速同比放缓 10.7 个百分点，为近年来首次跌破 50%。但市场份额保持进一步上升，2014 年网络购物市场约占社会消费品零售总额的 10.71%，线上渗透率首次破 10%，在竞争实力及经营活力方面明显领先于传统实体零售。受益于移动购物市场快速发展和渠道下沉，网络零售市场规模有望保持高速增长。

3. 企业净利润率下降，经营业绩分化

销售收入增长乏力，扩张步伐减慢以及成本的持续攀升不断挤压企业利润空间。根据中国连锁经营协会 2014 年连锁企业问卷数据统计，虽然百强企业平均毛利率略高于上一年 0.2 个百分点，为 16.4%，但净利润率却较上一年下降 0.03 个百分点，为 2.08%。伴随行业整体下行的是企业经营业绩进一步分化，在 206 家样本企业中，销售额下降的占比为 27%，而销售额增幅在 20%以上的企业占比为 16%。毛利额负增长的企业占样本的 27%，毛利额增幅在 20%以上的企业占样本的 22%。

4. 全国性企业经营业绩优于区域性企业

在 2014 年的样本企业中，104 家（51%）为省内经营企业，54 家（26%）为跨省经营企业（跨 2-5 个省），48 家（23%）为全国性企业。全国性企业规模较大，平均年营业收入为 265 亿元，约为跨省企业的 2 倍，为省内经营企业的 8 倍。从营业收入增长率来看，全国性企业达到 9.6%，省内企业次之，为 5.7%，跨省经营企业最低，仅为 4.8%。从销售毛利率来看，全国性企业表现最好，达到 25.2%，省内企业次之，为 20.4%，跨省经营企业最低，为 16.6%。

5. 多业态经营打造多渠道零售格局

面对消费结构升级、消费层次分化以及移动网络销售的兴起，零售企业尝试多业态经营以打造立体化多渠道零售格局，最大限度地发挥经营优势的附加值。步步高采取“超市+百货+电器”的多业态经营模式，对主营业务进行优化整合；天虹百货在传统百货店基础上，新添购物中心和便利店，并从单一的线下实体走向线上线下融合的全渠道多业态模式；麦德龙和家乐福也在中国引入了便利店业务。事实上，就本次 2014 年样本企业数据来看，60%的企业已为多业态经营，涉足超市、百货、购物中心、便利店、电子商务等多种业态。

6. 购物中心和便利店呈现更好的成长态势

随着零售业整体增长放缓，各业态的经营业绩呈现分化，其中购物中心和便利店成长态势相对较好。中国连锁经营协会在 2015 年年初开展的行业调查问卷显示，购物中心和便利店样本店铺 2013、2014 年两年的平均销售额增幅分别为 6.7%和 3.6%，高于大超、超市、百货以及专业店的 1.7%、0.5%、-1.2%和-3.3%的增幅。购物中心以其体量大、包容性强以及重体验的优势，被视为线下零售的“避风港”，在近几年取得较好的成长业绩。当然，大量企业蜂拥建设购物中心也带来激烈的市场竞争，盈利压力不断加大，将来购物中心差异化、品牌化和连锁化发展会是必然趋势。相比之下，便利店投资成本低、成熟周期短，加之具备的空间、时间、服务便利性以及贴近消费者的特性，使其在未来几年将保持快速成长。

7. 零售行业加快整合，资本市场持续活跃

2014 年，零售业并购重组步伐显著加快，根据并购市场咨询（Merger Market）数据统计，较 2013 年我国零售企业并购总规模增长了 4.5 倍，国内企业间并购交易规模增长了 4.73 倍，外资企业并购中国企业交易规模增长了 4.97 倍，中国企业并购外资企业交易规模则萎缩了 49.8%。跨业态并购和国内企业间并购成为两大特点。如 2014 年 12 月，物美集团收购中国百安居 70%的股权，使物美集团的业务扩展到家居板块。而 2014 年 3 月，阿里集团对银泰商业进行战略投资；2014 年 5 月，步步高商业连锁股份有限公司收购广西南城百货股份有限公司 100%股份；2014 年 5 月，中国最大的零售企业华润万家成功收购外资品牌 TESCO 乐购，都成为业内关注的并购事件。

8. 传统零售加速转型调整，关店数量创新高

据统计，2014 年全国主要零售企业（百货、超市）共计关闭 201 家门店，较 2013 年关闭的 35 家，同比增长 474.29%，创历年之最。其中百货业态关闭 12 家，超市业态关闭 146 家。值得关注的是，外资零售企业关店数达 118 家，占关店总数的 75%（含中外合资企业）。江苏、浙江、安徽等二、三线城市，成为零售业关店最多的区域。受租约到期、结构性调整、盈利能力偏弱、转型等因素的影响，零售企业也为优化商业布局而主动关闭一些门店。

9. 线上线下融合进入试水期

2015 年，是线上线下整合、融合的开始。8 月，京东宣布将以 43 亿元收购永辉超市 10%的股份，双方合作将涉及强化联盟协同、积极探索线上线下合作模式及 O2O 业务发展、仓储物流协作，以及共同挖掘互联网金融资源，双方将建立高层定期沟通机制，共同商议合作重大事项等四大方面。几天之后，阿里与苏宁联合举行发布会，阿里将以约 283 亿元人民币战略投资苏宁，成为第二大股东；苏宁将以 140 亿元人民币认购不超过 2780 万股的阿里新发行股份；双方将打通线上线下全面提升效率，为中国及全球消费者提供更加完善的商业服务。在此之前，万达与百度、腾讯共同宣布，共同出资在香港注册成立万达电子商务公司，全力发展 O2O 电子商务模式；三家公司对万达电商的首期投资额高达 50 亿元人民币，其中万达持股 70%，腾讯和百度各持股 15%。

以上几项大手笔的线上线下合作，充分说明线上线下的整合、融合时代已经到来。

（二）典型零售企业发展特点

1. 连锁百强企业发展特点

由中国连锁经营协会（CCFA）组织的“2014 年度行业发展状况调查”显示，2014 年连锁百强销售规模达 2.1 万亿元人民币，同比增长 5.1%；门店总数达 10.7 万余家，同比增长 4.2%。连锁百强企业销售额占社会消费品零售总额的 7.7%。百强企业发展呈现如下特点：

一是，销售额、门店数增幅双现新低，就业人数首次负增长。2010 年以来，连锁百

强销售增幅持续回落，2010-2014 年销售增长分别为 21.2%、12.5%、10.8%、9.9%和 5.1%。2014 年成为百强统计以来销售增幅最低的一年。

2014 年，百强企业门店数增长 4.2%，其中 23 家企业关店数超过新开店铺数，7 家企业店铺数与上年持平。

2014 年，百强企业正式用工人数比上一年下降 0.3%，减少用工的企业数已超过增加用工的企业数。

二是，超市、便利好于百货，内资、外资各具特色。2014 年，47 家以百货为主营业态的企业销售增长 2.7%，销售在各业态中最低。

以经营超市为主的快消品百强企业销售增长 6.5%，门店数增长 5.0%，分别高于百强平均增幅 1.4 和 0.8 个百分点。

便利店销售增幅较快，全国排名前 55 家的便利店门店数增长 7.8%。从有可比数据的便利店企业来看，企业销售额增长 17.7%，高于百强销售增长 12.6 个百分点，销售增幅在各业态中最高。

百强企业中，外资企业销售额增长 4.7%，门店数增长 13.9%（主要是快餐、便利店、专业店门店增长）；内资企业销售额增长 5.2%，门店数增长 2.9%。

外资百货销售同比下降 3.8%，门店数量同比下降 1.0%；内资百货销售额增长 3.0%，门店数增长 10.2%。

快消品连锁百强企业中，外资企业销售增长 4.2%，门店数增长 16.8%；内资企业销售增长 7.5%，门店数增长 4.4%。

三是，百强企业业绩分化，成本压力依然很大。2014 年，有 30 家百强企业的销售和 23 家企业的门店数出现负增长。但同时，百强企业中还有 31 家企业的销售增幅和 26 家企业的门店数增长达到两位数。企业通过调整发展策略，优化管理，加大创新力度，依然可以实现较好的经营业绩。

2014 年，百强企业平均毛利率为 16.4%，略高于上年 0.2 个百分点。净利率平均为 2.08%，低于上年 0.03 个百分点。

2014 年，百强企业房租支出增长 10.0%，人工成本增长 9.2%，分别比 2013 年的 11%和 18%下降 1.0 和 8.8 个百分点。虽然增幅出现不同程度的下降，但房租和人工成本的上涨对企业的经营压力依然很大。

2015 年，国务院关于工商用电同价和下调电价的政策，对企业降低用电成本是一个利好。同时，随着开店数量下降，商业地产供需关系的变化也有望带动房租进一步下行。作为吸纳就业大户，国家出台的相关鼓励就业的政策也会影响到连锁业的发展。

四是，百强企业线上线下加速融合，移动销售快速增长。2014 年，百强企业开展网络营销和多渠道建设的步伐进一步加快。在开展网络零售的 75 家百强企业中，超过半数的企业采用自建平台，而采用自建平台和入驻第三方平台相结合方式的企业与仅在第三方平台建店的企业数量基本相当。

开展网络零售的百强企业线上销售增幅较大，同比增长近 5 倍，但占企业总销售的比例依然很低。从百强企业有效数据看，31.4%的企业网络销售不足 1 千万元，31.4%的企业在 1 千万到 5 千万元之间，23.5%的企业在 5 千万到 3 亿元，3 亿元以上的企业占 13.7%。

2014年，移动端销售受到广泛重视，移动端销售占网上销售的比例迅速上升。从百强企业有效数据看，移动端销售占比达30%以上的企业为17%，移动端销售占比介于10%-30%的占50%，低于10%的占33%。

为落实多渠道经营战略，一些企业还开通了门店自提业务，并在门店提供免费WiFi服务。从典型样本门店数据看，有23%的门店提供自提服务，40%的门店提供免费WiFi。

2014年是连锁业的转型之年，企业经受了诸多方面的挑战。连锁企业普遍认识到，必须以提升顾客价值、改善消费者体验为出发点，通过多渠道融合，以商品管理、供应链管理及渠道无缝对接为重点，真正实现从规模向效率转变，从外延向内涵转变。

2. 主要上市零售企业发展特点

截至2015年4月17日，已公布2014年财报的63家零售企业，销售总额达9734.85亿元，同比增长4.5%，其中有36家企业出现营收同比下滑；净利润总额达369.45亿元，其中有34家企业出现净利润同比下滑。

百货企业负增长尤为严重，45家企业中32家出现负增长。其中工大首创营收同比下滑20.02%，创最大跌幅；庄胜百货营收同比增长127%，成为一道亮点；曾经的青岛零售业巨头民生控股，正剥离零售主业向金融业转型，其净利润增幅达1392.97%，创造了2014年零售业净利润最高增幅。虽然庄胜百货创造了营收最大涨幅，但却出现亏损扩大、净利润下滑232%的状况，创出最大跌幅。

在13家上市超市中，有9家超市营收为正增长，但只有5家超市净利润正增长，增收不增利的情况普遍。其中永辉超市营收同比增长20.38%，成为2014年超市业黑马；三江购物营收同比下跌5.23%，创最大跌幅。新华都超市2014年扭亏为盈，净利润同比增长116.95%，创最大涨幅；联华超市2014年净利润下滑41.40%，创最大跌幅。

在电器类企业中，营收、净利润仍然稳步增长，其中苏宁、汇银家电净利润增幅都在130%以上，只有宏图三胞在2014年出现净利润下滑，同比降1.64%。

五、零售业发展面临的主要问题

（一）传统零售企业持续发展面临诸多不利因素

2014年我国进入了改革深度调整期，宏观经济下行压力巨大，预计将逐步进入低速增长期。在人均可支配收入增速持续放缓、八项规定和六项禁令实施的背景下，消费需求也在逐步收紧，更趋理性。同时，目前国内零售业市场竞争日趋激烈，业态布局亟须优化，盈利模式有待调整等诸多因素影响了传统零售业的快速发展。传统零售业的发展速度在宏观经济增速放缓的背景下增速也在逐步放缓。

（二）传统零售企业运营压力持续增加，盈利水平普遍下降

据测算，2014年零售业各业态的费用率同比上年均有不同程度的提升，同时随着房租及人工成本的持续上涨，传统零售业盈利压力逐步加大。2014年零售各业态的毛利率及净利润率同比上年均出现了不同程度的下滑。其中百货店的毛利率降幅最大，为2.6%；其次是专卖店，为1.2%。再加上受到网络零售等渠道多元化的冲击，客户需求分

流严重。因此，传统零售行业亟须通过转型调整、拓宽渠道等途径降低运营成本，增加销售额，提高盈利水平才能实现进一步的发展。

（三）实体零售受线上冲击加剧，销售分流严重

由于互联网及移动终端技术的迅速发展，使消费者在购物体验上得到全面提升。其在时间、空间、价格上的优势对线下实体零售产生了巨大的冲击，导致实体零售的消费者群体产生了分流。在消费需求被进一步抑制的情况下，实体零售通过各种营销策略来争夺消费者的方式越来越乏善可陈。

（四）实体零售线上线下融合加速，效果有待观察

2014 年各零售企业结合自身发展，纷纷探索线上线下融合，希望通过 O2O 转变经营模式，使企业成功转型。苏宁以互联网零售为主体的“一体两翼”的互联网转型路径，银泰所有商场参加天猫购物狂欢节，并率先尝试线下选品、线上支付购买的 O2O 模式，大润发正式上线 B2C 平台飞牛网等，这些模式目前只是处于线上与线下融合的初步阶段，取得成功的典型案例还较少，能否长期可持续发展需要进一步观察。2015 年京东与永辉、阿里与苏宁等几个重要合作案例的，实际融合效果还未显现。

六、零售业发展新趋势

（一）零售竞争格局与创新

1. 零售各业态发展分化日趋明显，行业集中度逐步提升

便利店、购物中心、社区超市预计仍然是线下零售企业外延扩张的重点，渠道下沉将成为众多企业的选择，三、四线城市将成为各类新店布局的重点，并逐步向县城、乡镇市场延伸。不过，随着购物中心集中式爆发，其经营危机或提前集中显现。对百货店、大卖场来说，未来的困境可能将逐渐增大，销售下滑、盈利下降甚至是亏损关店依然会是常态，一些租赁经营、创新乏力、成本费用控制不力的实体店有可能因持续亏损而黯然退市，而一些优秀的连锁企业则会借机并购重组，逆势扩张，行业的集中有望逐步提升。

2. 分销模式重构，提高渠道效率

目前由于我国零售集中度较低，地区发展不平衡，传统分销模式仍然是主流，导致渠道效率下降。同时，一、二线城市由于网络零售及移动购物的高速发展，传统分销模式受到严重冲击，对传统零售终端的影响巨大。如百货联营模式备受挑战，亟待转型；以连锁经营模式迅速扩张占据市场主体的企业地位受到严重威胁，面临转型的艰难抉择。随着 O2O 的推进和全渠道模式的到来，分销渠道的变革将更为深刻，网络零售将促使分销模式重构，提高渠道效率。

3. 行业竞争更加激烈，新一轮整合强力推进

随着市场竞争日趋激烈，零售企业成本费用高企，经营压力逐渐加大，零售行业的整合将进一步加速。目前中国零售已呈现出多极化现象。以华润、大润发、沃尔玛、家乐福为代表的全国性企业为一极，以步步高、永辉等为代表的跨区域民营企业为一极，其他各

地中小企业为一极。随着市场环境的急剧变化，零售行业将迎来新一轮的整合，行业集中度也将得到进一步提升。

4. 实体零售强化店面差异，开启个性化智慧零售

目前线下实体零售店面普遍存在着同质化的现象，因此实体零售对于店面差异化的布局将进一步加快。2015 年线下零售的调整转型将会进一步提速、纵深推进，各种多元化跨界、特色化经营，更多形式的触网，更多形态的 O2O 竞相上演。永辉全程自助体验超市、乐城“未来超市”、顺丰“嘿店”以及苏宁超市都给实体零售带来更多的启发。不管是购物中心、百货店、大卖场还是社区超市，都会融入更多的科技元素。更多的企业会谋求放大自己的特色与优势，但不管是通过扩大自采自营还是做强优势品类，都有助于差异化经营风格的形成。同时，由于实体零售企业选择不同的方式触网，或与不同的电商平台合作布局 O2O、全渠道，实体零售门店在加快迈向智慧零售时代。

（二）网络购物的新增长点

1. 网络零售市场规模仍将保持高速增长

2014 年网络零售市场继续保持快速发展态势，市场占有率进一步提升。随着互联网络及网络终端的普及、支付技术的不断创新和物流配送效率的快速提升，电子商务保持快速发展。根据艾瑞咨询发布的 2014 年中国网络购物市场数据，2014 年中国网络购物市场交易规模达 2.81 万亿元，同比增长 48.7%，增速同比放缓 10.7 个百分点，为近年来首次跌破 50%，但市场份额保持进一步上升。2014 年网络购物市场约占社会消费品零售总额的 10.71%，线上渗透率首次破 10%，在竞争实力及经营活力方面明显领先于传统实体零售。受益于移动购物市场快速发展和渠道下沉，网络零售市场规模有望保持高速增长。随着移动购物市场快速发展以及电商渠道下沉力度的增大，网络零售市场将保持快速增长。

2. 跨境电商成为网络零售的新增长点

2014 年中国跨境电商交易规模为 4.2 万亿元，同比增长 33.3%，发展势头十分强劲。我国跨境电子商务的平台已经超过 5000 家，企业超过 20 万家。以阿里、京东、亚马逊等为首的跨境电商巨头都围绕跨境电商战略展开了一系列活动，加速各自海外电商的布局。1 号店、当当、唯品会等也紧紧跟随积极展开跨境电商业务。作为与电商竞争的又一切入口，实体零售也纷纷开展跨境购，重庆百货、摩登百货、广百百货、华润万家及天虹商场等实体零售企业纷纷开设体验店，满足线下消费者对境外商品的需求。

此外，洋码头、蜜淘、蜜芽宝贝、买个便宜货等颇具代表性的跨境电商公司渐渐崭露头角，在母婴、美妆、服饰类等垂直细分领域打造自己的品牌特色。

3. 移动购物或将成为网络零售主流

据中国电子商务研究中心监测数据显示，截止到 2014 年 12 月，中国移动网购交易规模达到 9285 亿元，同比增长 240%，并依然保持快速增长的趋势。在网购整体市场中，移动端占比 47.8%，同比增长迅速。2015 年开年以来，各大电商平台、多家传统品牌企业加速布局移动端，随着移动支付技术的进一步提升和渗透，预计 2015 年中国移动购物交易额在中国网络购物整体市场中的占比将过半。

阿里研究院发布的《县域电子商务数据报告（第 1 期）》显示，在阿里巴巴零售平台上，2014 年县域移动购物金额突破 2000 亿元，同比增速超过 250%，远超同期网络购

物金额增速。在实体零售薄弱的广大乡镇，县域移动购物市场呈现出强劲的增长势头，这也将成为零售企业扩展市场的新蓝海。

（三）零售行业全渠道化

2015 年，电商的增速仍会快于实体零售，但增速会进一步放缓，预计电商企业会进一步在移动端发力，向低线市场、农村市场延伸，也会加快线下布局。但同时，盈利能力不强仍然是电商的一大短板，亏损依然是中国电商的常态。实体零售的转型调整将更积极主动。价格战、品质战、体验战、服务战将全面开展，越来越多的实体零售企业将加快线上布局，加大信息化、智能化建设力度，全渠道、O2O 探索的广度和深度，线上的营收占比会稳步提升。店商、电商的竞争会进入相对僵持、胶着状态，彼此的融合会更紧密、深入，线上、线下的界限也会逐渐模糊，但双方的核心业务不会改变，电商依然以线上为主，店商收入的主要来源还是线下门店。

许多实体零售企业把 2014 年称为“O2O 元年”。这一年，众多知名零售企业大力发展线上业务，而线上企业也积极与实体零售商展开合作，线上线下全渠道融合转型成为零售业的集体动作。不仅 BAT（百度、阿里、腾讯）三巨头凭借各自平台流量优势，通过自我营销、接入第三方平台以及与大型传统零售商场合作的方式，全面搭建 O2O 生态链条，传统零售业也采用与互联网巨头合作或自建平台，构建从搜索、下单、支付到提货的消费场景。随着巨头们的落子逐渐增多，O2O 产业链的完善以及移动支付的逐渐成熟，企业为解决资源壁垒问题、线上线下利益分配问题以及营销推广问题等，全面向全渠道 O2O 转型。

2015 年中国特许连锁百强企业发展总体情况

根据中国连锁经营协会（简称连锁协会）2015 年度中国特许连锁行业发展状况调查及数据统计，连锁协会于 2016 年 6 月 13 日发布了“2015 年中国特许连锁 100 强①”。

调查统计显示，2015 年中国特许连锁 100 强企业销售规模达 4345 亿元。特许百强拥有连锁店铺 12.8 万个，其中加盟店 10.6 万个，每家企业平均拥有店铺 1280 个。特许百强企业加盟店营业额和门店总数同比增幅分别为 14%和 11%。特许加盟仍然是投资人最感兴趣的创业模式，也是特许品牌快速发展的不二之选。

通观 2015 年中国特许连锁百强，其呈现如下新的特点。

一、新生业态涌现，细分市场做精做专

特许领域细分市场的新生力量表现不俗。调查显示，尚品宅配、盘子女人坊等品牌通过在细分市场做深做细，2015 年的营业额增幅均保持在 50%以上。爱蒂宝、名创优品等品牌通过业态创新，实现了企业规模倍数级快速壮大。特卫保安、亿邦广告等商务服务类企业也在激烈竞争的市场中不断成熟。入围百强榜的美容健身、生活服务类企业均保持着 10%以上的增长。

二、O2O 业务稳步推进，移动支付发展迅猛

调查显示，特许百强企业 2015 年 O2O 业务继续平稳推展，但对新建网络平台的态度普遍谨慎。其中，自建平台占比维持在 60%左右，与 2014 年基本持平；与第三方平台合作开展线上业务的企业占比提高了 20%；不过，也有 2 家企业尚未开展 O2O 业务。

2015 年是中国市场移动支付迅速普及的一年。调查显示，特许连锁 100 强企业中，超过八成的企业支持在线支付，比 2014 年翻了一番。

---

① 在 2015 年度中国连锁行业发展状况调查及数据统计中，将企业加盟销售额占总销售额的比重超过 50%的企业，纳入特许连锁百强统计范围。

三、展望 2016 年，向好预期不减，完善总部管理，加强服务是重点

特许百强企业对 2016 年总体发展形势的预判比较乐观。超过 90%的企业认为，新的一年企业营业额将保持增长态势。但同时，企业预计：单店营业额下滑、新店选址难和专业人才缺口难解决仍然是困扰企业发展的三大难题。

调查显示，五成以上的企业在 2016 年将加盟重点策略设定为增加加盟店数量，减少直营店数量；也有约 10%的企业反其道行之，将选择减少加盟，增加直营店占比。

2016 年，大部分的特许连锁百强企业十分重视二、三线城市的扩张布点，并将新店发展重点区域指向二、三线城市。但也有 80%以上的企业同时关注着四线城市的发展态势，并伺机将企业触点延伸至四线乃至更基层城镇。

同时，越来越多的特许总部将完善特许体系、创新管理技术列为特许企业 2016 年度最为关注的重点，寻求通过管理和技术创新给加盟模式发展带来新的机遇和动力。源于此，在国家商务部的支持和指导下，连锁协会于 2014 年推出了“商业特许经营体系等级评定”（简称特许评定，可登录 www. chinafranchiseexpo. com 查询），旨在通过特许经营企业对照“商业特许经营体系等级评定项目及其重要指标”进行自评，并公示参评企业经营管理和发展状况相关信息，从而帮助特许经营企业总部系统评估自身体系建设的完善程度，查找问题与不足，有效防控体系风险。同时，在行业的透明运营和监督下，不断提升企业信用水平，为投资者选择加盟项目提供决策参考，降低加盟投资风险。调查显示，2015 年超过七成的特许连锁百强企业通过参加商业特许经营体系等级评定对自身加盟体系进行了系统化的梳理，并进一步修订、调整、完善了企业的整个特许体系。

（中国连锁经营协会）

第十七届中国连锁业会议主题报告

——变革　融合　再造零售价值

时光荏苒，岁月如梭！十二年前我们在武汉召开了第五届连锁业大会，转眼一个轮回，不论是企业、行业还是市场都发生了巨大的变化。

一、企业在成长

十二年前，也就是 2003 年，中国零售业即将进入对外资的全面开放，当时整个零售业对未来的发展充满了未知和不安。当时，网上盛传一个预言，虽然无从考证，但绝对引起行业的警觉，就是在未来的 3-5 年，中国零售业 60%的市场份额将被外资占据。记得在一场论坛上，关于外资是“披着羊皮的狼”还是“披着狼皮的羊”争论不休。十二年过去了，现状如何呢？我们来看一组调查数据。

2002 年，连锁百强销售规模 2465 亿元，到 2014 年达到 20963 亿元，十二年间增长了 8.5 倍；2002 年，连锁百强门店总数 1.7 万个，2014 年达到 10.7 万个，十二年增长了 6.3 倍。其实，很多连锁百强企业的增长规模都超过了 10 倍。

在连锁百强中，外资企业的占比（按可比口径）是，2002 年为 34%（百强 2465 亿元，外资 828 亿元），2014 年为 20%（百强 20963 亿元，外资 4248 亿元）。在十二年前的武汉连锁会期间，万达集团董事长王健林先生在商业地产论坛上曾经说万达购物中心不到 10 家，而在 2015 年的万达年会上王健林董事长透露，万达以 120 多家购物中心的规模，成为全球最大的商业地产商。可以说，随着中国零售市场的全面对外开放，中国零售业成功地走过了辉煌的一个轮回。

二、市场在变化

如今，中国零售业正在面临一个新的转折点。我们正在从事的行业已从现代模式变成了“传统商业”，很多人都在这样称呼我们为之奋斗的领域。

2002 年，国务院办公厅文件《关于促进连锁经营发展若干意见的通知》中提出：为了不断提高流通产业的组织化程度和现代化水平，引导消费和规范市场经济秩序，必须采取切实有效措施促进连锁经营的发展。2015 年，国务院办公厅印发《关于推进线上线下互动加快商贸流通创新发展转型升级的意见》，要求“大力发展线上线下互动，对推动实体店转型，促进商业模式创新增强经济发展新动力……具有重要作用”。

当然，不仅政府文件如是说。当下，我们的行业所处的环境确实发生着巨大的变化。特别是最近三年，面对电商的崛起，实体零售企业确实经历了看不见、看不起、看不懂几个阶段。但欣慰的是，连锁企业坚持了创业以来积极进取的学习能力和创新精神，不断探索着实体企业的发展转型之路。

2015 年以来，实体零售整体上延续着低速增长的态势，线上业务继续分流着线下业务，但增速有所放缓。未来，线上线下融合发展的模式已成趋势。特别是受苏宁与阿里、永辉与京东重大战略合作的影响，实体零售商的线下渠道已由“传统模式下的拖累”逆袭为“新 O2O 模式下的优势”，其价值也进一步得到释放和重估；实体零售企业积极转型、创新商业模式，力争在新一轮的转型发展中保持优势，持续增长。

三、行业在发展、市场在变化，但零售的根本未变

在 2003 年的第五届连锁业大会上，会议的主题是：倾听顾客心声，回归零售根本。主题报告阐述了三方面的议题，一是把超市建成顾客最放心的购物场所，主要是讲食品安全问题；二是把超市建成方便顾客购物的场所，主要是讲服务和顾客体验的问题；三是讲培养顾客忠诚度。如今，再来看这三个问题，依然是超市的关键问题。零售的根本就是用物美价廉的商品、高效的供应链、良好的顾客服务和体验来满足消费者的需求。目前，只是有了互联网的新工具、新手段、新方法，能够帮助零售企业更好地体现企业的根本价值。

这几年，业内很多企业在迷茫、探索的同时，也在深刻反思。很多企业的老总不无感慨地说，不是电商强大，而是我们自己做得不够好，特别是零售的基本功，与先进企业比，我们还差得很远。中国零售业的快速发展，最主要的是得益于中国零售市场的广袤和巨大容量，以及中国经济的飞跃发展。很多企业从反思中找到了持续进步的空间。

展望未来的 12 年，中国零售业会呈现出什么样的态势？其实，零售企业的每位老总都在设想和期待。作为连锁零售领域的行业协会，我们希望也坚信，每年度的连锁业大会，就是行业的总结会、思考会、创新会、分享会；连锁业大会就是要与行业同行、与企业同长！2015 年的连锁业大会，将主题设定为“变革、融合、再造零售价值”，就是基于这届大会能集业界之智慧，共同为行业的健康可持续发展建言献策！

回眸 2002 年的连锁百强，能保留至今仍在百强之列的已不及半数。究其缘由，有被兼并重组的，有破产倒闭的，更有被后来者赶超的。展望下一个轮回，哪些企业依然屹立百强榜单，就看我们今天的努力了。此时，用一首开国领袖毛泽东主席的诗句“雄关漫道真如铁，而今迈步从头越”来共勉我们的事业，让我们加油努力，共同走向零售业新的明天！

（根据中国连锁经营协会会长郭戈平在第十七届中国连锁业会议上的讲话整理）

第二部分

行业业态篇

2014-2015年度大型超市和超市经营状况分析报告

中国连锁经营协会（以下简称协会）于2015年年初开展了连锁零售企业年度行业调查，其中以大型超市和超市为主营业态的样本企业为103家（包括未进入百强的企业）。本报告结合协会与德勤的行业研究观点及其相关调研数据对其发展环境、主要态势等进行分析和总结。

一、大型超市和超市样本企业统计概况

从规模来看，本次调查的大型超市和超市，销售额在100亿元以上的企业有29家，占所有企业的28%。销售额在50亿-100亿元之间的企业占14%，而多数企业销售额在50亿元之下，占比58%。

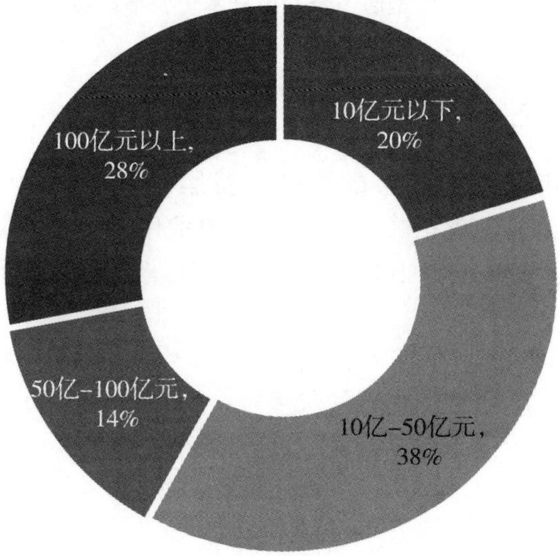

图1　大型超市及超市样本企业销售额分布

（一）企业平均规模

103 家样本企业 2014 年平均销售额为 113.6 亿元，年销售增长率保持在 2.6%，低于所有样本企业 4.5%的平均增幅。门店数量增长 1.4%，而营业面积增长 8.6%，说明平均单店面积有所上升。同时员工数量减少了 0.5%，表明企业在人工费用高企的情况下，尽量减少员工数量以求削减运营成本。在随后统计的门店调查分析显示，大型超市和超市样本店铺的平均平效和人效都较上年有所提高。

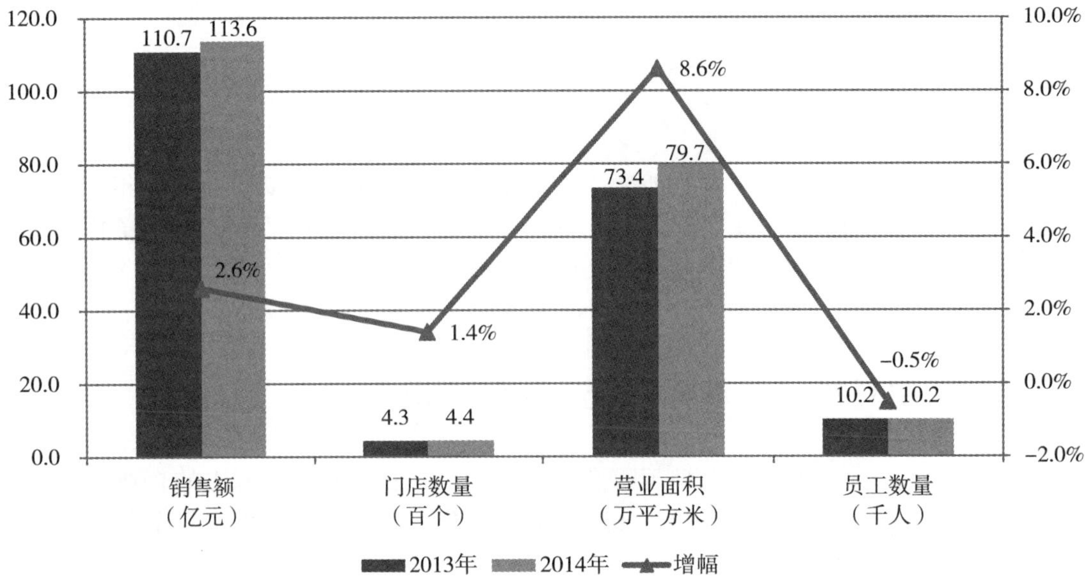

图 2　大型超市及超市样本企业平均规模

（二）企业费用情况

人工费用仍然是超市和大型超市的第一大费用，占比 54.4%。其次为房租和水电，占比分别为 31.1%和 14.5%。就增幅来看，这三项费用中人工费用下降了 0.1 个百分点，房租上升了 0.7 个百分点，水电费下降了 0.6 个百分点，反映企业在高费用的情况下，努力节省开支的情形。

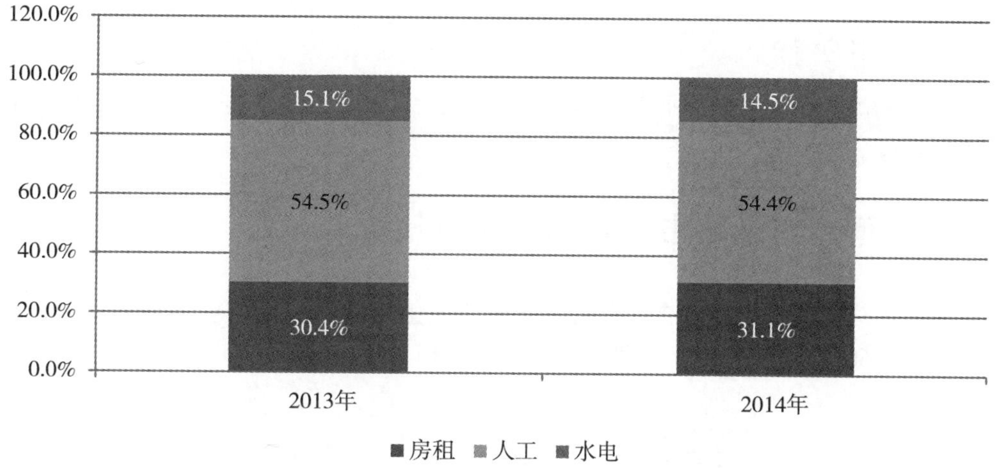

注：2014 年样本中有 60.2%的企业拥有自有产权门店，拥有自有产权门店的企业中，自有产权门店占门店总数的平均比例为 20.4%。

图 3　大型超市及超市样本企业费用结构

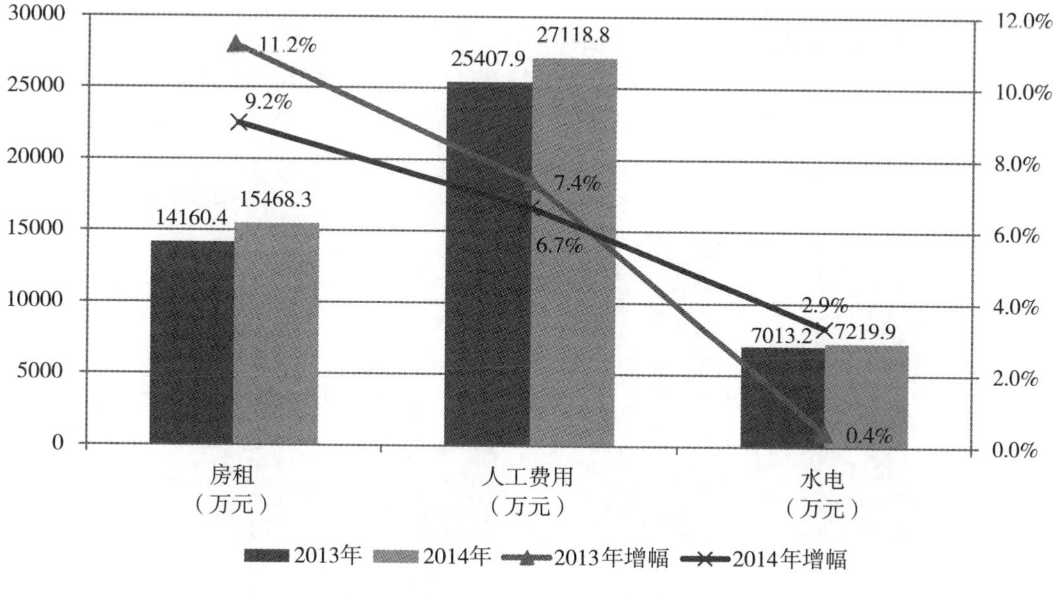

图 4　大型超市及超市样本企业费用

（三）网络零售业务

在大型超市和超市样本企业中，37%的企业开展了网络零售业务。平均年网络销售额为 3757 万元，占总销售额的 0.9%，虽然高于上年的 0.2%，但比重水平仍然较低，对企业销售额的贡献仍然不足。

（四）自有品牌

在大型超市和超市样本企业中，42%的企业经营自有品牌，自有品牌的销售额占总销售额的6.4%。

二、大型超市及超市样本门店经营情况

按照国家零售业态分类标准，本次调查按照惯例将样本门店按营业面积划分为两类：营业面积超过6000平方米的为大型超市，营业面积不足6000平方米的为一般超市（简称超市）。

（一）大型超市门店经营情况

本次调查数据完整且门店营业一年以上的大型超市共有25家，这些店铺都是行业中经营较好、能够代表行业领先水平的。25家店铺中，14家位于一、二线城市，11家分布在三、四线城市；平均营业面积为1.1万平方米，最低为6000平方米，最高为2.3万平方米；平均销售额为2.6亿元，最低为0.8亿元，最高为6.9亿元。

1. 门店平均规模

2014年，样品店铺每店平均销售额小幅增长（平均每店增加836万元），经营单品数量比上年增加1078种。在销售额小幅增长的情况下，营业面积略微上升，但员工数量小幅下降。这是在近几年房租与人工费用不断上升的压力下，企业提高经营效率的体现。

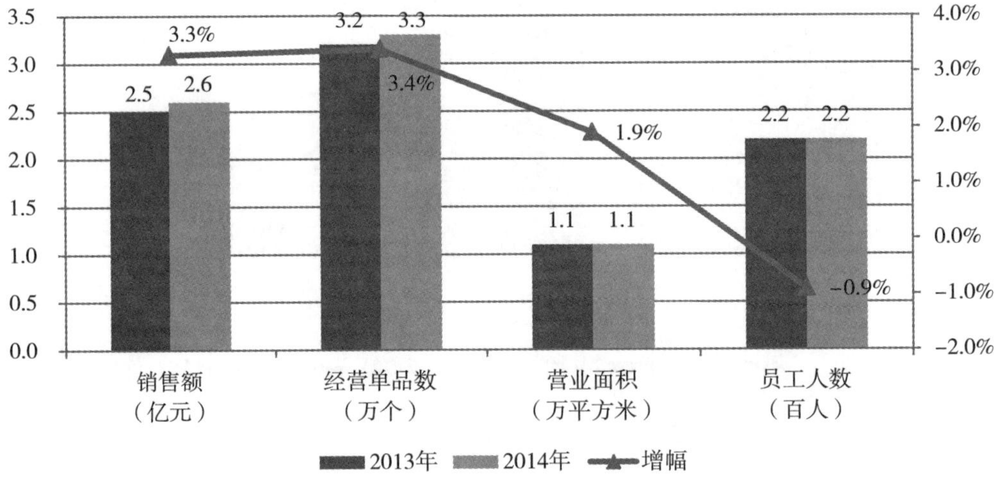

图5 大型超市样本店铺的平均规模

2. 门店经营效率

与上述结论趋于一致，2014年大型超市样本店铺的平效和人效都有所提升，特别是人效，较上年增长了3.5%。由于销售总额增速与单品数量增速相近，单品销售额没有变化。

表 1　　大型超市样本店铺平效、人效和单品销售额

项目	平效（万元/平方米·年）	人效（百万元/人·年）	单品销售额（万元）
2014 年	2.4	1.2	0.9
2013 年	2.3	1.2	0.9
2014 年增幅	1.4%	3.5%	0%

3. 门店日均客单价

2014 年日均客单价为人民币 84.9 元（上年为 79.8 元），同比增长 6.4%（上年为 0.9%）。虽然本年度日均客单价同比增率远高于上年，但与 2011 年和 2012 年日均客单价增幅 13.5%和 13.6%相比，增幅还是相对较小。网络销售以及专业店等其他销售渠道的销售分流可能导致了 2013 年客单价增长乏力，但随着传统零售业开始调整并适应新的竞争环境，客单价随之恢复增长。

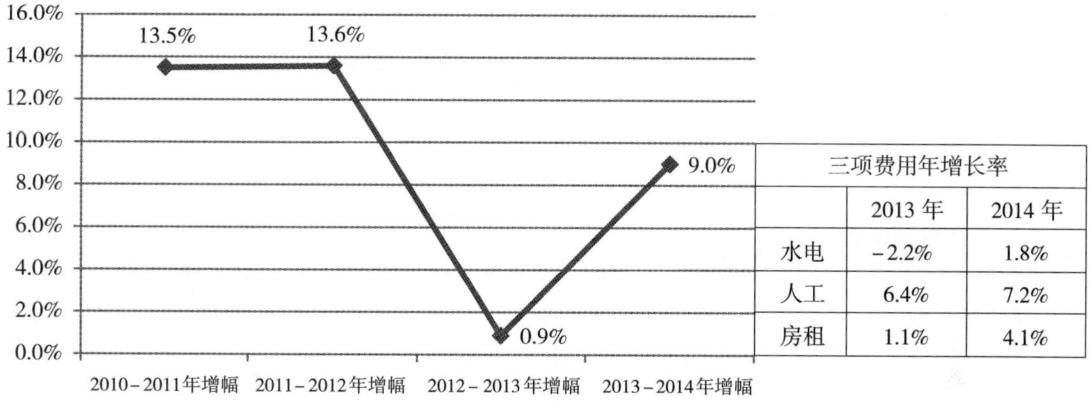

图 6　日均客单价增幅

4. 门店费用情况

2014 年三项费用（房租、人工和水电）占销售收入比率为 7.8%，该比率比上年上升了 2.6%。费用比率增长的主要原因是房租和人工费用增加，特别是人工费用，比上年增加了 7.2%。人工费用仍然是大型超市的第一大费用，其次是房租和水电。

表 2　　大型超市样本店铺的三项费用

项目	三项费用占销售收入比率	房租（万元）	员工工资（万元）	水电（万元）
2014 年	7.8%	598.8	1，101.7	315.9
2013 年	7.6%	575.0	1，028.2	310.2
2014 年增幅	2.6%	4.1%	7.2%	1.8%

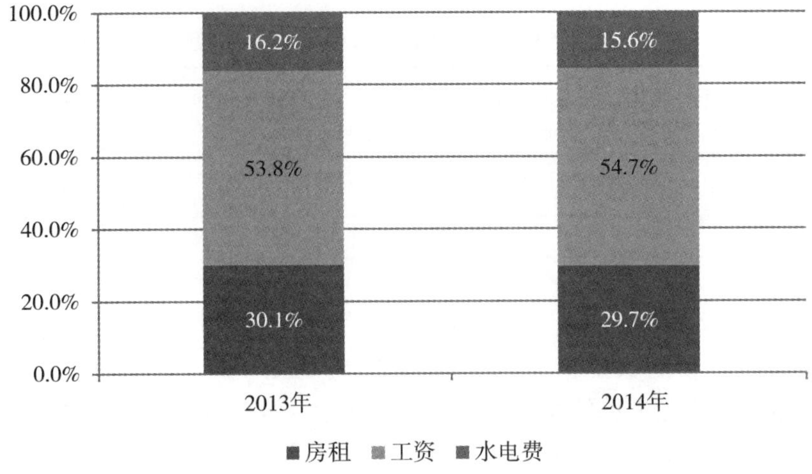

图 7　大型超市样本店铺的三项费用结构

5. 门店毛利率

大型超市平均毛利率水平为 16.4%，高于 2013 年的 15.6%。店铺毛利率差别较大，最低为 8.3%，最高为 24.6%。所有业态样本店铺的平均毛利率为 16.2%，略低于大型超市水平。

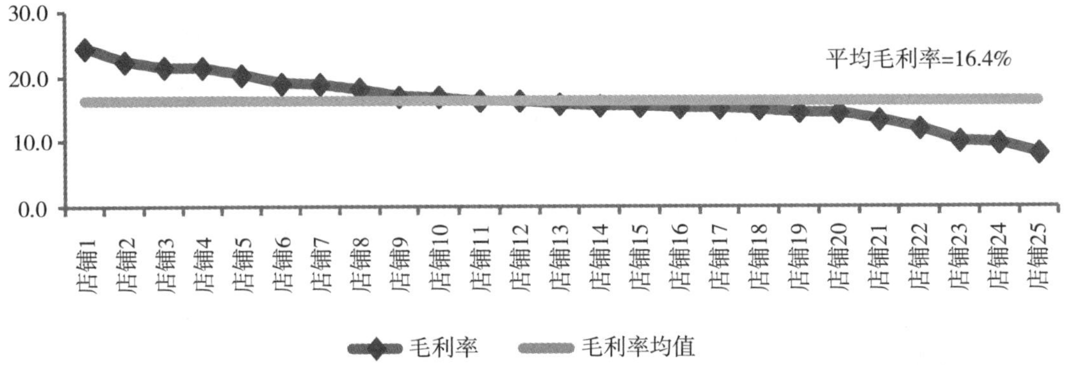

注：由于填报的店铺均为各家企业经营状况较好的店铺，经营状况好，平均毛利率高于一般大型超市毛利率水平。

图 8　大型超市样本店铺的毛利率分布

6. 物流配送与周转情况

样本门店的统一配送率平均为 64%，与 2013 年的 63%相比略升 1%。库存周转平均为 36 天，比 2013 年平均缩短 1 天。

7. 不同面积的大型超市对比

按以往惯例，我们将样本门店营业面积细分为 6000-9999 平方米、10000-14999 平方米和 15000 平方米及以上三组以增加可比性。

（1）三组样本门店的平均规模。从表 3 可以看到，大型超市不同面积的店铺销售额均有所上升，其中小面积门店（6000-9999 平方米）上升幅度最大，为 4.9%。从员工数量来看，大面积和中等面积门店都有小幅增长，而小面积门店员工数量有所下降且降幅较大，为4.1%。

表3　　大型超市三组样本门店的平均规模

面积分类（平方米）	年份	营业额（万元）	平均营业面积（平方米）	正式员工平均数（人）	经营单品（个）
≥15000	2014年	47679	17455	300	31527
	2013年	45934	16821	299	31585
	2014年增幅	3.8%	3.8%	0.4%	-0.2%
10000-14999	2014年	26597	12090	205	30102
	2013年	26221	12190	201	28738
	2014年增幅	1.4%	-0.8%	1.8%	4.7%
6000-9999	2014年	24330	7214	201	20070
	2013年	23197	7048	210	19270
	2014年增幅	4.9%	2.4%	-4.1%	4.2%

（2）三组样本门店的经营效率。从表4可以看到，三组门店中，小营业面积（6000-9999平方米）的人效提高了9.4%，相比其他两类门店提高较大。人效反映出员工素质和专业技术技能，与门店的运营成本——人工费用息息相关。

2014年平效较高的是大面积门店和小面积门店，平效分别为2.7万元/平方米·年和3.4万元/平方米·年，而中等面积门店平效相对较低，为2.2万元/平方米·年，总体上三组样本门店的平效均较上年有所提高。

三组门店中，只有中等营业面积单品销售额较上年下滑，比上年降低3.2%。就三组超市2014年的单品销售额比较，大面积门店的单品销售额最高，而中等面积门店次之，小面积门店最低。

表4　　大型超市三组样本门店的平效，人效以及单品销售额

面积分类	年份	平效（万元/平方米·年）	人效（百万元/人·年）	单品销售额（万元）
≥15000	2014年	2.7	1.6	1.5
	2013年	2.7	1.5	1.5
	2014年增幅	1.1%	6.4%	4.9%
10000-14999	2014年	2.2	1.3	1.0
	2013年	2.2	1.3	1.0
	2014年增幅	2.3%	-0.3%	-3.2%
6000-9999	2014年	3.4	1.2	0.7
	2013年	3.3	1.1	0.6
	2014年增幅	2.5%	9.4%	1.8%

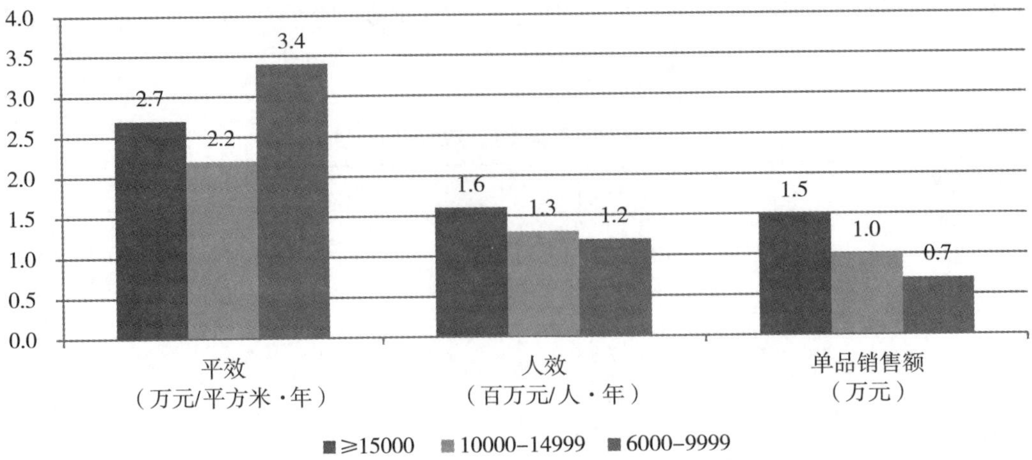

图 9　2014 年三组样本门店经营效率对比

（3）三组样本门店的日均客单价。如图 10 所示，2014 年三组样本门店的日均客单价都实现了不同程度的增长，其中大面积门店（≥15000 平方米）的增幅相对较小，为 5.7%；中等面积（10000–14999 平方米）和小面积门店（6000–9999 平方米）较高，分别增长了 7.8%和 6.4%，这可能是由于后两组门店单品数量增长较快而导致。

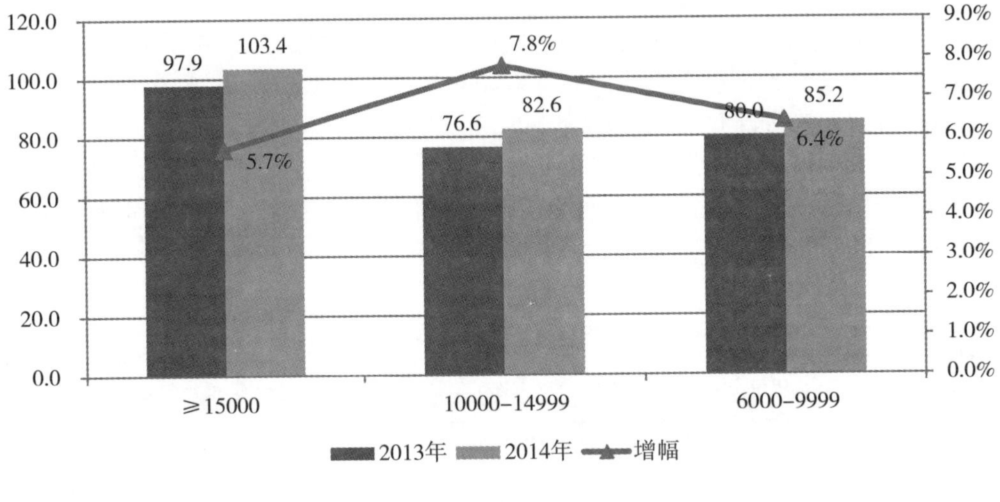

图 10　大型超市三组样本门店的日均客单价

（4）三组样本门店的毛利率。如图 11 所示，2014 年三组样本店铺毛利率分别为 15.4%、17.1%和 16.0%。中等面积门店（10000–14999 平方米）的毛利率最高，但相较上年增幅下降。相比之下，大面积门店（≥15000 平方米）的毛利率水平最低，而小面积门店（6000–9999 平方米）的毛利率增幅最大。

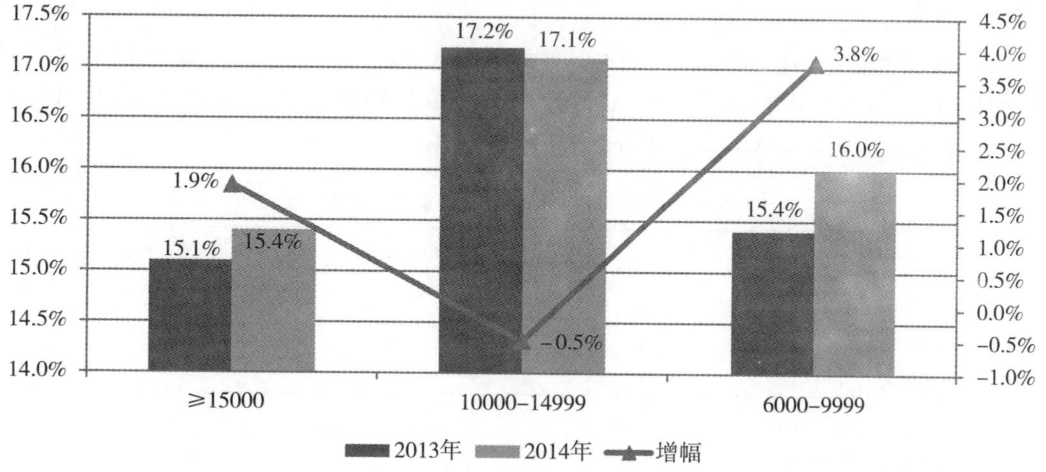

图 11　大型超市三组样本门店的毛利率

（二）超市样本门店经营情况

本次调查数据完整且营业一年以上的样本超市共有 16 家，其中 7 家位于一、二线城市，9 家分布在三、四线城市；平均营业面积为 0. 2 万平方米，最低为 500 平方米，最高为 5600 平方米；平均销售额为 0. 6 亿元，最低为 0. 1 亿元，最高为 2. 2 亿元。

1. 门店平均规模

2014 年，样本超市销售额减少 1. 6%，而大型超市增长 3. 3%。与大型超市相似，超市营业面积略增 1. 5%，正式员工数量有所下降，平均每店减少 3 人。销售额降幅小于员工数量降幅，说明企业经营效率较上年有所提高。经营单品数量比上年增加 1222 种，与大型超市增量相近。

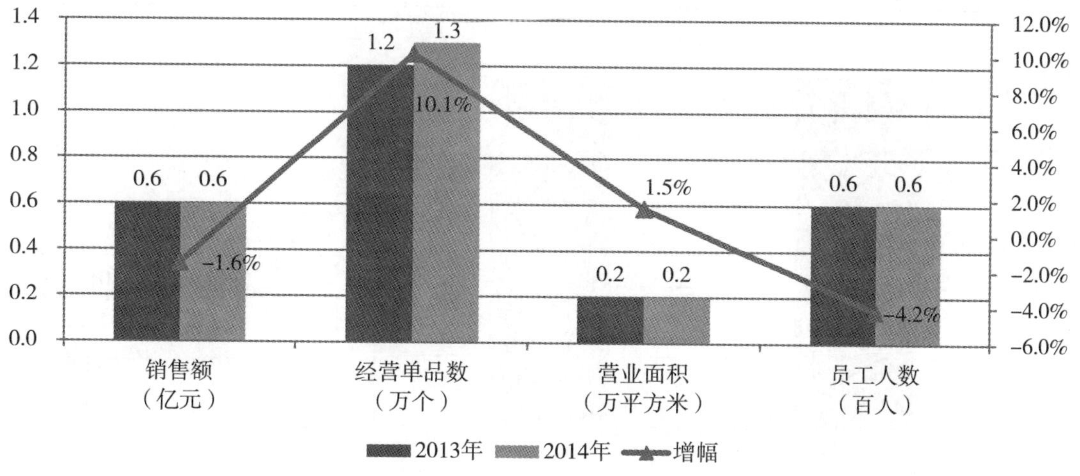

图 12　超市样本店铺的平均规模

2. 门店经营效率

由于销售额较上年有所下降，2014 年平效下降 3.0%，而人效为 1.04 百万元/年·人，同比增幅为 2.7%，显示超市人工效率持续提升。单品销售额比上年有所下降，降幅为 10.6%，主要原因是销售额同比下降而单品数量上升。

表 5　　超市样本店铺平效，人效和单品销售额

项目	平效（万元/平方米·年）	人效（百万元/人·年）	单品销售额（万元）
2014 年	2.66	1.04	0.47
2013 年	2.74	1.01	0.52
2014 年增幅	-3.0%	2.7%	-10.6%

3. 门店日均客单价

2014 年超市日均客单价为人民币 48.1 元，比上年下降了 4.2%，与往年的不断上升相比出现较大的逆转，反映出超市所面临的更加剧烈的市场竞争及收入增长停滞的困境。

4. 门店费用情况

超市样本的房租、员工工资和水电费用均较上年有所上升，这三项费用的总和占销售收入比率因此比上年增加了 0.3 个百分点（增幅 4.4%）。涨幅最大的是员工工资，为 3.9%。考虑到员工数量平均下降了 4.2%，可见人工费用增长主要是由于员工工资的上浮。就费用结构而言，由于员工费用大幅上升，其在三项费用中的比率上升了 0.6 个百分点。房租和水电费用占比都略有下降。

表 6　　超市样本店铺的三项费用

项目	三项费用占销售收入比率	房租（万元）	员工工资（万元）	水电（万元）
2014 年	6.8%	139.4	229.6	52.0
2013 年	6.5%	137.4	221.0	51.4
2014 年增幅	4.4%	1.5%	3.9%	1.2%

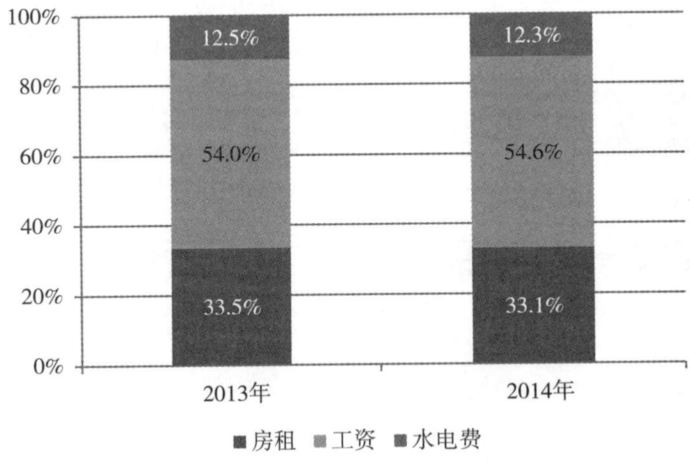

三项费用年增长率		
	2013 年	2014 年
水电	5.5%	1.2%
人工	7.3%	3.9%
房租	3.5%	1.5%

图 13　超市样本店铺的三项费用结构

5. 门店毛利率

超市样本平均毛利率水平为 12.7%，显著低于上年的 14.6%，也低于所有业态样本店铺的平均毛利率（16.2%）。超市毛利率差别较大，最低为 7.1%，最高为 17.4%。如果以样本超市平均销售额来计算，毛利率最高和最低的门店毛利额相差 672 万元。

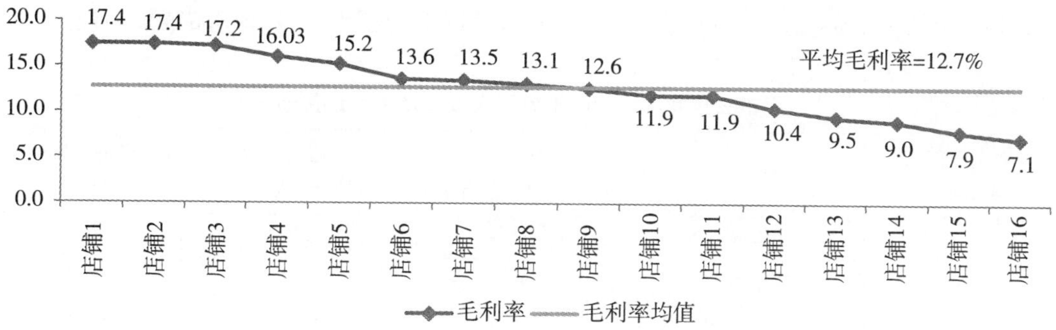

图 14　超市样本店铺的毛利率分布

6. 物流配送与周转情况

2014 年超市样本门店的统一配送率平均为 69%，略低于上年。库存周转平均为 34 天，比上年增加 3 天。

7. 不同面积的超市对比

与大型超市一样，为增加可比性，我们将门店样本按营业面积细分为三组：500-999 平方米、1000-2999 平方米和 3000 平方米及以上。

（1）三组样本门店的平均规模。整体来看，三组超市的销售额均小幅下降，显示出不同面积规模的超市均面临收入增长乏力、竞争激烈的困境。营业面积上只有大面积门店（≥3000 平方米）有所上升，其他两组持平。大面积门店和中等面积门店的员工人数均大幅下降，其中大面积门店平均人数减少 5.4%。

表 7　　超市三组样本门店的平均规模

面积分类（平方米）	年份	营业额（万元）	平均营业面积（平方米）	平均正式员工数（人）	经营单品（个）
≥3000	2014 年	9882	4322	74	18464
	2013 年	10062	4212	78	18662
	2014 年增幅	-1.8%	2.6%	-5.4%	-1.1%
1000-2999	2014 年	5342	1678	62	11957
	2013 年	5413	1678	65	9801
	2014 年增幅	-1.3%	0.0%	-3.6%	22.0%
500-999	2014 年	941	325	14	6213
	2013 年	959	325	14	5650
	2014 年增幅	-1.9%	0.0%	0.0%	10.0%

（2）三组样本门店的经营效率。与上述销售额、营业面积和员工数量的数据趋于一致，三组样本门店的平效均下降，而大面积门店（≥3000 平方米）和中等面积门店（1000-2999 平方米）的人效均有所上升。营业面积在 1000-2999 平方米和 500-999 平方米的超市单品销售额比上年有较大的下降，主要是门店在收入增长停滞的环境下，为了提高竞争力，扩大单品数量导致的。就三组样品门店的经营效率来比较，营业面积为 1000-2999 平方米的平效最高，而面积在 3000 平方米及以上的超市人效和单品销售额最高。

表 8　　超市三组样本门店的平效，人效以及单品销售额

面积分类（平方米）	年份	平效（万元/平方米·年）	人效（百万元/人·年）	单品销售额（万元）
≥3000	2014 年	2.3	1.3	0.5
	2013 年	2.4	1.3	0.5
	2014 年增幅	-4.3%	3.8%	-0.7%
1000-2999	2014 年	3.2	0.9	0.4
	2013 年	3.2	0.8	0.6
	2014 年增幅	-1.3%	2.4%	-19.1%
500-999	2014 年	2.9	0.7	0.2
	2013 年	2.9	0.7	0.2
	2014 年增幅	-1.9%	-1.9%	-10.8%

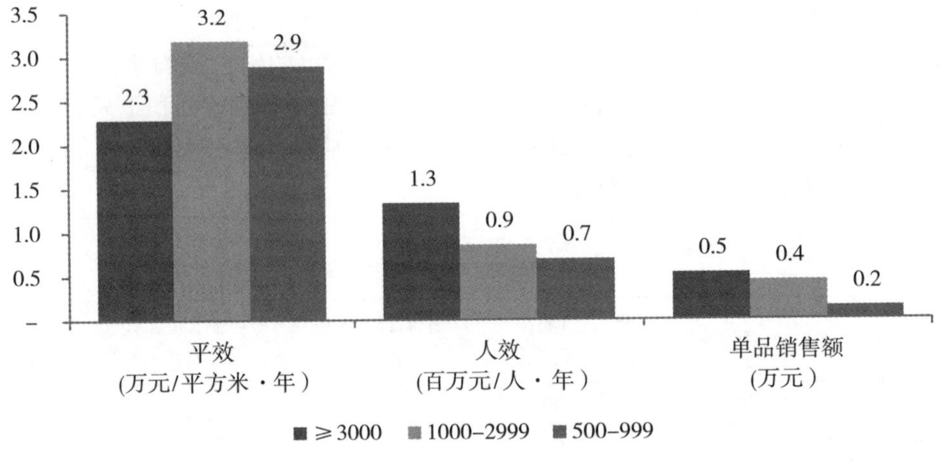

图 15　三组样本门店经营效率对比

（3）三组样本门店的日均客单价。如图 16 所示，在三组样本门店中，大面积超市（≥3000平方米）日均客单价最高，其次是营业面积为 1000-2999 平方米的超市，最后为小面积超市。

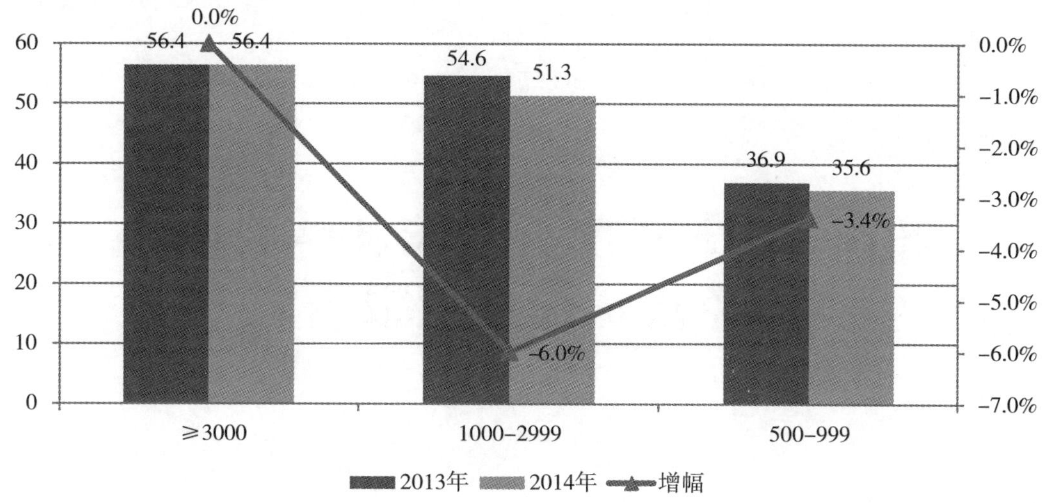

图 16　超市三组样本门店的日均客单价

（4）三组样本门店的毛利率。如图所示，面积为 500-999 平方米超市的毛利率水平最高。相比之下，除面积在 3000 平方米及以上的超市毛利率略有增长，其他两组超市毛利率水平均微幅下降。

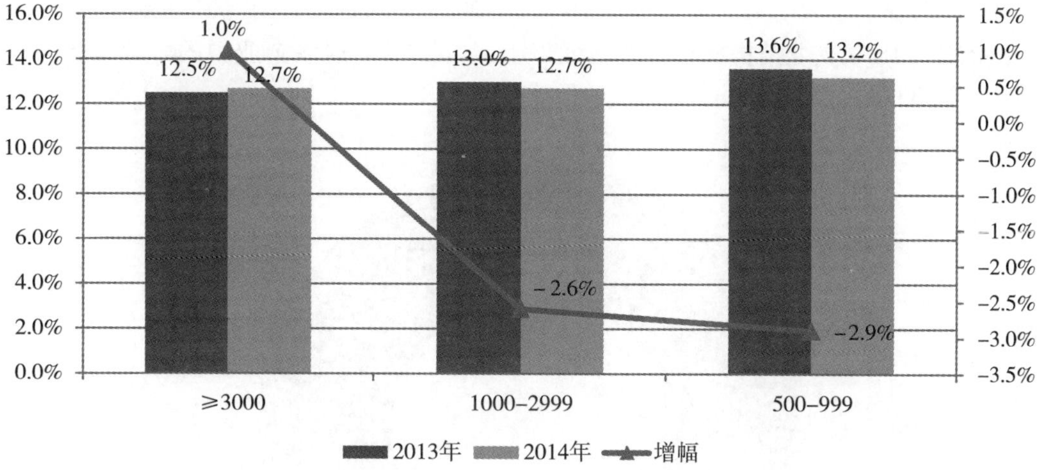

图 17　超市三组样本门店的毛利率

2014-2015 年度百货店和购物中心经营状况分析报告

中国连锁经营协会（以下简称协会）于 2015 年年初开展了连锁零售企业年度行业调查，其中以百货店为主营业态的百货及购物中心样本企业为 66 家。本报告结合协会与德勤的行业研究观点及其相关调研数据对百货店发展环境、主要态势等进行分析和总结。

一、百货店和购物中心经营发展概况

从规模来看，本次调查的百货店及购物中心样本企业，销售规模上多数企业的销售额在 200 亿元以下，其中 100 亿元以下和 100 亿-200 亿元的企业分别有 35 家和 13 家，各占 53%和 20%。18 家企业销售额在 200 亿元以上，占 27%。这些企业中的半数来自一、二线城市，共 33 家，其余大部分来自三、四线城市。

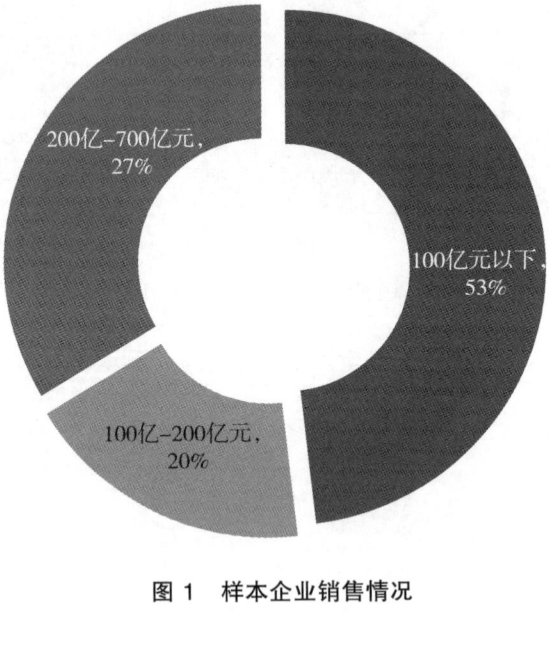

图 1　样本企业销售情况

（一）样本企业平均规模

2014 年，66 家样本企业销售增长 1.3%，呈现相对较低的增幅。延续上年趋势，平均门店数量再次下降 4.2%，但每个样本企业的面积和销售额均呈扩大趋势。

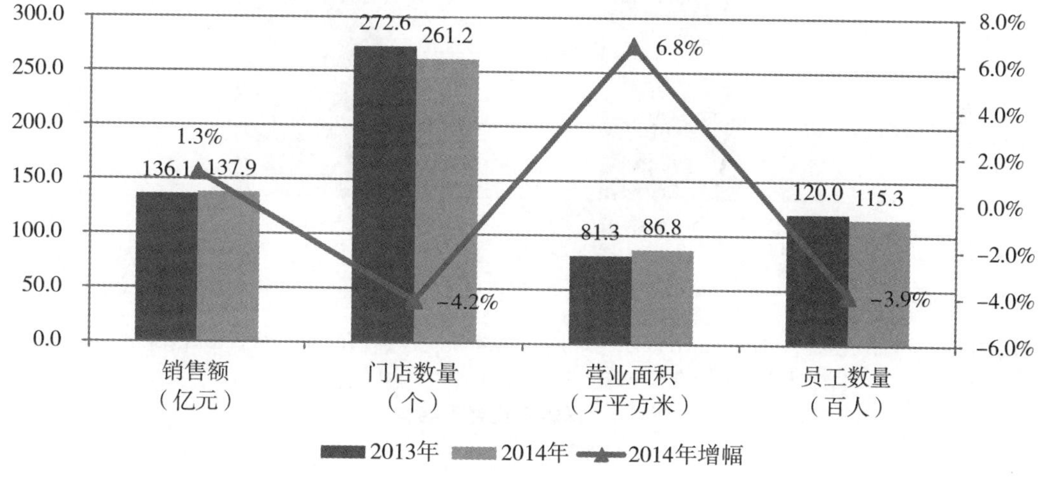

图 2　样本企业平均规模

（二）样本企业费用情况

样本企业的人工费用比上年上升 7.7%。虽然增速有所减缓（上年为 18%），但在销售额中所占比重与上年持平，均为 2.9%。

样本企业的平均房租费用比上年上涨 10.4%，涨幅与上年相当。房租费用的上升主要来源于营业面积的增加，房租成本占销售额的比率在 2014 年实际下降了 0.2%；水电费用比上年下降 5.8%，占销售额比率基本无变化，为 0.8%。

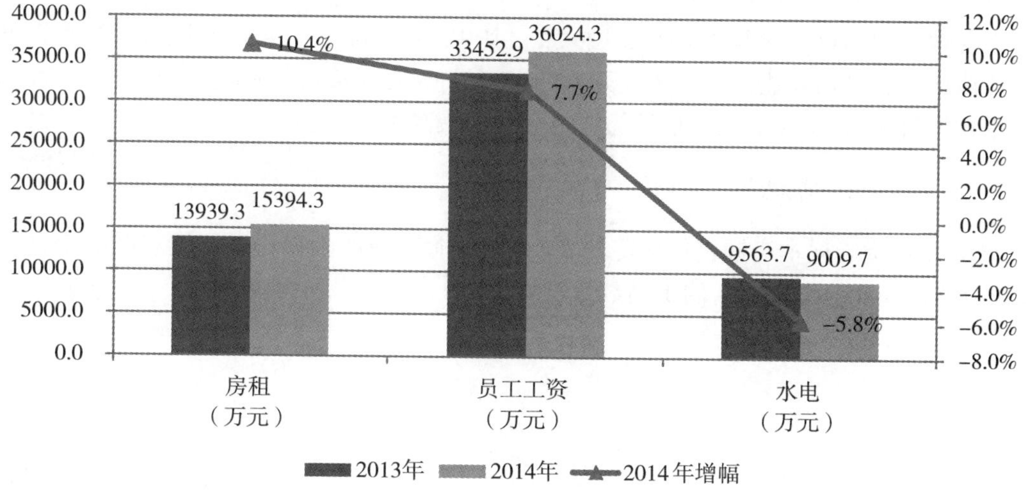

图 3　样本企业费用

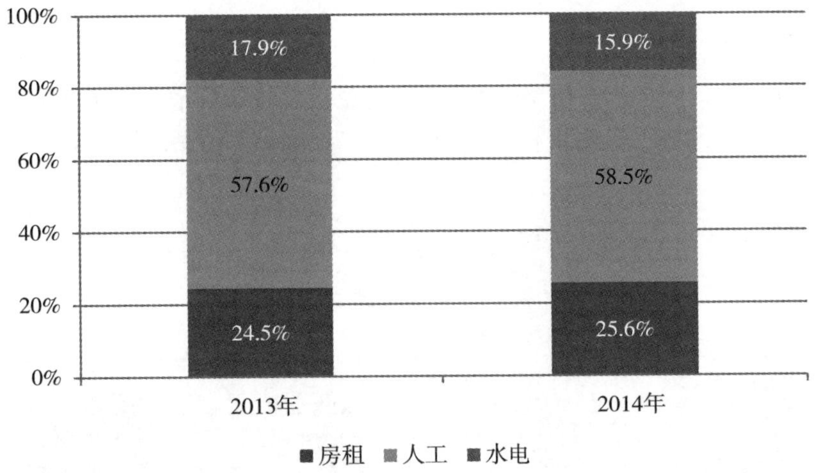

注：样本企业中，有 62.1%的企业拥有自有产权门店。2014 年，平均自有产权门店占总门店的比例由 2013 年的 14.6%上升到 16.3%，自有产权门店数上升 8.7%。

图 4　样本企业费用结构

（三）网络零售业务

在百货店及购物中心样本企业中，开展网络零售业务的企业年平均网络销售额为 4091 万元，仅占总销售额的 0.2%。

（四）自有品牌

样本企业中，78%的企业经营自有品牌，自有品牌的销售额占总销售额的 2.1%。

二、百货店样本门店经营发展基本情况

本次调查中的百货店样本门店共 20 家，其中 11 家位于一、二线城市，9 家分布在三、四线城市；平均营业面积为 3.6 万平方米，最低为 11980 平方米，最高为 8.7 万平方米；平均销售额为 11.8 亿元，最低为 2.5 亿元，最高为 31 亿元。

（一）门店平均规模

2014 年百货店样本店铺销售额降低 4.8%。同时营业面积相比上年没有明显变化，员工数量下降 4.8%，而且经营的单品数量增长 4.2%。

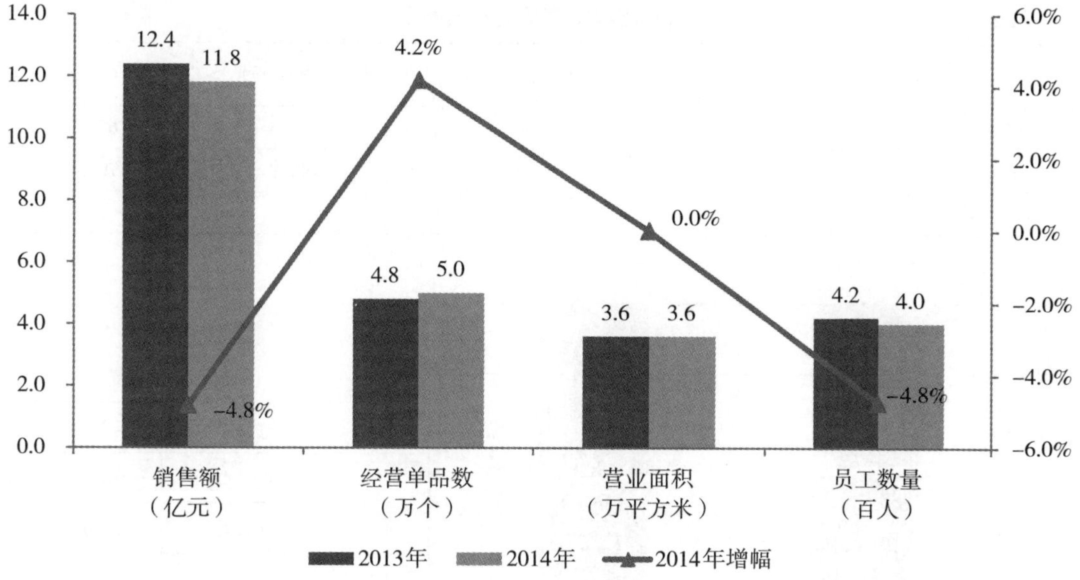

图 5　百货店样本店铺的平均规模

（二）门店经营效率

2014 年平效、人效与单品销售额均有小幅下降，显示经营效率有所降低。

表 1　　百货店样本店铺平效、人效和单品销售额

项目	平效（万元/平方米·年）	人效（万元/人·年）	单品销售额（万元）
2014 年	3.4	301.2	2.0
2013 年	3.5	301.5	2.1
2014 年增幅	-2.9%	-0.1%	-4.8%

（三）门店日均客单价

2014 年日均客单价为人民币 376.7 元，与上年（362.2 元）相比增加了 4.0%，增幅明显趋缓，约为上年的一半。

（四）门店费用情况

三项成本费用除水电外均上涨。百货店的第一费用仍是员工工资，占比较上年降低 1.6 个百分点。考虑到员工人数较上年下降 4.8%，可见人工费用的增长与工资水平的上升直接相关。房租是样本企业的第二大成本，增长幅度较上年有较大提高，说明房租水平在本年度有明显上升。占比最低的水电费本年支出额较上年降低，说明门店在水电方面更加注意成本控制。

表 2　　　　百货店样本店铺的三项费用

项目	三项费用占销售收入比率	房租（万元）	员工工资（万元）	水电（万元）
2014 年	4.8%	1906.8	2324.3	672.5
2013 年	4.4%	1648.1	2145.9	707.1
2014 年增幅	8.2%	15.7%	8.3%	-4.9%

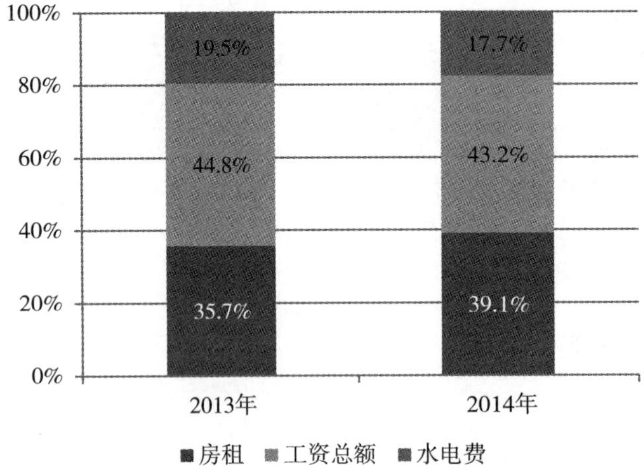

三项费用年增长率		
	2013 年	2014 年
水电	1.0 %	– 4.9 %
人工	7.5 %	8.3 %
房租	0.7 %	15.7 %

图 6　百货店样本店铺的三项费用结构

（五）门店毛利率

百货店样本门店平均毛利率为 16.0%，与上年基本持平。店铺毛利率差别较其他业态相比较小，最低为 9.3%，最高为 22.5%，但由于百货店平均店铺规模较大，以样本店铺平均销售额来计算，毛利率最高和最低的门店的毛利额相差绝对值为 1.6 亿元。

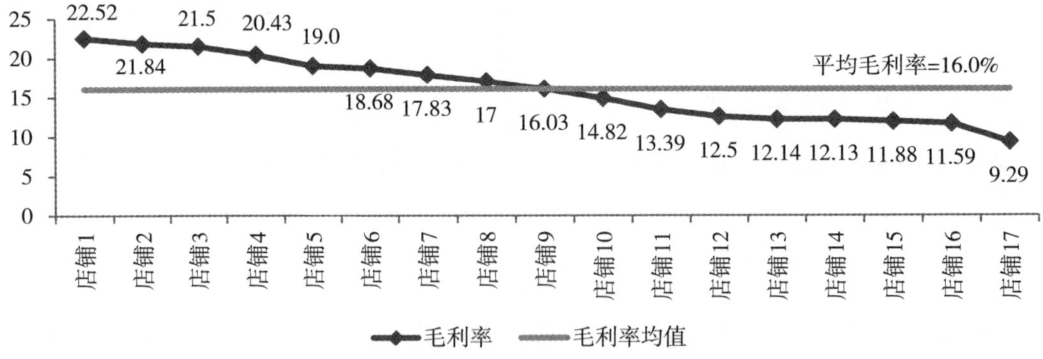

图 7　百货店样本店铺的毛利率分布①

---

① 有三家门店没有公布毛利率信息，因此图中只有 17 家门店的信息。

（六）物流配送与周转情况

样本门店的统一配送率平均为66%，较上年小幅上涨。库存周转平均为33天，比上年平均缩短1天。

（七）不同面积的百货店对比

为增加可比性，本次调研将样本门店按面积细分为：10000-29999平方米和30000平方米及以上两组。

1. 两组样本门店的平均规模

表3显示，两组店铺的平均销售额以及员工人数都有所下降。营业面积30000平方米及以上的店铺平均销售额降幅相对较大，为5.0%；而营业面积在10000-29999平方米的店铺降幅为3.7%。相反，营业面积30000平方米及以上店铺员工裁减幅度较小，为2.1%；而营业面积在10000-29999平方米的员工裁减幅度高达10.8%。

表3　　百货店两组样本门店的平均规模

面积分类（平方米）	年份	营业额（万元）	平均营业面积（平方米）	平均正式员工数（人）	经营单品（个）
≥30000	2014年	171212	52112	562	84050
	2013年	180201	52112	574	83554
	2014年增幅	-5.0%	0.0%	-2.1%	0.6%
10000-29999	2014年	48247	13113	227	24207
	2013年	50109	13158	255	22209
	2014年增幅	-3.7%	-0.3%	-10.8%	9.0%

2. 两组样本门店的经营效率

相对上年而言，营业面积在30000平方米及以上的店铺在平效和人效上都有所下降，分别为5.7%和3.8%；而面积在10000-29999平方米的店铺则在这两个指标上都有所提升。

就2014年这两组样本店铺的三项经营效率指标对比来说，营业面积在30000平方米及以上的店铺由于规模经济优势而人效较高，平均每个人分摊的销售额（人效）比营业面积为10000-29999平方米的店铺高203万元；而营业面积在10000-29999平方米的店铺在平效和单品销售额上表现更佳。特别是单品销售额，是面积30000平方米及以上店铺的2倍多。

表 4　　百货店两组样本门店的平效，人效以及单品销售额

面积分类	年份	平效（万元/平方米·年）	人效（万元/人·年）	单品销售额（万元）
≥30000	2014 年	3.3	396.8	1.2
	2013 年	3.5	412.4	1.2
	2014 年增幅	-5.7%	-3.8%	0.0%
10000-29999	2014 年	3.5	193.6	3.0
	2013 年	3.4	176.8	3.3
	2014 年增幅	2.9%	9.5%	-9.1%

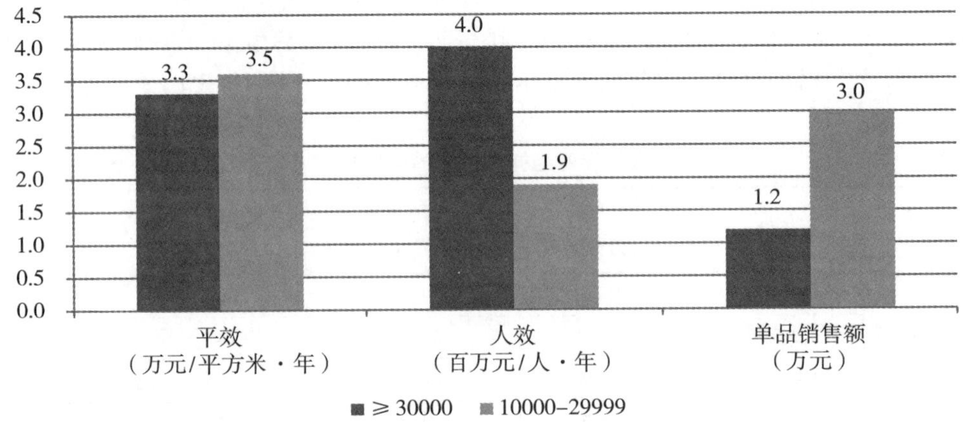

图 8　2014 年两组样本门店经营效率对比

3. 两组样本门店的日均客单价

2014 年，两组店铺的日均客单价都有提高。营业面积在 30000 平方米及以上店铺的日均客单价为 785.8 元，是营业面积 10000-29999 平方米店铺的 3 倍。

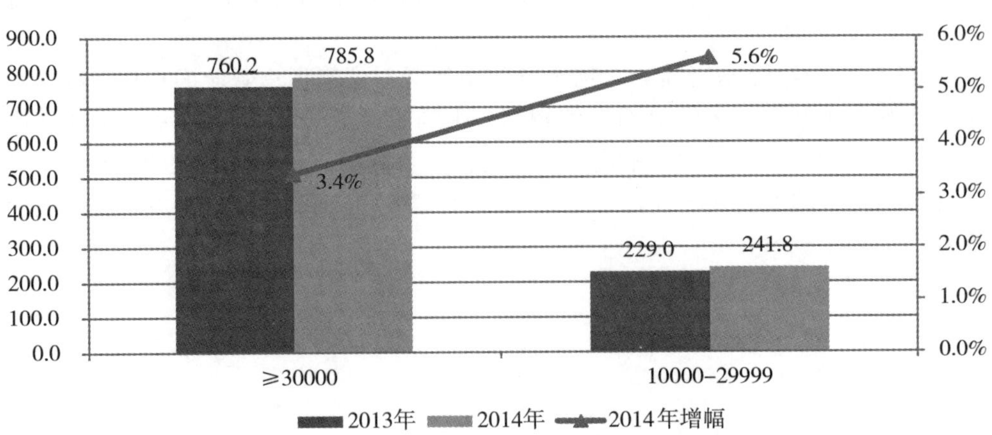

图 9　百货店两组样本门店的日均客单价

4. 两组样本门店的毛利率

两组店铺的毛利率很接近，分别为 16.2%和 16.4%，但营业面积为 30000 平方米及以上店铺的毛利率较上年上升了 1.3%，而营业面积为 10000-29999 平方米的店铺则下降了 1.2%。

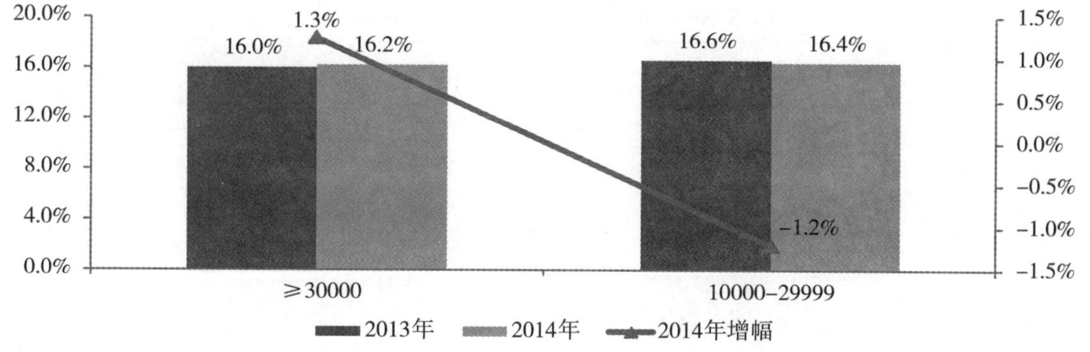

图 10　百货店两组样本门店的毛利率

三、购物中心样本门店经营发展基本情况

本次调查中购物中心样本店铺共有 14 家。14 家店铺中，8 家位于一、二线城市，6 家分布在三、四线城市；平均营业面积为 12.1 万平方米，最低为 2.6 万平方米，最高为 60 万平方米；平均销售额为 20.6 亿元，最低为 1 亿元，最高为 135 亿元。

（一）门店平均规模

2014 年样本店铺的销售额增长了 1.9%，涨幅并不明显。营业面积和员工人数均有所上升，而经营单品数无明显变动。

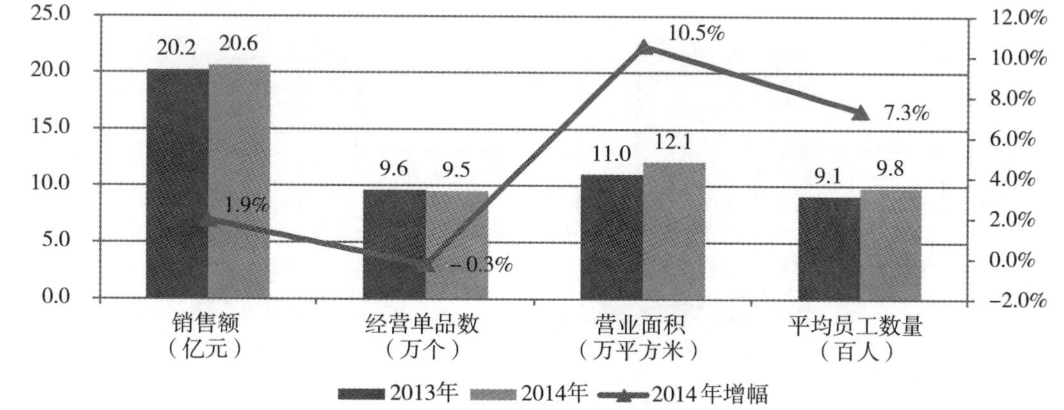

图 11　购物中心样本店铺的平均规模

（二）门店经营效率

2014 年，购物中心样本店铺平效、人效、单品销售额均有所下降，分别为 1.5%、3.9%和 0.7%。

表 5　　购物中心样本店铺平效，人效和单品销售额

项目	平效（万元/平方米·年）	人效（万元/人·年）	单品销售额（万元）
2014 年	1.97	264.0	4.0
2013 年	2.00	275.0	4.1
2014 年增幅	-1.5%	-3.9%	-0.7%

（三）门店平均日均客单价

2014 年平均日均客单价为人民币 652.7 元，与上年（717.9 元）相比降低约 65.2 元。

（四）门店费用情况

房租、人工费用和水电的增幅均有所上升，其中房租上升最多，达到 28.5%，其他分别为 19.2%和 13.4%。员工工资是其首要成本，占比 61.8%，高于其他业态。其次为水电和房租。

表 6　　购物中心样本店铺的三项费用

项目	三项费用占销售收入比率	房租（万元）	员工工资（万元）	水电（万元）
2014 年	2.7%	989.7	3634.3	1641.9
2013 年	2.7%	770.3	3049.0	1448.1
2014 年增幅	-0.2%	28.5%	19.2%	13.4%

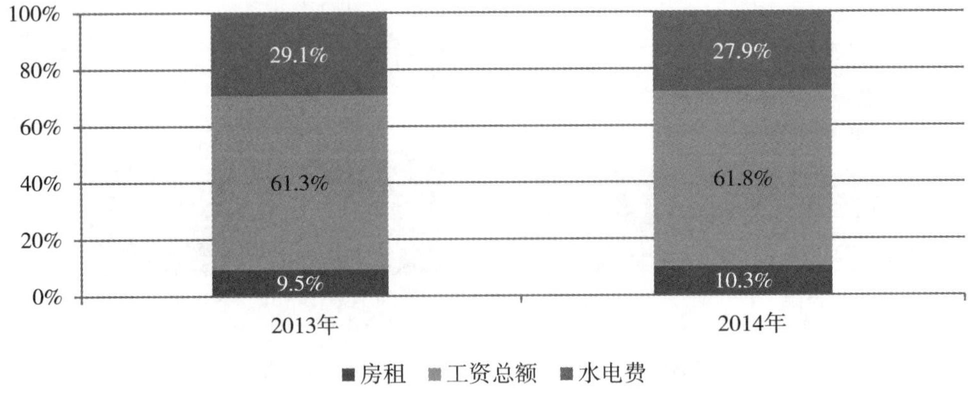

图 12　购物中心样本店铺的三项费用结构

（五）门店毛利率

购物中心平均毛利率水平为 14.0%，与上年基本持平。店铺毛利率差别较大，最低为 9.3%，最高为 24.4%。如果以样本店铺平均销售额来计算，毛利率最高和最低的门店的毛利额相差约 3 亿元。

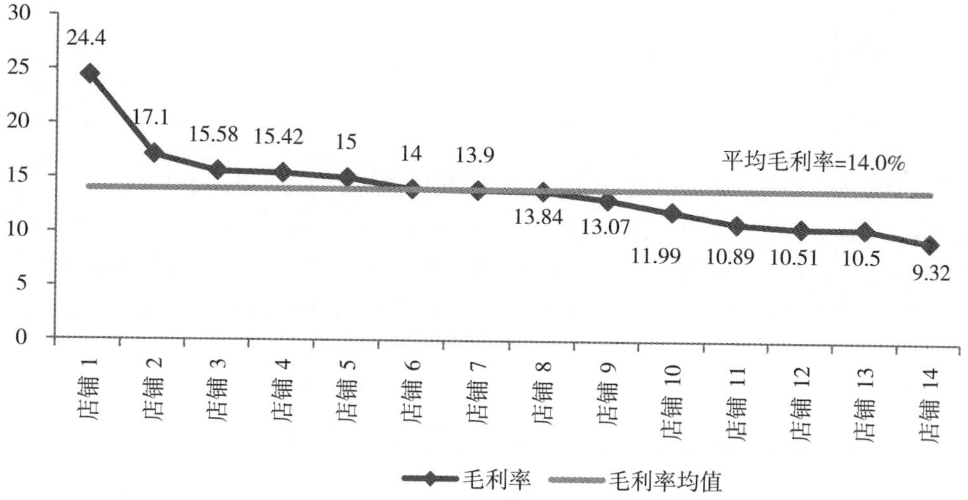

图 13　购物中心样本店铺的毛利率分布

（六）物流配送与周转情况

样本店铺的统一配送率平均为 48%，比 2013 年高出约 2 个百分点。库存周转平均为 48 天，比 2013 年平均增加一天。

2015 年中国购物中心发展报告

受国家商务部委托，2015-2016 年中国连锁经营协会与世邦魏理仕合作，对全国 17 个大中城市购物中心发展状况开展了调查。2016 年 5 月，双方联合发布了“中国主要城市购物中心发展指数”。随后，双方以本次调研数据为基础，结合世邦魏理仕以及美、欧购物中心相关研究资料和统计分析，形成中国购物中心发展状况综括，并对国内购物中心未来发展方向进行了预测。

一、中国主要城市购物中心发展指数及解读

本报告研究的城市购物中心发展指数包括供应端及需求端两组变量，并综合考量了各城市中购物中心存量、供应量、空置水平、租金、成熟开发商渗透率、消费市场规模、消费者购买力、零售品牌丰富度等变量因素。见图 1。

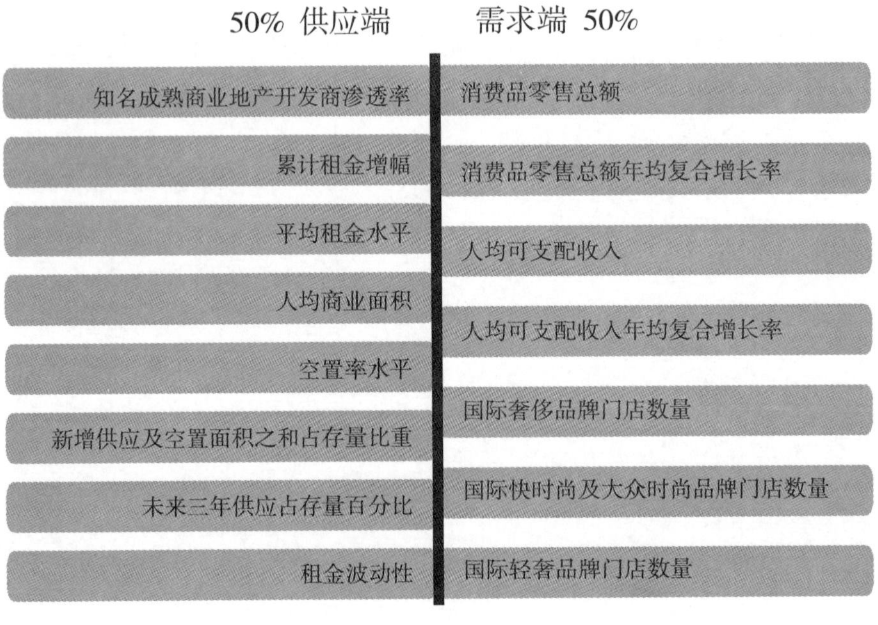

来源：世邦魏理仕研究部、中国连锁经营协会连锁品牌与购物中心委员会，2016 年一季度。

图 1　购物中心发展指数模型

（一）城市零售市场发展分类

购物中心发展指数模型得出的结果显示，大中城市零售市场发展可划分为三类：
一是成熟市场，包括上海、北京、杭州、成都、深圳、广州；
二是成长市场，包括南京、武汉、重庆、沈阳、天津、宁波；
三是潜力市场，包括苏州、大连、青岛、无锡、长沙。

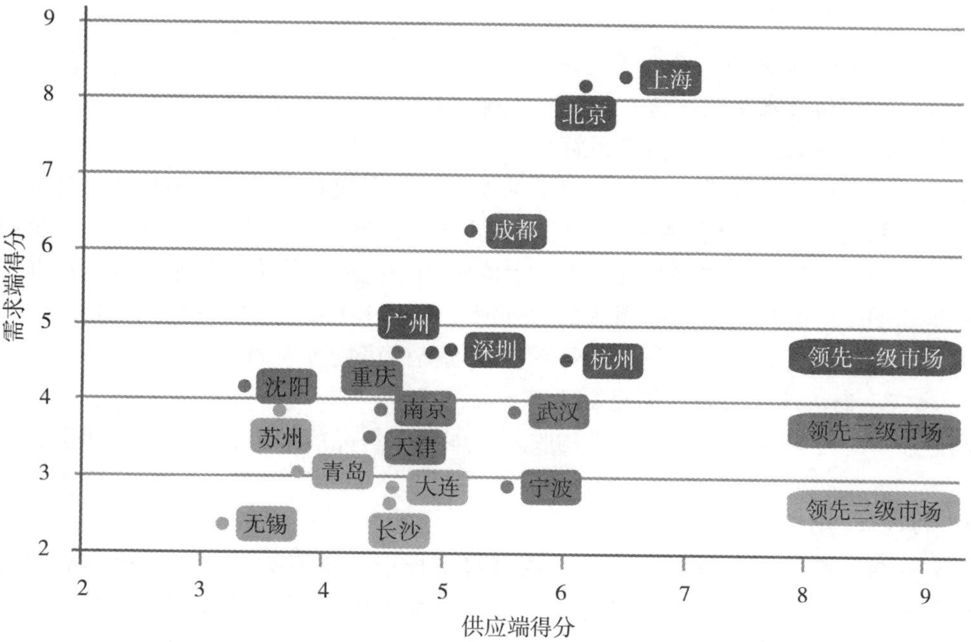

来源：世邦魏理仕研究部、中国连锁经营协会连锁品牌与购物中心委员会，2016年一季度。

图2　主要城市购物中心发展指数得分

综合看来，成熟市场的城市层级普遍较高，拥有庞大的消费群体且消费能力强，消费者对新品牌的接受度更高，因此吸引了大量品牌进驻。此类城市的购物中心发展更为成熟，物业形态较为丰富。然而与全国零售物业市场的趋势一致，部分成熟市场一定程度上亦面临未来供应量较大的问题。但得益于坚实的市场基本面，未来成熟市场（尤其核心商圈）总体表现仍较为平稳。

成长市场通常是所处区域门户城市，商圈辐射范围可覆盖周边城市。国际品牌入驻区域市场时，除了考虑成熟市场外，亦会选择在成长市场适当布点。此外，由于一线市场拿地竞争较为激烈，因此有相当一部分零售物业开发经验丰富的开发商将目光投向如武汉、重庆、沈阳、天津等商业土地供应丰富且具有潜力的成长市场。这些标杆项目无疑带来了成熟的运营经验，但另一方面，过去四五年间集中的购物中心开发超出了部分零售市场的承载能力，部分市场的空置率达两位数。从积极的方面来看，这为零售商进驻带来了更大的谈判空间。

潜力市场不论是从消费市场基本面、零售物业体量还是品牌丰富度上来看，都与一、二线市场有一定差距。由于城市层级的关系，潜力市场的需求往往受制于有限的消费容量及消费力，因此布点的国际品牌数量相对亦较少。此外，潜力零售市场的平均空置率达10.8%，与成熟及成长市场平均空置率相比高出3个百分点。虽然潜力市场的购物中心发展起步相对较晚，消费者仍处于从百货转向购物中心消费的转型阶段，但这些市场的市场基本面发展往往更为迅速，收入的平均增长速度高于其他市场，因此有一定潜力。但除个别城市外，由于开发项目总量有限，市场总体供求亦尚算平衡。

（二）市场亮点

1. 上海：知名开发商及品牌首选地

高分项——租金水平，零售总额，可支配人均收入，国际零售品牌数量。

低分项——未来三年供应占存量百分比。

稳定的租金增幅和规模庞大的消费市场吸引了众多成熟开发商及零售品牌在上海进行布点。在选取的25个在全国范围布局的内外资成熟购物中心开发商中，有17个目前在上海已有项目布点。对于业主和品牌来说，上海购物中心未来最大的挑战是大量的新增供应以及零售商圈多中心化对核心商圈造成的分流。但由于上海是中国的两个超级城市之一，其庞大的经济辐射能力以及消费市场容量将继续支持市场基本面。

2. 北京：高端消费突出，新进驻品牌数量居首

高分项——零售总额，可支配人均收入，国际零售品牌数量，未来三年供应占存量百分比。

低分项——租金波动性。

数量众多的高收入人群对北京的高端零售市场形成强有力的支持。根据胡润研究院《2015中国高净值人群资产配置白皮书》显示，北京的千万富豪人群数量达21.4万人，为全国之最。北京富豪在日用奢侈品上的花费最大，占其总消费的49.2%，年平均消费金额为252.9万元，在富豪最为集中的北京、上海和广州三个城市中消费占比最高。此外，2014年及2015年北京分别吸引了34个、47个新国际品牌进驻，位居全国第一。

3. 杭州：旅游城市需求稳定，租金表现强劲

高分项——累计租金增幅，人均商业面积，人均可支配收入。

低分项——未来三年供应占存量百分比。

杭州是全国最富裕的省份之一的浙江省的省会城市，2014年杭州的人均可支配收入达44632元，位居全国第二。作为我国最受欢迎的旅游城市之一，杭州每年接待的国内外游客消费亦对当地的零售市场产生重要影响。由于需求稳定以及过去新增供应量有限，杭州的购物中心首层租金在过去五年中取得高达8%的年复合增长率，是本报告覆盖的17个城市中增长最快的城市。

4. 成都：西部第一城，物业形态丰富

高分项——租金波动性，成熟开发商渗透率，国际零售品牌数量。

低分项——累计租金增幅，未来三年供应占存量百分比。

成都拥有较为超前的消费观念，其坚实的消费基础使其成为零售品牌和开发商扩展的重点城市。据本报告统计，不论是快时尚、轻奢还是奢侈品牌数量，成都都名列前茅，仅次于北京、上海。成都的零售物业丰富度亦可圈可点。除了众多的传统百货商场外，还拥

有 IFS、太古里等地标项目。目前，已有 14 个外资或港资开发商在成都市场投资建设购物中心。此外亦有中粮、华润等成熟内资开发商在此布点，成熟开发商的布点亦对成都零售市场起到了塑造作用。

5. 深圳：年轻群体推动消费市场

高分项——未来三年供应占存量百分比，国际快时尚及大众时尚品牌门店数量，平均租金水平。

低分项——可支配收入增幅，国际奢侈品牌门店数量。

深圳是众多知名开发商的发源地和总部，因此有不少开发商将深圳的项目作为产品系列进行全国推广，优质购物中心也往往在华润、华侨城、益田、京基等本地巨头手中。此外，作为经济特区的深圳，以“来了就是深圳人”的城市精神以及得天独厚的政策规划吸引了大批年轻移民。2013 年的数据显示，深圳全市常住人口的平均年龄仅为 33.6 岁。在此背景下，深圳的零售市场呈现出特有的年轻活力，并吸引了一批针对年轻消费者的品牌进驻。

6. 广州：市场潜力有待挖掘，多中心化进程是关键

高分项——租金波动性，首层租金水平，零售总额。

低分项——空置率水平，成熟开发商渗透率，国际奢侈品及轻奢品牌门店数量。

尽管广州消费品零售总额和可支配收入名列前茅，但购物中心发展在六个成熟零售市场中却稍有滞后。究其原因，除了广州人务实的消费习惯外，亦有一部分受制于长期以来零售市场的单极布局。广州大部分优质项目集中在天河路商圈，因此造成优质地段一铺难求、其他地段差强人意的两极化趋势。而随着次级商圈社区型商业的崛起，广州的多中心化进程将是零售市场的突破点。

7. 武汉：版图外扩，供应充沛

高分项——累计租金增幅，空置率水平，未来三年供应占存量百分比。

低分项——平均租金水平，人均商业面积，国际奢侈品及轻奢品牌门店数量。

武汉 2014 年及 2015 年的购物中心新增供应分别达 99 万及 80 万平方米，连续两年位居全球第一。但由于项目分布较为分散，需求稳定，而且其中不乏成熟开发商项目，因此整体空置率依然稳定在 5%之内。在 2015 年前，武汉非核心商圈项目的平均首层租金增幅远高于全市水平，随着供应增加，非核心商圈的租金增幅已基本持平。作为发展迅速的中部枢纽城市，武汉地铁线路的建设亦将带动城市零售版图的扩张。

8. 南京：新街口一枝独秀

高分项——人均商业面积，空置率水平，可支配人均收入。

低分项——租金波动性，成熟开发商渗透率。

南京市居民消费能力在江苏省名列前茅，零售市场亦辐射到周边的省市（如安徽）。南京的零售市场单极化格局明显：新街口商圈在南京一枝独秀，孕育出德基广场等全国知名的项目，承载了基本上绝大部分的消费客群，而其他商圈的氛围仍有待培养。南京吸引了众多的快时尚及大众品牌在市场布点，并持续吸引新品牌进驻，对于在周边省市扩张的品牌来说，在南京成熟地段布点对品牌形象起到了一定的示范作用。

9. 沈阳：空置率回落，但受东北经济放缓影响

高分项——未来三年供应占存量百分比，国际奢侈品牌门店数量。

低分项——累计租金增幅，人均商业面积，空置率水平。

在中国，沈阳是第一个显现零售物业供过于求风险的城市，经历了若干年的消化，购物中心整体空置率已回落至近 7 年低点，然而截至 2015 年四季度仍高达 16.6%。作为中国东北地区的区域中心，沈阳吸引了数量可观的奢侈和轻奢品牌进驻（数量仅次于北京、上海及成都）。此外，沈阳的物业发展程度较高，在本报告选取的 25 个成熟开发商中，已有 10 个在沈阳布点。沈阳未来发展的最大风险可能是东北经济放缓对其带来的影响。

二、购物中心发展现状

（一）在建面积全球第一

截至 2015 年年末，本报告所监测的 17 个大中城市已落成零售物业总存量达 6120 万平方米。目前，全国在建项目共 323 个，总建筑面积近 3200 万平方米，相当于 84 个上海中心。根据世邦魏理仕 2016 年 4 月发布的《全球购物中心开发最活跃城市》报告，全球前十购物中心在建量最大的城市中有九个在中国。

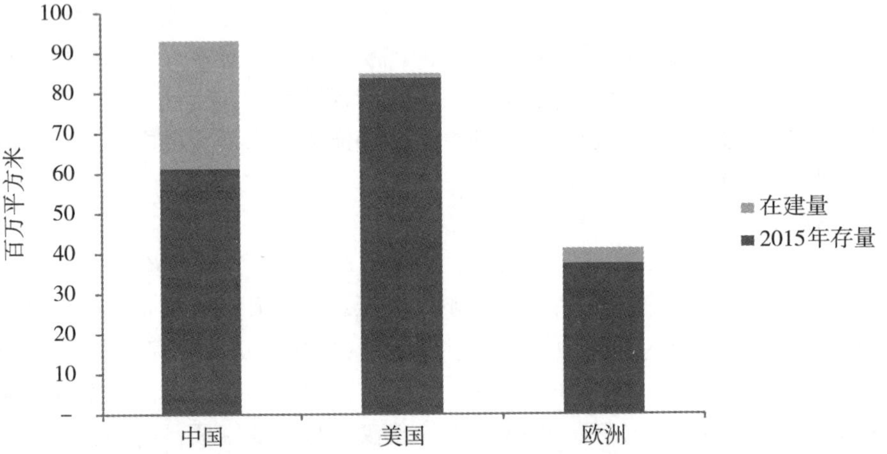

注：统计范围包括 17 个中国大中城市，16 个美国大中城市以及 83 个欧洲主要城市，项目包括建筑面积为 2 万平方米以上的零售物业。

来源：世邦魏理仕研究部，2016 年一季度。

图 3　中国、美国、欧洲零售物业存量及在建面积对比

在本报告选取的 25 个知名国内外购物中心开发商中，进驻成都、重庆及沈阳的开发商数量均位于全国前列（见图 4）。成都、重庆和沈阳等城市在过去五年间已经历了一轮开发高峰，其购物中心存量高于其他层级相似的城市，短期内大量的开发亦对零售租金增幅或空置率有一定影响。在大部分情况下，零售市场的规模依托于消费群体的大小，总体来看购物中心存量与人口及消费品零售总额密切相关（见图 5）。因此，成都、重庆及沈阳等城市的开发也说明了投资者看好城市的发展前景。

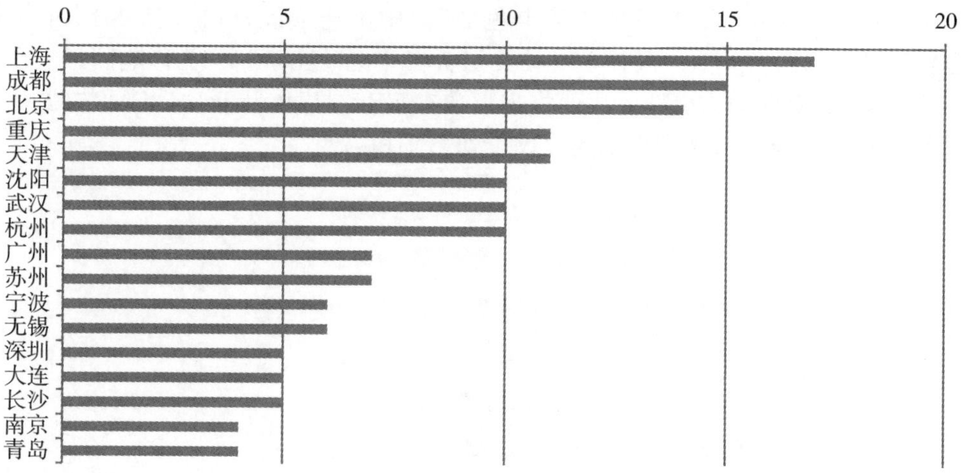

来源：世邦魏理仕研究部、中国连锁经营协会连锁品牌与购物中心委员会，2016 年一季度。

图 4　知名购物中心开发商数量（2015 年）

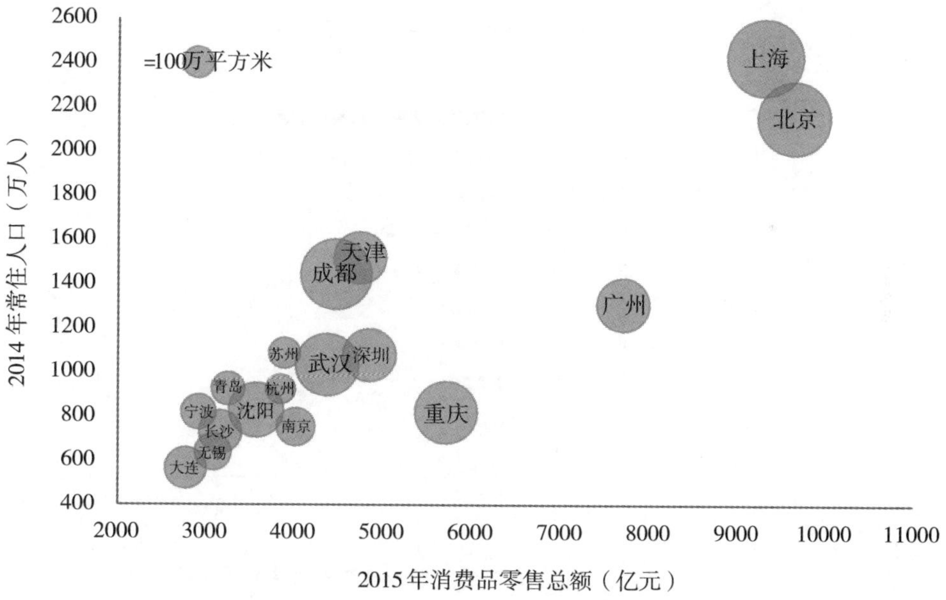

来源：世邦魏理仕研究部、各城市统计局，2016 年一季度。

图 5　各城市购物中心存量（2015 年）

（二）行业与电商共舞，关注实体店体验

中国是网上实物销售增长最快、规模最大的国家。2015 年全国实物商品网上零售额达到 3.2 万亿元，同比增长 31.6%。据商务部数据，2015 年中国网络零售额继续位居全球第一，约占全社会消费品零售总额比重 11%。电商崛起将近十年，零售商已经逐步

“触网”建立起线上渠道，不再轻易“谈电色变”。中国连锁经营协会在 2016 年年初对 137 个零售商进行的调查显示，仅有 21%的受访者将“电商竞争”列为影响因素。在被问及 2016 年的运营策略时，大多数零售商将重点放在提升门店体验互动性以及加强社交媒体推广方面，线上渠道和移动端渠道建设仅位列第三和第四。

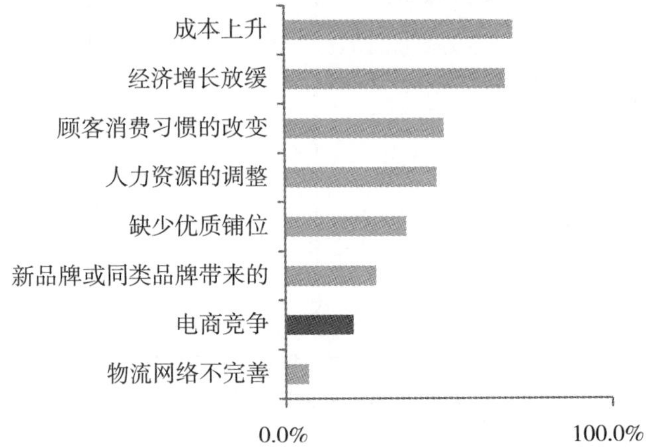

来源：中国连锁经营协会，2016 年一季度。

图 6　影响受访公司业务的主要因素及占比

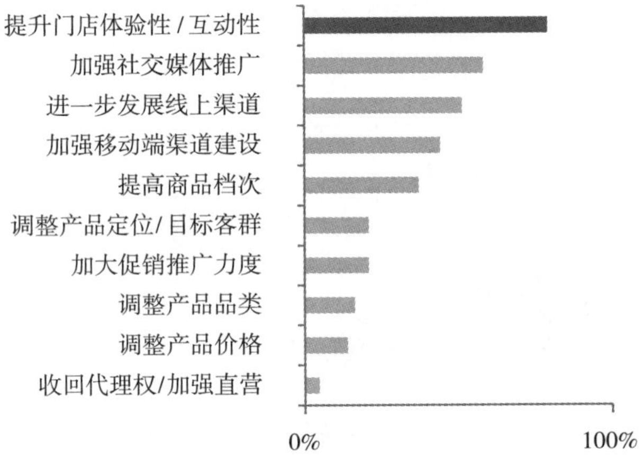

图 7　受访公司 2016 年的主要运营策略及占比

以上的结果亦可反映在目前的市场中，大部分知名大众时尚品牌已建立起完善的 O2O 网络和线上旗舰店，打破初期线上线下的价格冲突和售后服务问题；奢侈品牌亦开始“放下身段”拥抱互联网。零售商在与电商共舞的摸索道路中越走越远。因此，不难理解越来越多的品牌将重点投向实体店体验的改善。经历了 2011 至 2013 年间的高速增长后，已有品牌开始整合，关闭业绩欠佳的实体店，以减轻业绩下降、成本上升等因素带来的压力，并通过升级现有门店、扩充产品品类、加强服务等增强客户体验。

（三）需求演变引导业态结构改变

购物中心为消费者提供了带有社交属性的公共空间。因此，随着消费群体收入的增加和消费的升级，购物中心的社交属性得到了凸显。消费者尤其是新兴中产阶级群体对非生存型消费的需求（如娱乐、餐饮、教育培训等发展型或娱乐型消费等）成为了拉动消费的新引擎。在此背景下，购物中心中的餐饮及休闲娱乐业态正在逐步加大，新开业商场的餐饮业态从过去的10%-20%增长至现今的30%以上。如2015年年底开业的上海虹桥天地，餐饮业态占比达40%；同期开业的武汉永旺梦乐城，餐饮占比亦有30%。

三、购物中心变革道路

（一）供应篇——零售物业发展趋势

1. 都市型购物中心：稳中求变，租金表现遥遥领先

（1）商圈分布：从核心商圈往次级商圈扩张。根据商务部【2012年第93号】公告，《购物中心业态组合规范》【SB/T 10813-2012】定义，商圈辐射半径在五公里以上、甚至超出所在城市，不包含停车场建筑面积在5万平方米以上的购物中心可划分为都市型购物中心①。截至2015年年底，全国17个主要城市优质购物中心存量中近60%为都市型购物中心。此类购物中心的体量为业态的丰富提供了硬件基础。此外，都市型购物中心大部分位于交通便利、零售氛围成熟、客流稳定的核心商圈，其辐射范围可达全市乃至周边地区。随着市中心开发渐入尾声以及商业地产版图的扩张，未来将有更多的大型购物中心出现在次级商圈及非核心地段（见图8）。

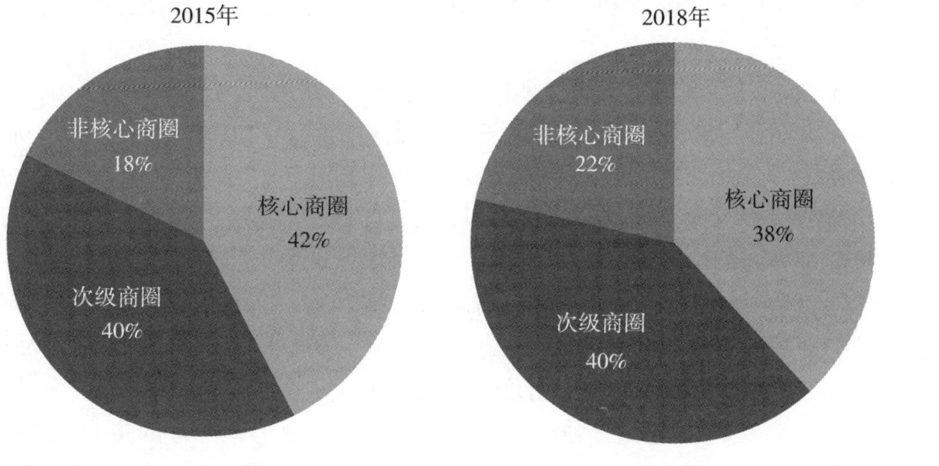

来源：世邦魏理仕研究部、中国连锁经营协会连锁品牌与购物中心委员会，2016年一季度。

图8 都市型购物中心商圈分布变化

① 分类参考商务部【2012年第93号】公告，《购物中心业态组合规范》【SB/T 10813-2012】，以下分类包括个别体量不满足标准但基本定位仍符合定义的项目。

（2）租金表现：租金溢价达 40%。都市型购物中心普遍吸客能力强，区位更胜一筹，为商户扩店的首选，因此进驻率及首层租金表现普遍更优。从空置率上来看，一线城市都市型购物中心的平均空置率为 5%，仅为其他类型购物中心的一半；而二线城市中则基本与其他项目持平——这与近年来二线城市购物中心大量开发、短期内供求失衡的因素不无关系。然而，即使在面临供应压力的二线城市中，此类购物中心相对于其他项目首层租金的表现仍出类拔萃，平均溢价约为 40%；而在一线城市中幅度可达 40%-250%（见图 9）。此现象在大型成熟购物中心项目扎堆核心商圈的广州表现尤为突出。

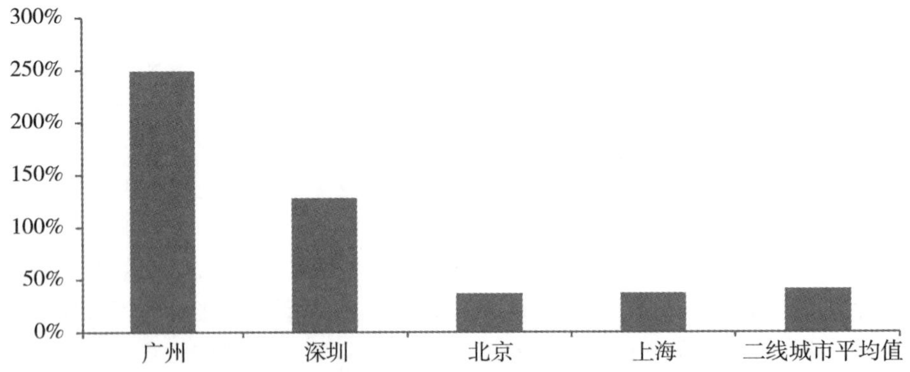

来源：世邦魏理仕研究部、中国连锁经营协会连锁品牌与购物中心委员会，2016 年一季度。

图 9　都市型购物中心与地区/社区型购物中心首层租金溢价（2015 年）

（3）升级转型：挑战来自模式僵化。面对快速变化的零售环境，动辄十几万平方米体量的都市型购物中心在升级转型过程中往往犹如戴着镣铐跳舞。对于业主来说，其最大的挑战是应对商业模式的僵化和“过时”威胁。目前看来，项目采取的对应措施主要归纳为三类。

- 租户选择：稳中求新。近年来购物中心同质化现象较为严重，同一城市项目间的品牌资源往往大同小异；与此同时，随着 80 后成为消费群体中的中流砥柱，新兴消费群更加注重个性化。因此，更多商场选择引入“新鲜面孔”以吸引顾客。然而，新品牌比例应符合当地的消费习惯，在接受程度较低的二、三城市需要引入本地客群熟悉的品牌，以带领项目度过养商期。
- 项目定位：更为灵活。国内奢侈品需求放缓和奢侈品消费人群结构的变化促使零售商在选址时更偏好于集客能力强的高端零售物业。购物中心不再一味追求品牌的“高大上”，而将一部分重心放在品牌丰富度和增加客流上。
- 业态组合：去主力店化，强调体验。对新商场来说，一个好的主力店对招商进程、吸引客流以及项目形象都有积极作用，但主力店普遍具有租金低、租期长的特点。鉴于此，一、二线城市的成熟购物中心引入次主力店及更多体验元素，弱化主力店功能。

2. 社区型商业及奥特莱斯：趋势发展，潜力广阔

随着郊区交通设施的建设以及新兴片区人口的导入，部分区域逐渐出现了服务于社区范围的零售物业，以方便周边居民的日常生活需求。社区型购物中心一般毗邻人口密集的

成熟社区，餐饮、服务配套及休闲娱乐业态占比较大。社区型购物中心在中国的发展相对处于初级阶段，在本报告追踪的17个城市中，社区型商业存量仅为优质购物中心总存量的8%。然而，我们预测这一数字将稳步上升，未来三年内16%的新增供应定位为社区型商业，与过去三年（2013-2015年）相比高5个百分点。

与此同时，奥特莱斯的发展势头也十分迅猛。目前，17个大中城市中共有38个奥特莱斯项目，总存量达320万平方米，奥特莱斯的分布呈现两个"9∶1"的特点。

（1）90%总量位于非核心地段。第一个特点体现了奥特莱斯的本质。奥特莱斯是吸引价格敏感型消费者的分渠道价格歧视手段。项目建立在交通便利的市郊以进一步降低成本；商品多为品牌旧款或尾货，也有部分为品牌专供奥特莱斯的子品牌或商品，和市内的正价专卖店在功能和定位上有明确的区分。在成熟的市场，奥特莱斯店尽管具有价格优势，但是在商品新鲜度和便利性等方面处于明显劣势，消费者也可以理解两者价值的差异，这样可以确保奥特莱斯店不会对正价店带来太大分流。然而，国内奢侈品奥特莱斯店的货源以代理商为主，由于增加了中间环节的成本，相比于奢侈品专卖店的价格优势并没有国外奥特莱斯店明显。国内奥特莱斯的顾客分流主要体现在生产地在中国的中端品牌。

（2）90%为国内开发商。第二个特点侧面反映了商业零售渠道主导了奥特莱斯业态开发。这也使得开发商中除了百联、首创、砂之船、杉杉、燕莎以及赛特等规模化国内运营商外，拥有更多海外成熟奥特莱斯运营经验的纯外资运营商屈指可数。此外，全国近半的奥特莱斯开发商为存量运营经验较少、品牌资源相对匮乏的国内企业，因此国内奥特莱斯项目的奢侈品业态比例普遍较低，仅有少量项目是奢侈品零售商考虑的选址目标。除了招商外，运营方面的短板亦使国内奥特莱斯面临冰火两重天的局面。

一方面，奥特莱斯在一线城市及重点城市中相对更为成熟。这是因为当成熟度较高的市场对品牌的认知度和消费规模达到一定程度时，才能吸引品牌官方授权的奥特莱斯店。以上海、北京以及周边的天津为例，由专业运营商经营的成熟奥特莱斯平效更是高于高端购物中心的平均水平（见图10）。

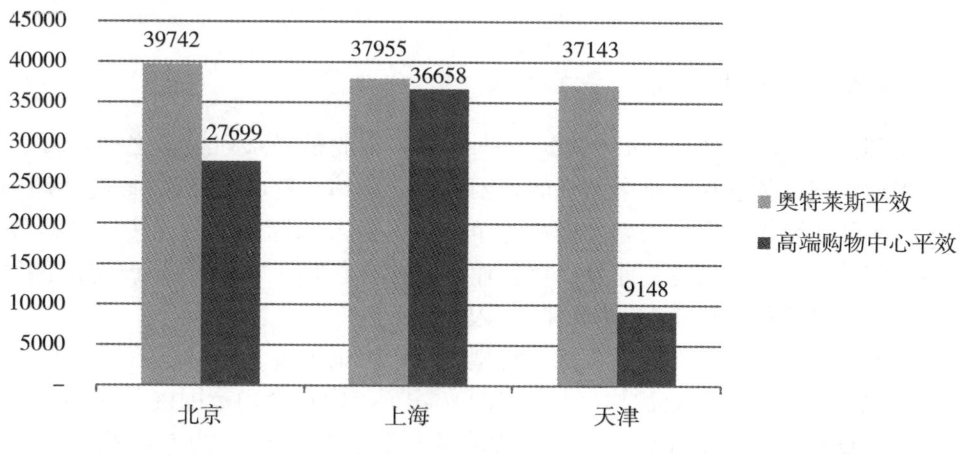

注：各城市购物中心样本量不少于3个，所有奥特莱斯样本开业时间一年以上且由有经验的运营商运营项目。
来源：世邦魏理仕研究部、中国连锁经营协会连锁品牌与购物中心委员会，2016年一季度。

图10　奥特莱斯与高端购物中心平效对比

另一方面，二、三线城市奥特莱斯项目品质参差不齐，整体发展仍停留在粗放阶段。其中甚至有地产商为了快速回笼资金，借用奥特莱斯的名义进行项目散售，对后期招商管理不够重视；招商和运营方面的缺陷亦使项目陷入恶性循环。

随着核心商圈逐渐饱和，城市人口郊区化与中产阶级的周末驾车出行消费模式的成熟，使得社区型商业和奥特莱斯成为零售商新的选择（见图 11）。未来，社区型商业和奥特莱斯将有很大的发展空间。交通建设的完善和人口导入的作用将推动更多知名开发商加大对社区商业的投入力度。未来的奥特莱斯将融入更多旅游观光、室外娱乐以及其他休闲元素。目前 17 个城市共 7 个在建项目均为街区型项目，区别于传统的封闭型设计。此外，未来奥特莱斯也将在零售基础上加大体验型业态占比，并且引入儿童娱乐等元素吸引来自市区和外地的观光游客。有别于国外综合性的郊区摩尔，综合性的奥特莱斯有望成为中国迅速涌现中产阶级消费升级新的导向，也是推动消费零售的新的增长极。

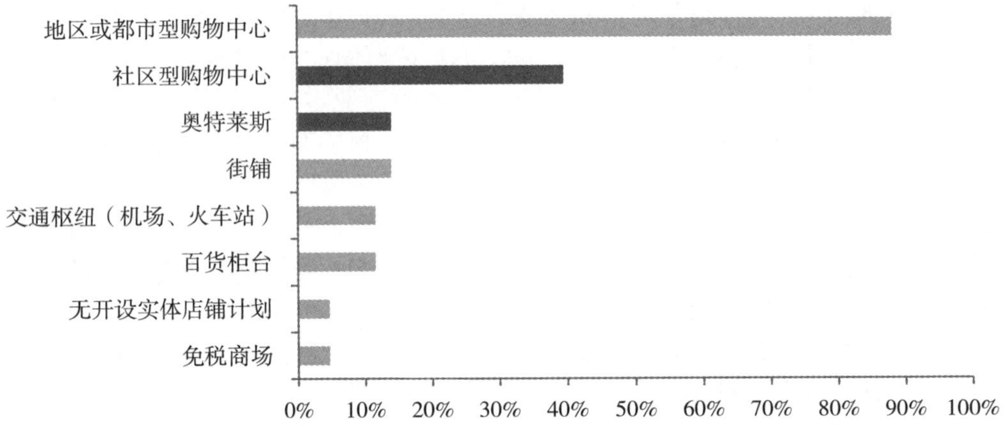

来源：中国连锁经营协会连锁品牌与购物中心委员会，2016 年一季度。

图 11　受访公司更倾向于开设店铺的地点及占比（最多选 3 项）

3. 传统百货：转型求生，寻求突破

世邦魏理仕在 2014 年发布的《演变中的中国零售业格局系列报告之二：百货公司》中罗列了当时中国百货业在变革中面临的外困内忧。制约百货业的外部因素包括中国经济增长放缓、多元化零售业态的兴起、商业竞争持续升级、国际品牌收回中国地区经销权、运营成本上涨挤占利润空间等。此外，百货业自身亦有软肋，如传统百货经营面积的局限性、经营模式过度依赖“联营”、自营能力较弱等。

自报告发布至今已过去 2 年，百货业转型步伐仍困难重重。中国百货商业协会数据显示，2014 年百货继续面临严重挑战（见图 12）。除了年内在全国范围内关闭超过 50 家亏损门店的万达百货外，2015 年国内上市百货的净利率集中在 5%～20%的区间，远低于国外知名百货（如梅西、玛莎等）50%-60%的净利率。尽管有部分百货公司尝试模仿购物中心引入更多餐饮、娱乐等体验式业态，但由于建筑结构受限、不具备改造条件等，增加体验业态所涉及的投入成本是一大门槛。在目前餐饮逐渐饱和、购物中心出现餐饮租户撤

场的背景下，引入餐饮业态并不能成为吸引客流及提升租金收入的“万金油”。此外，亦有国内百货学习国外知名百货开展自营业务以改善毛利率水平，实现项目差异化，但培养消费者认可度仍需耐心及时间的考验。

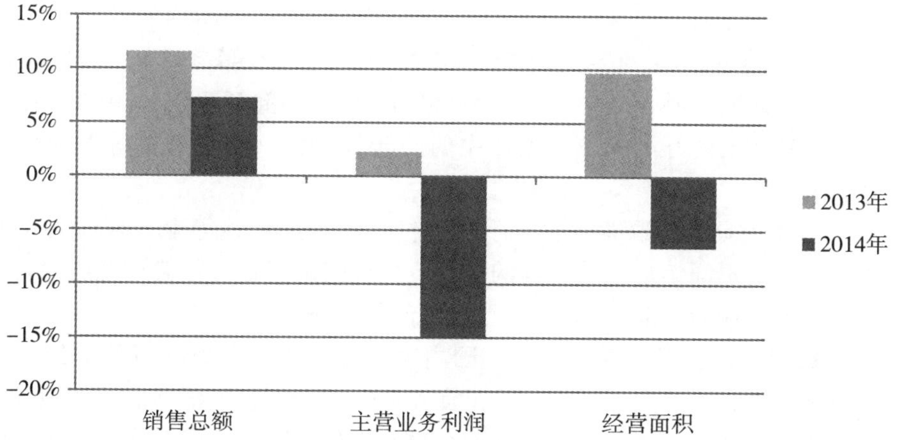

来源：中国百货商业协会，2016 年一季度。

图 12　中国百货商业协会会员企业经营状况（同比增幅）

可喜的是，在国内百货业面临转型阵痛的时期，中国市场仍然是外资百货青睐的焦点。尽管 2015 年传来尚泰、百盛、玛莎、伊藤洋华堂等外资百货关店的消息，但仍有一部分外资百货在华扩张（见表 1）。这说明，外资百货仍看好中国零售市场的潜力，也在看到前人“水土不服”的经历后，对在华的运营策略有所调整，大体可归纳为以下几点：

（1）采取合作模式，以利用合作伙伴的资源及当地市场经验；

（2）注重选址，调整城市策略，关注消费市场成熟度更高的市场；

（3）制定适合当地市场的策略，迎合消费者的习惯及需求；

（4）加强项目品质及客户体验。

表 1　外资百货在华扩张情况

	国家	2015 年扩张动态
大丸 Daimaru	日本	于上海开设新世界大丸百货，项目大幅增加公共空间比例
玛莎 Marks and Spencer	英国	关闭亏损门店，扩张中心放在一线城市；加强进口食品业务
梅西 Macy’s	美国	进驻天猫国际，试水中国市场
蔻莎 Coscia	意大利	与第三方签订拓展协议，计划 5 年之内在一、二线城市开出 8 至 10 家店
弗雷泽 House of Fraser	英国	被三胞集团收购后的首个旗舰店选址南京

来源：世邦魏理仕研究部，2016 年一季度。

百货是零售物业的基本形态之一，电商或购物中心的崛起并不会使百货消亡。在优胜劣汰的洗牌过程中，将有更多的新举措值得借鉴。

（1）增加针对女性客群的元素。随着中国女性的经济独立及消费能力的提高，外加上腕表、皮具等送礼消费放缓，女性消费群体已经成为了零售市场中不可忽视的力量。在2015 年奢侈品消费中，男士服饰和腕表类用品大幅度下降，而女士服饰、珠宝及化妆品则实现了 5%-10%的增长。如北京 SKP 在 2015 年打造亚洲最大的女鞋女装专区、引入美妆世界等调整，正是吸引女性客群的一大举措。

（2）以建筑为项目亮点。传统百货项目在建筑结构和内部空间上带来局促感，但新的百货项目更倾向购物中心化，通过增加公共空间比例改善舒适度。2015 年在上海开业的新世界大丸百货在国内开了先例，项目中的旋转扶手梯、LED 天幕等都为项目带来亮点，从而吸引消费者。

（3）结合智能工具增强顾客体验。手机支付、电子试衣镜等融入现代科技的工具是增强顾客体验、丰富不同年龄段消费群的手段。如杭州银泰百货在武林总店的自营设计师品牌买手店引入了上述的智能工具，客群年龄有明显下降。

（4）发挥橱窗设计吸引眼球。目前，国内大部分百货还停留在以往的经营模式，忽视消费者的情感认同，而外界影响往往又是促发冲动型及情感型消费的关键因素。以国外百货为例，每年圣诞节老佛爷百货巴黎店都会推出别出心裁的主题橱窗设计和室内布置吸引路人及游客，国内百货依然任重道远。

4. 零售商试水购物中心：方兴未艾，面临挑战

2006 年年初，青岛永旺黄岛购物中心的正式开业标志着零售商进行优质购物中心开发的进程正式拉开帷幕。近年来，越来越多零售商涉足商业地产领域（见表 2），零售商进军购物中心开发的趋势在 2015 年迎来高峰——全国 17 个大中城市中，每 5 个新落成的购物中心里面就有 1 个由下表中的零售商开发。由这些零售商开发的购物中心新落成量达 140 万平方米，相比过去的总体量翻了一番。

表 2　　进军国内购物中心开发的主要代表零售商

类别	零售商
大卖场	华联、宜家、苏宁、永旺、家乐福、沃尔玛
百货	银泰、王府井、天虹
其他零售	步步高、诚品书店

来源：世邦魏理仕研究部、中国连锁经营协会连锁品牌与购物中心委员会，2016 年一季度。

此趋势与租金成本的上涨和同业态扩张空间有限有一定关系。以大型超市为例，超市的租期一般为 10-20 年，知名外资超市在早期甚至能够拿到 30-40 年的超长租期、营业税减免以及低价租金等优惠条件。超市和零售商的入驻塑造了商圈，但作为租户却没能成为商圈的受益者。随着早期低租金租约逐渐到期，续租租金的上升对其经营成本造成巨大压力。尽管扩内需的政策以及城镇化的发展带来机遇，但在网络超市的分流以及消费需求增速放缓的多重作用下，超市需要寻求新的利润增长点，因此也有了进行购物中心开发的内在需要。而购物中心开发对零售商来说是一把双刃剑。

（1）好处及优势

- 打破单一经营模式，增加利润增长点
- 实现“租户”到“业主”的角色转变，减轻零售业务租金成本上升的压力
- 项目选址时可借鉴现有的标准化门店选址流程及信息
- 可充分利用其已有的品牌渠道资源

（2）挑战及不足

- 项目开发经验与成熟购物中心开发商相比仍有距离，需加大前期准备精力
- 个别零售商品牌资源有限，商业地产运营经验不足
- 项目投入资金大、培育期长

总体来看，除定位中高端的项目外，其余选址一般具备发展潜力在次级或非核心商圈，有部分零售商甚至选择在三、四线城市低价拿地进行项目开发，降低土地成本并利用自身影响力营造社区及地区的商业氛围，实现项目增值。此外，项目的定位和业态配比通常都围绕自营主力店展开，如英特宜家（荟聚购物中心）强调家庭消费，除了宜家家居商场外，还引入数码电器城、体育用品专业超市等相关租户。此外，成立独立公司运作购物中心项目，聘请有相关经验的职业经理人及房地产服务提供方是保证项目成功的关键。

【访谈】

与购物中心开发商相比，零售商或百货运营商开发购物中心的主要优势及不足在哪里？

国内某知名百货：

“优势在于百货公司的品类和营销资源的整合力较强，商品运营能力和精细化管理水平较高。

“不足在于因为过分注重零售份额，而没有充分考虑消费者购物体验，购物环境的空间感、艺术性都差一些。项目在建筑、空间设计，业态组合规划等方面与成熟的购物中心开发商相比，能力还比较弱。”

（二）需求篇——零售业态关键词

1. 购物：分化

（1）奢侈品进入盘整稳固阶段。面对停滞的业绩增长与上升的经营成本，部分具行业代表性的奢侈品牌已在中国市场开始着手门店整合，意在聚焦重点市场。在高税率及高价差问题解决之前，每年迅速上升的海外代购比率仍没有消减的迹象。未来一年，我们预期这一趋势可能将为其他品牌所跟随。此外，品牌还将通过丰富商品种类、采用跨层/店布局、进行“跨界”活动注入多元化体验等方式提升业绩。

（2）快时尚及大众时尚品牌持续布点。从 2002 年 UNIQLO 登陆上海起，快时尚在中国扎根已逾十年。截至 2015 年年末，世邦魏理仕统计的 20 个快时尚及大众时尚品牌在全国 17 个大中城市的门店总数已达 1123 家，同比上升 25%，品牌间的扩张节奏也出现了分化（见图 13）。在经历十余年的快速发展后，早期进入中国的成熟品牌的门店扩张有放缓的迹象；但另一方面，此类品牌亦不断引进旗下副品牌进入中国市场，例如 H&M 旗下的

COS 以及 GAP 旗下的 Old Navy 等。另外我们亦观察到有不少新进品牌仍然在积极拓展中国市场。

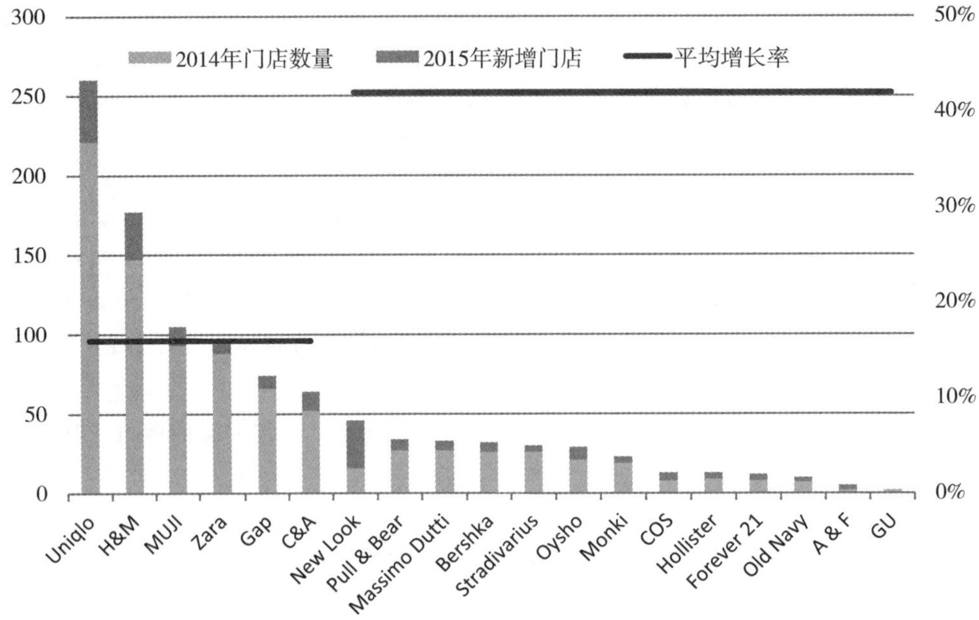

来源：公司信息、世邦魏理仕研究部，2016 年一季度。

图 13　成熟及新进快时尚/大众时尚品牌扩张速度分化

（3）轻奢崛起。轻奢品牌一般指产品定价与一线奢侈品牌相比相对较低的品牌（大部分单品定价在 1400-7000 元之间）。面对奢侈品牌谨慎的拓展策略，一部分商场只得转而寻求更多定位中高端的轻奢品牌来经营。面对中国中产消费者的迅速崛起，短期内轻奢品牌也面临着较大的市场发展空间。以目前国内布点较多的六个轻奢品牌为例，轻奢品牌的布点基本与奢侈品牌吻合：北京、上海的门店数目领跑全国；品牌青睐门户城市并首选往其周边城市拓展（见图 14）。唯一的不同在华南地区：广州及深圳的奢侈品门店数量相差无几，但广州的轻奢品牌数量远不及深圳甚至二线门户城市。这一方面是由于华南地区毗邻港澳的区位因素，另一方面亦是因为深圳作为移民城市，消费群体相对年轻、对品牌接受度较高，因此吸引了一部分轻奢品牌进驻。

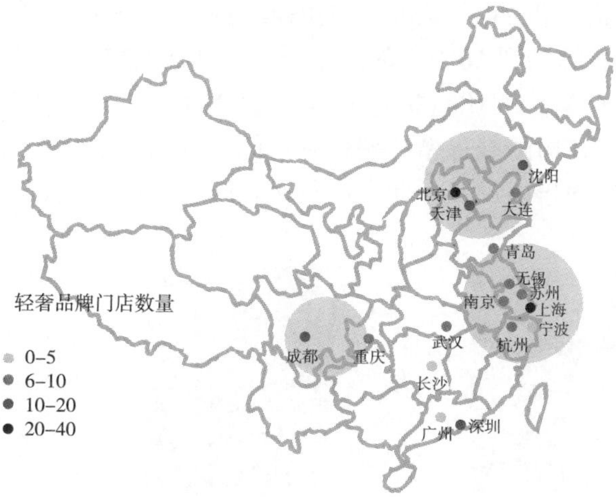

注：品牌包括 Coach、Michael Kors、Kate Spade、MCM、Furla、Tory Burch；包括独立专卖店、经销店及奥特莱斯店，不包括机场免税店。

来源：公司信息，世邦魏理仕研究部，2016 年一季度。

图 14 轻奢品牌门店分布（2015 年）

2. 餐饮：洗牌

以餐饮为主导的体验式消费已经成为了实体零售在被电商不断侵蚀市场份额时的“护城沟壑”，曾经作为购物中心配套的餐饮业态现在已成为购物中心提升客流的重点业态。然而，随着餐饮竞争的加剧，行业也进入洗牌阶段。

（1）特色餐饮仍是“现金牛”。2015 年全国餐饮收入突破 3 万亿元，同比增长 11.7%，其中大众化餐饮市场份额已超过 80%，而追求高翻桌率、客单价位于 50-100 元间的特色餐饮是大众餐饮中的亮点。中央厨房及配送中心保证出品水平、降低人工和材料成本，并且有效压缩了门店后厨的面积。从 2013 年开始，知名餐饮租户的承租能力甚至可媲美零售租户。位于深圳南山中心区核心商圈的海岸城二楼平台中聚集了大量的轻餐饮品牌以拉动人气，其承租能力与同层的零售品牌相近。在零售环境走弱的背景下，此类租户在租约谈判中相对处于主导地位，近年来更有业主看中餐饮的品牌效应，通过装修补贴及优惠等引入此类租户。

（2）高端餐饮摸索转型。2015 年 7 月，首家在国内 A 股上市的民营餐饮企业“湘鄂情”关闭了北京的最后一家门店，退出餐饮业；同样高端定位的俏江南亦在探索团购、外卖等转型；亦有一部分高端餐饮在这轮洗牌中成功转型，开设中档消费门店。然而值得留意的是，尽管高端餐饮人气下滑，但随着消费观念和需求的升级，大众消费者中仍有一部分高端餐饮的需求。

同时，由于餐饮客流对零售的转化率有限，外加餐饮竞争渐趋激烈、购物中心出现餐饮租户撤场，餐饮并非是所有购物中心的“救命稻草”。业主要找准定位，利用引入餐饮品牌的契机吸引符合目标的顾客群，并且加强餐饮与零售的互动。而餐饮品牌除了找准定位以外，在选址上亦要评估合适项目，不能盲目跟随开发商进行“捆绑式扩张”。

3. 休闲娱乐及服务：新焦点

作为一个成长中的经济体，随着收入增加、消费升级，中国的消费市场逐渐从生存型消费向发展型和享受型消费过渡。目前，全国城镇居民的服务型消费占总消费比重接近40%，预计到2020年将提高到50%左右，部分发达地区可能达到60%。相比之下，美国2015年服务型消费占总消费的比重接近68%（见图15）。由此可见，包括教育、养老、健康、文化、休闲娱乐在内的服务型消费仍有广阔的发展前景。作为服务型消费的重要载体，购物中心中的休闲娱乐以及服务业态亦将是未来的发展焦点。

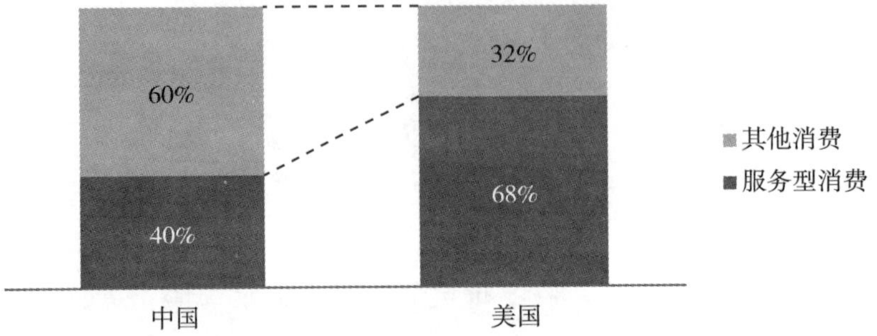

来源：中央政府网站、U. S. Bureau of Economic Analysis，2016年一季度。

图15　中美服务型消费支出占总消费比重（2015年）

其中，儿童业态是一大亮点。除儿童零售外，儿童体验业态包括早教机构、儿童乐园、儿童摄影等细分业态。在中国典型的4-2-1家庭结构（4位老人、2位家长和1个孩子）中，引入儿童业态的益处显而易见。

（1）吸引客流。一位儿童顾客能吸引一位或多位家长陪同，这尤其对社区购物中心工作日的人流起到拉动作用。

（2）增加顾客停留时间，带动周边消费。根据融道中国的调查，传统百货商场中，人均停留时间仅为1小时，而拥有儿童业态的家庭购物场所中，平均停留时间为4.3小时。更长的停留时间有助于刺激潜在消费，带动服装、餐饮、娱乐体验及服务业态的消费。随着二孩政策的落实，体验业态、尤其是儿童业态仍有很大发展空间。

表3　近期项目儿童业态占比

城市	项目	开业/调整时间	儿童业态占比
广州	乐峰广场	2015年调整	13%
广州	五号停机坪	2015年调整	15%
深圳	中航九方龙华	2014年开业	28%
成都	城南银泰城	2015年开业	24%
武汉	武汉荟聚购物中心	2015年开业	10%
上海	七宝万科广场	2016年开业	10%（预测）

来源：公开信息，世邦魏理仕研究部，2016年一季度。

（三）展望篇——购物中心寻找新出路

零售物业业主现阶段面临着高速演变的商业环境，其固有的客源可能被新的消费模式所分流。有鉴于此，我们提出以下建议。

1. 项目定位：着眼社交属性

实体零售商业的定位随消费升级的大趋势在不断转变，未来购物中心更多地将作为社交体验而非单一的获得商品的场所，其社交属性在逐步上升。因此新的零售业态的开发也将着眼于提供更多的人际服务、情感体验的场所与设施，这同时也是区别于电商渠道的重要的经营方式。

【案例】上海大悦城二期——屋顶摩天轮

位于苏州河的大悦城二期距离上海南京东路步行街及地标外滩仅几百米之遥，项目于2015年四季度开业。大悦城是中粮集团的商业地产品牌，主要覆盖客群年龄在18-35岁。

大悦城邻近上海核心商圈并位于两条地铁交汇线的上方。由于核心商圈内竞争项目比较多，因此如何找准定位、吸引周边客流成为了关键的问题。

由于大悦城定位针对年轻群体，项目通过屋顶摩天轮的主题场景吸引年轻情侣夫妇以及到访上海的游客。摩天轮并不是单纯的游览设施，在包厢中还提供餐饮服务。此外，项目还结合文化创意产业与零售，在8-9层设置艺术街区，连接顶层摩天轮和楼下餐饮零售业态。

屋顶的创新设计不但成功将项目与其他竞争项目区分开来，还引导了人流的垂直移动，打破了租金逐层递减的规律——8-9层区域租金可达每天每平方米30-40元，高于项目的平均租金。除了收获人气外，屋顶摩天轮还吸引了奢侈品牌Lancome举行产品发布会、租户品牌进行广告合作，以及多个媒体的采访拍摄活动，为项目增加了曝光度和收益。

2. 项目转型：看准市场寻求突破

营销中低成本或差异化策略选择同样适用于实体零售。在目前商业环境中业主往往同时面对高度同质化的零售行业竞争与来自网络低价渠道的市场份额稀释，因此需要不断地寻找契合消费者的定位需求，通过品牌组合、商场氛围营造、提供服务内容等不同维度展现出多样的消费体验，获得自身的精准定位，或是顺应消费趋势的演变而对项目进行改造转型。

【案例】百盛优客城市广场——老牌百货转型奥特莱斯

1997 年落成的天山商厦到 2008 年扩建更名为长房国际广场，再到 2011 年长房国际广场裙楼被调整为百盛虹桥天山店。最终，在经过数次转型“变脸”之后，项目与韩国衣恋集团合作打造奥特莱斯项目——百盛优客城市广场，于 2015 年年末试营业。

2015 年 7 月上海天山百盛闭店歇业改造，重新定位为城市奥特莱斯。项目引入了韩国最大的时装零售公司衣恋集团旗下两大集合品牌 LUXURY GALLERY 和 BACTORY，提供一系列折扣奢侈品和快时尚品牌，还引入了一系列韩国品牌。此外，在保留好乐迪等部分原百盛百货天山店既有品牌的基础上，百盛在该项目中导入了集团旗下自营品牌。项目中业态配比亦增加了针对年轻客群的餐饮配比（餐饮类 22%，服饰类 77%，其余为娱乐类品牌）。

2015 年 12 月 19 日，百盛优客城市广场试营业，当天营业额高达 1600 万元，New Balance 等几家门店销售额打破同品牌单柜单日全球最高纪录。在近一个月的试营业中，该商场平均每天营业额达到 600 万元，业绩大幅提升。

3. 项目选址：需结合区域规划考量

在中国，部分区域出现购物中心供过于求的原因是城市规划不当造成的。购物中心的发展离不开客流，而部分区域在交通设施尚未完善、人口导入不足的情况下，大量商业项目的建设造成了购物中心供应过剩。因此，开发商以及零售商进行选址时，需要结合区域的商业设施规划综合考量，避免供应透支带来的长期影响。

【案例】无锡太湖新城——筑巢引凤的思维

目前，无锡全市常住人口650万。太湖新城是无锡重点建设的新商务中心，亦是无锡市政府新址所在地，规划常住人口100万，就业人口50万。

2011年开始，无锡市政府计划将太湖新城打造成无锡未来的商务区域，无锡市政府办事机构亦搬迁至区域内，并对符合条件的入驻金融企业进行税收和租金减免。

目前，区域内的第一阶段开发基本完成，常住人口约30万，落成购物中心存量达22.5万平方米，人均零售面积达0.73平方米，为全国17个大中城市平均值的两倍。此外，有46万平方米购物中心仍然在建。

类似的模式在一线城市也曾经上演。上海陆家嘴和广州珠江新城从规划建设到初具规模用了10年时间。而目前，无锡老龄化现象加剧，新兴产业尚在培育期，因此人才引进速度较慢，人口流入亦有放缓，2011年至2015年间常住人口增幅仅1%。太湖新城距离建设成熟仍有一段时期。

四、结论

在供应井喷、消费需求结构演变以及电商挑战的大环境下，国内购物中心发展固然面临着重重挑战，但另一方面消费升级、品牌布点扩张和城市零售商圈外扩的趋势亦带来了众多机遇。对开发商来说，随着土地红利的下降，通过资产增值实现收益的老路已不再适用；而对零售商来说，以往“地段，地段，还是地段”的黄金法则亦再不是一蹴而就的捷径。在此背景下，运营将是开发商和零售商实现盈利的关键。如何组建优秀的经营团队，根据数据分析调整日常运营决策，通过新媒体或其他营销活动与终端消费者进行互动，结合长期区域规划的预判进行精准的选址调研，都是开发商和零售商需要面对的问题。

从区域发展来看，国内六个成熟零售市场的购物中心发展水平较高，其他市场购物中心的发展有望遵循成熟市场此前的发展规律。随着交通网络尤其是地铁建设的扩张，零售商业不仅聚集于市中心传统商圈，还将深入周边居民区域，社区商业将进入一个较快的发展阶段。零售商考虑在二、三线市场开店时，对当地消费市场基本面、消费习惯所处的转型阶段、消费者的品牌接受能力、周边区域商业设施规划及未来竞争情况、开发商口碑等的考量缺一不可。

此外，个别知名连锁零售商试水购物中心开发，与部分购物中心开发商转型“轻资产”、探索管理输出的趋势形成鲜明对比。零售商这一举措主要是出于减低门店租赁成本、发掘利润增长点，以及集团多元化经营的需要。零售商在当地市场积累的选址运营经验和合作网络资源无疑是零售商进行购物中心开发的一大优势，但在作出投资决策前仍需厘清零售物业开发是否能对其主营业务带来协同效应。

2014-2015 年度便利店经营状况分析报告

中国连锁经营协会（以下简称协会）于 2015 年年初开展了连锁零售企业年度行业调查，其中以便利店为主营业态的样本企业为 41 家。此外，协会还在调研同期，对全国 27 个省会及计划单列市的 34 个大中型城市的便利店所开展的各类便民服务项目进行了专项调查。本报告结合协会与德勤的行业研究观点及其相关调研数据对便利店发展环境、主要态势等进行分析和总结。

一、便利店企业发展概况

从规模来看，本次调查的便利店业态企业，销售规模在 100 亿元以下的占 90%，其中 10 亿元以下的企业有 22 家，占 54%；10 亿-100 亿元的企业有 15 家，占 36%；100 亿-300 亿元的企业有 2 家；而 300 亿元及以上的企业有 2 家。

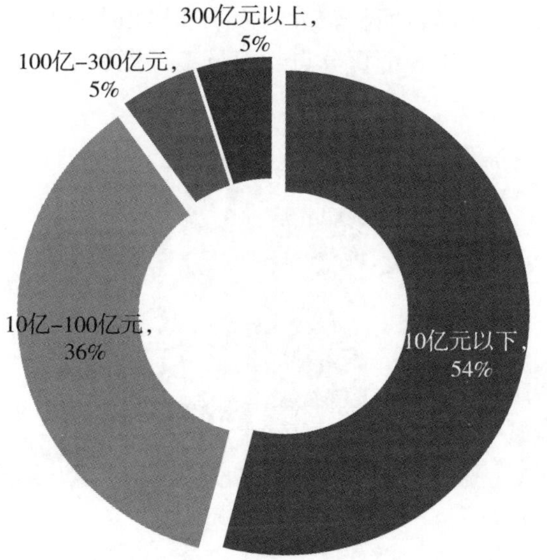

图 1　便利店样本企业销售情况

（一）企业平均规模

从图 2 可以看到，2014 年便利店样本企业的门店数量和营业面积分别增长 6.0% 和 2.9%。其销售额增长 5.3%，主要增长还是来自门店的外延式扩张及经营效率的提升。

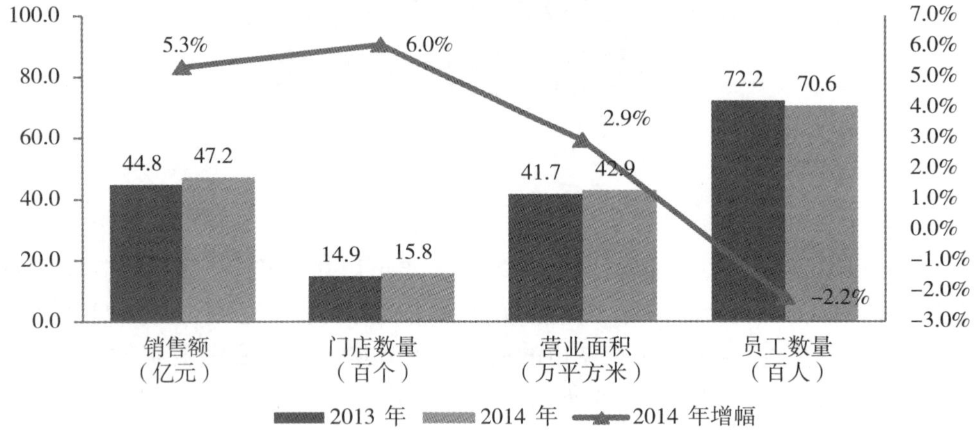

图 2 便利店样本企业平均规模

（二）企业费用情况

调查显示，便利店样本企业仍保持快速扩张。其中，在门店数量和营业面积方面保持增长，在房租和水电费用上也保持了大幅上升的态势。虽然员工人数同比上年有所下降，但由于人力成本的上升，人工费用在 2014 年依然快速上涨。其中房租涨幅最大，为 15.9%，远高于销售额增幅。其次为员工工资，同比上升 7.6%。水电同比上升 6.7%，增幅与销售额相近。可见便利店经营面临较大的人工和房租上涨压力。就费用结构而言，房租在三项费用中的占比上升了 1.6 个百分点，而员工工资和水电费用占比均略有下降。

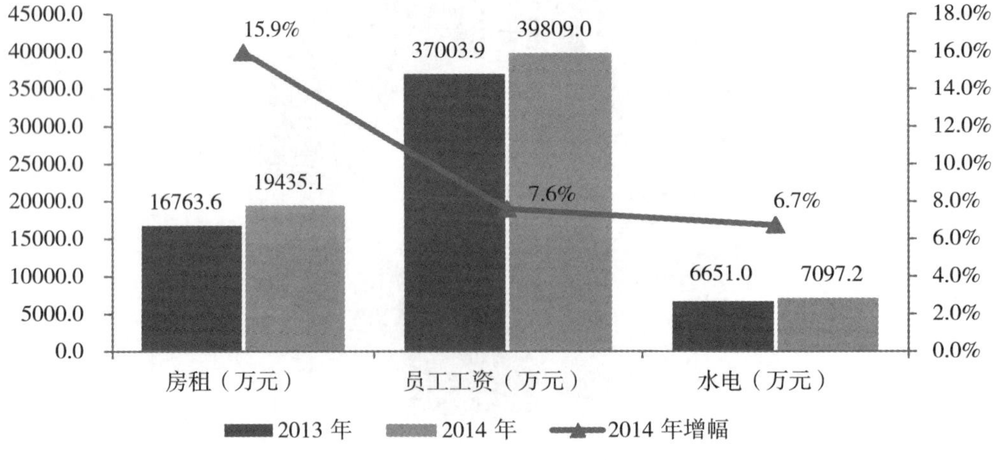

图 3 便利店样本企业费用

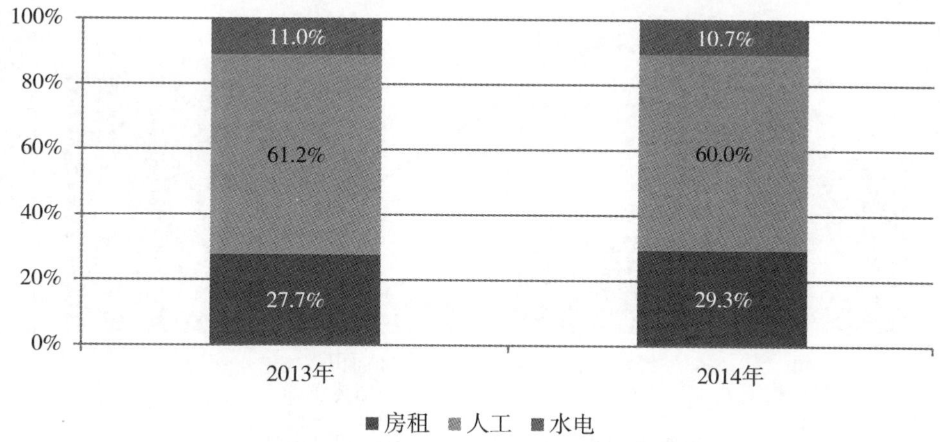

注：便利店样本企业中，83%拥有自有产权门店。2014 年，自有产权门店数上升 3.7%。

图 4　便利店样本企业费用结构

（三）网络零售业务

在便利店样本企业中，62%的企业开展了网络零售业务，平均年网络销售额为 2395 万元，占总销售额的 0.51%。

（四）自有品牌

在便利店样本企业中，自有品牌的销售额占总销售额的 13%，高于超市和百货业态。

二、便利店样本门店经营发展基本情况

本次调查中数据完整且营业 1 年以上的门店有 16 家。16 家店铺中，13 家位于一、二线城市，3 家分布在三、四线城市；平均营业面积为 138 平方米，最低为 50 平方米，最高为 400 平方米；平均销售额为 479 万元，最低为 83 万元，最高为 1632 万元。由于样本门店为各公司销售情况较好的门店，因此销售规模相对较大，经营业绩好。以销售为例，样本门店的日均销售额为 1.3 万元。

（一）门店平均规模

2014 年，样本店铺的销售额同比增加 3.8%，增速与上年持平。员工数量较上年下降 5.2%，因此人工效率大幅提升。各店的经营单品数量平均增加了 182 个。

（二）门店经营效率

样本店的平效增长 3.1%，人效增长 9.6%，增幅均大于上年。单品销售额同比减少 3.2 个百分点，主要是因为单品增速快于销售额增速。

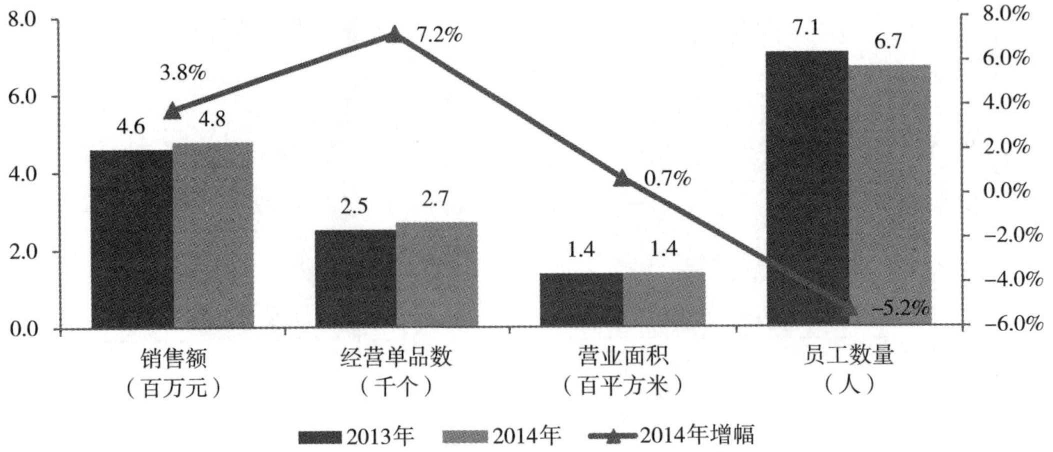

图 5　便利店样本店铺的平均规模

表 1　便利店样本店铺平效、人效和单品销售额

项目	平效（万元/平方米·年）	人效（百万元/人·年）	单品销售额（万元）
2014 年	3.5	0.7	0.2
2013 年	3.4	0.7	0.2
2014 年增幅	3.1%	9.6%	-3.2%

注：计算结果基于每个样本店铺平效、人效和单品销售额平均值，而并非由所有店铺平均销售额推算。

（三）门店日均客单价

2014 年日均客单价为人民币 19.1 元，与上年（17.4 元）相比增加了 10.1%。

（四）门店费用情况

房租、人工费用增幅较大，分别为 6.0%和 5.2%。水电费较上年小幅减少，下降了 0.4%。员工工资是便利店的首要费用，占三项费用总和的 46.9%，其次是房租和水电，占比分别为 42.5%和 10.6%。

表 2　便利店样本店铺的三项费用

项目	三项费用占销售收入比率	房租（万元）	员工工资（万元）	水电（万元）
2014 年	11.9%	24.3	26.8	6.1
2013 年	11.8%	22.9	25.5	6.0
2014 年增幅	1.0%	6.0%	5.2%	-0.4%

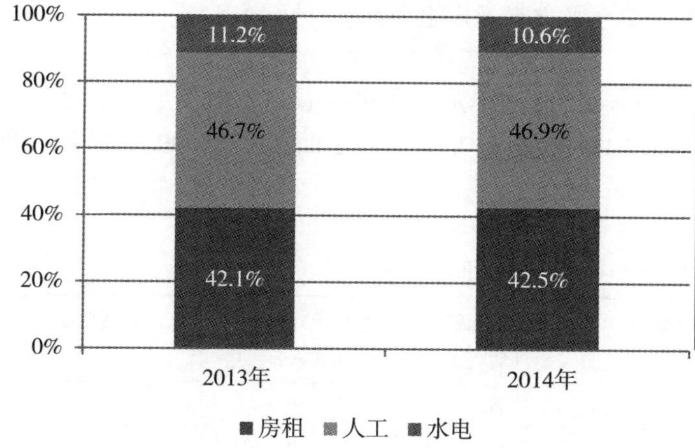

三项费用 年增长率		
	2013 年	2014 年
水电	-1.6 %	-0.4 %
人工	13.2 %	5.2 %
房租	11.6 %	6.0 %

图 6 便利店样本店铺的三项费用结构

（五）门店毛利率

便利店平均毛利率为 23.3%，略高于上年的 21.1%，也高于所有业态样本店铺的平均毛利率（16.2%）。店铺毛利率差别较大，最低为 13.5%，最高为 33.7%。如果以样本店铺平均销售额来计算，毛利率最高和最低门店的毛利额相差 90 万元。

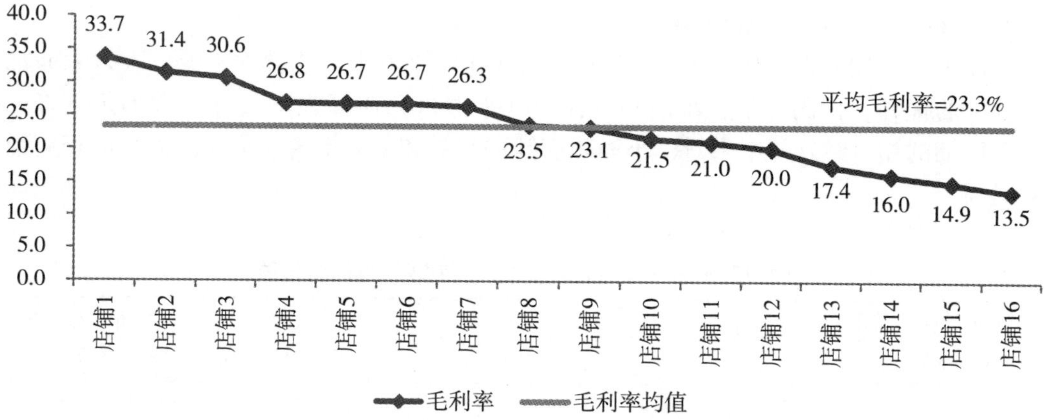

图 7 便利店样本店铺的毛利率分布

（六）物流配送与周转情况

样本门店的统一配送率平均为 85%，较上年上涨 5%。库存周转平均为 29 天，比上年平均增加了 2 天。

（七）不同面积的便利店对比

由于便利店门店营业面积跨度较大，为增加可比性，本次调研将样本门店按面积细分为：50-99 平方米、100-199 平方米和 200 平方米及以上三组。

1. 三组样本门店的平均规模

虽然便利店总体样本店铺销售额增长 3.8%，但从表 3 可以看出，增长主要来自于大面积店铺（≥200 平方米）。中等面积（100-199 平方米）和小面积（50-99 平方米）两组店铺的销售额增幅略低。

表 3　　便利店三组样本门店的平均规模

面积分类（平方米）	年份	营业额（万元）	平均营业面积（平方米）	平均正式员工数（人）	经营单品（个）
≥200	2014 年	749	480	9	6567
	2013 年	653	480	10	5948
	2014 年增幅	14.6%	0.0%	-10.0%	10.4%
100-199	2014 年	498	147	6.5	2800
	2013 年	471	147	6.9	2625
	2014 年增幅	5.8%	0.0%	-5.3%	6.6%
50-99	2014 年	358	67	6.0	1439
	2013 年	352	64	6.1	1357
	2014 年增幅	1.8%	3.3%	-2.3%	6.0%

2. 三组样本门店的经营效率

大面积（≥200 平方米）和中等面积（100-199 平方米）店铺在平效、人效方面都有不同幅度的提升。相比之下，小面积（50-99 平方米）店铺在平效方面有小幅下降。就这三组店铺的相对经营效率来看，小面积店铺的平效和单品销售额最高，而大面积店铺的人效最高。

表 4　　便利店三组样本门店的平效，人效以及单品销售额

面积分类（平方米）	年份	平效（万元/平方米·年）	人效（万元/人·年）	单品销售额（万元）
≥200	2014 年	2.1	90.5	0.1
	2013 年	2.1	77.1	0.2
	2014 年增幅	1.8%	17.4%	-7.5%
100-199	2014 年	3.4	76.3	0.2
	2013 年	3.2	68.3	0.2
	2014 年增幅	5.8%	11.7%	-0.8%
50-99	2014 年	5.4	59.6	0.2
	2013 年	5.5	57.2	0.3
	2014 年增幅	-1.5%	4.2%	-4.0%

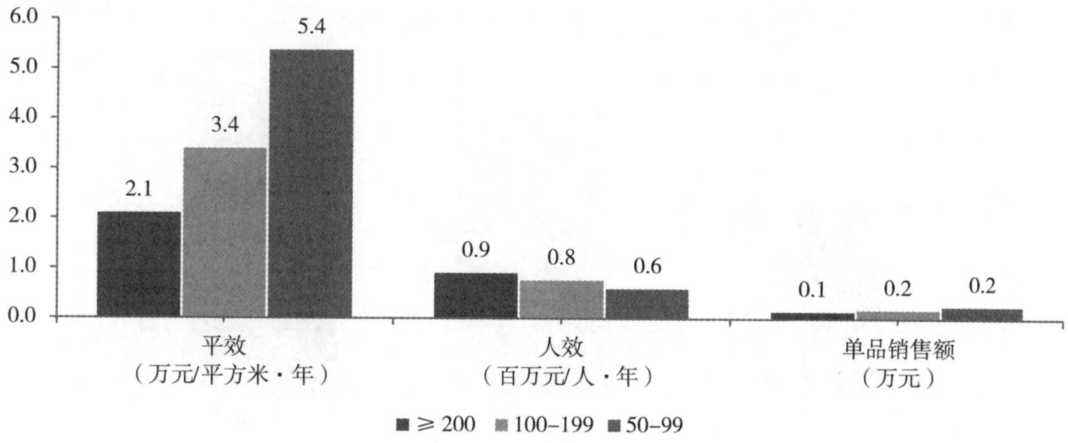

图 8　2014 年三组样本门店经营效率对比

3. 三组样本门店的日均客单价

三组样本店铺日均客单价都有提升，特别是中等面积（100-199 平方米）店铺，日均客单价从 16.4 元上升到 18.2 元，增长 10.5%。小面积（50-99 平方米）店铺的日均客单价也有很可观的上升，从 15.1 上升到 16.6 元，增幅为 9.9%。

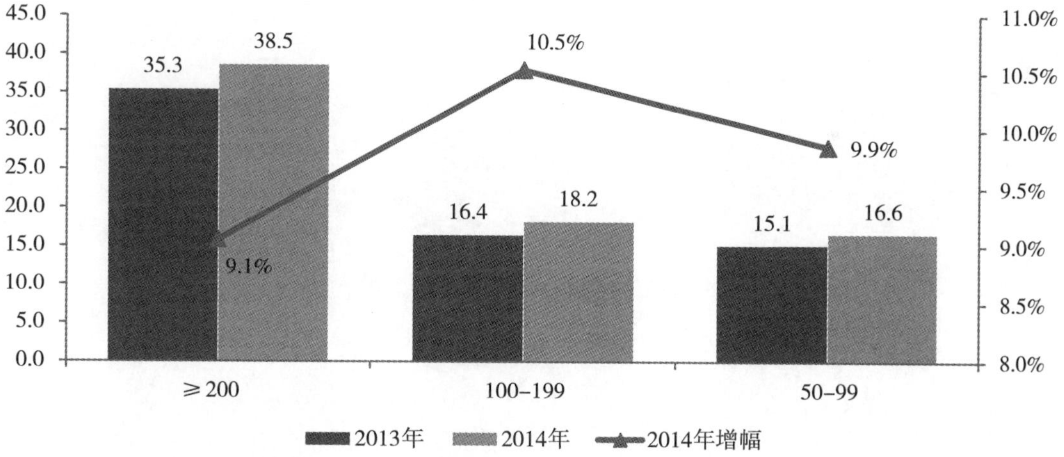

图 9　便利店三组样本门店的日均客单价（元/人·天）

4. 三组样本门店的毛利率

小面积店铺（50-99 平方米）的毛利率最高，为 24.6%，中等面积店铺（100-199 平方米）和大面积店铺（≥200 平方米）分别为 23.4%和 15.7%。

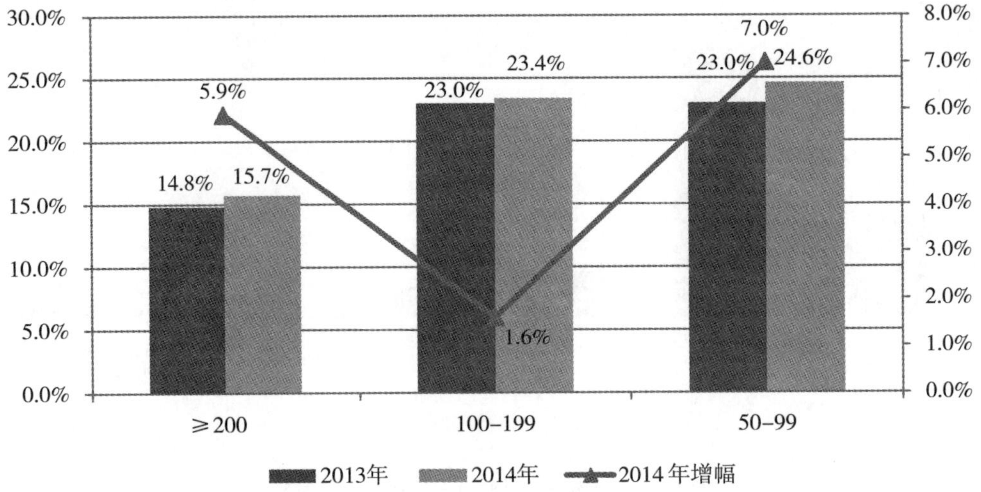

图 10　便利店三组样本门店的毛利率

2014-2015年度中国便利店发展报告

为全面反映中国便利店行业发展状况，满足广大便利店企业对行业发展相关数据、资讯的需求，同时也为向政府相关管理部门客观、翔实地反映行业状况、呼声，提出政策建议，中国连锁经营协会（CCFA，以下简称协会）与野村综研（上海）咨询有限公司（以下简称野村综研）合作，自2013年起，针对本土具有代表性的便利店企业开展了行业发展状况调研，并通过企业高层访谈收集一手数据、资料。本报告是在共享协会2014-2015年度行业调研部分数据的基础上，以全渠道经营下的便利店企业为主要研究对象，通过对国内以及日本主流便利店企业考察和对其高层访谈资料的统计分析，形成中国便利店企业全渠道发展现状综括，并对国内便利店企业未来发展方向进行了预测。本报告也是双方第三次合作开展的调研活动。

一、2014-2015年中国便利店发展状况调研结论概述

协会“2014年度行业发展状况调查”显示，2014年连锁百强企业整体销售增长5.1%，是有该统计以来销售增幅最低的一年。其中，以百货店为主营业态的企业销售同比增长2.7%，在各业态中最低。以经营超市为主的快消品百强企业销售同比增长6.5%，门店数同比增长5.0%，分别高于百强平均增幅1.4和0.8个百分点。

同比而言，便利店企业销售增幅较大。以可比便利店数据分析，2014年销售同比增长17.7%，高于连锁百强销售增率12.6个百分点，销售增幅在各业态中最高。其中，全国排名前55的便利店企业门店数增长7.8%。

便利店新进企业以二、三线城市为中心，门店数量继续扩张，仅2014年一年间，新增门店数达到4408家，增幅达到6.4%。中国连锁经营协会便利店委员会定点监测下的主要代表企业的销售额增长率为18.2%，增幅远高出其他业态。

但同时，便利店企业面临租金、人工成本上涨压力的局面仍未缓解，不容乐观。协会针对19家便利店企业门店经营情况进行的调查分析结果显示，相比2013年，各便利店企业门店平均毛利率上升1.03%，平均单店销售额增加8.8%，而各项成本上升的比率为8.1%，各企业门店经营继续承载成本上涨的压力。

从2013年年末开始，“全渠道零售”成为商业领域的重要热点。国内大型实体零售企业纷纷从最初的触网阶段，过渡到构建适合自身的全渠道战略发展阶段。

便利店以其更贴近消费者的特征，在零售业全渠道发展中发挥着重要作用。其一，作为O2O闭环中的“最后一公里”，便利店具有成为各种业态不可或缺合作对象的业态优势。其二，通过线上和线下实体门店相结合的方式，便利店更适合进行一对一顾客精准营销。其

三，由于服务体验难以在线上实现，因此便利店在开展服务体验方面具有不可替代性。

但也必须注意到，零售业态发展的阶段性局限，使得上述功能在实现过程中也存在一定的局限性。首先，商品开发能力的不足，使便利店业态所售商品很难实现相邻业态的差异化互补；而在一些服务功能开发方面，也未能与便利店主体功能形成更好的互补关系。其次，便利店企业的会员体系建设普遍较晚，导致数据完整性较差，系统性分析不到位，难以更好地进行分时段、商品组合、促销方式组合等更科学的销售尝试。另外，由于历史原因，即使是同一集团，其旗下不同业态的零售实体所使用的 IT 系统也常有各不相同的状况，致使打造共同的供应链和物流配送平台的难度加大。

因此，全渠道经营环境下中国便利店行业的发展更应着眼于便利店经营的本质，注重磨练商品和服务的“便利性”，力求在商品组合、配送能力和数据分析等综合实力上下功夫，多推出符合顾客追求便利需求而设计的优良商品，通过整合物流和供应链向顾客提供贴心的优质配送服务，通过大数据分析和更加贴近顾客的“亲近感”获取更多的优良顾客。

二、中国近阶段零售环境的发展与变化

（一）中国零售业整体发展综述

随着零售行业整体增长放缓，各业态的经营业绩呈现分化，其中成长态势相对较好的业态有购物中心和便利店。中国连锁经营协会年度行业调查数据显示，购物中心和便利店样本店铺在 2013、2014 年两年的平均销售额增幅分别为 6.7%和 3.6%，高于大型超市、超市、百货店以及专业店的 1.7%、0.5%、-1.2%和-3.3%的增幅。购物中心以其体量大、包容性强以及重体验的优势，被视为线下零售的“避风港”，在近几年取得了较好的成长业绩。当然也应看到，大量企业蜂拥建设购物中心也带来了激烈的竞争，盈利压力不断加大，将来购物中心差异化、品牌化和连锁化发展会是必然趋势。相比之下，便利店投资成本低、成熟周期短，加之具备的空间、时间、服务便利性以及贴近消费者的特性，使其在未来几年将保持快速成长，在成熟市场继续深耕并逐步开发空白市场。

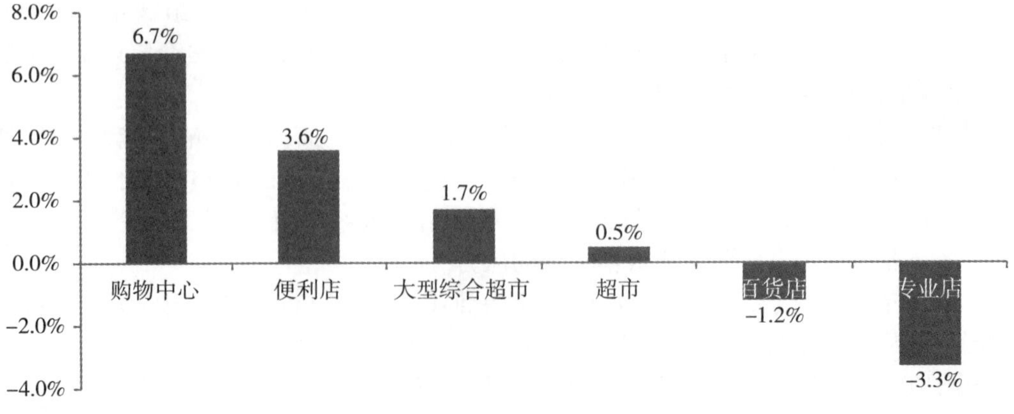

图 1　各业态样本店铺 2013、2014 年两年平均销售增幅

（二）网络和移动互联网对实体零售的影响

2014 年中国网络购物的规模达到 2.8 万亿元，约占社会消费品零售总额的 10.7%，已经超过了美国 2013 年的水平。高效的物流和支付系统、物联网巨头的投资和创新，以及中国消费者对线上购物的日益热衷，这些利好因素均促进了全国网上零售业的繁荣。

同时，智能手机和移动支付方式的普及，更加速了线上购物的发展。2014 年中国网上零售的增速达到 49.7%，较之 2013 年稍微放缓，但是超出增长放缓的传统零售业 4 倍。艾瑞咨询统计数据显示，2014 年中国移动购物市场交易规模为 9297.1 亿元，年增长率达 239.3%，远远高出中国网络购物整体的增速，在网络零售整体规模中的占比达到 33%。

电商对于便利店的发展而言，是一把双刃剑。便利店业态具有及时性和急需性的特点，较之其他传统的零售业态，便利店受电商的影响相对较小。但由于目前便利店企业所出售的商品和其他传统业态的商品部分重合，所以在一定程度上受到网络销售的影响在所难免。线上零售给传统店商带来的冲击，使零售商意识到传统零售模式需要变革。便利店与电商企业联手开展 O2O，在增加服务内容、商品或物流上与电商在各方面开展融合已逐渐普及。2014 年，被访 10 家便利店代表性企业中，50%企业开展了网络零售业务，平均年网络销售额为 622 万元，占总销售额的 0.14%。10 家企业已经开展与电商的业务对接，部分便利店选择网站自营的形式，而大部分便利店选择携手平台电商进行 O2O 合作，利用自身实体店的规模优势，与电商的流量资源有效对接，实现互利共赢。

三、2014-2015 年中国便利店企业发展概述

（一）企业规模及门店数变化情况

零售业整体低迷的环境下，便利店企业逆势增长，2014 年主要代表企业的销售额增长率为 18.2%，增幅在传统零售业中位居榜首。以二、三线城市为中心，新进业者加速门店布局的趋势继续加强。协会从 2012 年起定点观测的 15 家代表企业中，2013 年仅 1 年间新增门店的总数达到 4484 家，增幅达到 8.1%；2014 年新增门店总数 4048 家，增幅为 6.4%。

表 1　　2014-2015 年便利店企业店铺规模的发展趋势

排名	企业名称	2013 年门店数	2014 年门店数	新增门店
1	中国石化销售有限公司（易捷便利店）	23300	23730	430
2	中国石油销售公司（昆仑好客便利店）	14000	15000	1000
3	东莞市糖酒集团美宜佳便利店有限公司	5580	6390	810
4	广东天福连锁商业有限公司	2300	2568	268
5	农工商超市（集团）有限公司	2644	2566	-78
6	浙江供销超市有限公司	2123	2125	2

续表

排名	企业名称	2013 年门店数	2014 年门店数	新增门店
7	广东上好便利店有限公司	1703	2070	367
8	7-Eleven 便利店	1825	1951	26
9	上海联华快客便利有限公司	1905	1719	-186
10	成都红旗连锁股份有限公司	1460	2200	740
11	浙江人本超市有限公司	1491	1557	66
12	华润苏果超市有限公司	1191	1342	151
13	山西太原唐久超市有限公司	1250	1340	90
14	全家便利店	1064	1281	217
15	河北国大连锁商业有限公司	895	1040	145
	合计	62831	66879	4048

数据来源：《2014 年中国百货店行业发展报告》《2014 年中国零售业五大业态发展概况与趋势》《中国连锁零售企业经营状况分析报告（2014-2015）》。

（二）便利店企业代表门店的经营情况

与其他业态一致，便利店企业也不可避免地存在房租、人工成本上涨带来的压力。协会 2014 年针对 16 家便利店企业的门店经营情况进行了调查分析，分别计算了每项指标的同比增长率。结果显示，相对 2013 年，综合各家企业的门店销售情况来看，平均单店销售额增加 8.8%，而各项成本上升的比率为 8.1%，客单价较之 2013 年增幅达到 10.1%，成本的增长远远高于销售额的增长。

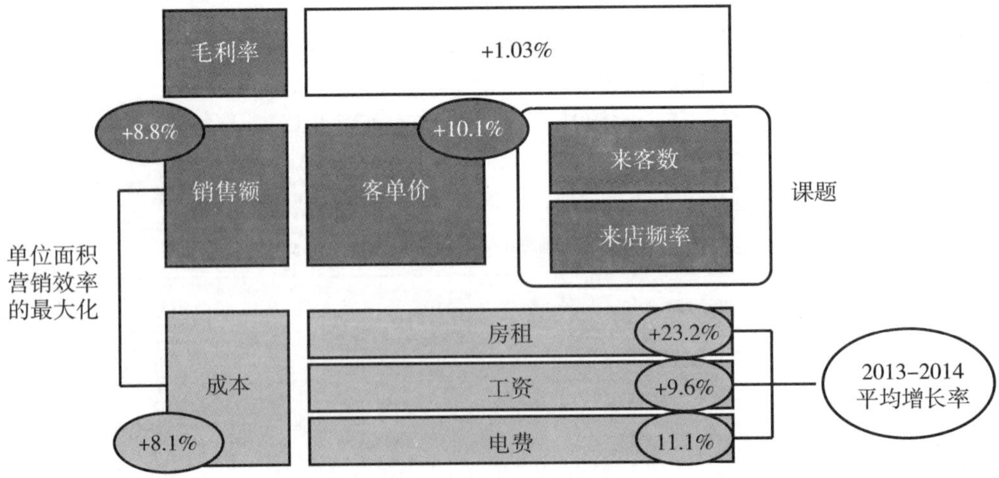

数据来源：CCFA，《中国连锁零售企业经营状况分析报告（2014-2015）》。

图 2　中国 16 家便利店企业代表门店的经营情况

（三）不同面积门店类型的平效，人效以及客单价的比较

同时，将样本门店按营业面积细分为50-99平方米、100-199平方米和200平方米及以上进行了比较，则三类门店的经营指标会有如下发现：50-99平方米的门店，在毛利率、平效这两方面处于优势，但是人效和日均客单价的提升空间仍很大。目前门店的类型呈两极分化的趋势，一些从超市业态转型而来的便利店普遍存在门店面积过大的趋势，这类店在平效和人效方面的提升空间很大。而一些以加盟方式发展的便利店企业平均门店面积都比较小。小型门店在租金和人工成本上涨的压力下存在一定的优势，但是普遍存在商品种类单一，客单价低的现象。

表2　　不同面积门店类型的平效，人效以及客单价的比较（2014年）

面积分类（平方米）	年度	毛利率（%）	平效（万元/平方米·年）	人效（万元/人·年）	日均客单价（元）
≥200	2014年	15.7%	2.1	90.5	38.3
	2013年	14.8	2.1	77.1	35.3
	2014年增幅	5.9%	1.8%	17.4%	9.1%
100-199	2014年	23.4%	3.4	76.3	18.2
	2013年	23.0%	3.2	68.3	16.4
	2014年增幅	1.6%	5.8%	11.7%	10.5%
50-99	2014年	24.6%	5.4	59.6	16.6
	2013年	20.0%	5.5	57.2	15.1
	2014年增幅	7.0%	-1.5%	4.2%	9.9%

数据来源：CCFA，《中国连锁零售企业经营状况分析报告（2014-2015）》。

四、便利店企业全渠道经营现状

（一）大型零售企业多业态、全渠道发展趋势

2013年年末，由中国商业联合会发布的中国商业热点中，“全渠道零售”成为当年的第二大商业热点。一时间，中国的线下零售企业纷纷从最初的触网，开始进入构建自身的全渠道的战略中来。然而全渠道战略在国际上也是刚刚起步，无论在欧美、日本还是其他地区都没有成熟的运作模式，各国零售企业均摸索适合自身发展的道路。但从全球各大零售巨头的发展动向来看，打通各渠道的信息网，通过线上线下结合的方式实现购买的便捷化、配送的高效化似乎成为一致的方向。

“全渠道”出现之前，“多渠道”营销也曾是热门词汇。至今，仍有部分人群认为多渠道基本等同于全渠道，只是渠道范围的多寡区别。然而事实上，这是两个截然不同的发展模式。“多渠道”是指建立多种到达顾客的路径，但其路径在各个渠道内均为闭环，即以渠道为中心，针对不同顾客开展不同渠道的营销策略。而“全渠道”则是以客户为中

心，根据不同客户的需求场景来串通各条渠道，在顾客购买的各个环节中使用所有可用的渠道，为顾客组合出最优的客户体验。因而，从多渠道到全渠道的转变便可理解为从以渠道为中心，到以客户为中心的战略转变过程。

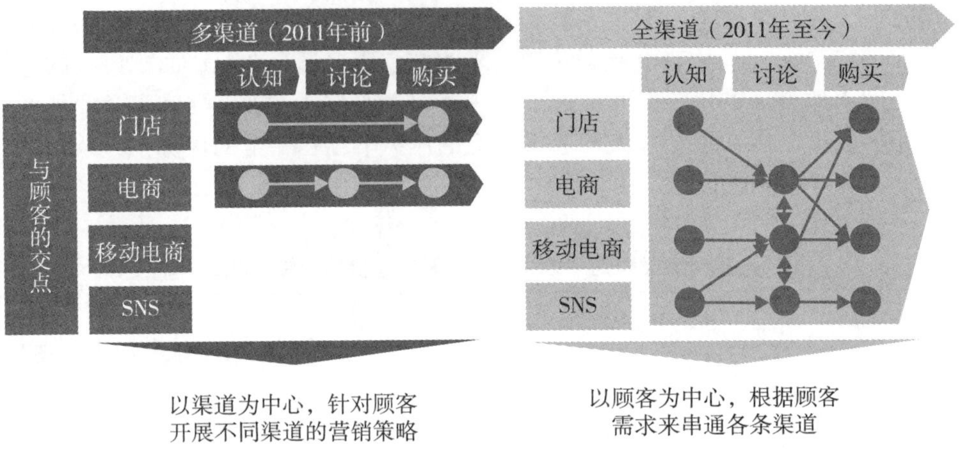

数据来源：根据公开信息 NRI 分析。

图 3　多渠道至全渠道的转变

因而，打造全渠道需要经营理念的全面转变，对于实体企业而言，线上销售并非只是增加一种销售渠道，而是要站在顾客的角度，最大化地实现购物的便捷性。

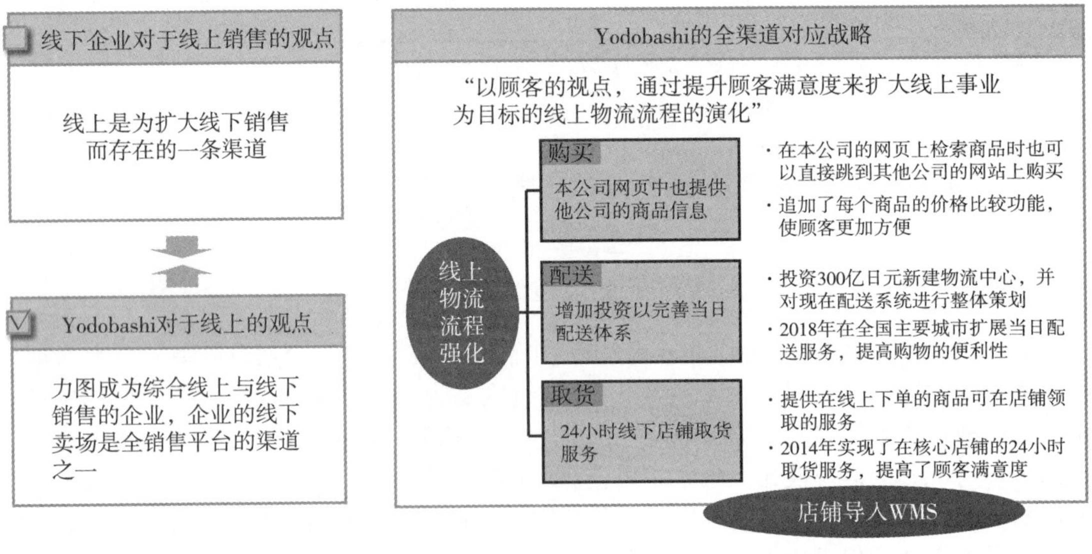

数据来源：根据公开信息 NRI 分析。

图 4　日本大型零售企业 Yodobashi 全渠道经营案例分析

日本量贩式家电零售巨头 Yodobashi 的战略是“以顾客的视点，通过提升顾客满意度来扩大线上事业为目标的线上物流流程的强化”。强化购买体验、完善配送体系，实现便捷取货成为其实现全渠道战略的第一步。2014 年 Yodobashi 已经实现核心店铺的 24 小时取货服务，进一步提高了顾客满意度。此外，为进一步提高购物的便利性，Yodobashi 投资 300 亿日元新建物流中心，并对现有配送系统进行整体策划，预计 2018 年 Yodobashi 能在全国主要城市扩展当日配送服务。

英国零售巨头 Tesco 也认识到网上超市的需求正在迅速扩大，设置了高效率的“幕后商店”。幕后商店通常设在普通商店的边上，为避免生鲜品的不良库存，通过混合取货的方法，把幕后商店的库存商品和店铺库存商品结合起来向顾客提供配送服务。

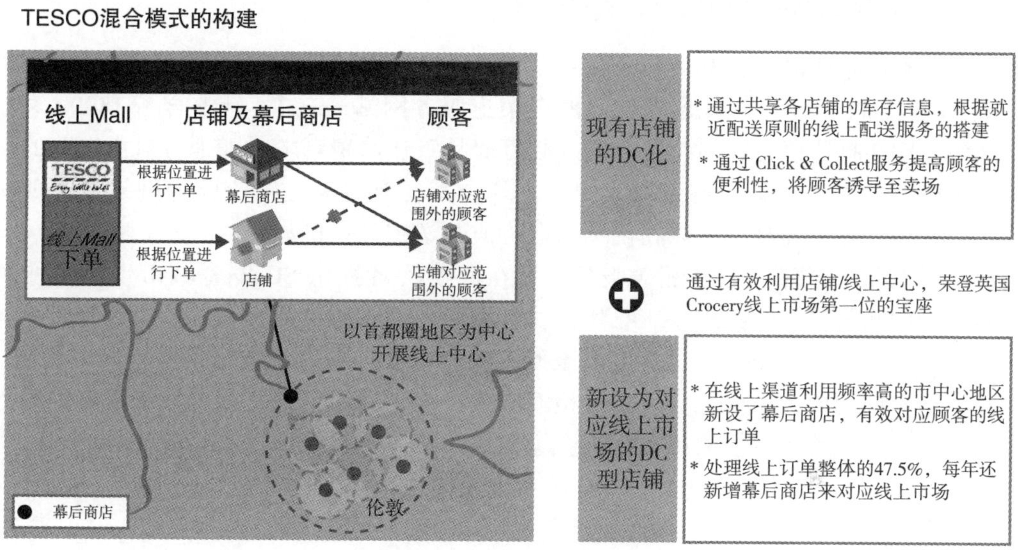

数据来源：根据公开信息 NRI 分析。

图 5 英国大型零售企业 TESCO 全渠道经营案例分析

全球来看，实体零售在全渠道大潮中的发展方向主要有三个方面。

（1）扩大商圈范围。借助网络，突破现有的商圈范围，实现不同业态，甚至相同业态之间的商圈重叠，进一步提升门店的饱和密度。

（2）丰富商品结构。借助网络，突破传统门店的面积限制，增加门店的商品 SKU 数。

（3）提升顾客忠诚度。借助网络，可以随时随地与顾客进行互动，通过兑换券、会员活动等加强与现有顾客之间的互动，加强顾客黏性。

日本实体零售企业在以上三个方面的成功案例：

（1）扩大商圈范围方面，日本零售商会根据不同节日、男性或女性的性格喜好在网络平台上设置多种不同的礼品，方便消费者选择以及赠送，同时给予一定的优惠。例如，顾客在社交网站上看中了欧舒丹的一款产品，可以将礼物送给远在外地且不知道住址的朋友或亲戚，可以直接下单，购买成功后信息直接传送给接受礼物的一方。顾客收到礼物的信息后可以在任意门店取货，同时极有可能成为该门店新的顾客，突破了原有的商圈概念。

（2）一些专为个人设计的服装品牌公司，采用线上和线下结合的方式进行销售。在网上设立客服中心和销售平台，门店不设库存，仅作商品展示，以及与顾客进行交流的平台。顾客在门店确认好材料以及设计和价格之后，可以从网上购买，同时也可以在门店的平板订货终端上购买。门店面积有限，但借助互联网可以提供丰富的商品种类，同时也可实现线下到线上的导流。

（3）日本东急百货店通过 APP 发展会员，会员可以定期获取百货店发送的打折券、兑换券。顾客需要扫码才能享受优惠服务，扫码用的二维码海报在门店以及网上都可以获取。活动看似很简单，但如何将优惠活动进行组合搭配，以及有效分发和送达，借此来增强顾客对品牌的忠诚度，是建立在会员数据精准分析的基础之上的。

（二）日本便利店企业，全渠道发展的趋势

日本便利店企业已广泛开展以实体门店网络为基础的服务。日本 7&I 集团，耗时 14 年，于 2015 年 11 月 1 日正式启动专门的全渠道服务网站 omni7。其整合了 18000 家自有门店网络，旨在打造以自有品牌为主的 600 万商品，让消费者随时随地、自由选购的购物环境。2015 年开始专设线上物流对应中心，结合其现有完善的物流配送网络，实现从网上下单购买 300 万个商品，可以在便利店取货或配送到家。例如：

日本罗森便利店开展的宅配送服务，旨在向消费者提供 SG 罗森城市生活的便利服务。商品结构涵盖新鲜蔬菜水果、日用杂货、医药品等各种商品，另外与生鲜物流公司合作，共同开展门店取货服务、送货上门服务、顾客需求听取等一条龙服务。

日本全家便利店提供优惠券 Yahoo 检索服务，无论何时何地，只要在 Yahoo 中输入含有全家的关键字，就可以搜索出附近的全家门店、优惠活动，以及打折优惠券。

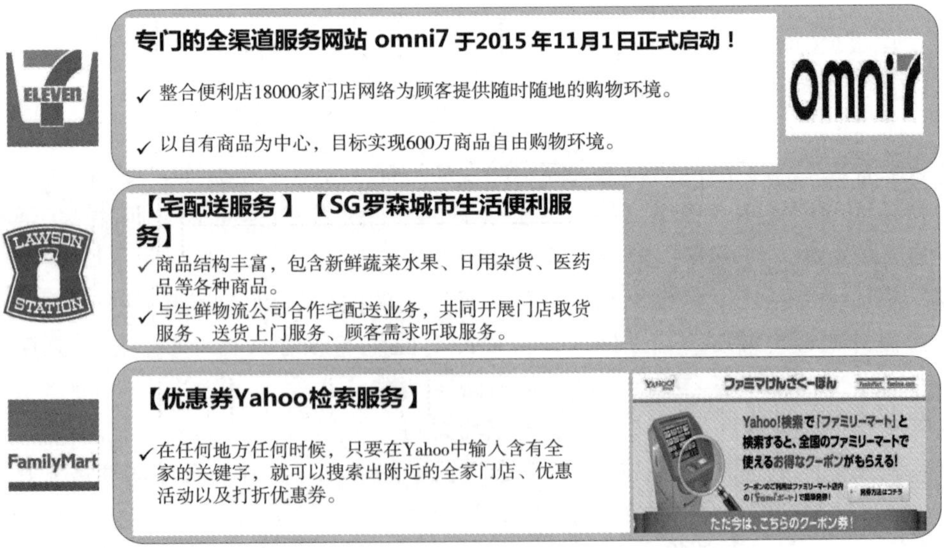

数据来源：日本三大便利店官网，由 NRI 整理。

图 6 日本便利店企业的全渠道战略

（三）国内大型零售企业多业态，全渠道经营的案例

2013 年起，更多的中国企业也加入到构建全渠道发展的行列之中。其中，天虹商场是起步较早的以百货店为主营业态的企业。

“十二五”期间，天虹商场已经开始了战略转型的调整。2014 年，天虹商场制订了全新的企业发展战略，即“做最好的全渠道零售商”，形成“实体店+PC 端+移动端”立体电商模式，把自己定位为一家提供生活解决方案的服务商。作为一个以百货店为主力业态的企业来讲，近年不断受到来自购物中心、电商的冲击，危机意识早已深入企业内部，如何解决实体百货店的危机成为重要课题，而改善顾客体验成为一个突破口。除在实体店中增加娱乐、餐饮、亲子等服务类项目，使其不断“购物中心化”以外，改变商品管理方式成为另一种手段。由原本的品类规划模式改变为围绕生活主题、顾客生活属性，模拟顾客使用场景的商品管理模式。不仅是百货店，天虹旗下的超市也在打造成一个个生活方式区，例如出游区、运动休闲区、亲子区、西式文化生活区等，由此真正做到以顾客为起点，为顾客所想，为顾客所做。此外，另外一个大的构想是如何体现“互联网+”的概念。天虹首先在 2014 年与阿里、腾讯开展合作，升级实体店的顾客互动模式和营销模式，开展了微信吸粉互动，天虹微信会员目前超过 400 万。移动端的另一特色是天虹推出的“天虹微品”。“天虹微品”是一款可以让天虹员工直接在手机上开设店铺的 APP，采取 B2C2C 的销售模式，天虹负责商品的组织、配送和售后服务，加盟的员工负责销售，模式类似于平台化的微商，在增加了销售的同时，更是提高了员工的积极性。这款 APP 也在不断完善升级中，成为天虹全渠道构建中的一个亮点。截至 2014 年年底，天虹的 O2O 布局初步完成，线下传统百货店转型为“百货店+购物中心+便利店”的多业态，线上完成“网上天虹+微信+微店”三个端口的构建，基本实现了全渠道的布局。

2015 年，随着“十三五”的临近，经过精心设计的构想及实践的结果，天虹商场制定了更加清晰的全渠道发展目标。（1）O2O 的深化：打造顾客购物场景，实现线上购，线下提、退的 O2O 模式；打造跨境电商体验店，让顾客可安心地购买海外商品；“天虹到家”业务按需预约配送，最快 2 小时内即可送达。（2）移动端的“天虹微品”升级为“虹领巾”，海淘、到家、到店等多项职能被赋予在这个平台上。（3）天虹一大一小业态——购物中心和便利店，天虹微喔便利店采取“特色商品+生活服务+O2O”的经营模式为顾客提供便利，目前微喔便利店门店数已经突破百余家，今后也将立足于社区，成为 O2O 的窗口。微喔便利店除在深圳拥有百家门店外，也进入了厦门、南昌市场，面对不同城市的顾客，在门店形式、商品构成方面也会有所差异，但 O2O 的窗口这一职能没有改变。顾客不仅可以在店中下单、提货、退货，门店更是拥有各类延展服务，比如社区类的存取款、银行开户、缴费、衣物干洗等，更有下午茶、早餐系列。尽管企业希望通过便利店将线上与线下最大化地联通，在店内还设置了 Ipad，店内现代感十足，但从实际的使用率来看，如何使 O2O 在店内“活”起来，似乎仍是个课题。

其次，区域型多业态零售巨头步步高的电子商务平台——“云猴”上线以来，也备受关注。2013 年，面对行业增长放缓、电商冲击加大的困局，步步高提出以大电商、大会员、大平台、大物流、大便利五大战略来构建全渠道，并基于这个构想，打造了基于实体门店的“云猴”O+O 大平台生态系统。步步高的全渠道 O2O，即整合 PC 端+手机端+

微信购物+线下渠道；全业态 O2O，即购物中心、百货店、超市、电器、便利店各业态线上线下打通；全品类的 O2O，即商超品类+百货品类+生活服务。全品类的服务不仅仅包括了百货店、超市等各类商品服务，更涵盖了日常生活服务。以此，步步高希望实现客户可以在步步高任何一家店（无论线上线下）购买步步高集团的所有商品（无论线上线下，无论超市或便利店），可以在所有门店或在线上付款，可以选择在任何一个步步高门店提货，或选择送货上门到本地任何地址。可以说步步高也是国内加入全渠道战略构建较早的一批零售集团，在 O2O 市场的布局战中抢得先机。

2014 年下半年，步步高的线上商城逐步开始定位清晰，即定位本地生活服务的 O2O 全渠道平台，结束了线下企业盲目开设线上商城的时期。在定位明确后，云猴又抢先上线跨境电商全球购以及电商生鲜购，这样的动作在实体零售企业中属于步伐较快的。同时开设线下体验店，线上和线下形成互补，力求商品的差异化。通过供应链的重新整合与新的开拓，来打造步步高的大电商平台。但要实现线上线下的双轮驱动，对顾客引流、销售、分析、管理等提出了更高的要求。步步高清晰地认识到，全渠道构建的核心是背后供应链的整合、物流体系的构建以及基于信息系统的大数据分析。

2014 年年底，步步高提出了“大会员”、“大物流”、“大便利”这三大目标。“大会员”是实现集团内部各业态会员的流通，会员积分通积通兑，对大数据进行挖掘。步步高也在申请支付牌照，以支付宝、会员作为接口的互联网金融业务今后也会成为步步高自营的一部分。“大物流”是整合集团内部所有物流资源，使其成为内部第三方的物流公司。而“大便利”首先是让便利店成为线上购物的自提点，同时再扩大规模，目标门店数要做到 10000 家的规模。目前步步高的便利店品牌汇米巴仍然主要是直营门店，门店数为 120 余家，要实现万家的目标，仍需要通过集团实力来实现快速扩张，未来吸收市场的松散型加盟店成为一种快速扩张的手段。

（四）主要便利店企业开展线上线下融合的方式

纵观各家便利店企业开展全渠道经营的尝试，可以归纳成如下几个方面。

第一，宣传推广。为了迎合顾客消费习惯和生活方式的改变，企业开始运用社交媒体和平台进行宣传推广，迅速扩大影响力，提高转化率。通过微博企业账号、微信企业公众号，大众点评网等第三方平台进行商品和企业宣传。

例如，通过在实体门店开通的微信公众号，集团和门店持续有规律地针对微信会员进行宣传推广，增加了门店的粉丝，提高了二次购买率。同时，利用微博、微信进行产品营销推广，逐渐建立起了消费者对品牌的信任感。与大众点评开展合作，通过点评来提升品牌知名度。

第二，商品销售。很多企业自建了线上平台或手机 APP，比如步步高的云猴，中百的线上商场，利群商城。一部分企业选择了入驻第三方电商平台，比如天猫，通过开设旗舰店来开展电商业务。更有企业不仅自建而且入驻第三方平台。新华便利 2014 年 5 月开始做线上业务，与世外桃园合作了手机 APP，也将与天猫等其他平台进行合作。

与第三方应用平台的合作也受到了普遍的欢迎。走访的便利店企业几乎都在与美团、百度外卖等合作开展外卖服务。苏果便利目前已经有 100 家门店试点与美团外卖合作进行外卖销售服务。苏果便利选择一部分可以外送的商品放到美团的平台上，由美团的配送人员根据订单来店取货后进行配送。目前外送商品主要以即食品为主，还包括饮料，零食等常温商品。

天虹集团将渠道进行分类，打造了“虹领巾”和“微品”两个品牌。“虹领巾”为本地生活服务平台，将实体店覆盖的1.5公里内的医院、美容美发、洗衣洗车服务纳入到“虹领巾”平台中来，利用互联网将原本松散的交易、服务集中起来，为商户和消费者提供更好的解决方案。“微品”是移动社交电商，公司选择一部分新、奇、特商品比如海淘商品、特色商品、进口生鲜商品放入商品池，由员工选择，人人可开店，使得员工成为分销商。

第三，支付购买。支付端与第三方支付平台的合作也越来越密切。几乎所有的便利店都实现了支付宝和微信支付的覆盖，消费者不用现金也可以直接购物，大大方便了顾客。

第三方支付平台如E支付、支付宝、苏宁E商、百度钱包等多种多样，支付模式的多样化使得购物更加便捷的同时，便利店企业同时必须与多种平台进行对接，也带来了业务处理上的课题。

第四，服务。便利店作为与消费者最近的触点，成为了社区居民的服务平台，作为最贴近顾客的“最后一公里”，越来越多的企业通过与第三方平台开展提供服务的合作，大大提升了消费者满意度。

例如，提供送货到店、送货到家的服务，真正成为消费者家门口的店。另外，尝试与京东到家业务合作，开展网定店取和网定店送的服务，实现了线上线下的完美对接。还有一些企业尝试与顺丰快递合作，开展寄包裹、收包裹、洗衣代收等业务。

五、便利店企业面临的难题及对应

（一）全渠道发展中便利店面临的难题

大型零售集团中的便利店定位与作用。首先，便利店业态虽然起步晚、规模小，但投资成本低、成熟周期相对较短，成为发展态势最迅速、前景被看好的业态。许多大型零售商纷纷进入便利店业态就能证明这一点。其次，便利店成为区域布局的重要网点，更加贴近消费者，也易于掌握消费趋势和销售需求的变化，承担起“最后一公里”职责。最后，相比其他业态，便利店承担起更多的社会服务类职能，从最初的缴费到现在的家政服务及金融服务，服务项目不断扩展。

上述特点决定了便利店企业在零售业全渠道发展中发挥着重要的作用。

首先，作为O2O闭环中的“最后一公里”，便利店业态易于成为其他业态不可或缺的合作对象。其次，通过线上与实体门店相结合的方式，更适合进行一对一顾客精准营销。最后，因为服务体验难以线上化，在开展服务体验方面具有不可替代性。

但必须看到，由于零售业态发展阶段性的局限，在实现以上功能时存在一定局限性。首先，商品开发能力的不足，使便利店业态所售商品，很难实现与超市等相近业态进行差异化；在一些服务功能的开发方面，难以更好地结合便利店主体业务的特点实现双赢或多赢。其次，便利店企业会员体系的建设普遍较晚，且数据完整性不足，顾客属性分析一直是薄弱环节，致使其未能充分利用数据分析，进行分时间段、商品组合、促销方式组合的销售尝试。另外，IT 系统的分立化也不利于供应链和物流配送的整合，难以实现高效化。由于历史原因，即使是同一集团，旗下不同业态所使用的 IT 系统也不尽相同，难以打造共同的供应链和物流配送的平台。

总体而言，全渠道构建的核心是支撑线上线下结合的供应链的整合、物流体系的构建以及基于 POS 数据和会员数据的信息分析体系的构建。同时，实体企业自身应侧重消费者需求变化的实时掌握，强化商品开发以实现差异化，增强盈利能力以求在全渠道变革中取得一席之地。

全渠道最终制胜的不是概念而是顾客体验，因为不管通过什么渠道，顾客购买的仍然是商品和服务。线下的现场优质服务能力是全渠道能否取胜的关键。

2014 年 10 月，中国连锁经营协会针对便利店会员企业发展过程中最为关注的课题进行了问卷调查。本次调查的便利店样本企业有 42 家，调查内容主要包括三个部分。一是以即食品为主的新品导入情况及相关课题；二是 POS 数据的分析和使用情况；三是 IT 系统的导入情况及相关课题。

（二）以即食品为主的新品的导入情况及相关课题

从日本和台湾便利店企业的发展趋势来看，即食品作为便利店企业区别于其他零售渠道的差异化商品，是各家企业重点强化的对象。由此，本次调查选取了新商品导入及其相关课题进行研究。调查显示，42 家样本企业每月新商品的导入率为 4%，淘汰率为 4.1%。其中，每月新即食品种的导入数量为 17 个 SKU，占新品数量的比率为 8.4%。根据可比数据显示，日本便利店门店的平均 SKU 数大约为 2800 种，平均每周推出的新商品数量达到 100 个 SKU，每年更新的商品数达到整体的 70%之多。为了吸引消费者，各家在即食品的研发上下足了功夫。同时，日本便利店还热衷于根据季节变化推出层出不穷的应季食物，食物的季节感很强。如每年的春季，便利店都会推出品类丰富的樱花便当、樱花寿司、樱花与玫瑰味冰淇淋等。像 SUNKUS 每周都会推出 5-8 种新自有甜品；全家也会每周与甜品制造商讨论自有商品的研发，每次会议都会提出 30 多种新商品，而最后能够商品化的甜品仅为 2-3 种，且其“品质绝不输于专业甜品店”。

表 3　　新商品的导入和淘汰情况

	中国大陆	占比	日本	占比
单店平均 SKU 数	2484		2800	
其中，即食品	198	8.0%	728	26.0%
月均导入新商品 SKU 数	100	4.0%	400	14.3%
其中，即食品	17	8.4%	/	/
月均淘汰商品 SKU 数	102	4.1%	/	/
其中，即食品	15	7.4%	/	/

数据来源：中国：CCFA 对 42 家便利店企业问卷调查的统计结果。日本：根据公开信息，由 NRI 整理。

近年来，国内便利店企业也开始注重加强即食品的导入，如盒饭、鲜食等。调查显示，23.8%的企业已经全门店开展即食品的导入，另有38.1%的企业正处于部分门店的试验阶段，其余的38.1%的企业尚未开展或正在观望中。

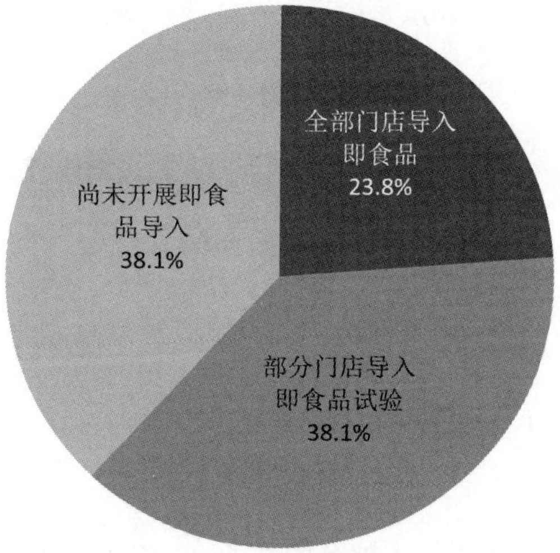

图7　国内便利店企业即食品导入状况占比

调查显示，在开展即食品销售过程中遇到的主要问题，首先，71.4%的企业回答“很难找到合适的供应商”；其次，回答“顾客对即食品的需要有待提升”的比率都达到47.6%；另外，47.6%的企业指出，由于损耗超乎预期或者担心损耗导致“门店店长/加盟店不敢多订货”的现象也很普遍。

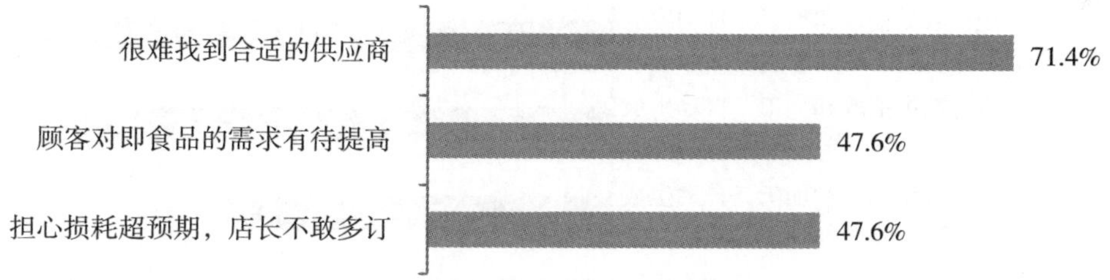

图8　国内便利店企业导入即食品过程中遇到的主要困难及其占比

日本的便利店企业在即食品的开发方面，注重企业内部、鲜食供应商以及料理专家合作一体的团队建设，仅7-11一家企业，一起合作的日本鲜食产业协会旗下的企业就达到1000家，在日本全境的鲜食加工厂就有169个，不同温度带的共享配送中心达149个。

不难看出，企业在即食品开发上的需求增长加速了供应企业的发展与成熟，同时周边配套产业的完善也促进了行业的繁荣与发展。

（三）POS 数据的分析和使用情况

调查显示，针对 POS 数据的运用，20. 9%的企业“运用十分充分”，回答“还可以”，“运用不太充分”的比率分别是 58. 1%和 20. 9%，在数据运用方面还有提升的空间。

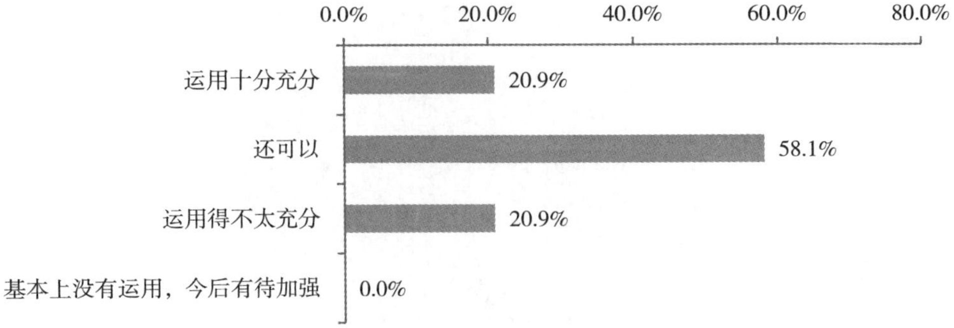

数据来源：CCFA 对 42 家便利店企业问卷调查的统计结果。

图 9　POS 数据的运用情况

从 POS 数据分析的维度来看，大部分的企业已经实现各项报表的自动生成，但尚有 16. 7%的企业无法自动生成报表，需要人工进行数据抽取和加工。相较之【大分类>中分类>单品别】，【全店>地区>区域>门店别】，【月别>周别>日别】几个维度，【客层别>时间带别】报表的自动生成比例相对较低。但这也是便利店企业进行顾客信息分析最为关键的部分。

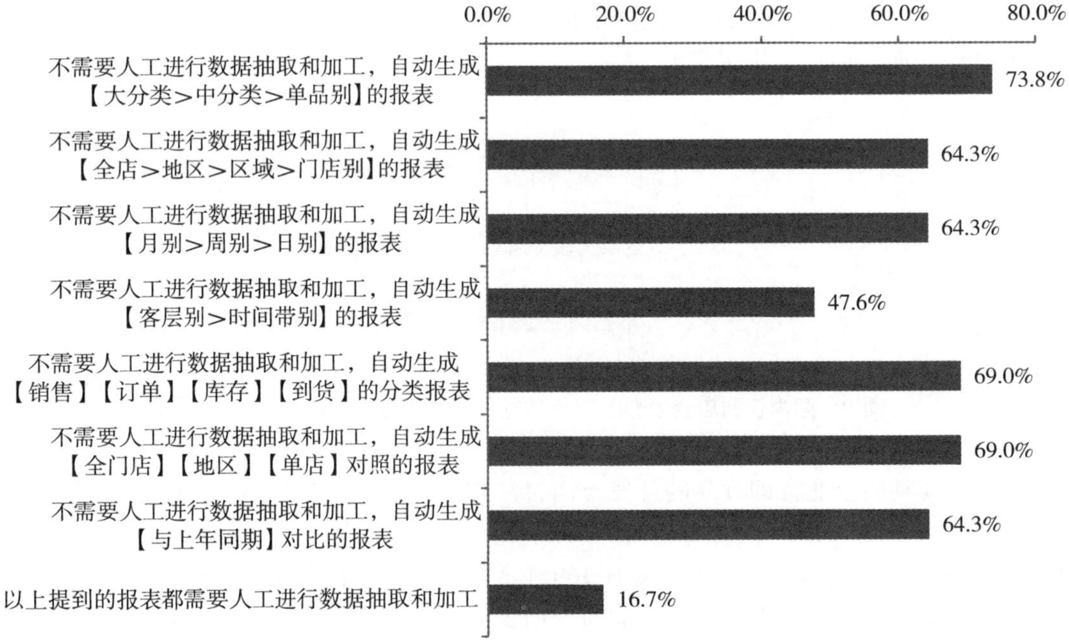

数据来源：CCFA 对 42 家便利店企业问卷调查的统计结果。

图 10　现阶段 POS 数据的分析程度

从以上这些数据不难看出，便利店企业 POS 数据的分析能力尚待提高，尤其是根据客层和时间段的数据进行分析的功能比较欠缺。电商时代到来以后，线上销售企业更容易获取顾客购买信息，信息量大且准确，加之各类新兴技术的运用，使得线上企业能够较充分地掌握顾客购买动向。这部分功能的缺失难以帮助企业描绘出顾客画像，做出更有针对性的营销策略。

日本的便利店通过会员卡、电子钱包的发行对 ID-POS 数据进行管理和分析，来满足顾客需求的促销活动，实现促销成本高效化。每家便利店都各自发行会员卡，仅 Ponta 一家发行的卡数就达 6000 万张以上，人口持有率 47%以上。

未来全渠道发展过程中，为了更加准确地获取顾客信息，需要一个相同的 ID 将其联系起来，把一个顾客在各个渠道中的活动串联起来。另一方面，为了找到优质顾客与潜在顾客，还需要把各个顾客的单体信息再次进行融合，找到群体性的特性。

（四）IT 系统的导入情况以及课题

便利店企业系统构建的理想状态是，在建立基干系统的基础上，订货、物流，供应商管理系统，BI 智能分析、门店系统、CRM 顾客管理等多套系统，能为店铺管理、物流、内部协同等提供决策依据。总部可以实时统计店内销售与货物情况，并随时对物流加以调配；员工的工作流被规划得井井有条；弹性的架构，使得 IT 部门和业务部门可以随时增加新的应用。

本次被调查企业现有的基干系统导入的年数均值为 7 年，接近 8 成的企业无论是总部系统，还是门店系统都已经导入实施。其中企业尚未导入且今后导入的需求相对比较大的系统有，“总部和督导、商品部之间的信息共享系统”（38.1%），“门店信息发布系统”（16.7%），“订货/物流/供应商管理系统”（14.3%）。

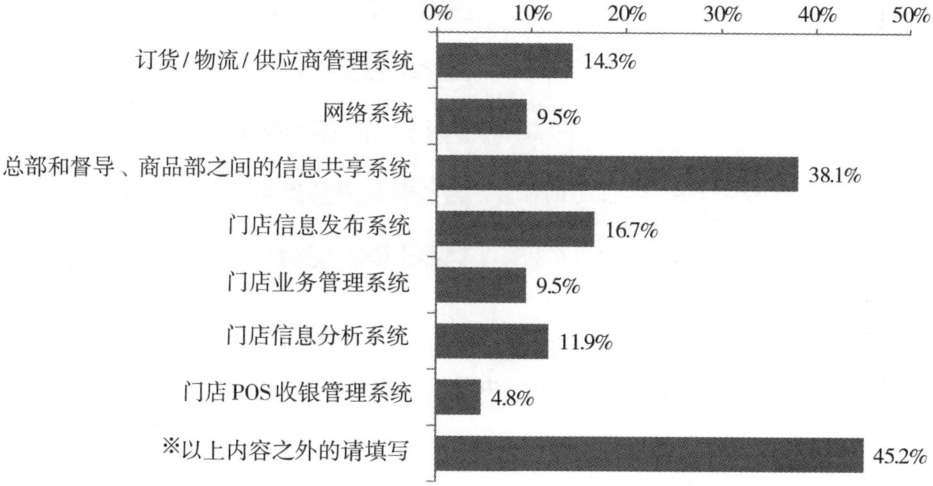

数据来源：CCFA 对 42 家便利店企业问卷调查的统计结果。

图 11 公司尚未导入、或者准备导入的系统

日本 7-11 在上世纪 90 年代后期门店数接近 5000 家时开始建立第 5 代信息系统，加强总部对门店的信息传送。传送的信息包括天气信息、动画信息、促销信息、特殊季节信息、价格变更等，据统计，信息的有效传达从原来的 35%提高到了 70%，极大地加强了新商品的销售能力。

日本的便利店非常注重 IT 系统的投资，大型流通企业以门店数量的增长和服务的强化为前提，每隔 5-7 年进行大规模的 IT 投资。例如：7-11 在第 6 代综合门店信息系统上的投资金额达到 500 亿日元，从 2013 年开始对应全渠道经营的投资金额预计已经高达 1000 亿日元；罗森便利从 2009 年开始进行门店系统的更新，投资金额预计在 450 亿-500 亿日元；全家从 2000 年开始进行了 3 次门店系统的更新，每次投资的金额估计在 300 亿元左右，平均每年在 IT 方面的投资金额几乎能达到年销售额的 3%。相比之下，中国的便利店企业在 IT 投资方面的预算占到销售额的比率仅为 1.1 %，两者的差距还是很大的。

随着企业门店数的增加，IT 系统投资方面的需求也将不断增大，如何利用系统更好地服务于门店的销售和管理，必须引起重视并值得企业投入更多的精力。

在日常管理中面临的 IT 方面的课题，排在首位的是“新的结算平台，O2O 等新业务的对应”（61.9%），其次是“运用 IT 系统进行业务重组，业务部门间的调整”（45.2%），“优秀的 IT 人才的招募”（45.2%）和“提升数据的精确度”（38.1%）的需求也比较大。此外，在库存管理、CRM 可视化陈列、移动督导、供应商管理、会员系统管理等环节，对系统数据导入上的需求也比较大。

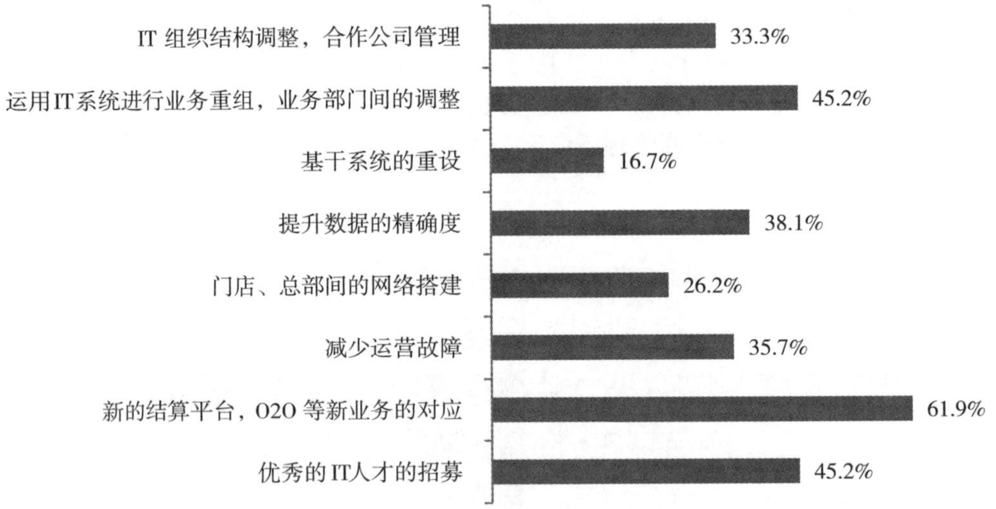

数据来源：CCFA 对 42 家便利店企业问卷调查的统计结果。

图 12　国内便利店日常管理中在 IT 方面面临的主要课题及占比

六、未来，中国便利店企业实现可持续性发展的对应方式

纵观全球流通业的发展历程，零售门店经历了从百货店到超市、便利店，不断贴近消费者、满足消费便利性的需求而发展的变化过程。

随着网络的普及，消费者选择商品的自主权增大，实体门店的发展受到强烈的冲击。未来，流通业的发展方向大致可以分成两种类型："流通主导型"和"流通通道型"。"流通主导型"是以美国为代表，零售门店的发展相对成熟，同时 EC 也高度发展，两者相辅相成。而中国的发展模式更接近"流通通道型"，随着网购的普及，天猫、京东等网络上登载的商品数量没有特别的限制，并不需要很多的 MD，厂商完全能够越过零售门店通过网络更加直接地将商品销售给消费者，流通的主导力减弱，更多地发挥通道的职能。

从"流通通道型"向"流通主导型"迈进的关键在于如何更好地获得"顾客体验"。零售商通过向消费者提供商品的 MD、个性化的服务、加强购物体验和消费者建立持续长久的信赖关系，必将成为品牌成功的关键。

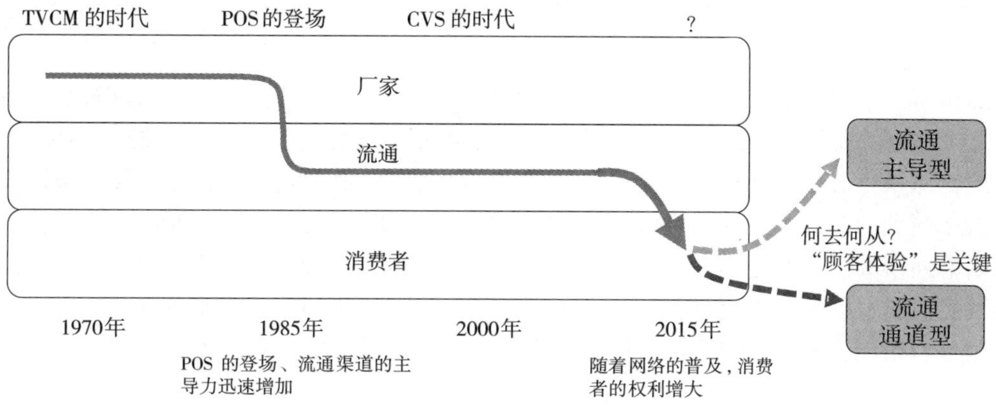

资料来源：NRI。

图 13　流通业的发展历程

而便利店作为最贴近消费者的业态，在"顾客体验"的加强方面更具有优势。在全渠道经营的模式下，便利店的经营承载着更大的使命，通过多种渠道获取线上信息加强对顾客的理解，结合线下 POS 数据和线上交易信息向顾客推荐更有吸引力的商品，利用多种线上工具接触顾客，利用 SNS 开展服务提高顾客的满意度。

同时，更应该着眼于便利店经营的本质，注重磨练商品和服务的"便利性"。力求在商品力、配送力和分析力上下功夫，多推出符合优良顾客追求便利需求而设计的商品，通过整合线上线下物流和供应链向优良顾客提供贴心的配送服务，打造更加贴近顾客的"亲近感"，获取更多的优良顾客。向多次到访门店的优良顾客提供面对面、一对一的服务，提升体验的满意度。只有这样，自身业态与全渠道战略的生态链价值才能够最大化，才能为顾客提供最佳的购物体验，最终得以提高顾客黏度，从而提升收益率，实现可持续性发展。

2016 中国城市便利店发展指数

（CCFA 2016 年 5 月 9 日发布）

2016 年 5 月 9 日，中国连锁经营协会（英文简称 CCFA）发布了中国城市便利店指数系列之“2016 中国城市便利店发展指数”。本年度指数旨在进一步了解中国便利店行业发展状况，深入探寻目前影响便利店行业发展过程中存在的问题。本年度指数调查以 36 个大中城市便利店为调查对象，涵盖中国内地除拉萨市以外的 30 个省会城市、直辖市，4 个计划单列市和 2 个其他城市（东莞市、温州市）。经综合统计分析各个城市连锁品牌化的便利店数量、便利店数量增速、24 小时便利店占比及便利店行业政策支持力度，测算出全国各城市的便利店发展指数排名。其中，深圳、厦门、长沙、东莞、北京名列前五位。

一、2016 中国城市便利店发展指数说明

2014 年 3 月，CCFA 首次推出并发布“中国城市便利店指数”。当年度该指数为综合性指数，是从密度、增长、便利性和政策扶持力度四个主要指标进行了指数测算和排名。由于综合性指数在短时期内变化不大，CCFA 将以每 3-5 年为一个周期发布城市便利店综合性指数。而在其他年份，CCFA 将发布城市便利店系列子指数，并将根据城市便利店年度发展变化特点，突出不同重点方向，从不同角度反映各个城市便利店的发展情况。

2015 年，CCFA 依据国内便利店所开展的四大类便民服务 54 个具体细目调查数据测算并发布“2015 中国城市便利店服务指数”。

本年度中国城市便利店发展指数研究的对象是各个城市的便利店经营发展所涉及的核心数据，主要包括：连锁品牌化的便利店数量、便利店数量的增速、24 小时便利店的比例以及政策支持力度，并在此基础上按如下规则统计计算各城市的便利店发展指数。

总得分 = 增长率得分×30%+饱和度得分×40%+24H 得分×10%+政策支持得分×20%

增长率 = （2015 年城市便利店门店总数÷2014 年门店总数-1）×100%

饱和度 = 2015 年城市总人口数÷2015 年城市便利店门店总数

24H 比例 = 2015 年城市 24H 便利店总数÷2015 年城市便利店门店总数

二、2016 中国城市便利店发展指数调查结果

在本年度便利店发展指数的数据收集、统计以及测算过程中，CCFA 总结并归纳出目前国内城市便利店发展过程中的几个主要特点。

1. 区域发展不平衡，南方与北方、沿海与内陆差距大

从区域发展角度看，一线城市中，除上海、深圳的便利店发展水平相对较高外，北京、广州等城市便利店的发展水平距离日本以及中国台湾地区的便利店发展仍然有一定的差距。此外，从各城市便利店企业填报的发展数据分析，全国各城市之间的发展水平也存在着很大的差距。南方沿海地区是便利店发展较好的区域，西北、西南内陆地区是便利店发展较为落后的区域，这与上年度的便利店服务指数（南方城市好于北方城市，沿海城市强于内陆城市）趋于一致。

2. 行业整体仍保持较快发展，成零售业发展翘楚

近几年，中国便利店行业是零售业中增长速度最快的业态之一，2015 年的中国便利店仍保持较高的发展速度。统计数据显示，占所有调查城市 47.5%的城市的便利店增长率超过20%，其中哈尔滨、武汉、长沙是便利店发展增速最快的3 个城市，哈尔滨便利店的增长率达到 33.3%，武汉、长沙等也是便利店发展较为迅速的城市。此外，由于近两年北京市商务委推出一系列鼓励便利店发展利好政策以及各大品牌角逐北京市场，促使北京市便利店的增速达到 23.5%，成为便利店强劲发展的明星区域之一。而上海市因零售市场竞争激烈且市场饱和度居于高位等问题，近几年其便利店门店总数增速迟缓。

3. 行业发展空间较大，市场竞争进一步加剧

国内便利店行业在保持较快发展的同时，也因市场容量巨大、营商环境向好而强力吸引着各种资本的涌入，新兴的便利店品牌也如雨后春笋般频现，行业发展仍有较大提升空间。调查显示，2015 年国内便利店品牌数已达 262 个，其中上海、深圳、南京的便利店品牌均超过 10 个。同时，就像零售行业整体竞争格局一样，便利店行业面临的竞争压力也在进一步增大。

4. 24 小时营业便利店占比区域化分布仍然明显

数据显示，北方地区城市便利店在经营时间方面明显短于南方地区城市。而南方地区城市的 24 小时便利店占比明显高于北方地区，其中 24 小时便利店占比超过 50% 的城市中，南方地区城市占 76.9%，呈现出绝对优势，这也明显体现出南北方消费者在消费生活习惯上的差异性，以及南北不同气候因素的影响程度。

5. 行业发展仍需政策支持

本次指数调查统计结果还显示，便利店在发展过程中受政府政策支持的力度仍然较低，便利店行业发展速度与政府政策支持力度不相匹配。就便利店行业整体发展而言，政

府的政策环境是行业健康、稳定、快速发展的基础和保障，相关政策仍需政府进一步地优化、充实和完善。

三、2016 中国城市便利店发展指数排行

1. 总排行

城市	总得分	排名
深圳市	94	1
厦门市	87	2
长沙市	87	3
东莞市	83	4
北京市	81	5
太原市	81	6
石家庄市	80	7
广州市	80	8
长春市	80	9
沈阳市	80	10
南昌市	80	11
武汉市	79	12
上海市	78	13
南宁市	78	14
贵阳市	78	15
银川市	77	16
海口市	77	17
成都市	75	18
温州市	75	19
杭州市	75	20
哈尔滨市	74	21
呼和浩特市	74	22
南京市	74	23
乌鲁木齐市	73	24
郑州市	72	25
青岛市	71	26
重庆市	71	27
大连市	71	28
昆明市	70	29
合肥市	69	30
西安市	68	31
济南市	68	32
兰州市	63	33
天津市	62	34
福州市	62	35
西宁市	59	36

2. 增长率排行（30%）

城市	比率
哈尔滨市	33. 30%
武汉市	32. 30%
长沙市	28. 60%
郑州市	28. 00%
深圳市	25. 00%
石家庄市	25. 00%
北京市	23. 50%
厦门市	22. 20%
合肥市	22. 00%
长春市	20. 00%
沈阳市	20. 00%
南昌市	20. 00%
南宁市	20. 00%
贵阳市	20. 00%
重庆市	20. 00%
济南市	20. 00%
海口市	18. 00%
呼和浩特市	16. 70%
南京市	16. 30%
东莞市	15. 40%
大连市	15. 00%
广州市	12. 70%
青岛市	11. 70%
昆明市	11. 10%
银川市	10. 00%
温州市	10. 00%
成都市	8. 60%
乌鲁木齐市	8. 30%
西安市	8. 30%
杭州市	8. 00%
兰州市	8. 00%
太原市	3. 40%
上海市	2. 90%
福州市	1. 20%
西宁市	1. 20%
天津市	1. 10%

3. 饱和度排行（40%）

城市	人数
东莞市	1096
长沙市	1957
深圳市	2589
太原市	2801
广州市	3230
上海市	3466
成都市	3697
呼和浩特市	4095
温州市	4146
杭州市	4350
沈阳市	5404
海口市	5846
乌鲁木齐市	5981
银川市	6040
厦门市	6421
石家庄市	6776
北京市	7185
长春市	7677
南京市	8005
大连市	9558
郑州市	10786
西宁市	11044
武汉市	11933
昆明市	12864
青岛市	13008
西安市	13027
哈尔滨市	13295
天津市	14376
南昌市	14407
福州市	17789
兰州市	18081
贵阳市	18803
济南市	22713
合肥市	28510
重庆市	28846
南宁市	33308

4. 24H 占比排行（10%）

城市	比例
重庆市	90.00%
厦门市	81.80%
海口市	80.00%
呼和浩特市	71.40%
广州市	70.00%
福州市	70.00%
上海市	61.00%
南宁市	60.00%
乌鲁木齐市	59.60%
天津市	55.60%
深圳市	50.00%
杭州市	50.00%
贵阳市	50.00%
太原市	48.70%
青岛市	46.30%
西安市	46.20%
东莞市	44.00%
合肥市	44.00%
大连市	42.00%
北京市	35.80%
石家庄市	26.70%
武汉市	24.40%
南京市	11.00%
沈阳市	20.00%
长春市	20.00%
济南市	20.00%
昆明市	19.60%
成都市	15.80%
南昌市	15.00%
郑州市	13.00%
兰州市	10.00%
长沙市	8.30%
温州市	7.30%
哈尔滨市	1.60%
银川市	1.20%
西宁市	1.10%

5. 政策支持排行（20%）

城市	力度
厦门市	好
上海市	好
南宁市	好
深圳市	好
太原市	好
南昌市	好
银川市	好
海口市	一般
乌鲁木齐市	一般
杭州市	一般
贵阳市	一般
青岛市	一般
西安市	一般
东莞市	一般
北京市	一般
石家庄市	一般
武汉市	一般
南京市	一般
沈阳市	一般
长春市	一般
昆明市	一般
成都市	一般
长沙市	一般
温州市	一般
重庆市	没有
呼和浩特市	没有
广州市	没有
福州市	没有
天津市	没有
合肥市	没有
大连市	没有
济南市	没有
郑州市	没有
兰州市	没有
哈尔滨市	没有
西宁市	没有

2015 中国城市便利店服务指数

（CCFA 2015 年 5 月 5 日发布）

2015 年，在零售实体店普遍增长乏力的大背景下，便利店却成为商家和投资人追逐的新增长点。5 月 5 日，中国连锁经营协会（英文简称 CCFA）在“2015 年中国便利店大会”和 2015 中国特许展 · 北京站召开前夕，发布了中国城市便利店指数系列之“2015 中国城市便利店服务指数”。本年度指数以 34 个大中城市便利店所开展的各类便民服务项目为基础数据，综合测算出全国 27 个主要省份的省会及计划单列市的便利店服务指数排名。其中，深圳、广州并列第一，福州、天津位列倒数后两位。

一、2015 中国城市便利店服务指数说明

2014 年 3 月，CCFA 首次推出并发布“中国城市便利店指数”。当年度该指数为综合性指数，是从密度、增长、便利性和政策扶持力度四个主要指标进行了指数测算和排名。由于综合性指数在短时期内的变化性不大，CCFA 将以每 3-5 年为一个周期发布城市便利店综合性指数。而在其他年份，CCFA 将发布城市便利店系列子指数，并将根据城市便利店年度发展变化特点，突出不同重点方向，从不同角度反映各个城市便利店的发展情况。本年度中国城市便利店服务指数研究的对象是便利店所开展的便民服务。

2015 年，CCFA 依据国内便利店所开展的便民服务类型，将服务项目分成四大类型 54 个具体细目。四大类型的服务项目包括：政策相关服务，如公共事业性收费、OTC 药品经营、彩票经营等；社区相关服务，比如送货上门、洗衣、复印、上网等；电商类服务，比如移动支付、快递取送、金融终端等；餐饮服务，比如关东煮、包子、盒饭、寿司等。

除对四大类型服务项目的综合评价外，本年度便利店服务指数保留了政策支持力度项的分值，并通过五个细目的综合评价和分析，测算出 34 个城市的便利店服务指数。最终数据中，剔除了 7 个中小城市的数据，保留了 27 个省会及计划单列市的排名情况。

二、2015 中国城市便利店服务指数调查结果

在本年度便利店服务指数的数据收集、统计以及测算过程中，CCFA 总结并归纳出目

前国内城市便利店开展服务类项目的主要特点。

1. 南方好于北方，沿海强于内陆

从地域角度看，整体分析评估细目城市综合排名和各个分项排名情况，在各个城市所开展的服务项目数量和质量方面，南方城市好于北方城市，沿海城市强于内陆城市。

2. 龙头企业引领城市便利店的服务发展

从影响力角度看，各个城市内的龙头便利店企业均发挥了重要的带头作用和积极的服务创新尝试，促进并引领了所在城市便利店开展的各项服务项目的发展。

3. 开展公共事业性服务及经营部分专控商品受限

从延伸服务及经营项目看，开展公共事业性服务以及部分与居民日常生活消费相关的商品经营并收取相应费用，是消费者刚需所致，合情合理，但从各城市便利店企业填报的数据分析，其在很大程度上反映了某些服务或商品经营与当地的政府主管部门及相关管理机构的市场准入程度，也即开展此类项目的沟通成本相对较高。比如 OTC 药品经营、烟草经营等。

4. 经营餐饮类服务有挑战，遇瓶颈

从多业态经营看，城市便利店从事餐饮系列服务，同样面临着相应政策、标准的限制问题。同时，内资便利店企业还存在经营管理能力不足、供应链效率有限和供应商资源缺乏等多种挑战和瓶颈。

5. “触电”尚属试水阶段

电商在零售各业态快速蔓延，深度发展已成未来趋势。但目前，大部分城市的便利店企业开展电商类服务还处于尝试阶段，尚未形成核心的商业模式。毋庸置疑的是，便利店涉足电商类服务也是未来的发展方向。而本年度，各个城市的便利店企业也为此做了积极的尝试和较大的投入。

6. 政策支持亟待加强

从营商政策环境看，27 个核心城市中，只有 2 个城市分值较高，有 7 个城市几乎没有相应政策支持。而且，在同一城市中，不同企业获得的政策支持力度也有所不同。

三、2015 中国城市便利店服务指数排行

城市	指数分值
深圳市	90.00
广州市	90.00
南宁市	88.00
大连市	84.00
石家庄市	84.00
沈阳市	84.00
呼和浩特市	82.00
南京市	82.00
太原市	81.00
北京市	78.67
上海市	78.67
温州市	78.00
东莞市	77.33
成都市	77.00
武汉市	77.00
厦门市	74.00
长沙市	73.00
昆明市	72.00
青岛市	72.00
杭州市	70.00
西安市	68.00
重庆市	68.00
乌鲁木齐市	67.00
哈尔滨市	64.00
银川市	64.00
天津市	63.00
福州市	60.00

2014-2015 年度专业店经营状况分析报告

中国连锁经营协会（以下简称协会）于 2015 年年初开展了连锁零售企业年度行业调查，其中以专业店为主营业态的样本企业为 24 家，经营产品覆盖家用电器、3C 消费类电子产品、家居产品和食品等。本报告结合协会与德勤的行业研究观点及其相关调研数据对专业店发展环境、主要态势等进行分析和总结。

一、专业店企业经营发展概况

从规模来看，本次调查的专业店样本企业差别较大。销售额在 100 亿元以下的企业有 15 家，100 亿-1000 亿元的有 7 家，1000 亿元及以上的有 2 家。其中 23 家企业来自一、二线城市，1 家企业来自三线城市。

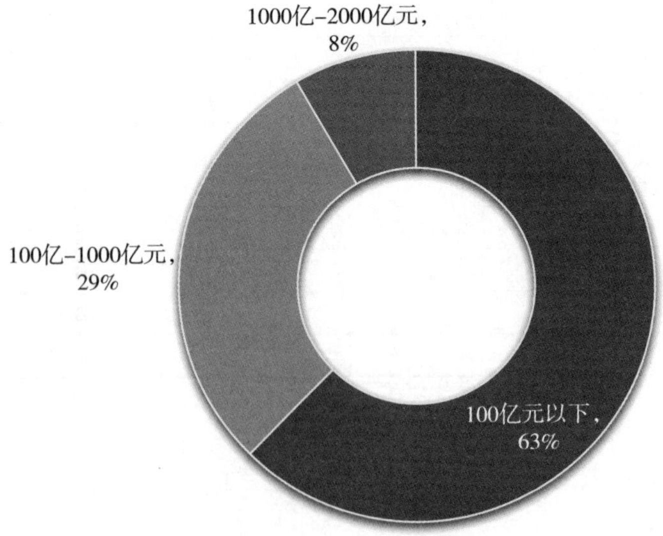

图 1　专业店样本企业销售情况

（一）企业平均规模

门店数量和员工数量均较上年增加，增幅分别为14.1%和16.9%，但营业面积和销售额增长仅为7.5%和1.4%。

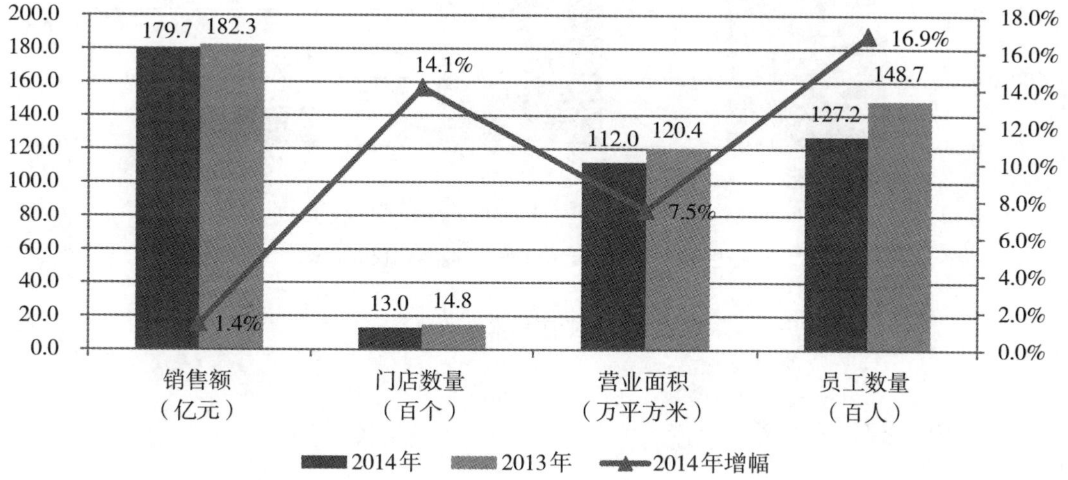

图2 专业店样本企业平均规模

（二）企业费用情况

与其他业态不同，房租是专业店企业的首要成本，占比高达57.6%，其次为人工和水电。在三项费用中，人工、房租和水电费用都有所上升，但人工费用增幅最大，为10.1%。

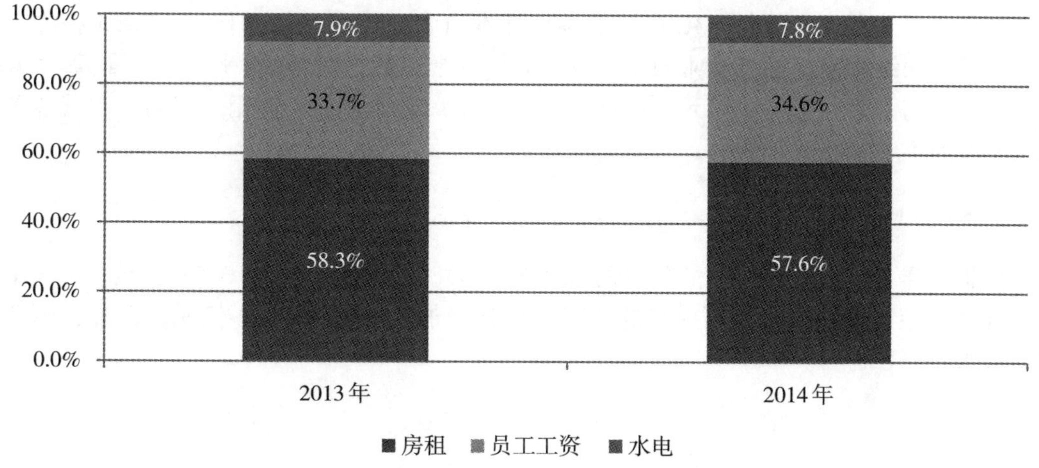

图3　专业店样本企业费用结构

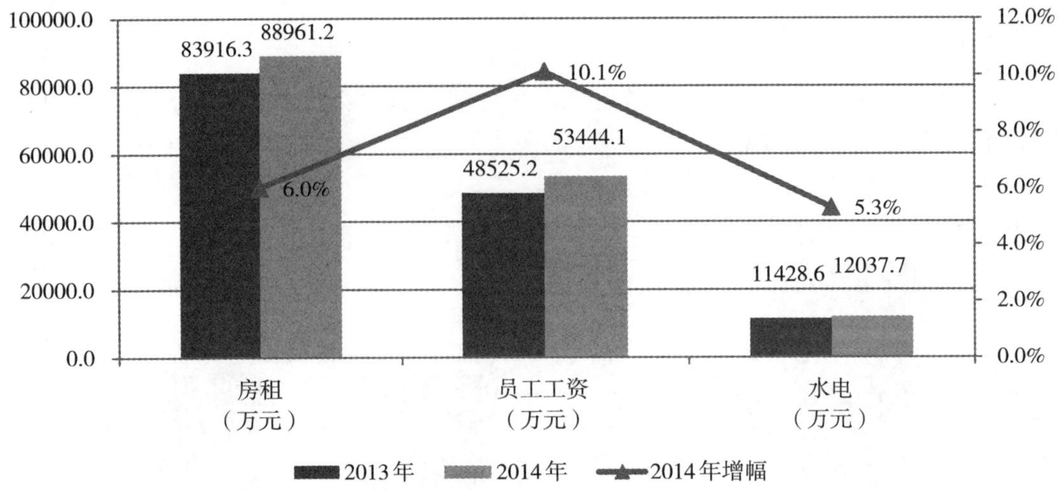

图 4　专业店样本企业费用

（三）网络零售业务

在 24 家专业店样本企业中，12 家企业开展了网络零售业务。平均网络销售额为 32.7 亿元/年，占总销售额的 7.8%。12 家样本专业店以电器、数码产品为主，还包含食品、药店等专业店。

（四）自有品牌

专业店样本企业中，12 家企业经营自有品牌，平均自有品牌销售额比率为 50.5%。

二、家电、3C 产品样本门店经营情况

本次调研共有 4 家家电、3C 产品类零售样本门店。其中 2 家位于一、二线城市，2 家分布在三、四线城市；平均营业面积为 4547 平方米，最低为 3107 平方米，最高为 7000 平方米；平均销售额为 1.2 亿元，最低为 0.7 亿元，最高为 1.8 亿元。店铺在主营业务和规模上差别不大。

（一）门店平均规模

专业店样本店铺的经营单品数平均每店减少 33 个，较上年缩减 0.6%，员工数量下降了 19.0%，销售额在人效大幅提高的情况下小幅增加 1.1%，为 1.2 亿元。此外，营业面积也增加了 5.8%。

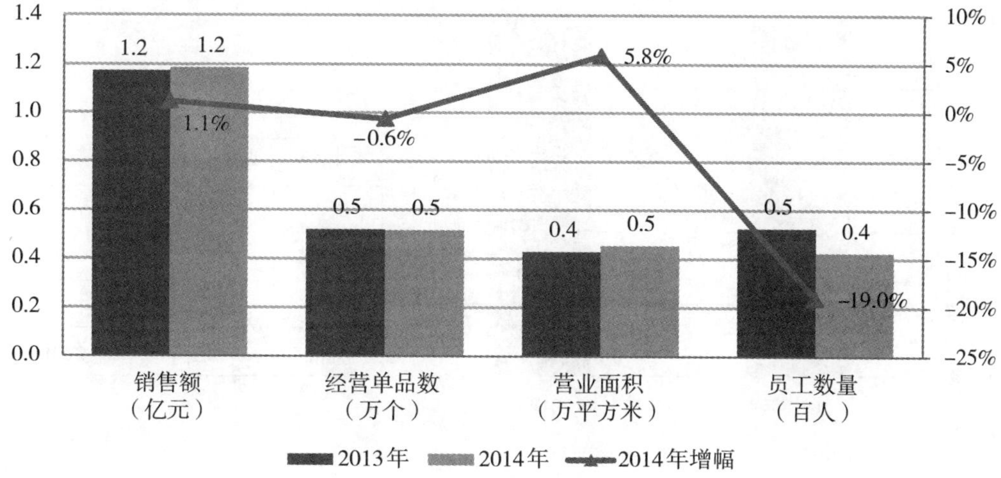

图 5 专业店样本店铺的平均规模

（二）门店经营效率

样本店铺平均平效下降 1.8%，人效和单品销售额分别增长 13.7%和 7.5%。

表 1　　专业店样本店铺平效、人效和单品销售额

项目	平效（万元/平方米·年）	人效（万元/人·年）	单品销售额（万元）
2014 年	2.6	392.4	17.9
2013 年	2.6	345.3	16.7
2014 年增幅	-1.8%	13.7%	7.5%

注：计算基于每个门店的平效、人效和单品销售额，而不是由平均销售额估算而来。

（三）门店平均日均客单价

2014 年日均客单价为人民币 1758.7 元，比上年减少 5.2%。

（四）门店费用情况

样本店铺的房租和水电费分别较上年增长 22.0%和 9.6%，而员工工资下降 11.0%。房租是专业店样本店铺的首要费用，占比 51.9%。其次是员工工资，占比 38.3%。

表 2　　专业店样本店铺的三项费用

项目	三项费用占销售收入比率	房租（万元）	员工工资（万元）	水电（万元）
2014 年	5.3%	322.8	238.4	60.7
2013 年	5.0%	264.6	267.9	55.3
2014 年增幅	4.6%	22.0%	-11.0%	9.6%

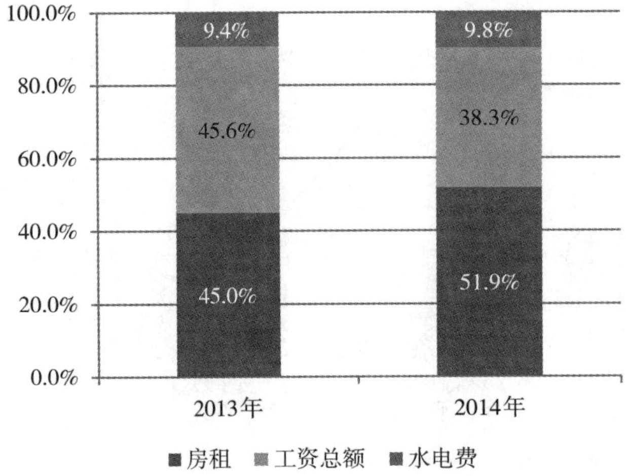

三项费用年增长率		
	2013 年	2014 年
水电	–38.4 %	9.6 %
人工	–11.0 %	–11.0 %
房租	14.3 %	22.0 %

图 6　专业店样本店铺的三项费用结构

（五）门店毛利率

家电专业店平均毛利率水平为 10. 1%，略高于上年的 9. 8%，但低于所有业态样本店铺的平均毛利率 16. 2%。店铺毛利率差别较大，最低为 5. 8%，最高为 16. 0%。如果以样本店铺平均销售额来计算，毛利率最高和最低的门店的毛利额相差 1205 万元。

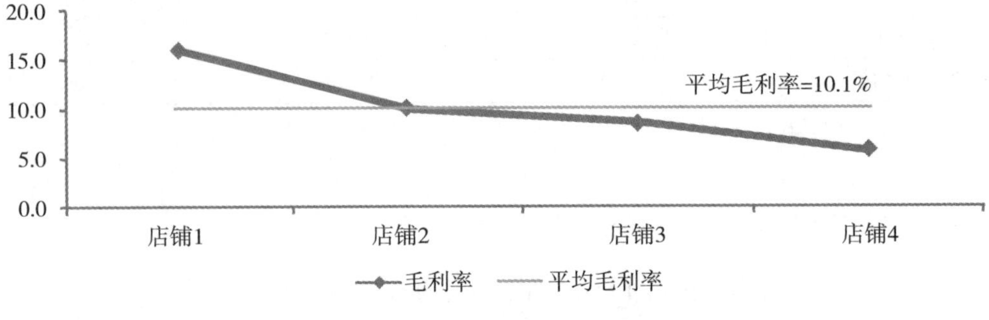

图 7　专业店样本店铺的毛利率分布

（六）物流配送与周转情况

样本店的统一配送率平均为 77%，比上年增加 4 个百分点。库存周转平均为 97 天，比上年平均缩短 8 天。

第三部分

管理与技术篇

2015年中国零售业节能环保发展状况调研报告

一、调研概述

为加快我国经济社会可持续发展，实现“十三五”生态文明转型，国家大力推进服务业创新发展，力争2015年实现服务业增加值占GDP比重达到47%左右。2014年国家发改委、中宣部、商务部共同启动低碳节能绿色流通行动（商办流通函［2014］803号，简称803号文），旨在深入推进流通领域绿色发展，推广绿色理念，引导绿色消费。

在商务部印发的《关于大力发展绿色流通的指导意见》中，明确提出了着力推动流通业以节能降耗为核心，以创新为动力，以建设高效流通、引导绿色生产和科学消费为重点，实现流通业转轨变型，并提出“市场主导，政府推动”、“产业联动，协调发展”、“统筹推进，重点突破”的工作原则，从“推动流通企业绿色发展”、“打造绿色商品供应链”、“建设绿色流通服务体系”三方面做出具体部署。

为全面深入了解不同地区零售企业环保节能的新进展，2015年6-10月间，商务部流通业发展司委托中国连锁经营协会在全国范围组织开展了零售业节能状况调查。本次调查范围覆盖全国26个省（自治区、直辖市），共收回156个零售企业总部及其所属的192个典型门店的有效调查问卷，包括百货店、大型超市、超市、专业店、购物中心、便利店等多种业态。同期，由中国连锁经营协会与中国人民大学环境学院共同承担了对北京、上海、武汉、深圳、重庆五个城市开展的绿色消费调查，共收回有效问卷4194份。

2015年零售绿色调查结果表明，除百货业态，超市、购物中心和专业店三种零售主要业态的能耗绩效均有不同程度的提升，这也说明零售业整体深化转型已取得一定效果。调查显示，针对行业未来节能工作持续关注或改进的方向，企业认为：强化节能管理手段及方法，优化管理流程和制度；完善门店能耗监管、测量及审核机制，提高能效管理水平；将节能减排列入企业发展战略，并以不同形式植入企业阶段性发展是最为重要的三项内容。总体来看，零售企业已将节能环保与强化企业自身管理紧密结合，在企业寻求经营转型与突破的同时，向内延伸精细化管理，挖掘可持续发展潜力成为共识。

每年度的中国零售业节能环保发展状况调查旨在为零售企业节能减排工作提供指导，并为各级商务主管部门制定相关政策提供参考和借鉴。本次调查得到各地商务主管部门的积极配合，得到中国人民大学环境学院以及中国连锁经营协会零售节能工作小组的积极参与和大力支持。

二、零售业节能环保政策环境

2014 年中国经济发展增速明显放缓，零售业受到很大冲击。一方面，连锁零售企业放慢开店扩张的速度；另一方面，诸多企业对经营业绩不佳的门店进行关闭重整。此外，快速成长的电商迅猛蚕食传统零售，大批消费人群被分流，而年轻消费群更倾向于网上购物消费模式，如何吸引更多消费者进入实体店体验式购物已成零售业服务转型的当务之急。

为加快我国经济社会可持续发展，实现“十三五”生态文明转型，国家大力推进服务业创新发展，力争 2015 年实现服务业增加值占 GDP 比重达到 47%左右。为此，国家推出一系列节能环保新的政策和举措。

（一）加快推进绿色商业，绿色商场、绿色物流、绿色采购及绿色消费成“十三五”主旋律

2014 年，国家发改委等三部门联合印发 803 号文，共同启动了低碳节能绿色流通行动，包括：绿色供应链培育行动、绿色回收推广计划、宣传节约之星三项主题活动。该行动旨在通过绿色商场创建、绿色采购推广、绿色消费引导、绿色餐饮自律“四个行动”，绿色回收进机关、进校园、进社区、进商场“四进计划”以及宣传“节约之星”，将文明节俭的消费理念和健康文明的生活方式宣传推广到千家万户。

商务部印发《关于大力发展绿色流通的指导意见》（商流通函［2014］792 号），明确提出着力推动流通业以节能降耗为核心，以创新为动力，以建设高效流通、引导绿色生产和科学消费为重点，实现流通业转轨变型，并提出“市场主导，政府推动”、“产业联动，协调发展”、“统筹推进，重点突破”的工作原则，从“推动流通企业绿色发展”、“打造绿色商品供应链”、“建设绿色流通服务体系”三方面做出具体部署。

商务部还针对我国零售业物流能效发展水平较低的现状，提出引导生产和商贸流通企业改变“大而全”、“小而全”的运作模式，剥离或外包物流功能，实行主辅业分离。《商务部关于促进商贸物流发展的实施意见》（商流通函［2014］790 号）明确提出支持商贸物流企业开展供应商管理库存（VMI）、准时配送（JIT）等高端智能化服务，提升第三方物流服务水平。《意见》还提出有条件的企业可以向提供一体化解决方案和供应链集成服务的第四方物流发展；支持传统仓储企业转型升级，向配送运营中心和专业化、规模化的第三方物流发展，鼓励仓储、配送一体化，引导仓储企业规范开展担保存货第三方管理；支持货代物流企业发展壮大，为各类企业开拓国内和国际市场提供支撑。同时鼓励绿色物流发展，引导一批商贸物流园区向绿色物流功能区转型，加大绿色物流装备、技术、仓储等设施的推广使用力度，完善再生资源回收体系，建立服务于生产和消费的逆向物流网络，促进资源的循环利用。

2014 年商务部颁布的《绿色商场》标准（SB/T 11135-2015）于 2015 年 11 月 9 日正式实施。

2013 年年末，商务部流通发展司推出《再生资源回收体系建设项目管理手册》，对规范再生资源回收与垃圾清运处理网络体系融合，促进商贸流通网络与逆向物流体系（即商品废弃后，经消费端回到供应端的活动及过程，包括废物回收、再制造再加工、报废处理等）共享，进一步推动绿色循环低碳发展模式创新起到积极作用。

各地商委积极响应国家绿色商业建设号召，纷纷制定符合各地区商业特点和发展规律的政策举措。

2014 年北京市商委配合北京市发改委“百项节能标准制修订工作方案”，分别制定了北京市《超市用能限额》《超市用能指南》标准。

2014 年湖南省率先在长沙、湘潭、株洲实施“两型商业”试点工作。2014-2015 年，湖南省针对 30 家商超门店提出节能减排、提质改造要求，对示范企业（门店）的能源资源利用、两型产品采购、管理制度规范、能源与环境监测等多方面提出了具体标准和要求。2014 年，对 8 家商超企业的 18 个试点项目实施节能改造，其中不仅包括光伏发电、空调节能改造、照明节能改造和整体厨房节能改造等项目，而且以合同能源管理模式，由节能服务公司安装能源与环境终端监测设备，初步实现对所有试点项目的水、电、温湿度、二氧化碳浓度、PM2. 5 等能源与环境数据实现实时在线监测。

政府相关部门出台的优惠政策、财政支持举措正引导着企业将节能低碳纳入到企业的常态化管理，越来越多的企业将节能环保绿色经营上升到企业长期战略发展层面。

（二）企业实施节能减排既提升自身竞争力，也是国家实施绿色发展的未来趋势

“十二五”期间，伴随我国整体宏观形势变化，国家加快了节能减排步伐，零售业也随之加速节能减排步伐。受宏观经济环境下行的影响，零售行业作为微利行业，企业净利润普遍在 2%~5%的水平，企业经营趋向深耕细作、审慎发展。据《2014 年中国连锁百强调查》显示，2014 年连锁百强企业销售额增幅为 5. 1%，降到 2010 年以来的最低点。因此，连锁企业对于通过节能降耗，降低经营成本具有内在需求。企业进行能源精细化管理，实施更有效的成本控制已成企业普遍采用的应对方法之一。

第一阶段，主要是部分零售企业以技术节能为主导，先后自行尝试对所属门店更换高效节能设备，如以 LED 广泛替代传统光源，采用高效空调冷暖机组、高能效标识冷冻冷藏设备、变频空调等。当这部分企业尝试的节能空间被挖掘，真正创出可观效益后，领先的零售企业便会自觉对连锁门店的整体能耗进行科学化评估和系统综合改进。这便是零售企业节能的第二阶段，即运用自控系统、能源管理系统对门店能耗进行管理和控制成为节能管控技术主流。自控系统不仅避免了人工操作的随意和粗放，减少了能源浪费，也为企业减员增效、节约成本提供了技术保障。同时，运用 LEED 标准进行门店建设改造，也有效提升了企业的能源管理水平，为企业树立了良好的品牌环保形象，提升了顾客美誉度。此外，在环保举措方面，多家零售企业开始采用电动汽车替代汽柴油车辆作为门店班车，运用光伏、风力等新能源发电实现门店能源绿色、自供。随着二氧化碳冷媒技术的日趋成熟，越来越多的零售企业也开始关注这一新技术的应用前景。目前，已有企业走在行业前端，开始在连锁门店冷冻冷藏系统中使用二氧化碳制冷剂替代原有冷媒应用。

为进一步建立健全我国碳排放交易市场，北京等部分省市于 2014 年推行开展碳排放

交易试点工作，其中北京地区的多家连锁企业被纳入北京碳排放交易市场范畴。根据北京市政府相关文件规定，年排放量超过 10000 吨二氧化碳的法人企业将被列入重点用能单位名单，需在北京市发改委的要求下参与北京碳排放市场交易。尽管碳排放交易试点工作尚未在全国范围广泛推开，但预计自 2016 年将逐步建立全国碳市场，众多零售企业也将受到碳排放核查以及碳排放指标的约束，节能与减排将成为制约企业发展的必要性约束指标。

三、零售业节能环保的现状分析

（一）2014 年零售业的能耗绩效分析

能源费用是零售业仅次于人工成本和房屋租赁成本的第三大成本支出项，能源成本的控制是企业精细化运营的重要内容。调查显示，各业态能耗绩效水平均有所提升。

为全面深入了解不同地区零售企业的环保节能新进展，2015 年 6-10 月，商务部会同中国连锁经营协会、中国人民大学环境学院在全国范围组织开展了零售业节能状况调查。调查范围覆盖全国 26 个省（自治区、直辖市），共收回 156 家零售企业总部及其所属的 192 家典型门店的有效调查问卷，其中大部分零售企业持续参与了商务部自 2011 年以来的环保节能年度调查，另有 49 家为本次新参与调查的企业。在业态分布方面，百货店 47 家，占 24. 48%；大型超市 52 家，占 27. 08%；超市 33 家，占 17. 19%；专业店 23 家，占 11. 98%；购物中心 28 家，占 14. 58%；便利店 9 家，占 4. 69%。调查样本总体比较均衡。

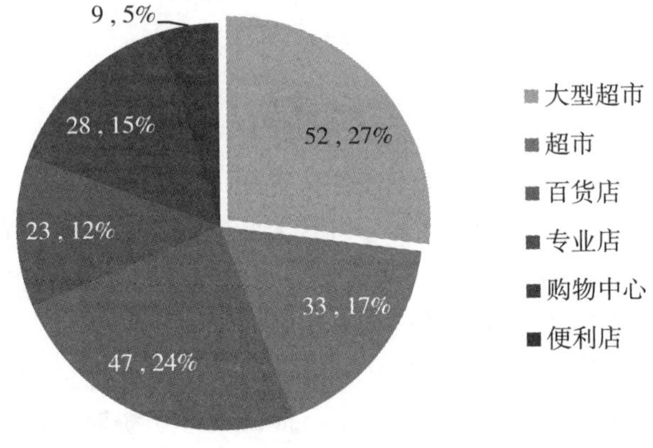

图 1　参与调查的不同业态典型门店占比情况

调查显示，87 家企业对既有门店的经营区域实施节能技术改造，占比 55. 77%，共改造门店 1220 家，其中改造门店数占总门店数的数量及占比如表 1 所示。

表 1　　既有门店改造占比情况

改造门店数占总门店数比例	100%	50%-100%之间	小于 50%
零售企业数量	17	11	59
占总体调查零售企业的比例	10.90%	7.05%	37.82%

17 家企业改造了全部既有门店，占比 10.90%；11 家企业改造的既有门店数超过了总门店数的一半，占比 7.05%；59 家企业改造的既有门店数不及总门店数的一半，占比 37.82%。如图 2。

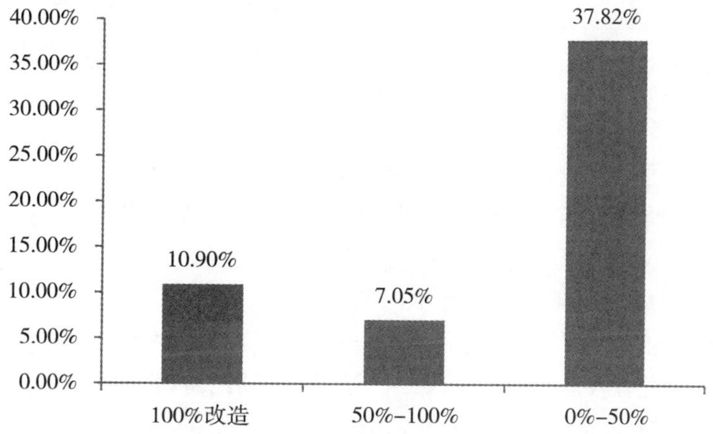

图 2　改造既有门店占比情况

数据统计可知，除百货店业态的能耗绩效与 2013 年基本持平外，超市、购物中心以及专业店三种业态的能耗绩效均有不同程度的提升。其中专业店的增长幅度最为明显，见表 2。能耗绩效是衡量零售业的单位能源消耗所能产生效用的重要指标。能耗绩效的上升表明，2014 年零售业整体单位能耗所产生的零售额均有不同程度的增加，零售业整体节能降耗深化转型已取得一定的效果。

表 2　　2013、2014 年各业态能耗绩效比较

（营业额/水电费单位：万元/万元）

年份	百货店	超市及大型超市	购物中心	专业店
2013	66.29-124.63	66.83-104.55	52.26-105.36	60.45-256.24
2014	71.22-116.65	71.20-111.84	59.06-136.05	151.19-257.05

数据来源：2015 年商务部调查数据。

（二）2014 年零售业各业态能耗强度

1. 各业态单位面积能耗强度基本持平

2014 年零售业各业态单位营业面积能耗强度状况见表 3。与 2013 年相比，根据能耗强度区间中位值得出，百货店、超市和大型超市、购物中心的单位面积能耗强度基本持平，专业店的能耗强度略有增加。

表 3　2013、2014 年零售业单位营业面积能耗强度　（单位：Kwh/m^2）

年份	百货店	超市	大型超市	购物中心	专业店
2013	209.16-262.23	160.87-251.25	235.22-315.98	163.12-228.49	56.24-124.61
2014	200.80-270.40	182.71-255.11	283.68-405.40	200.62-305.82	119.64-224.19

数据来源：2015 年商务部调查数据。

据中国连锁经营协会“金牌店长”年度调查数据显示，2014 年获得“金牌店长”称号的 109 名金牌店长所属门店的用电总量平均减少 0.5%。受零售业自身特点的限制，为满足营业需求，必要的基础能耗很难再有大幅度的下降空间。

2. 各业态万元营业额能耗强度均有不同程度上升

2014 年零售业各业态的万元营业额能耗强度均有不同程度的上升，其中以专业店的万元营业额能耗强度上升幅度最大，见表 4。这与实体店更加注重消费者的体验，为消费者营造更加舒适的购物环境有直接的关系。值得注意的是专业店的万元能耗强度上升幅度最大的同时，其能耗绩效的增加幅度也最大。

为了与电商进一步竞争，在今后的很长一段时间内，零售企业将会更加注重消费者的购物和消费体验环境的营造，降低万元营业额的能耗强度空间将进一步缩窄。

表 4　2013、2014 年零售业万元营业额能耗强度　（单位：Kwh/万元）

年份	百货店	超市	大型超市	购物中心	专业店
2013	125.12-180.93	109.54-190.30	146.16-196.88	117.82-220.80	43.47-103.72
2014	158.60-269.25	175.78-269.25	170.46-215.16	180.54-252.01	95.29-169.81

数据来源：2015 年商务部调查数据。

3. 各业态单位面积耗水强度变化不大

2014 年零售业各业态单位营业面积耗水强度见表 5（根据能耗强度区间中位值得出）。与上年相比，专业店单位面积耗水强度略有下降；百货店、超市、大型超市、购物中心耗水强度均有所上升，大型超市单位面积耗水强度最高，主要由于超市、大型超市，尤其是大型超市增加生鲜经营和主食厨房面积，经营品种转型导致耗水量明显变化。

表 5　　2013、2014 年零售业单位营业面积耗水强度

（单位：水量/营业面积 m^3/m^2）

年份	百货店	超市	大型超市	购物中心	专业店
2013	1.46-3.41	1.52-3.70	2.13-3.99	1.41-3.54	0.45-1.40
2014	2.46-4.41	2.52-4.71	3.13-4.99	2.41-4.54	0.47-1.06

数据来源：2015 年商务部调查数据。

4. 专业店万元营业额耗水强度下降显著

2014 年零售业各业态万元营业额的耗水强度见表 6（根据能耗强度区间中位值得出）。与上年相比，专业店的耗水强度下降显著，其他业态的万元营业额耗水强度均有增加。百货店、超市和大型超市耗水强度较大，购物中心的餐饮也直接影响耗水强度。

表 6　　2013、2014 年零售业万元营业额耗水强度　　（单位：m^3/万元）

年份	百货店	超市	大型超市	购物中心	专业店
2013	0.79-3.51	1.52-6.06	1.89-6.27	1.90-5.75	1.74-3.63
2014	1.79-4.52	2.52-7.06	2.89-7.28	2.90-6.75	0.24-0.66

数据来源：2015 年商务部调查数据。

（三）不同区域零售企业能耗强度

零售业的能耗强度不仅与业态密切相关，而且还与企业门店驻地所在区域密切相关。我国地域辽阔，地理条件差异性显著，不同地区有着寒冬、暖冬、夏凉、夏热以及炎热型等多种气候特征。为便于比较，本报告按照地理位置分为北部、中部和南部三类地区。

1. 南部地区各业态单位面积能耗普遍高于北部和中部

相比于 2013 年，北部和南部的超市、中部和南部的购物中心的能耗强度有小幅下降，其余的变化趋势不明显。值得注意的是，许多地区的能耗区间变化较大，说明在同一地区的相同业态企业能耗差别较大。在同一地区树立标杆，有利于其他企业获悉现阶段的目标和节能潜力。

表 7　　不同地区零售业各业态单位面积能耗强度　　（单位：Kwh/m^2）

地区	年份	百货店	超市	大型超市	购物中心
北部	2013	164.87-246.09	144.41-318.49	149.63-332.18	105.13-194.69
	2014	104.74-387.74	111.41-239.95	208.81-373.37	126.33-418.99
中部	2013	204.19-296.48	59.22-299.84	220.61-331.10	136.80-264.98
	2014	176.66-272.94	204.18-310.96	288.64-575.04	132.74-189.55
南部	2013	174.89-349.68	171.53-357.45	240.47-406.87	152.62-347.08
	2014	181.05-303.36	115.64-217.59	212.41-425.13	92.77-699.46

数据来源：2015 年商务部调查数据。

2. 各业态万元营业额能耗南北中部之间没有显著差异

按照万元营业额能耗强度分析，北部、中部和南部地区的能耗强度没有显著的地域差异，说明南部的能耗绩效优于北部和中部地区。相比而言，中部和南部的大型超市能耗强于北部地区。见表 8。

表 8　　不同区域零售业各业态万元营业额能耗强度　　（单位：Kwh/万元）

地区	年份	百货店	超市	大型超市	购物中心
北部	2013	89.46-542.01	69.52-276.90	50.74-365.25	81.10-236.05
	2014	63.22-318.81	129.73-355.91	101.90-327.08	81.48-218.12
中部	2013	103.28-228.22	60.24-186.60	143.01-192.00	83.17-207.58
	2014	106.15-368.93	170.86-363.30	148.41-197.48	119.04-293.76
南部	2013	84.09-241.08	34.81-372.94	100.61-312.88	133.99-429.03
	2014	61.77-820.69	82.58-249.07	153.82-290.92	—

数据来源：2015 年商务部调查数据。

相同或不同地区同一业态的能耗强度差距均有较大的差异性。影响零售业能耗强度的因素较多，除业态、区域、气候等客观差异外，还与零售业经营品种的差异性、企业的市场定位以及门店所在城市的消费水平等诸多因素有关。节能环保技术手段以及相应的管理措施的实施尽管不能明显降低能耗强度，但是会提高能源消耗的绩效。

（四）零售业技术节能措施及其效果比较分析

1. 百货店及购物中心的照明节能降耗幅度最大

零售业的能源消耗主要反映在门店、办公区域、物流中心等经营场所水电的使用，以及物流过程中的汽柴油能源消费上。目前，我国零售业物流主要采用外包给第三方的物流公司，或者自有的物流公司，但总体物流的成本和能耗要远高于美国的零售业能耗水平。零售企业目前主要关注的节能点是门店的节能，物流能耗还未成为当前的关键点。

零售业经营场所最主要的能耗是电力，但不同业态主要能耗构成具有显著差异性。如百货店和购物中心最大能耗是照明用电，占比为 51%和 52%，其次是空调能耗，约为 18%和 17%。各业态用电量综合分析，照明和空调用电占总用电量 75%，其余用电约占 25%。

百货店和购物中心的节能改造主要集中于照明、动力和空调，LED 的日臻成熟带来照明的革命，照明的改造使得单项能耗有不同程度的下降。见表 9。

表 9　　2014 年百货店及购物中心节能改造能耗下降比例

	百货店			购物中心		
	照明	动力	空调	照明	动力	空调
改造后能耗下降幅度	18%	8%	17%	9%	10%	22%

数据来源：2015 年商务部调查数据。

2. 超市和大型超市照明能耗呈下降趋势

超市和大型超市的能耗构成如图3所示，照明、空调、冷冻冷藏、生鲜及主食加工的能耗占总能耗的85%左右。其中，生鲜及主食厨房的能耗占比提升明显，表明超市和大型超市的经营正在发生变化。

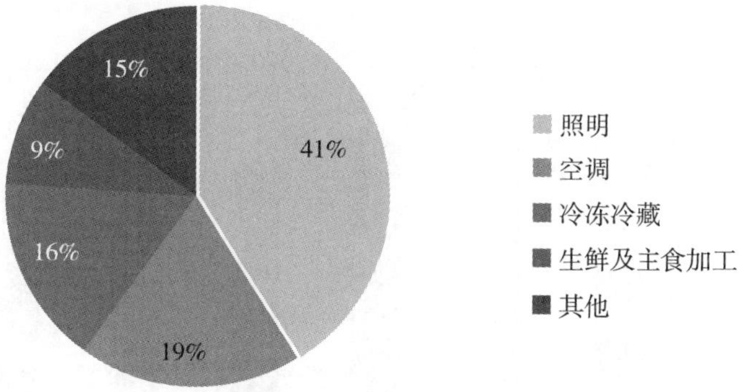

图3 超市、大型超市电量构成图

经过2014年的节能改造，超市和大型超市单项能耗均有不同程度的下降，如表10所示。其中下降幅度最大的是照明用电的改造。

表10 2014年超市和大型超市节能改造的能耗下降比例

	照明	动力	空调	冷冻冷藏	生鲜加工
改造后能耗下降幅度	18%	8%	9%	11%	12%

数据来源：2015年商务部调查数据。

3. LED照明节能改造成为主流

2015年商务部调查结果显示，零售业2014年在对既有门店实施的节能改造中，照明系统节能改造占比69.87%，冷冻冷藏节能、空调节能、电梯节能、生鲜及主食加工节能、建筑维护节能和其他的占比分布为35.26%、42.95%、32.69%、10.90%和1.92%。

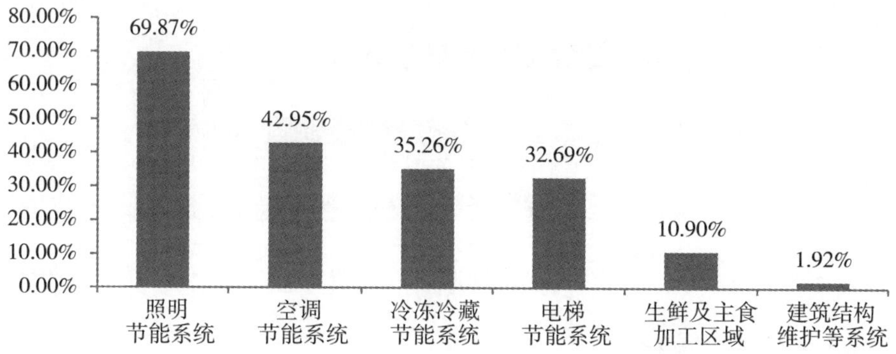

数据来源：2015年商务部调查数据。

图4 既有门店的节能改造类别占比

在新门店节能技术改造所采用的设备中，有 35.26%的企业在经营区域全部采用 LED 照明；有 32.05%的企业改造了空调节能系统。另外，采用环保建筑材料、新能源应用、部分采用 LED 灯、冷冻节能、电梯节能和其他方式节能分别占比 26.92%、18.59%、17.95%、28.21%、25.00%和 1.28%。

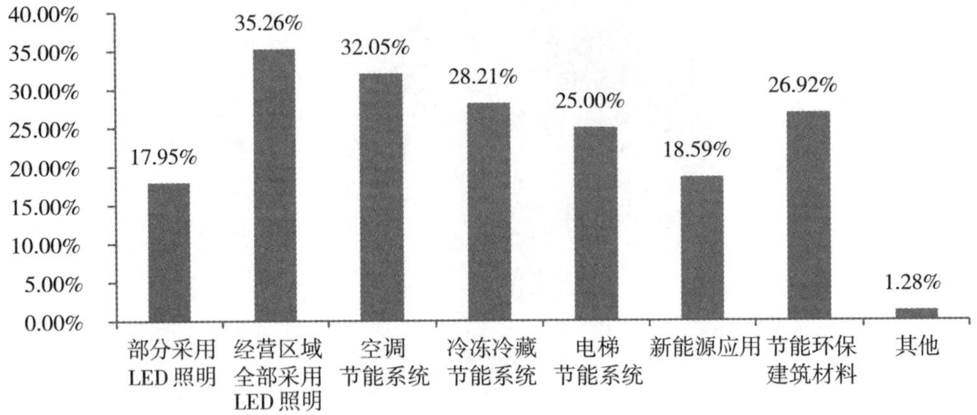

数据来源：2015 年商务部调查数据。

图 5　新开门店节能技术类别占比

4. 节能设备或节能系统选择参考指标多样化

调查显示，零售企业选择节能设备或节能系统的参考指标时，更加关注满足运营要求的 LED 光度与色差等技术指标，此类企业占比为 71.15%；而选择变频自控系统指标的企业占比为 46.79%；选择设备 COP 指标的企业占 28.85%；选择系统 COP 和不同制冷剂的温带峰值指标的分别占 14.10%和 19.87%。见图 6。

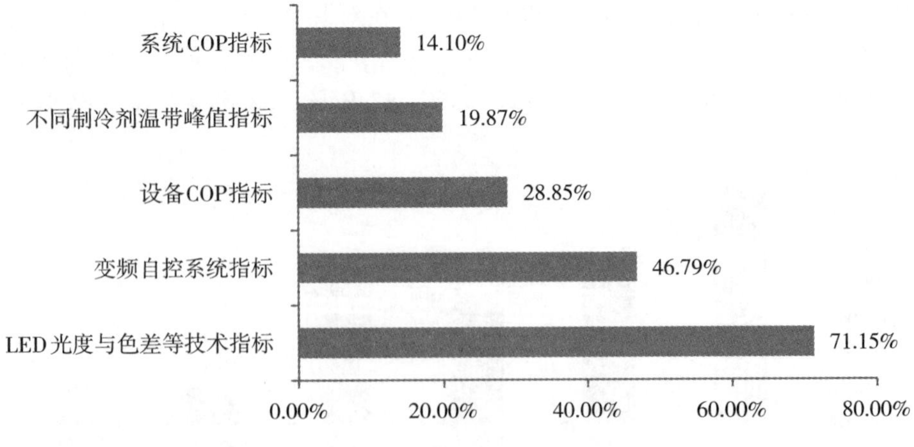

数据来源：2015 年商务部调查数据。

图 6　节能改造参考指标

调查还显示，在企业总部对门店的节能考核指标中，有 41.29%的企业对门店考核每万元营业额（净销售额）的综合能耗指标；有 29.68%的企业考核门店的单位建筑面积能耗指标；有 30.97%的企业考核同类门店能耗平均水平；有 40.00%的企业考核门店的水电暖费用预算完成率；有 52.26%的企业考核门店总用电量。见图 7。

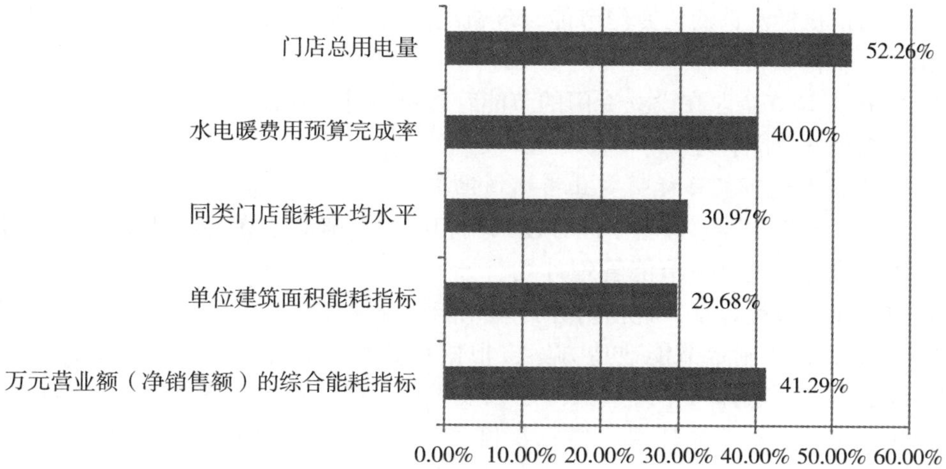

数据来源：2015 年商务部调查数据。

图 7　2014 年企业总部对门店的节能考核指标比例

5. 对既有门店实施节能改造企业自筹资金占比大

2014 年企业对既有门店进行节能改造，自筹资金的企业占比为 75.47%，而 24.53%的企业选择与第三方采用合同能源管理模式。见图 8。

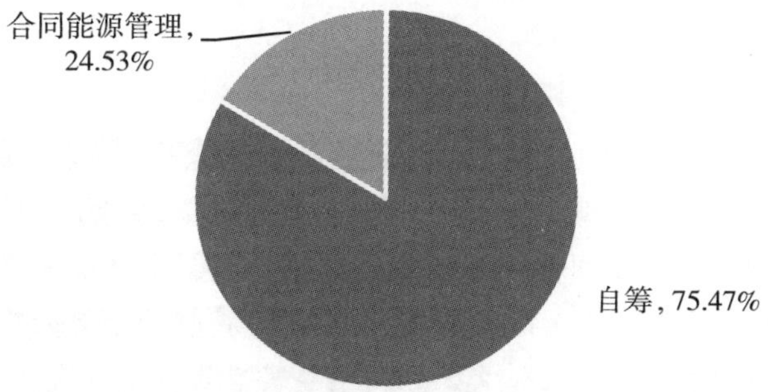

图 8　企业节能改造的资金来源

（五）零售业管理节能措施实施状况

1. 零售业节能管理有待进一步细化

调查显示，156 家总部中，55.13%企业已成立专门的节能管理机构，并明确节能管理的主要负责人。其中，有 10.23%的企业由工程相关部门负责；有 7.05%的企业由物业部门负责；有 10.90%的企业由行政、后勤部门或综合办公室负责；有 7.05%的企业由设备维保或营运支持部门负责；仅有 1.28%的企业由专设的节能管理部门负责；也有一些企业是由安保部门、企业管理部门、资产管理部门或总经理办公室等部门负责。

企业内部设置专门节能管理机构，其主要职责包括：节能项目的立项、论证及申报；确定节能项目的实施方案以及能源管理的措施；监控运营能耗数据，并巡查异常；同时负责节能产品的招投标及选购。专门节能管理机构的设置及主要职责的完善有利于将节能工作常规化和制度化。

55.52%的受调查企业在设立专门的节能管理机构外，还设立了专门的能源管理岗位，由专门责任人负责节能管理。

2. 零售企业总部节能目标明确且指标细化

调查显示，零售企业总部均不同程度采用相应的措施推进节能管理进程。本年度被调查的企业中制定并推进具体节能管理计划、方案、措施的企业有 155 家。其中，56.13%的企业按政策制定节能计划，包括财务计划、能耗管理计划等，24.52%的企业计划实施；64.52%的企业推行及制定节能改造方案，根据相关管理制度，总部统一推行节能改造，包括制定改造方案、选择当年改造的门店以及设备、供应商审核等；63.23%的企业总部为每个门店制定下一年的能耗费用指标及相关考核办法，并将能耗管理责任落实到责任人，已经实施统一节能改造；58.71%的企业定期对门店能耗管理的开展情况进行考核和评价；52.90%的企业表示关注行业节能技术的发展，定期收集整理适用的节能技术目录，并落实到门店新建项目和既有项目的节能改造过程中，并已实施考核和评价；45.40%的企业每年定期对门店员工进行节能环保教育及岗位技能培训；48.39%的企业按照《用能单位能源计量器具配备和管理通则》（GB17167），协助门店配备合理的能源计量器具，建立健全能源消费原始记录和统计台账，定期开展能耗数据分析。此外，还有 40.65%的企业采用能源管理信息控制系统，总部可以即时对部分或全部门店的照明、冷冻及空调等主要用电设备的运转情况进行监控，防范耗能异常。见图 9。

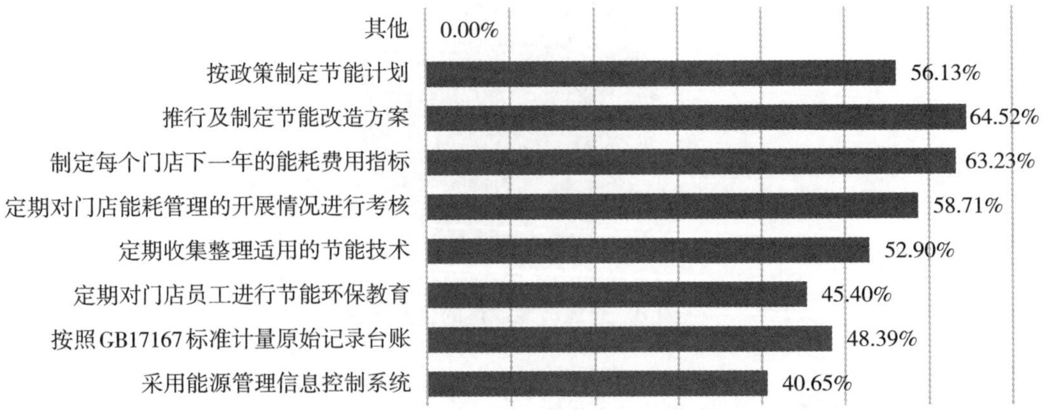

数据来源：2015 年商务部调查数据。

图 9　2014 年零售企业采取的各种节能管理措施的比例

3. 数据获取方式以传统方式为主

调查显示，55.13%的企业对所属所有门店采取派专人每天进行定时人工抄表，并定期上报总部的方式获取能耗数据；18.59%的企业建立能源检测系统，自动收集所有门店或部分门店的数据；另有8.33%的企业选择其他方式。见图10。

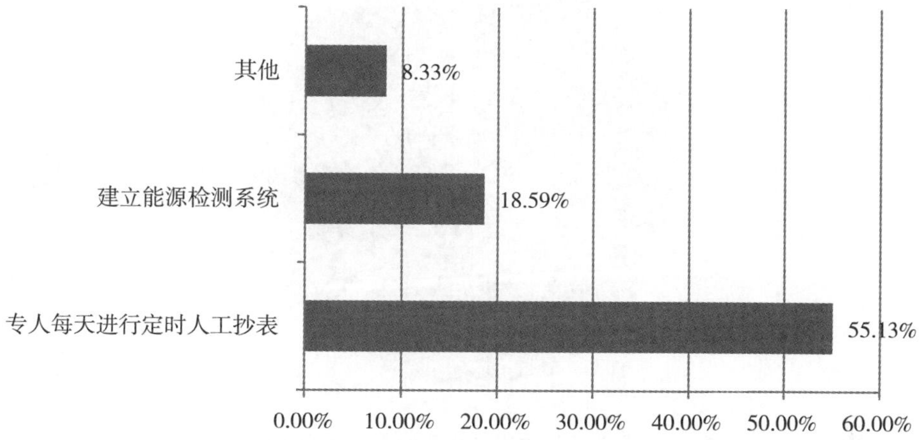

数据来源：2015年商务部调查数据。

图10　零售企业对于能耗数据的监控手段

4. 分项计量的重要性日益显现

2015年的商务部调查结果显示：51.92%的受调查企业安装了分项计量，还有48.08%的企业没有安装分项计量。其中，26.09%的新开门店全部安装分项计量。

在安装了分项计量的企业中，66.2%的企业已在全部门店安装；15.49%的企业超过总门店数的50%的门店已安装；还有18.31%的企业安装分项计量的门店数小于总门店数的一半。见图11。

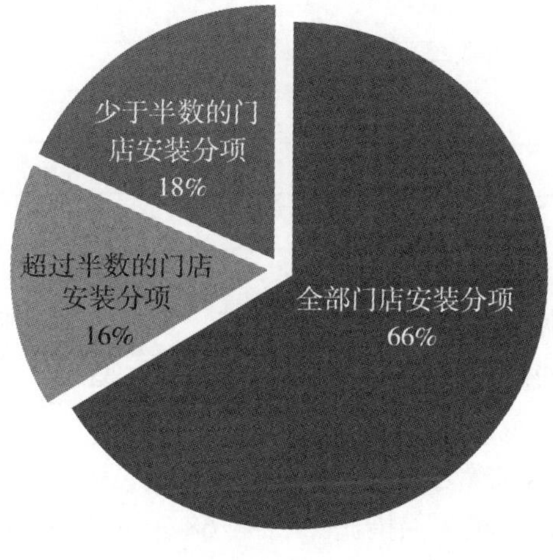

图11　分项计量的不同占比企业情况

其中，既有门店的分项计量安装情况如图 12 所示，38.46%的企业全部门店安装分项计量；30.77%的企业有一半以上的门店安装分项计量；30.77%的企业只有不到一半的门店安装分项计量。

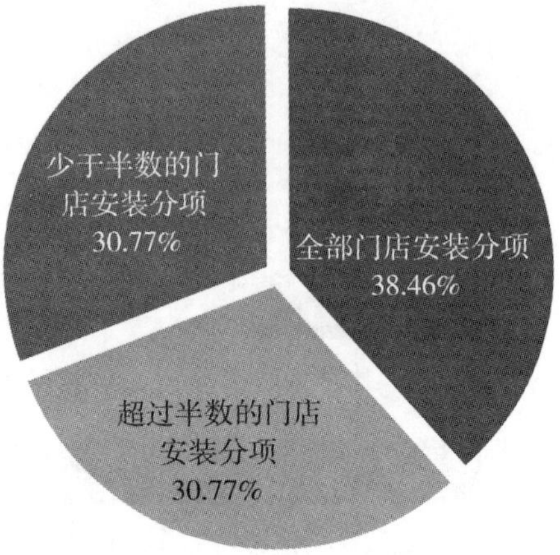

图 12　既有门店中安装分项计量占总门店的比例

（六）零售业环保措施的实施情况

1. 各业态零售企业的塑料袋使用量进一步下降

自 2007 年限塑令实施以来，零售行业严格执行国家法令，不提供免费一次性购物袋，同时在营业场所宣传教育消费者，鼓励消费者尽量使用环保购物袋。调查显示，2014 年各业态零售企业的购物袋使用量进一步明显下降。见表 11。

表 11　　2013、2014 年零售业购物袋使用量比较　　（个/万元）

	百货店	超市	大型超市	购物中心
2013 年使用量	7.38	83.30	38.97	101.10
2014 年使用量	7.09	25.29	27.03	15.54
2014 年同比变化率（%）	-3.93%	-69.64%	-30.64%	-84.63%

数据来源：2015 年商务部调查数据。

2014 年零售业购物袋使用量整体呈下降趋势，其中，购物中心下降百分比最多，为 84.63%，其次，超市的购物袋使用量下降 69.64%，大型超市下降了 30.64%，百货店下降了 3.93%。

2. 进一步强化门店的环保管理职责

零售企业门店所实施的节能环保措施中，有 68 家企业采取由相应的部门或人员负责节能环保工作，占比 35.42%；有 148 家企业采取由专人对水电等主要能耗数据进行常规化的定时记录，占比 77.08%；有 96 家企业采取每年对员工进行环保节能知识及相关岗位技能培训，占比 50.00%；有 100 家企业采取制定年度能耗费用率指标，实际完成情况与员工绩效挂钩，占比 52.08%；有 98 家企业对设备运营期间有相应的节能管理实施方案，占比 51.04%；仅有 9 家企业通过国家有关环境管理体系的认证。占比 4.69%。见图 13。

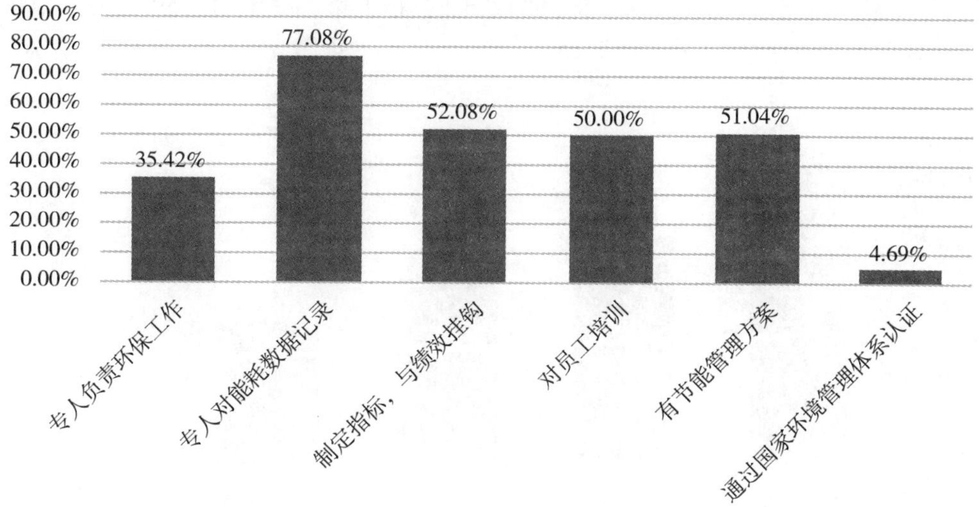

图 13 零售门店的环保管理主要措施

192 家门店中，每年对员工进行环保节能知识及相关岗位技能培训的企业共有 96 家，占所有企业的 50.00%；平均培训次数为 4 次/年。这些企业制定了员工工作职责范围中的节能环保关键点，并要求职工落实。

3. 节水措施日益完备

在 192 家受调查的零售企业门店中，主要节水措施包括有 126 家采用重点部门安装分表的措施，占比 65.63%；有 67 家采用节能阀措施，占比 34.90%；有 72 家采用感应装置措施，占比 37.50%；有 16 家采用中水回用措施，占比 8.33%；有 2 家使用其他措施，占比 1.04%。

其中，采用中水回用措施的企业中回用中水量占总用水量的比例范围是 1%-80%，平均回用比例为 20%。其他一些节水措施如引入纯水机组废水回收再利用，电磁阀控制等。见图 14。

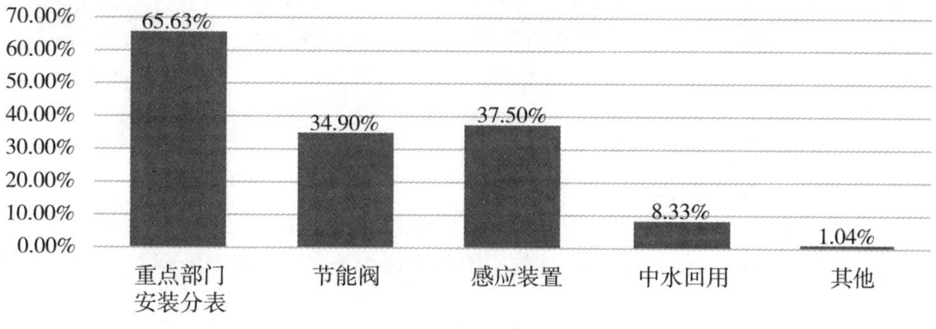

图 14 零售门店的主要节水措施

4. 废弃物回收种类繁多

在 192 家受调查的零售企业门店中，均不同程度地设立面向顾客的废弃物回收服务。回收饮料瓶罐的门店有 86 家，占比 44.79%；回收旧电池的有 66 家，占比 34.38%；回收纸张的有 62 家，占比 32.29%；回收淘汰的家电的有 41 家，占比 21.35%；对其他物品进行回收的有 1 家，占比 0.52%。见图 15。

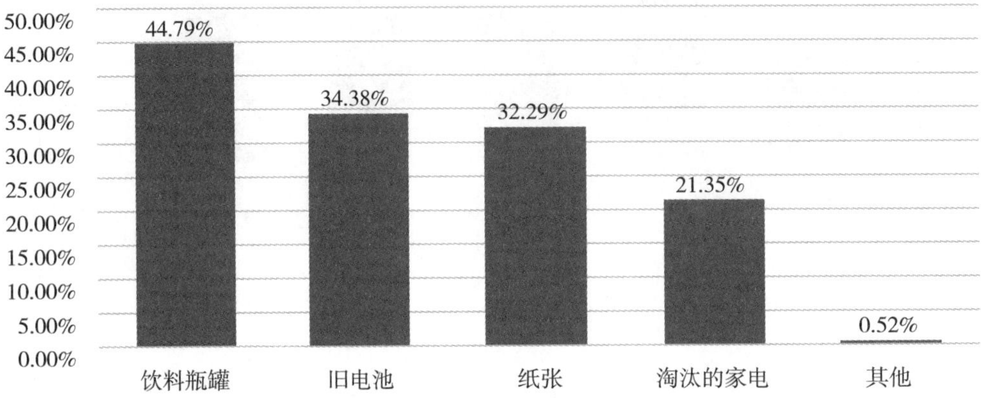

图 15　零售门店废弃物的回收现状

除对消费者的废弃物进行回收外，受调查企业的门店还不同程度地对门店自身的废弃物进行回收和循环利用。对可回收废弃物进行回收循环利用的有 127 家，占比 66.15%；对有害废弃物进行回收的有 58 家，占比 30.21%；对餐厨废弃物进行回收循环利用的有 53 家，占比 27.60%；对其他废弃物进行回收的有 35 家，占比 18.23%。见图 16。

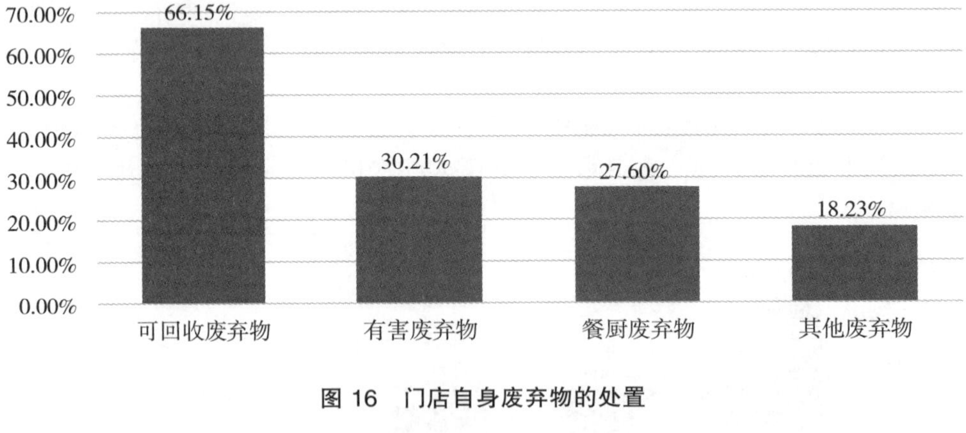

图 16　门店自身废弃物的处置

针对运营中产生的废弃物，有 79 家门店每年制定相应的减少废弃物排放量目标，占比 41.15%；有 113 家门店并没有每年制定相应的减少废弃物排放量目标，占比 58.85%。见图 17。

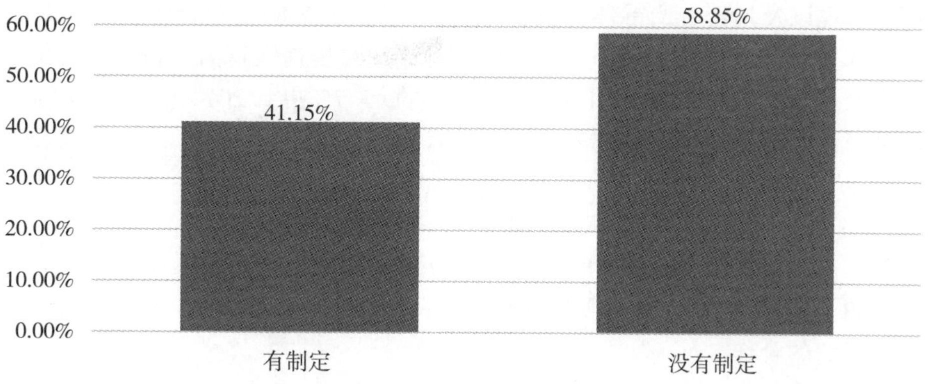

图 17　零售门店的运营废弃物管理目标

（七）绿色供应链的实施措施

1. 物流环节逐渐成为零售业的节能新关键点

供应链的能耗约占零售业总能耗的 70%左右，一些生鲜食品的能耗占比就更高，越来越多的零售企业意识到绿色供应链建设的重要性，逐渐加大针对供应链和物流环节的节能环保措施。受调查的企业中，2014 年有 54. 55%的企业拥有自建物流配送中心，有 58. 33%的企业针对物流环节设定明确的节能环保目标。在这些具有明确目标的企业中，选择减少运输环节的能耗，优化运输流程作为环保节能目标的占 55. 13%；选择在物流配送中心基础设施建设中，考虑环境影响，采用节能设备及技术的占比为 41. 67%；选择物流包装箱及包装材料循环重复利用的占比为 45. 51%；选择有物流环节能效核算的定量或半定量方法的占比为 17. 95%；选择企业明确近期和中远期的阶段性节能目标，并予以考核的占比为 23. 08%。见图 18。

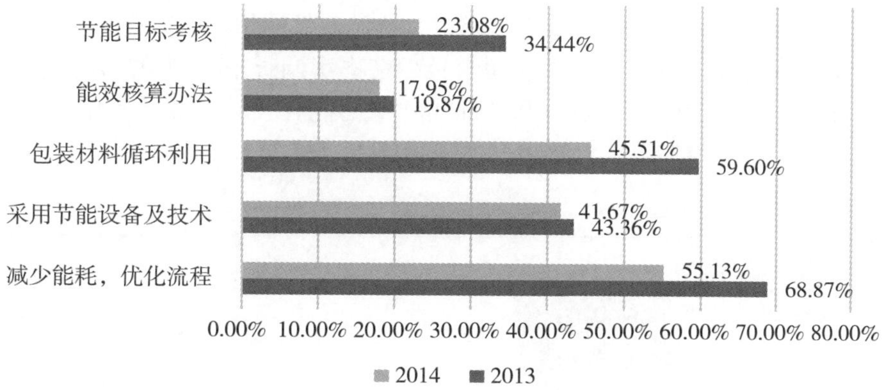

数据来源：2015 年商务部调查数据。

图 18　企业在物流环节节能的相关措施

2. 零售企业选择供应商的绿色要求

2015 年商务部的调查还显示，零售企业在选择供应商时会不同程度地考虑供应商是否遵守环境法规以及是否有严重环境违法行为，有 53. 21%的企业会将供应商是否遵守环境法规作为选择合作的重要因素，如果供应商有严重环境违法行为，将中止与供应商的合作关系；比例从 2011 年的 44. 2%上升至 2013 年的 49. 7%再到 2014 年的 53. 21%，可以看出供应商是否遵守环境法规已经越来越成为选择供应商的参考条件，企业将其作为重要参考因素。

3. 企业与供应商合力推动商品包装减量化

调查显示：2014 年有 73. 15%的企业与供应商合作推动商品包装减量，没有与供应商建立此联系的企业占比 26. 85%，见图 19。这一比例明显高于 2013 年，说明零售企业更加注重与供应商的合作。

即使目前没有与供应商有减少包装的合作，但是其中 86. 21%的企业有未来一两年减少包装的计划，有越来越多的企业愿意与供应商建立这种联系，合力减少包装，已经成为供应链绿色管理的一个有效举措，帮助零供双方拓展环保新空间。

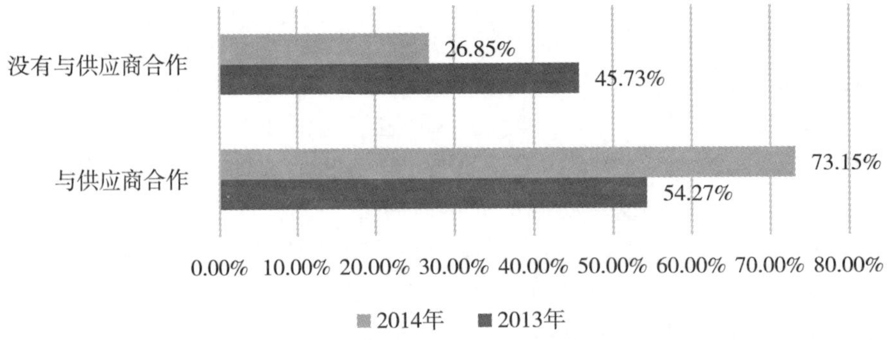

图 19　零售商推动包装减量化措施

4. 提高生鲜商品本地采购比例，为减排做贡献

随着生鲜水果、蔬菜等品种大量进入超市，这类商品的物流能耗逐渐受到重视。为减少商品运输中的碳排放，商务部推进农超对接。在本次调查中，77. 42%的企业提高本地商品的采购比例，以减少商品的浪费和商品运输中的能耗及碳排放。其中，53. 85%的企业本地商品采购品种集中在蔬菜、水果和本地特产上。见图 20。

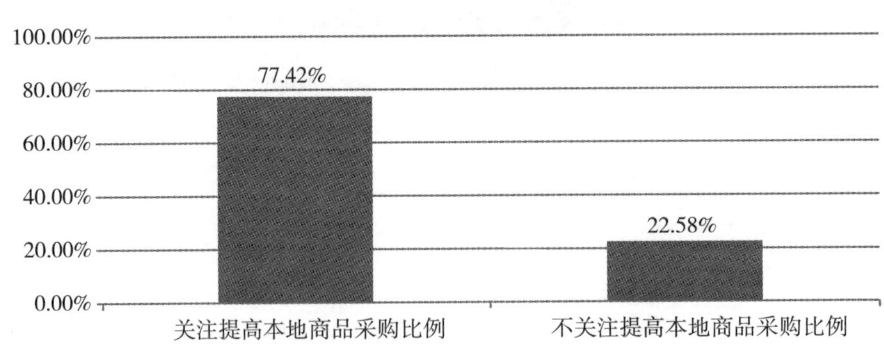

图 20　提高本地商品采购的企业现状

四、零售业环保节能的问题与障碍

2014年零售业整体下滑，销售额的增长放缓、利润空间进一步下降、众多企业关店风潮骤起，这一趋势一直延续到2015年。在整体经营环境严峻的情况下，如何有效控制企业的运营成本成为摆在所有零售企业面前的关键问题。能耗作为零售业的三大成本构成之一，是企业控制成本的首选。这也是中国众多的零售企业逐渐将环保节能从理念过渡到实践，更加注重节能环保效果的原因。但应该看到的是，零售业的一些节能环保措施还不能很好地起到作用，这些问题与障碍制约着环保节能的进一步发展。

调查显示，目前影响零售业节能实施的最大障碍包括：政府对零售业节能的支持力度不足（45.51%）；无法及时了解新政策信息，特别是相关政府部门的鼓励政策或资金支持信息（51.28%）；决策者重视度不够，相关管理制度和工作流程不完善（11.54%）；相关标准及工具缺失，影响企业准确评价节能技术应用及节能效益（32.69%）；用于整体节能系统的资金前期直接投入过大，影响企业实施系统改造（50.00%）；缺乏相关专业人才，对节能设备技术的应用把握度不足（46.15%）；节能一次性投入的资金占流动资金比例过大，影响企业正常运营（43.59%）。见图21。影响企业节能的三个最大障碍分别是：无法及时了解新政策信息、企业节能前期资金投入过大以及相关人才的缺乏。

此外，零售业租赁物业的形式往往会导致受制于物业公司管理，对于节能设施改造较为被动。本年度调查显示：受调查的156家零售企业中只有16.2%的企业全部是自建物业，27.7%的企业全部是租赁物业。一半以上的企业是兼具自建和租赁物业两种形式，在兼具两种物业形态的企业中，近47%的企业租赁占比80%以上。如何协调物业的产权、节能改造的收益分配是深化零售业门店节能的不能回避的问题。

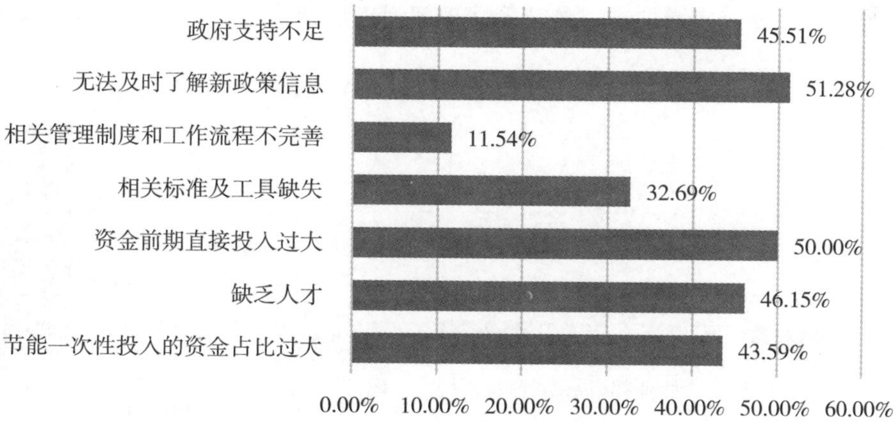

图21　中国零售业节能障碍因素

对比2013年的调查结果发现，2014年制约零售业节能实施的最大障碍依然与政策有关。2014年有59.24%的企业无法及时了解新政策信息，特别是相关政府部门的鼓励政策或资金支持信息，2015年这一比例虽然下降了7.96个百分点，但在其他因素中仍是占比最高的，这也反映了企业对政策信息透明化的迫切需要，及时了解政府政策调整和支持的方向，对企业把握节能环保的新趋势有很大的指导意义；资金前期投入过大仅次于政策信息的影响，与 2014 年的调查结果（51.63%）基本持平，说明因资金紧缺造成企业节能改造受到制约这一障碍仍显著存在；缺乏相关专业人才，对节能设备技术的应用把握度不足这一障碍与 2014 年（53.80%）比降低了 7.65 个百分点，说明零售业在专业技术人员安排上加大了调整力度，但其在其他因素中仍占有较高比例，说明专业技术人员的素质及数量仍不能满足需要；在这七个制约因素中，“决策者重视度不够，相关管理制度和工作流程不完善”这一因素的占比比 2014 年（10.33%）提高了 1.21 个百分点，说明决策者对节能环保实施的重视度在下降，管理制度和工作流程的完善度也有所怠慢，所以应引起企业的注意，并及时对这方面工作进行调整。

（一）零售业节能环保专业技术人才不足问题仍继续存在

零售业的总部及门店分布不均，其能耗状态也各有特点，通过采用节能设备的方式进行节能环保仅是零售业节能的必要物质前提和保障，为了达到预期的节能效果，仅有设备是不够的，还需要专业技术人员定期对节能效益进行考评、日常维护与管理以及对能源异常的及时诊断与处理等。

本年度调查显示，55.13%的企业成立专门的节能管理机构，并明确节能管理的主要负责人。其中，10.23%的企业由相关的工程部门负责执行；7.05%的企业由物业部门负责执行；10.90%的企业由行政、后勤部门或综合办公室负责执行；7.05%的企业由设备维保或营运支持部门负责执行；只有 1.28%的企业由专门的节能管理部门负责执行；其他还有一些企业是由安保部门、企业管理部门、资产管理部门或总经理办公室等部门负责执行，占 63.49%。见图 22。所以，可以看出虽然有超过一半的专门节能管理机构，但其负责执行与实施的部门仅占 1.28%，大多数由其他部门负责执行，这样不能很好地保证政策要求的有效实施，应增加专门的节能管理部门来负责执行。

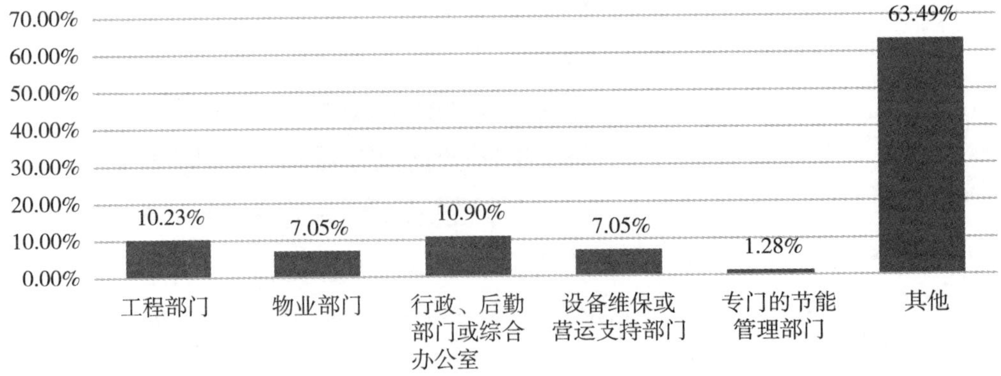

图 22　不同部门负责节能的占比

零售企业的节能效益主要指标有预期环境效益指标、节能率和节能量、节能效益、照度、色温、节能项目、实际节能效果的考核。本年度调查显示，8.97%的企业对于节能设备投入使用后没有效益考评，68.59%的企业采用企业自评考核，仅有16.03%的企业引入第三方考核，见图23。许多企业有自己的一整套考核标准，但这些标准往往缺乏权威性和客观性，极大地影响了节能量的核算以及节能潜力的挖掘。

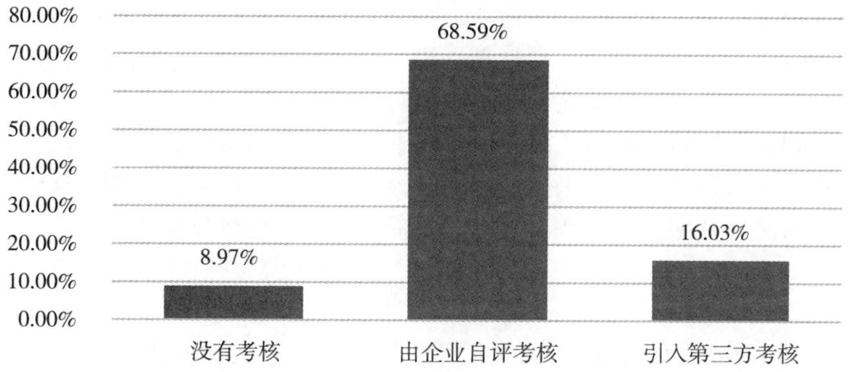

图23　企业对设备节能效益的考评方式

零售业的人员流动性较大，而门店的人员流动更为明显，同时门店人员的学历和知识结构普遍偏低，导致对节能设备的日常维护流于形式和过程，对于用能异常不能及时发现和处理。零售业节能环保专业人才，尤其是能够深入门店第一线的人才缺乏问题愈发突出。本次调查中将近一半的企业反映这一问题制约企业节能，2014年53.80%的占比比2011年的43.62%的占比高出十个百分点。随着节能设备的系统化和负责化程度提升，这一矛盾还将进一步突出。

（二）零售业节能环保相关政策获取不畅

“十二五”以来，国家加大节能减排的力度，同时，十八届五中全会公报公布，生态文明首次列入十大目标，“美丽中国”将写入五年规划，可以说中国把生态环保、节能减排放在空前的高度。近些年也陆续出台了多项相关的法律法规及标准政策，这些政策或多或少与零售业具有一定的相关性，既包括国家和地方的一些强制性制约政策与手段，也包括经济激励手段，如补贴、减免税等。

此外，政策发布者和发布地区均有所不同，总会导致有些企业总部很难获知最新的政策动向，这样分散在全国不同地区的企业门店，也无法响应国家政策要求，有心节能却不知如何做到。例如2013年北京市发改委针对重点耗能单位发放碳排放指标，并鼓励企业进行碳交易，北京超市发集团直到临近截止日期才完成相应必要环节，家乐福等企业2013年也由于碳排放超标受罚。许多鼓励性政策往往阶段性或非常规，一些企业由于无从获知相应政策信息而错失良机。沃尔玛的某门店曾获得国家金太阳工程补贴，在申请补贴过程中也存在诸多政策不熟悉环节。

（三）节能一次性投入资金紧缺问题仍较严重

零售业是微利行业，2014年的总体经营形势严峻，更加剧企业的资金流紧缩。节能环保设备的建设，需要大量的资金投入，而且还要一次性投入，企业在规避风险的同时往往会采取极其谨慎的态度。

本年度调查显示，43.59%的企业认为节能一次性投入的资金占流动资金比例过大，影响企业正常运营；50.00%的企业认为用于整体节能系统的资金前期直接投入过大，影响企业实施系统改造，对比2013年的数据，有47.28%的企业认为节能一次性投入的资金占流动资金比例过大，影响企业正常运营；51.63%的企业认为用于整体节能系统的资金前期直接投入过大，影响企业实施系统改造。两年之间分别对比，占比虽有少量下降，但其总体占比仍很大，说明投资问题在环保节能中的制约作用很明显。

随着零售业环保节能的不断深化，节能已经从单纯的技术节能逐渐向整体系统的节能升级和过渡，有更复杂的技术支持，一次性的资金紧缺问题将更加突出。

（四）政府的鼓励性支持政策缺乏力度

国家自“十二五”伊始，逐渐加大了环保节能的力度，相应出台许多补贴或税收减免等支持性政策。国家出台的环保节能政策往往针对工业企业比较多。零售企业的特点是小而分散，适合工业企业的相关政策零售企业很难受益，例如零售企业难以获得节能减排的补贴等。

合同能源管理是一种以减少能源费用来支付节能项目全部成本的节能投资方式，在国家标准GB/T24915-2010《合同能源管理技术规范》中，国家支持和鼓励节能服务公司以合同能源管理机制开展节能服务，享受财政奖励、营业税免征、增值税免征和企业所得税免三减三优惠政策。合同能源管理市场化模式的采用可以很大程度上缓解零售企业节能中一次性资金投入过大的问题。2014年16.67%的受调查企业采用合同能源管理模式进行节能改造，这一比例低于2013年的30.38%的比例，见图24。

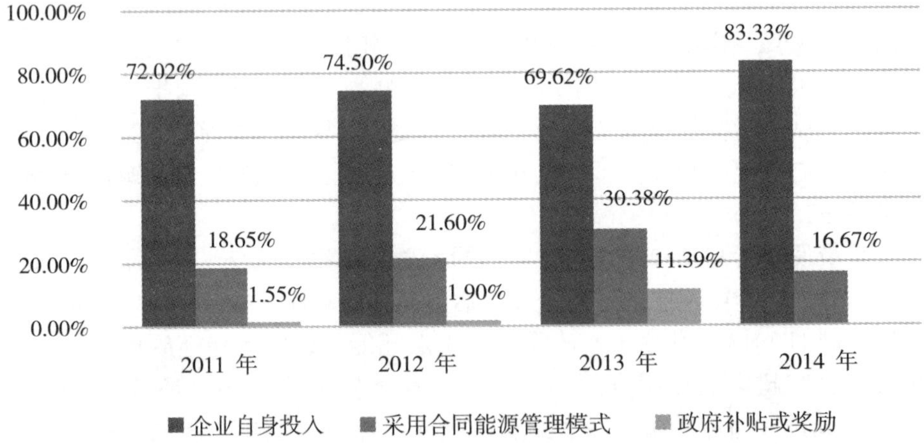

图24 企业实施节能的资金来源方式

如果零售企业采用合同能源管理模式来进行节能，国家对于这部分的节能补贴是直接补贴给节能服务公司的，而对于零售企业本身并没有一些政策性的补助，零售企业认为节能服务公司既从自身的项目中获益又从国家获得好处，同时这期间也会影响自己的经营，降低企业采用合同能源管理方式实施节能改造的积极性。

2014 年企业认为政府支持不足的占比为 45.51%，2013 年企业认为政府支持不足的占比为 47.28%，2011 年企业认为政府支持不足的占比为 67.36%，相比较而言，这一比率从 2011 年到 2014 年降低了 21.85%，这一比例的大幅下降也说明这几年国家对于环保节能的重视，并在这些有缺陷的方面给予关注和制定解决措施，并通过政策上的补贴和激励政策逐渐达到节能环保的目的。见图 25。

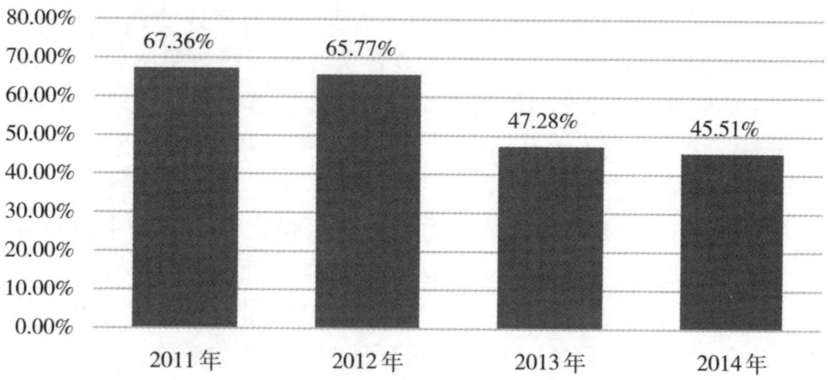

图 25　认为政府鼓励性政策支持不足的零售企业占比

（五）相关标准及评价工具效果不佳

通过节能环保提高能效仅靠设备是不够的，同时还应掌握相关能耗标准的评价工具。近几年国家和地方政府均陆续出台了零售业节能环保相关标准，标准制定的步伐也在不断加快。调查显示，32.69%的企业认为相关标准及工具缺失，影响企业准确评价节能技术应用及节能效益；2013 年的占比为 36.41%，2012 年的占比为 40.27%，2011 年的占比为 45.60%，这一占比虽有所下降，但标准和评价工具的缺乏始终制约着零售业在环保节能方面的发展。

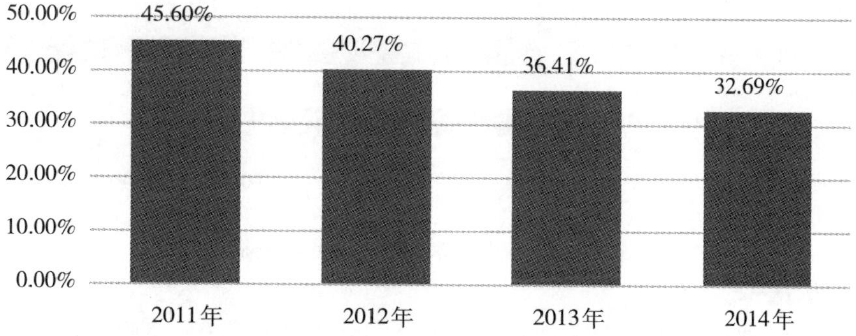

图 26　标准和评价工具缺失影响企业的占比

本年度调查显示，有将近 60%的企业认为有国家相关政府部门发布的最新强制性或指导性标准、文件及法规和国家或行业主管部门及时发布更新技术标准是非常重要的，26. 28%认为是重要的。可以看出企业对有相关标准及有效的评价工具需求的紧迫与急切。

（六）零售业的相关管理制度和工作流程不完善

目前，我国零售企业的能效提升过度依赖于技术手段，但是没有有效的管理制度，既没有外审的制度也没有内审的习惯，即使采用了先进的技术和设备也不能达到预期的节能效果。本年度调查显示：节能设备投入使用后的效益考评主要依赖于企业的自评，占比 68. 59%；引入第三方审核的企业，占 16. 03%；而没有效益考评的企业还有 8. 97%。

本年度调查显示，11. 54%的企业认为决策者重视度不够，相关管理制度和工作流程不完善，而上年度调查显示，只有 10. 33%的企业认为决策者重视度不够，相关管理制度和工作流程不完善，这一比例虽上升幅度不大，但也说明这一问题没有得到很好的解决，仍然是零售企业的主要障碍之一。

本年度调查显示，55. 77%的企业认为为节能环保强化管理节能手段及方法，优化管理流程和制度是非常重要的，55. 13%的企业认为完善对门店能耗管理的监督、测量及审核机制，提高能效管理水平是非常重要的。所以，目前企业用能应精细化管理，日常的能耗数据应该实现有效地对比和分析，逐渐完善管理制度和工作流程。

五、零售业节能环保的新趋势

环保节能不仅仅是国家政策环境对于零售业提出的日益严格的规范和要求，更是企业降低自身成本、树立良好企业形象的有效途径和手段，因而环保节能应逐渐成为零售企业的长期发展战略。

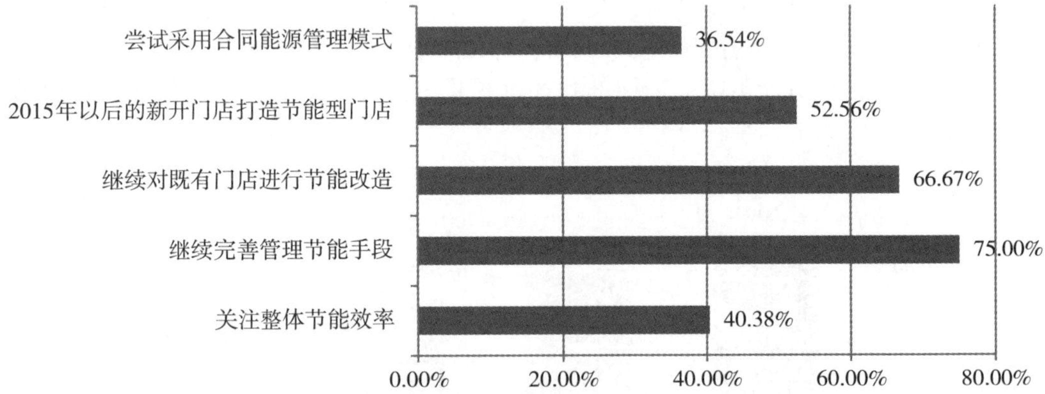

图 27　零售企业未来节能的趋势分析

调查显示，企业在各个方面关注进一步深化节能工作：其中，既有门店的节能改造是企业的重中之重，66. 67%的企业会继续对既有门店进行节能改造；52. 56%的企业在 2015 年以后新开门店会打造节能型门店。无论是新开还是既有，门店始终是零售企业节能的最重要环节。在关注技术节能之外，更多的企业日益重视管理手段的应用，75%的企业会继续完善管理节能手段，40.38%的企业会加大自建物业的比例，更关注整体节能效率。为缓解节能资金一次性投入紧张的瓶颈，36.54%的企业会尝试采用合同能源管理模式进行节能改造。见图 27。

（一）进一步完善门店的节能管理手段

与节能设备和技术的投入相比较，完善管理手段的投入不多，但可以减少无效能耗，提高能效。未来的五年是零售业大变革和重新洗牌的时期，在资金紧缩的情况下提升企业的竞争水平就必须走精细化管理的道路。

以苏宁为例，其店面由专人对水电等主要能耗数据进行常规化的定时记录、制定年度能耗费用率指标、实际完成情况与员工绩效挂钩、每年对员工进行环保节能知识及相关岗位技能培训至少 3 次、设备运营期间有相应的节能管理实施方案，如错峰用电实施方案等措施都有效地加强了电能的管理，节约能源，减少碳排放。除了少数地区不安装分表、节能阀、感应装置外，大多数企业全部安装这些节水装置，有效地降低了用水管理和避免了水资源浪费。18.2%的企业采用了中水回用作为节水降耗的管理手段，可以作为未来企业节约水资源的一个手段。此外，以安徽商之都为例，其店面均已全部使用或者大部分使用 LED 灯，其使用场所均已覆盖或者部分覆盖店中店、生鲜区、卖场区、物流仓库、停车场，LED 灯大大降低了企业的能耗，减少了电费支出以及降低了碳排放。其次，安装智能化的控制系统，也是企业节能降耗的重点措施。对于空调制冷节能方面，如万达商业自主研发慧云智能化管理系统，实现能源系统化分析。在空调系统上，进行冷站群控、冷冻水大温差、一次泵变频、冷却塔免费供冷等。此外，万达利用夜间通风的天然冷源可以节能 1%。华润超市在所有店面合理控制室内温度参数，空调系统温度控制在冬季≤20℃，夏季≥26℃。华冠和国美将其原先的制冷剂更换为环保制冷剂，这些举措均合理结合了客户与店面的需求，大大降低了电能的额外消耗，同时也起到了保护环境的作用。大型超市冷冻冷藏系统应用节能措施中，岛柜、立柜加盖、加门或加帘，也有效减少了能源的浪费。以红星美凯龙、国美为例，优先利用自然光，如中庭采光、屋顶采光带等，在保持中庭足够照度的前提下，夏季遮蔽顶部采光天窗，减少日光辐射热量；冬季相反，以此来减少用电量，帮助节能。

大型超市如华润超市，通过完善日常的管理，根据季节调节设备参数、采购和使用一级或二级能效标识的陈列柜等等，一系列的管理带来能耗强度的显著下降。冷库是重要能耗点，因管理问题，在冷库取货时，常常会遇到冷库开门时间较长以及库内照明灯忘记关掉等问题，为减少无效能耗，物美通过完善管理手段为公司降低能源使用成本，80 余家店铺年节约用电 32 万千瓦时。

此外，餐饮企业百胜提出节能方面的可持续发展目标，希望公司新建餐厅都能达到 LEED 认证标准，节能水平达到 15%，其中节水达 10%。2010 年起，百胜将所有能耗设备设施做准确的数据记录。通过一年的数据收集，锁定能耗占比最大的设备作为研究重点，运用 TCIU 决策工具，决策设施设备的选型，运行成本成为很重要的参数。从 2012 年开始使用变频机，电量节省达到 30%。此外，到目前为止，所有餐厅全部应用 LED 灯具，节能量可达到 50%。在厨房设备方面，经过优化、设备选型，帮助企业在整个利润率上增加了2%。其参照系就是LEED认证。2011年开始，6家店通过LEED认证。

（二）LED照明的使用和对废弃物进行回收循环利用和资源利用成为节能新亮点

LED具有体积小、寿命长、驱动电压低、耗电量小、反应速率快、耐震性佳等优点，被广泛应用于信号指示、数码显示等领域。近年来，随着节能降耗需求的增加，各大商场也开始将LED照明引入其中，以达到节能的目的。2015年企业和门店调查数据显示，80.21%的门店其照明用具为LED灯、46.35%的门店仍采用T5/T8照明、19.79%的门店采用智能化控制系统，见图28。随着LED技术的成熟及其成本的下降，LED已经日益成为零售企业照明的主要形式。近几年，零售业的照明节能改造占比逐渐加大，LED已经被广泛使用在多种场所。

如永辉使用LED灯具替代传统灯具，除实现节电42%、维护成本降低外，还使室内温度降低，减少空调用电，而照度比原来更好、商品色彩还原度更高、重点照明效果更突出，促进了商品销售，优化了卖场环境和突出了品牌效果。除店内应用外，四川哦哦便利应用节能灯箱，通过结构创新和改善，以常规灯箱四分之一的灯管使用量达到同样的照度，在省电节能的同时，减少二氧化碳排放量。通过模块化设计，减少传统灯箱三分之二的人工成本。模组式搭配在便利店开店闭店频繁的情况下依旧可以循环使用，达到资源的再生利用。

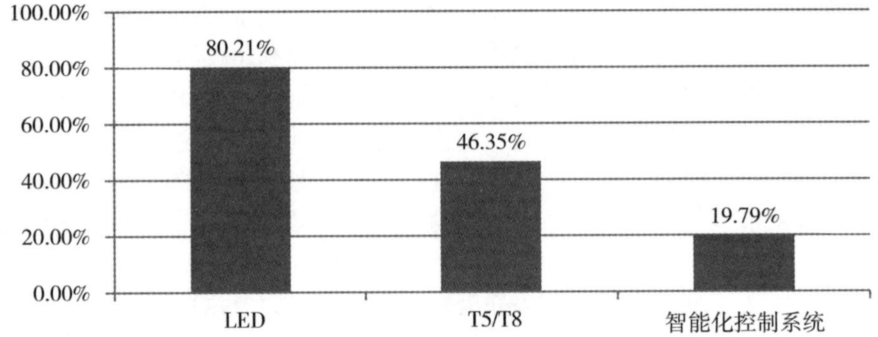

图28　零售业照明工具

另外，在2014年的调查中我们发现，对废弃物进行回收循环利用和资源利用成为零售业节能的一个新亮点。在推荐门店中，对可回收废弃物进行回收循环利用占比达66.15%；对有害废弃物进行回收循环利用的占比达30.21%；对餐厨废弃物进行回收循环利用的占比为27.60%；对其他废弃物进行回收循环利用占比为18.23%。以百盛为例，其采取的措施是使用二次纸、回收利用各种包装废弃料重新利用，打印双面纸等等；以国美为例，其对废弃物（废油、厨余垃圾、过期商品、有害垃圾等）进行分类回收、管理等；以家乐福为例，进行中水系统改造，将生鲜部门用下来的废水回收处理再利用，用于洗手间的冲洗，可以很大程度上节约水的用量和排放；以华润万家为例，其热回收系统利用冷冻冷藏的冷凝热量的排放回收，加热水用于热水的试用。

（三）大型超市能耗能效评价系统成为节能新助力

大型超市是能耗强度最高的业态，完善管理节能降耗的重要性凸显。经调研，大型超市单位建筑面积年能耗强度可达250-350Kwh/平方米。一个大型超市门店（6000平方米以上）全年电耗可达500万-1000万千瓦时。因此，大型超市不但门店数量多，而且能耗密度大，节能管理势在必行。2015年CCFA会同清华大学建筑节能中心，对我国典型大型超市能耗数据实地测量和评估后，初步构建起大型超市能耗能效评价系统。

该评价系统提出了符合能源管理需求的运营能耗数据模型，给出可通过测量和计量得到的能耗及能效关键性能评价指标KPI；根据实际调研状况，得到当前各门店相应KPI的实际值，根据分析、整理和计算，给出各KPI的合理值，用于零售企业对门店的能耗和能效水平进行测量、评价和管理，并指出下一步节能的方向与潜力。

大型超市节能管理有其独特的特点和难点：收银线以内的主要营业区、小型租户及相应公区，其能耗计量、计费、分摊等机制各不相同、非常复杂；空调系统多采用集中空调方式，空调冷热源供应方式多样，相应的能源管理、能效提升、计量收费机制等也非常复杂；收银线内区域，照明、冷冻冷藏、食品加热、电器展示等设备设施使用，分属不同的"部门"或"课"具体管理，能耗评估测量难以进行。而大型超市能效评价体系能很好地解决这一问题。它通过能耗构成、能耗模型以及能源管理体系量化指标，最后将所得数据导入评价工具来实现这一评价系统的能效考核。大型超市的能耗构成分为四个部分：卖场能耗、租户能耗、公区能耗及冷热站能耗，这一划分将其内部一些不便于划分统计的能耗归类于能耗构成当中。能耗模型描述了大型超市的能耗现状和服务现状，主要由四个层次组成：总体能耗指标（包括租户、卖场及冷站的能耗密度）、重要分项能耗指标（包括卖场照明、卖场风机、冷冻冷藏、食品加工的能耗密度）、针对存在能源转换系统的能源系统能耗指标（包括冷冻冷藏制冷效率及制冷量、冷站效率及建筑单位平米耗冷量）、经营指标（万元营业额能耗、万元营业额能源费、万元利润能源费）。见图29。

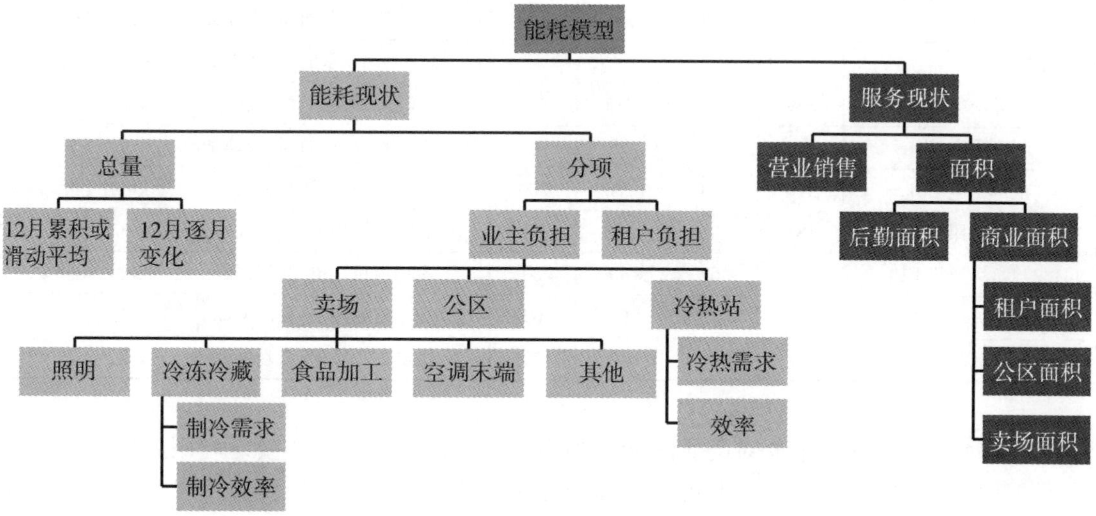

图29　大型超市能耗模型

利用该指标体系，可以将租户、业主及超市以不同的能耗指标分开评价，这也有助于明确能耗管理对象及节能改造重点。见图 30。

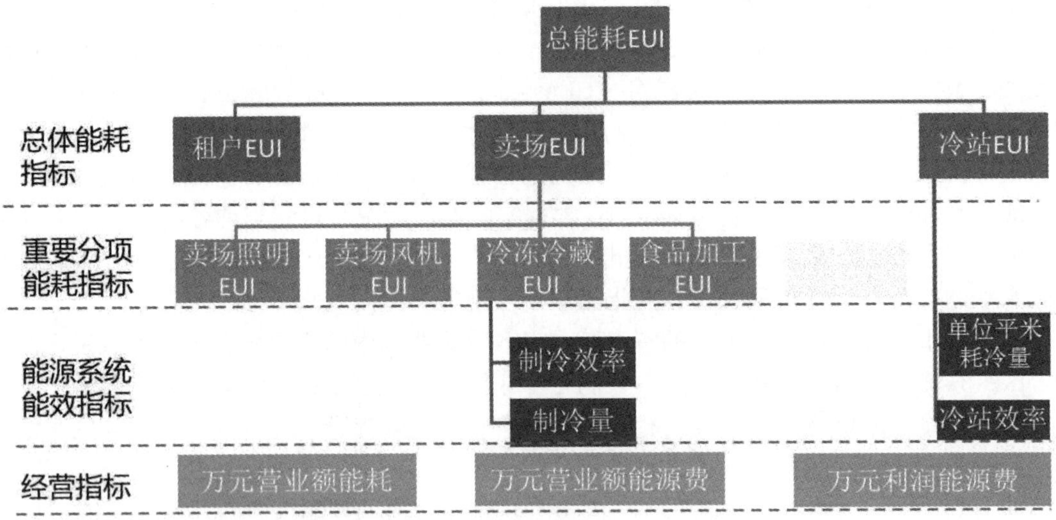

图 30　能耗能效管理体系

基于上述评价体系，本调查获取了 21 家大型超市的能耗数据，并得到以下评价工具。其中，约束值和引导值为统计 21 家大型超市数据所得，根据实际值与约束值、引导值差距得到单项得分，将各单项得分加权平均得到能源绩效得分。

表 12　　某零售企业门店的能源绩效评价示例

	实际值	单项得分	约束值	引导值	计算公式	单位
1. 总用电 EUI	471	38	360	260	门店总用电/（总面积-车库面积）	kwh/（m^2·a）
2. 总能耗 EUI					门店总用能/（总面积-车库面积）	kgce/（m^2·a）
1.1　卖场用电 EUI	389	44	315	225	卖场总用电/卖场面积	kwh/（m^2·a）
1.2　制冷用电 EUI	62	51	55	40	制冷站用电/（总面积-车库面积）	kwh/（m^2·a）
1.3　租户用电 EUI	370	38	280	200	租户用电/租户面积	kwh/（m^2·a）
1.1.1　卖场照明 EUI	181	36	145	115	卖场照明用电/卖场面积	kwh/（m^2·a）
1.1.2　卖场风机 EUI	33	67	40	20	卖场风机用电/卖场面积	kwh/（m^2·a）
1.1.3　冷冻冷藏 EUI	96	56	90	60	冷冻冷藏用电/卖场面积	kwh/（m^2·a）
1.1.4　食品加工 EUI	30	80	40	30	生鲜加工用电/卖场面积	kwh/（m^2·a）

能耗评价对于零售企业对门店的能耗和能效水平的管理十分重要。利用此能耗评价体系，门店可以发掘节能量，企业可以整体把控统一管理分配资源，协会可以了解行业能耗现状、树立标杆交流经验、促进产品采购、整合行业及国家资源，推动节能减排工作。

（四）新能源、新环保技术的应用进一步得到加强

新能源应用一直以来得到行业的普遍关注，特别是近几年，国家相关政策纷纷出台。如从 2013 年 7 月开始，国家出台了针对分布式光伏相关领域的政策文件 17 部。同时能源局表示光伏补贴未来 8-10 年不会取消，已经提供的补贴持续 20 年不变。而且，如风能、光伏等新能源都是可以无限开发的，其可持续利用性保证了其良性发展。2014 年以来，如光伏发电、风能等新能源的应用得益于国家相关政策的支持和技术水平的提高，取得了长足发展。

以宜家家居的新能源利用为例，按照其既定的“益于人类，益于地球”的可持续发展战略，自 2003 年起就将大规模太阳能集热器作为标配安装于其建筑上。2010 年起宜家将地源热泵技术整合在新商场规划设计之中，目前已有 4 家门店拥有了地热资源利用；2013 年起又将大规模屋顶光伏发电纳入新商场标配既有建筑改造项目，目前已有 10 家店相继完成了光伏安装或并网发电，安装容量已达到 3. 91 兆瓦。另外，大连和南通工厂都在利用废木屑作为生物燃料替代燃煤锅炉制热和用于制造加工对热源的需求。

当然，也有企业反映，对于光伏发电设施的使用还存在很多问题和顾虑，如对屋顶的承重、漏水产生隐患，特别是夏天有台风经过的城市；没有国家标准；合同条款，主要是技术条款没有依据；维护成本较高；租赁物业，屋顶较少属于企业自己，需要与物业做许多工作，比较困难；由于可提供合作屋顶资源比较少，许多大型光伏企业对合作缺乏兴趣；每个屋顶可发出电效率较低，甚至只能占全部用电量的不到十分之一。因此，宣传节能减排，展示绿色环保企业形象的意义大于实际需求。

从环保角度，零售企业也开始尝试各种新技术、新措施的应用。如 2015 年 4 月起，家乐福首次全面投入使用纯电动购物班车，用于门店免费班车服务，并将逐渐向全国门店推广。根据计算，每台车辆每节约 1 升柴油相当于减排 2. 63 千克二氧化碳。20 辆纯电动客车每天可减少的二氧化碳排放量相当于给城市增加约 3. 4 万平方米的绿色阔叶林；在不开空调的情况下，纯电动客车每公里电耗小于 1 度电，百公里运营成本仅为 50 元，仅为传统柴油车的五分之一。除实现环保，家乐福还将以电动购物班车作为公益宣传平台，与供应商、政府、协会组织进行绿色消费宣传，向社区延伸。

麦德龙多家商场将冷冻冷藏系统制冷剂从原来的 R22 更新为二氧化碳加 R134A 系统。低温冷冻系统使用二氧化碳制冷剂，中高温冷冻系统使用 R134A 制冷剂。此项目的实施将减少冷冻系统耗能 30%左右，使商场节能 18%左右，并且减少二氧化碳排放超过 90%。

（五）引领绿色消费的作用将日益强化

零售业连接生产和消费两大领域，是面向消费者的窗口，引领绿色消费既是零售业应该承担的社会责任，同时也是零售业树立企业绿色品牌形象的最有效手段之一。2015 年 10 月，商务部、中国连锁经营协会及中国人民大学环境学院在北京、上海、武汉、深圳、重庆五个城市同时进行绿色消费调查，共回收问卷 4653 份，其中有效问卷为 4194 份。

1. 消费者对绿色产品具有一定认知

现阶段消费者对绿色产品已经有了一定的认识，其中认为绿色产品有益于人身健康的占比最高，达 73. 92%；认为产品在废弃过程中对环境造成的污染损耗较小的占 54. 82%；

认为产品在生产过程中对环境造成污染损耗较小的占 52.53%；此外还有 48.45%的消费者认为绿色产品本身对环境影响较小。见图 31。2015 年的调查显示，消费者对于绿色产品的认知更加关注其对环境的影响，尽管目前还有超过七成的消费者倾向于绿色产品有益于人体健康。

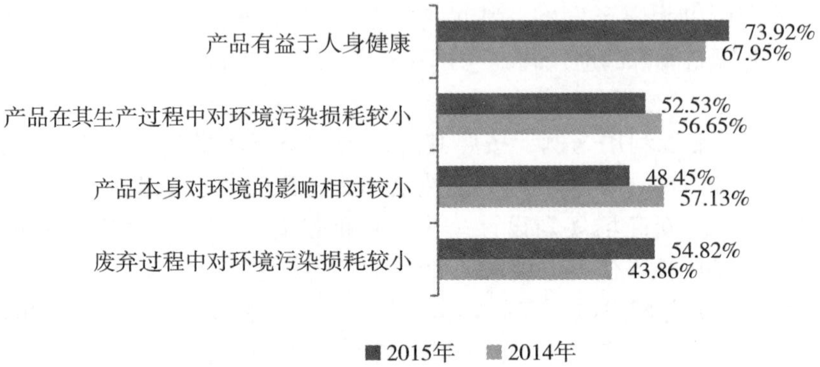

图 31　消费者对于绿色产品的认知

2. 零售业门店是最重要的绿色产品宣传渠道

消费者主要通过商场宣传、产品标签标识、媒体、品牌、网店、朋友推荐以及其他渠道来获得绿色消费信息，分别占到 56.87%、47.14%、46.07%、22.79%、19.24%、16.62%和 2.29%，见图 32。零售企业的门店是最为重要的绿色产品宣传渠道，近六成的受调查消费者认为可以从实体门店中获得有益的绿色产品信息，同时各种媒体的作用日益突出。

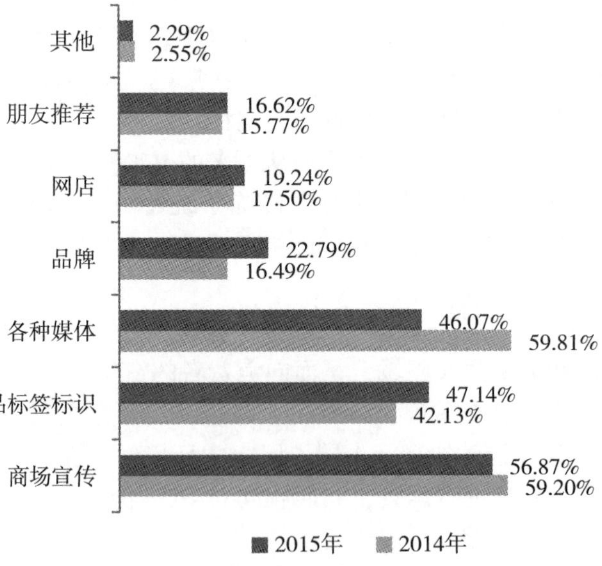

图 32　消费者获取绿色产品的信息渠道

在绿色产品选购的主要途径上，零售业实体门店是最重要的途径，63.85%的受访者在购买绿色产品时选择商场，这一比例远超其他的途径，见图33。随着电商的迅速发展，网店和专业配送的占比明显提升。

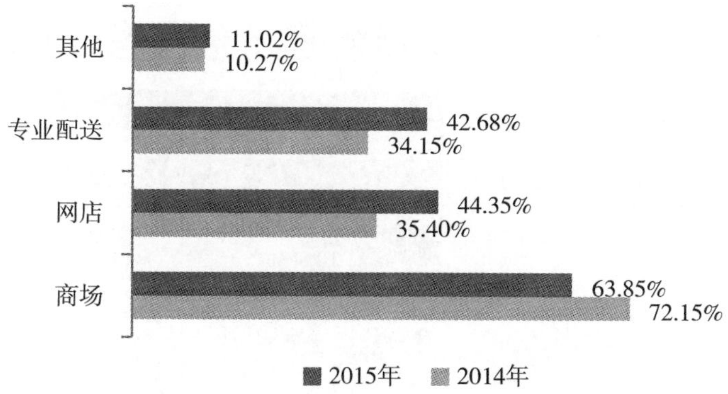

图33　消费者选购绿色产品的途径

3. 零售企业的环保形象影响消费者采购决策

零售企业的绿色环保形象也会在一定程度上影响消费者的购买选择决策：43.78%的受访者表示尽可能优先去积极环保形象的商家，44.54%的受访者认为商家积极的环保形象会对本人的购买决策产生一定影响，前两者的比例较2014年有所提高。此外，还有10.11%的受访者表示没太关注商场的环保形象。消费者在选择商场时不仅考虑产品价格和产品种类多样性，同时是否有绿色产品可以选择成为一项极为重要的参考指数。见图34。

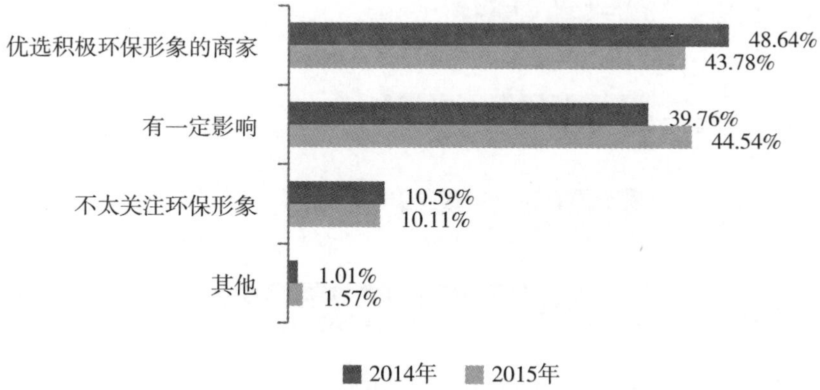

图34　消费者购物选择的参考因素

4. 消费者希望获得商家的绿色消费指导

在调查中绝大多数消费者希望在绿色消费过程中，商家能够给予各种形式的帮助：

63. 35%的受访消费者希望商家能提供环保产品对环境真正贡献的信息介绍，44. 56%的受访者希望更多了解如何识别产品的环保标识，40. 44%的受访者希望商家能提供环保产品的性价比分析。见图 35。其中，消费者最希望通过面对面的交流，商家能够为消费者提供绿色产品真正对环境有益的信息，增强消费者选择绿色产品的积极性。

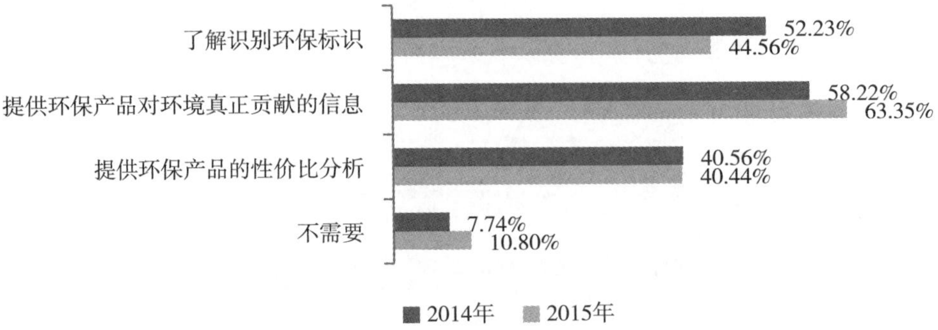

图 35　消费者希望获得商家绿色帮助的方式

2015 年消费者调查结果显示：消费者在以往购买过或者未来可能购买绿色产品时，更倾向与自身健康密切相关的环保类绿色产品，而不仅仅从保护环境的角度单纯考虑。其中，63. 04%的受访消费者更倾向于购买食品类的绿色产品，其次家具、建材类的绿色产品占到 55. 75%，而电子电器类、服装、文具纸张和日用杂货分别占 38. 94%、35. 24%、25. 15%和 29. 64%。见图 36。

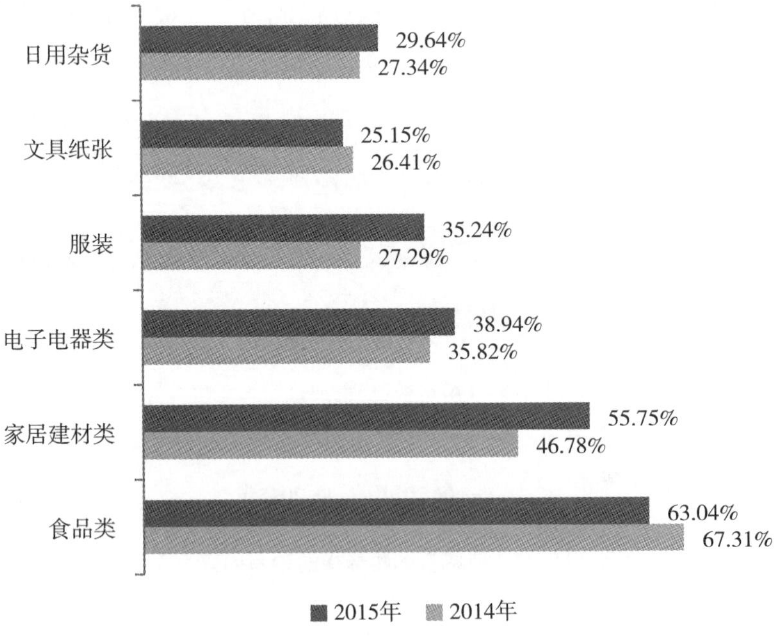

图 36　消费者倾向购买的绿色产品种类

在调查消费者不选购绿色产品的原因时，49. 57%的受访者认为绿色产品可信度不高，36. 22%的受访者认为价格偏高，34. 43%的受访者不会有意识地选购，28. 37%的受访者不知道是绿色产品，21. 27%的受访者认为质量不如普通产品，2. 72%的受访者因为其他原因没有选购绿色产品。见图 37。由调查结果可知，对绿色产品的信任度和绿色产品的价格是当前影响绿色消费的最重要原因。35. 43%的受调查消费者可以接受绿色产品比普通产品高 5%以内，35. 05%的受访者可以接受高 5%-10%，可见有效降低绿色产品的成本和价格才能真正推动绿色消费。

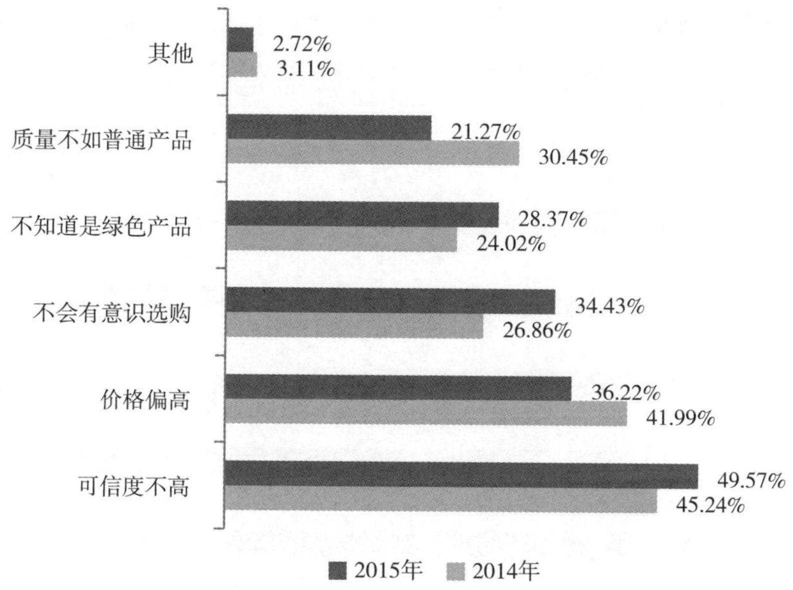

图 37　消费者不选购绿色产品的原因

对于受访消费者而言，最为方便有效的绿色产品购买途径是商店设立绿色产品专柜和绿色产品专卖店，分别占 53. 43%和 47. 88%。见图 38。

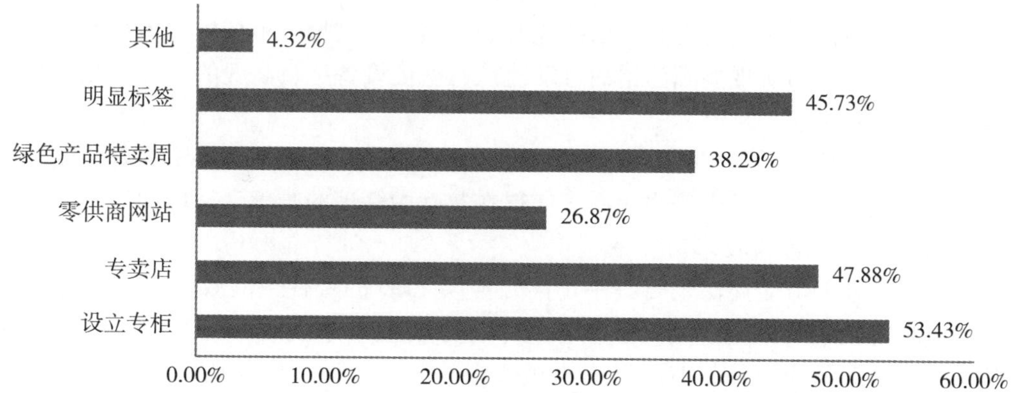

图 38　消费者购买绿色产品的方便途径

六、零售业节能环保的对策建议

（一）企业层面：持续改进的方向与目标

调查显示，2014 年企业的环保节能已经逐渐从单纯的技术节能阶段，开始逐渐转向更加注重节能效益和精细化的管理。在对 156 家零售企业总部调查的结果看，企业认为未来最为重要的前三项分别为：强化管理节能手段及方法，优化管理流程和制度；完善对门店能耗管理的监督、测量及审核机制，提高能效管理水平；将节能减排列入企业发展战略中。并以不同的形式体现在阶段发展中。这三点是企业认为与强化企业的自身管理有关的最为重要的选项。见图 39。

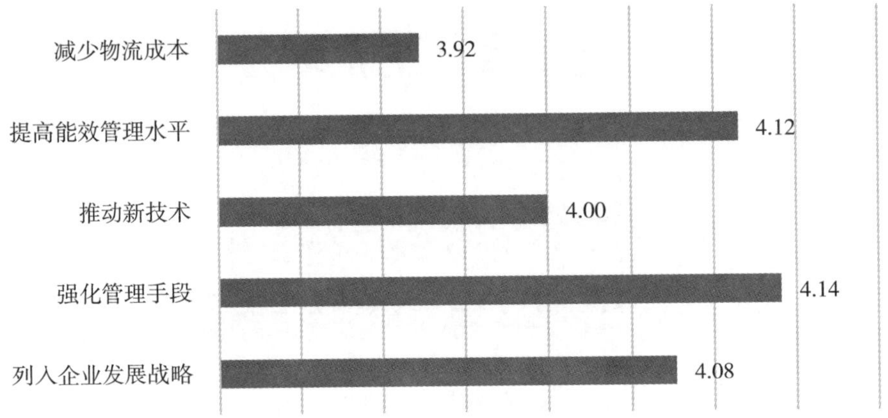

图 39　企业环保节能深化的关键点

1. 真正提高门店的能耗管理水平

越来越多的零售企业在注重技术节能之外，更加关注管理节能。管理节能并非一蹴而就，管理水平的提高需要长时间的累积。尽管许多门店也采用不同的方法提高管理水平，但不能否认的是目前零售企业对其门店能耗管理的监督、测量及审核机制还很不健全。只有极少数的企业和门店实现能源数据的自动监控，保证设备运行状况的正常，减少突发情况导致的无效能耗产生。

其次，零售门店能耗点多，人为影响作用大，一线员工的水平直接影响着能效。零售业一线员工的流动性大、学历普遍偏低，使得在实际中管理的难度大大增加。

2. 推动更多节能减排技术的实施

近几年零售业的节能环保主要集中于高效照明 LED 的替代，高效空调和冷冻冷藏设备及变频电梯等技术的广泛应用。这些新技术为零售业带来能效的提升和能源成本的降低。随着这些技术的应用，其节能潜力也被逐渐挖掘。企业迫切需要了解技术节能新趋势，推动新技术及设备的应用。

如宜家家居使用太阳能集热器，单店年节约 50 万度电，太阳能发电 250 万度以上；

地源热泵节能率15%-41%。家乐福采用纯电动汽车更加节能环保，能够实现零污染、零排放；在不开空调的情况下，纯电动客车每公里电耗小于1度电，百公里运营成本仅为50元，仅为传统柴油车的五分之一。每台车辆每节约1升柴油相当于减排2.63千克二氧化碳，20辆纯电动客车每天可减少的二氧化碳排量放相当于给城市增加约3.4万平方米的绿色阔叶林。大润发自行研发EMS能源监控管理系统，共同实现300家店能源管理系统架设、大数据能耗管理、智能照明系统和分项计量系统的改造，实时化、透明化管理，空调节能系统，冷链与空调热回收系统，无人化值守，自动高效节能运行。此外，物美2014年7月投入门店使用感应冷库开、关门动作的开关和时间延时器及报警提示部件组合，用户可以根据使用需求设定开门取货时间。开门后，时间延时器工作，到设定的时间，报警提示部件报警，用户在设定时间内取出货物，关闭冷库门，报警自动解除。将库内照明灯直接连接在回路上，或者还可将库内照明灯与继电器连接，有继电器控制，通过开关门即可控制库内照明，防止出现库内照明灯忘记关掉，浪费能源的情况。以上，就是技术开发的现实需要、技术构思、创新途径。

3. 有效降低物流成本和能耗

物流是零售企业的主要能耗点之一，许多零售企业致力于通过提高物流效率降低物流的成本和能耗。2015年商务部统计数据显示：54.55%的企业拥有自建物流配送中心，18.46%的企业计划在未来一两年自建物流中心。自建物流配送中心是降低物流能耗的有效途径。此外，55.13%的企业主动关注减少运输环节的能耗，优化运输流程。

（二）政府层面推动零售企业节能环保的动力

2015年商务部针对企业节能环保持续开展最具推动力的政府举措进行调查，根据重要程度采用5分制，非常重要为5分、重要为4分、一般为3分、不太重要为2分、一点不重要为1分。调查结果显示，重要的举措为能够定期或定向获得政府部门提供的节能改造专项财政补贴资金或基金支持，企业统一采购并使用一定额度的节能设备投入，可享受政府税收减免或其他优惠政策等。见图40。

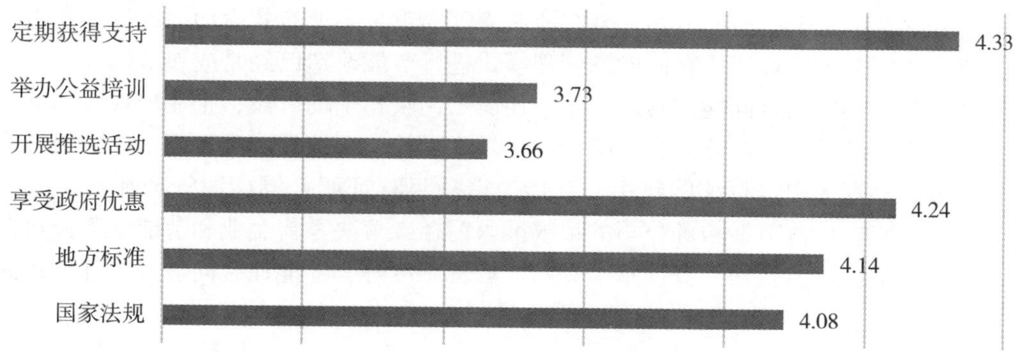

图40　对企业环保节能工作的持续开展最具推动力的举措

此外，国家、地方或行业主管部门及时发布更新技术标准，如LED、制冷剂效用等，执行国家相关政府部门发布的最新强制性或指导性标准、文件及法规，政府或相关组织定期举办公益培训或专题研讨交流活动，推广节能新技术、新设备的应用案例，更广泛地开展政府及行业协会主导的零售业节能环保标杆企业推选活动，获得了一定关注。

1. 理顺碳排放权交易的障碍，保证碳交易公开合理

随着近年来全国碳交易市场试点的实施，各试点城市控制排放企业均需进入碳市场进行交易。北京市范围内，多家连锁企业也被纳入控排企业名单，在参与过程中出现多种问题，如何理顺企业、政府和社会之间的关系，保证碳交易在2016年顺利实施成为关注焦点。

目前，零售企业在碳交易试点工作中遇到的主要问题包括以下几点：

（1）减排空间小，纳入碳市场门槛过低。

（2）宏观经济下行影响下，参与碳市场投入成本增大企业经营压力。

（3）既有配额核算方法有待完善。

（4）企业缺乏参与碳市场的能力建设与培训，参与交易动力不足。

（5）企业缺少与政府沟通的机制。

（6）企业面临繁冗的多口径数据报送问题。

（7）买碳过程中遇到税收发票取得困难等。

因此，增加适用于连锁企业的碳市场准入门槛，完善配额核算方法，加强企业培训及与政府相关部门的有效沟通，优化碳排放报送系统平台以及提供节能新技术应用鼓励政策等都会增加企业碳交易的公平性和参与积极性。

2. 推进绿色税收和绿色信贷体制的建设

尽管零售企业最希望从政府部门获得节能改造的专项财政补贴资金支持，但是在国际上更为通用的做法是绿色信贷和绿色税收。企业在节能环保的实施中可以获得减免税收优惠，优先或低息贷款，以及减少企业的成本付出，刺激企业节能环保的积极性。

国家“十三五”明确生态文明的建设方针，包括加快绿色信贷体制和绿色税收的建设，让零售企业在环保和节能中受益。

3. 推进零售业的合同能源管理市场，进一步挖掘企业的节能空间

自1998年国家开始推行合同能源管理，其在商业领域的发展一直不尽如人意。一方面，企业缺乏节能资金；另一方面，合同能源管理的市场不能有效启动。无论是发达国家还是发展中国家，零售业采用合同能源管理模式进行节能改造已经是成熟范例。

在我国目前实施的合同能源管理，多数还属于比较初期的阶段，企业出现节能不节钱状况，影响企业的进一步实施。我国现阶段比较成功的合同能源管理案例，如华润万家的全店式节能，北京太阳宫百盛购物中心节能改造项目都证明合同能源管理在我国的可行性。政府不仅需要规范节能服务公司的市场准入门槛，解决零售企业和节能服务公司在项目中的补贴收益，还需要建立专项基金和降低融资难度等，才能让合同能源管理模式健康有序发展。

2015年中国零售业全渠道发展状况研究报告

受宏观经济增速下滑以及消费者需求及采购行为变化影响，零售业面临收入与利润增长双重压力，零售企业也在积极寻找转型方向。2015年起，零售企业转型的重心已经从前几年的向三、四线城市扩张、多业态发展、并购重组、局部的流程和运营改善以及发展电商业务等，转向以移动购物、微信微博社交营销、海外购、门店数字化、供应链优化和重建、线上线下业务融合等为特征的全渠道业务。

但在全渠道转型过程中，零售企业在转型思路、理念以及全渠道业务模式的选择、客户体验设计、供应链改善、线上线下融合，以及管理体系等方面仍存在很多困难。

为了更加清晰地了解零售业的全渠道转型现状并对零售企业的全渠道转型之路有所帮助，中国连锁经营协会（CCFA）与国际商业机器公司（IBM）联合进行了中国零售全渠道转型之路研究并发布本报告。本研究对消费者、零售及快消品企业分别进行了调研，共收到消费者有效问卷1037份、零售和快消品企业有效问卷302份。在此基础上对调研数据进行了综合分析和深度行业访谈，并由此形成我们的观点和建议，希望藉此助力中国零售企业的全渠道转型之路，不断颠覆自我，转型重塑。

一、零售业：加速向全渠道转型

（一）零售业现状：收入和利润增长压力加剧

随着中国宏观经济由GDP高速增长进入中高速增长，以及经济结构调整和优化的新常态，同时伴随着人口红利的消减、多渠道分流、消费者消费习惯变化等多种因素的影响结果，零售业的增长速度持续下降，利润率也呈现出整体下降趋势。零售业收入和利润增长压力加剧。

1. 社会消费品零售总额增幅连续6年下滑

根据国家统计局发布的数据，中国社会消费品零售总额增长幅度已经连续6年下滑，从2010年的18.3%下降到了2015年的10.7%。受整体宏观经济仍将维持调整和优化影响，社会消费品零售总额增幅预计难以出现大幅增长，零售业整体的增长压力会进一步加剧。

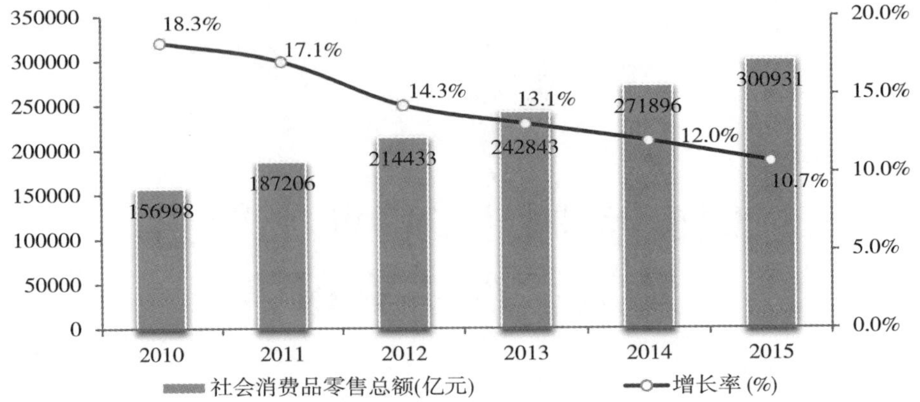

数据来源：国家统计局①。

图 1　全国社会消费品零售总额及增长率

全国连锁百强零售企业销售额增幅及百强企业整体利润率连续 5 年下滑，并且整体增幅低于全国社会消费品零售总额增幅。

根据 CCFA② 的统计数据，从 2010 年到 2014 年，全国连锁百强零售企业零售总额增长率连续 5 年下降，2013 年增幅跌破 10%，2014 年增幅仅为 5.1%，并远低于 2014 年全国社会消费品零售总额增幅（12.0%）。

同时，全国连锁百强零售企业零售总额在全国消费品零售总额中的收入占比也呈现出逐年下滑趋势，从 2010 年的 10.6%下降到 2014 年的 7.7%。百强企业面临比整体零售业更大的收入增长压力。

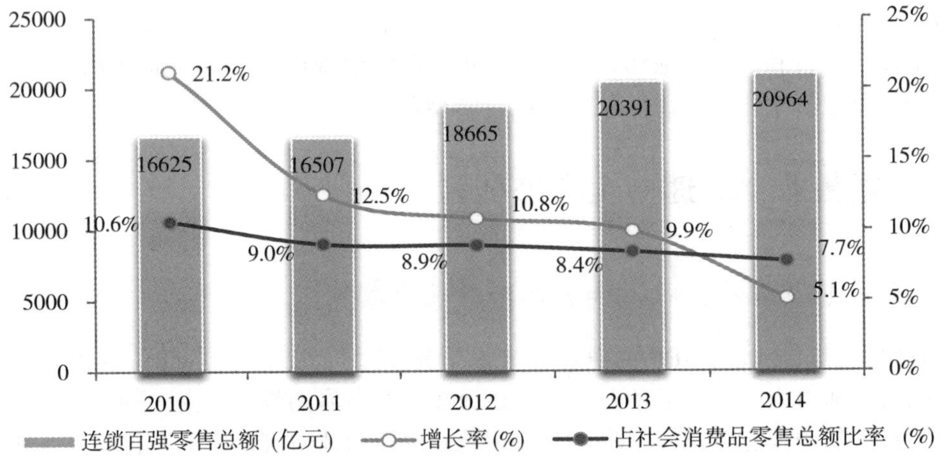

数据来源：CCFA《2014 中国连锁百强》。

图 2　全国连锁百强零售企业零售总额及增长率

① 国家统计局数据说明：图中 2010-2014 年数据根据全国第三次经济普查结果进行了修订。2010 年：原 154554 亿元修订为 156998 亿元；2011 年：原 183919 亿元修订为 187206 亿元；2012 年：原 210307 亿元修订为 214433 亿元；2013 年：原 237810 亿元修订为 242843 亿元；2014 年：原 262394 亿元修订为 271896 亿元。

② CCFA：中国连锁经营协会。

3. 上市零售企业整体净利润率连续4年下降

从问财财经（同花顺旗下网站）公布的68家零售上市企业数据来看，从2010年到2015年，上市零售企业整体的净利润率连续5年呈现下滑趋势，其中4年为负增长，2015年前三季度整体净利润增长率更是负增长30%以上。截至2015年第三季度，68家上市企业的净利润率跌破2%，仅为1.8%。零售企业在面临收入增长压力的同时，利润增长压力更大。

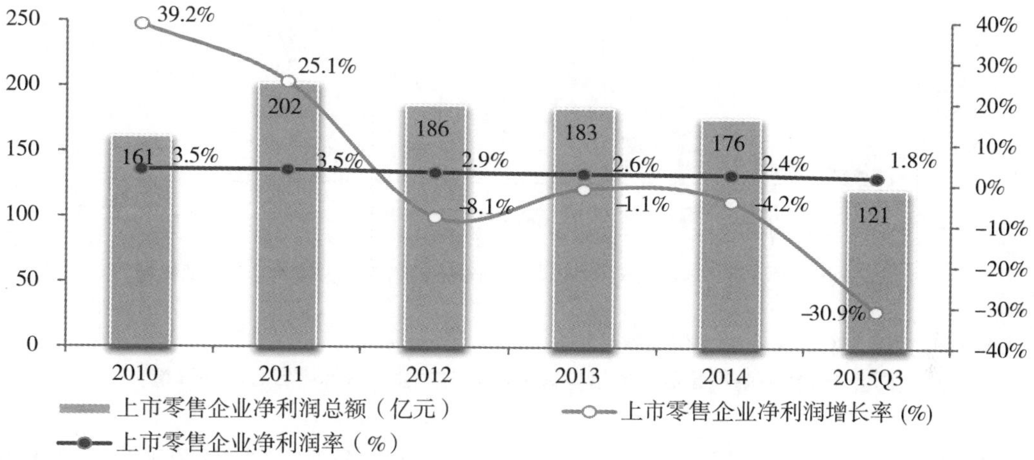

数据来源：问财财经搜索（同花顺旗下网站）。

图3　上市零售企业净利润总额及其增长率

4. 零售业网络销售额持续快速上升，但传统企业网络零售额占比不足10%

随着电商购物、移动购物越来越普及，网络零售销售总额持续快速增长，增长率远高于同期全国社会消费品零售总额。2010-2015年，零售业网络销售额年均复合增长率大于40%；网络零售额占全国社会消费品零售总额的比例从2010年的2.9%快速上涨到2015年的12.9%，且占比将进一步提升。

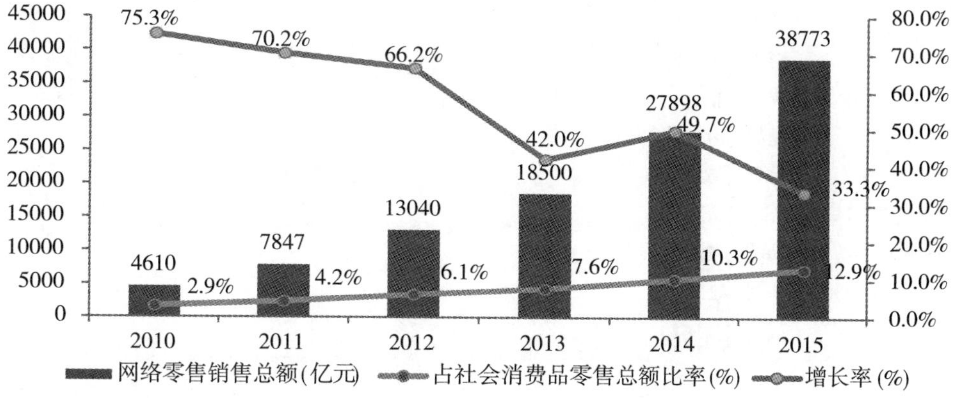

数据来源：国家统计局。

图4　网络零售销售总额、增长率及占社会消费品零售总额比率

同时，从近年连锁百强销售额、网络零售销售额分别占全国社会消费品零售总额的比例发展趋势看，前者占比近乎逐年萎缩，而后者占比连年快速提升，自 2013-2014 年，后者超过前者，形成反转并不断持续扩大，网络零售销售额对全国社会消费品零售总额增长的贡献越来越大。

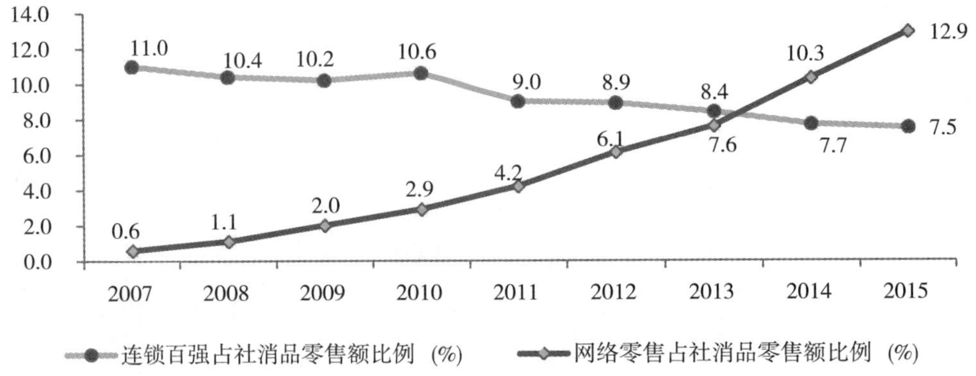

数据来源：国家统计局；CCFA2015 年度行业调查。

图 5　连锁百强销售额与网络零售销售额占社会消费品零售总额比率情况

虽然网络零售销售总额快速增长，但从统计看，大多数网络零售额来自于纯电商企业，传统零售企业（包含苏宁易购以及国美在线）网络销售总额在整体网络销售总额中占比较低。从中国电子商务研究中心 2015 年 9 月发布的《2015 年（上）中国网络零售市场数据监测报告》来看，2015 年上半年中国 B2C 网络零售市场（包括开放平台式与自营销售式，不含品牌电商），纯电商企业在网络零售市场占比达到了 90. 1%，而包含苏宁易购、国美在线在内的传统零售企业在网络零售市场占比仅 9. 9%，不到 10%。

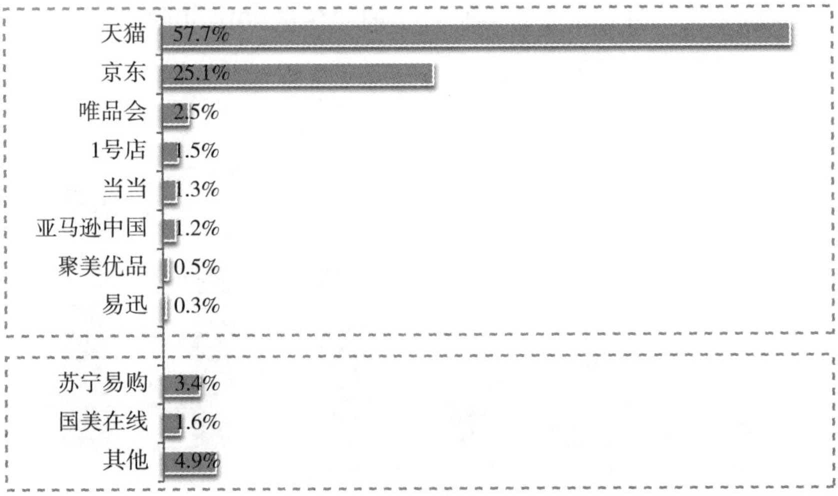

数据来源：中国电子商务研究中心《2015 年（上）中国网络零售市场数据监测报告》。

图 6　2015 年上半年中国 B2C 网络零售交易市场份额占比分布

（二）消费者消费习惯变化是主要原因

造成零售业收入增幅下滑、利润率下降的原因有很多，如宏观经济的增速下降、人口红利减弱，以及网络销售和海外购业务的冲击等。但在所有的原因中，消费者消费习惯的变化是最主要也是最根本的原因。零售业已经认识到需要从传统的渠道经营向消费者经营进行转变。

消费者消费习惯主要有五大变化及特征。

1. 需求个性化

消费者的需求个性化体现在两方面：一是消费者购物需求本身的个性化，即更加注重体现个性与自身品位。这使得商品销售从以前的生产什么销售什么，向消费者需要什么生产什么转变；同时，对制造商及零售商的商品研发、生产及销售管理产生很大影响，如生产的批次增加、批量减少、提供客户个性化定制等。二是除需求本身之外，消费者在获取购买信息、营销信息时更趋个性化，希望获得跟自身需求相关的信息，而非泛泛的信息。这使得消费者产品偏好收集及分析，以及根据消费者个性化的需求进行精准营销和信息推送越来越重要。

2. 购买多渠道化、移动化、碎片化，以及购买及消费过程简单化、透明化、快速化

多渠道化：一方面传统实体店面越来越多样化，如购物中心、社区便利店等越来越多，极大地拓展了消费者原先在百货店、超市等为主的购买渠道；另一方面，已经非常成熟的电商平台、不断涌现的垂直细分电商平台，APP、第三方点评及导流平台，以及跨境电商和海外购等更是极大地拓展了消费者的购买渠道。并且，随着很多零售企业已经在移动购物、线上购物体验改进，以及线上线下融合方面进行大力投入，消费者的购买不仅多渠道化，而且对于多渠道能否提供无缝的、无差异化的购买体验更加重视。

移动化和碎片化：随着智能手机、平板电脑的普及率越来越高，以及受淘宝、京东等电商企业在移动购物上的引领，消费者通过手机等智能终端产品随时、随地进行移动购物的比例越来越高，移动购物已经成为趋势。根据中国互联网络信息中心（CNNIC）发布的报告，截至 2015 年年底，中国市场手机网络购物的用户规模已经达到 3. 58 亿，增长率为 64. 5%，在 4. 16 亿整体网络购物用户规模中占比达到了 86%；而消费者使用手机网上支付的比例由 2014 年年底的 39. 0%提升至 57. 7%。消费者购买的移动化与碎片化趋势也使得零售企业大力发展移动购物，打通线上线下购物及供应链通路，提供更好的购物体验以区别于竞争对手的需求越来越迫切。

同时，消费者对购买及消费过程的简单化、透明化、快速化需求也越来越高：消费者希望消费的全过程能够更为简单，如一键下单、缩短支付步骤和流程等；并在对购买过程、物品递送过程，以及使用评价及反馈的透明化要求基本实现的同时，对生产、物流的快速化也要求得越来越高。对零售企业来讲，则需要对销售管理、商品管理，以及库存和供应链管理进行更好的提升。

3. 对商品质量、服务、性价比的要求不断提高

购买及评价的透明化推动零售业改善商品质量及服务水平：一方面用户对商品质量和服务的要求越来越高，另一方面随着电商、比价网站及商品评价系统的不断发展，商品质量、全流程服务水平的信息对消费者越来越透明，零售业必须回归质量和服务、提升性价

比才能避免被淘汰或陷入单纯的低价竞争。

4. 购买多品牌化、一体化

多品牌化：受电商销售影响，商品的多样化及多品牌化程度大大增加，消费者基于自身的需求对不同定位的商品有了更多的选择。而对于零售企业来讲，则需要进行更好的品牌规划以及多品牌管理，以满足不同细分群体、不同特征客户的需求。

一体化：消费者在消费过程中，从单品购买向一体化购买转变，希望在购买服饰、鞋类等单品类时能同时购买到饰品、箱包，或在购物过程中同时能够进行休闲、娱乐消费。

5. 购买社交化、口碑化、娱乐化

社交化为消费者提供了一种新的购物体验，它打破了原来商家与消费者的双向互动，变为商家、消费者与消费者群的多向互动，再结合O2O模式，真正实现一种社交与购物融合的新方式。在这种趋势下，用户的口碑对产品具有很明显的影响。同时，营销方式及营销内容娱乐化趋势明显，很多零售企业借助娱乐元素或形式建立与消费者的情感交流、提升体验。

1. 电商与实体零售业线上线下业务融合	√ 京东与永辉超市合作协同探索线上线下模式 √ 苏宁云商与阿里巴巴合作打通线上线下，全面提升效率 √ 阿里巴巴入主银泰百货，成为第一大股东 √ 百联股份构建全业态联动电子商务购物网站 √ 沃尔玛全资拥有1号店电商业务 √ 京东成立O2O独立全资子公司 √ 新世界百货与茵曼跨界融合，开启品牌体验馆商业新模式 √ 五洲国际集团旗下16家购物中心将进驻飞凡电商平台 √ 大众点评将为百盛集团34个城市60家分店全面提供O2O解决方案 √ 苏宁计划在线下开设50家超市，配合O2O
2. 电商平台建设	√ 大润发启动飞牛网网上商城 √ 联华超市投入1亿元增资百联电商 √ 华润万家正式上线电商平台e万家 √ 一商集团B2B平台“多彩云商”电商项目建设提速
3. 跨境电商及海外购	√ 步步高旗下云猴网开通全球购业务 √ 永辉超市“全球购”体验店落户中国（福建）自由贸易试验区 √ 华润万家与招商国际合作推出保税展示交易与跨境电子商务结合的体验店 √ 天虹商场推出从线上到线下的“跨境电商体验店”业务 √ 苏宁采用“自营+招商”模式进入跨界电商领域 √ 顺丰海淘推出了跨境订购配送O2O服务
4. 移动购物	√ 华润万家在江苏、江西、浙江三地的1000多家超市、便利店完成支付宝钱包支付的接入 √ 家乐福将在全国237家门店接入微信支付 √ 沃尔玛将陆续在全国门店接入支付宝 √ 拉夏贝尔全国800家门店接入支付宝 √ 沃尔玛山姆会员商店将入驻美食分享平台APP √ 天虹商场发布官方APP“虹领巾”，构建全渠道零售平台
5. 运营及管理	√ 中百集团与永辉超市的业务完成全面对接，双方后台数据实现共享

资料来源：根据网上公开资料整理。

图7 2015年部分零售企业全渠道转型事件

（三）零售业加速全渠道转型以做应对

为了应对收入与利润增长压力，以及应对消费者消费习惯的变化，零售企业从几年前就开始积极寻找转型方向。从2015年开始，零售企业转型的重心已经从前几年的向三、四线城市扩张、多业态发展、并购重组、局部的流程和运营改善以及发展电商业务等，转向以移动购物、微信微博社交营销、海外购及跨境电商、门店数字化、供应链优化和重建、线上线下业务融合等为特征的全渠道业务。

本报告对2015年部分零售企业全渠道转型事件进行了整理，如图7所示。详细信息请见附录一。

但在全渠道转型过程中，零售企业在转型的思路、全渠道业务模式的选择、客户体验设计、供应链改善、线上线下融合等方面仍存在很大困难。如在线上线下的融合方面，大多数零售企业目前正在建设或已实现的是线上与线下导流的打通，或在下单、支付等点状环节上的打通，而非从商品、价格、库存、供应链、会员等全部的线上线下打通与无缝对接。

二、全渠道零售：现状与挑战

（一）什么是全渠道零售

消费者的购买流程分为需求产生、寻找商品、选择商品、下单、支付、提货或收货、使用、反馈等过程，以消费者为核心的全渠道零售，则是在消费者购买全流程中，使得消费者能够随时、随地、随意、方便、快捷、透明地获得所需商品及服务的信息，并通过实体店面、电商渠道、移动电商渠道等整合销售方式以无差别的体验购买到所需的商品或服务，并获得良好的、无差别的售后服务。

与消费者购买流程所对应的零售商的销售流程则分为需求触发和客户导入、商品展示、说服购买、接受订单、收款、送货、提供支持服务、回应反馈等过程。为了满足消费者在全流程中购买需求和体验，在全渠道零售中，零售企业需要做到：

需求触发和购买决策阶段：（1）了解消费者个人偏好和需求，提供多渠道精准营销；（2）能够跨渠道、无差别地记录并分析消费者选购过程行为，并能决策采取行动吸引消费者下单。

购买阶段：（1）提供多种便捷下单方式并能无缝对接，通过更好的品类管理和库存管理保证消费者能够买到需要的商品；（2）提供多种便捷支付方式并能无缝对接；（3）提供多种配送方式，并基于消费者位置和库存提供最佳配送方式。

使用阶段：提供多渠道支持服务和售后积极应答和处理，并在支持服务中发掘和触发客户新的需求。

支持销售全流程的后台运营及管理：（1）后台运营及管理流程优化；（2）绩效管理方式优化；（3）IT系统有效支撑全渠道零售流程及业务。

全渠道零售购买流程、销售流程及全渠道关键因素如图8所示。

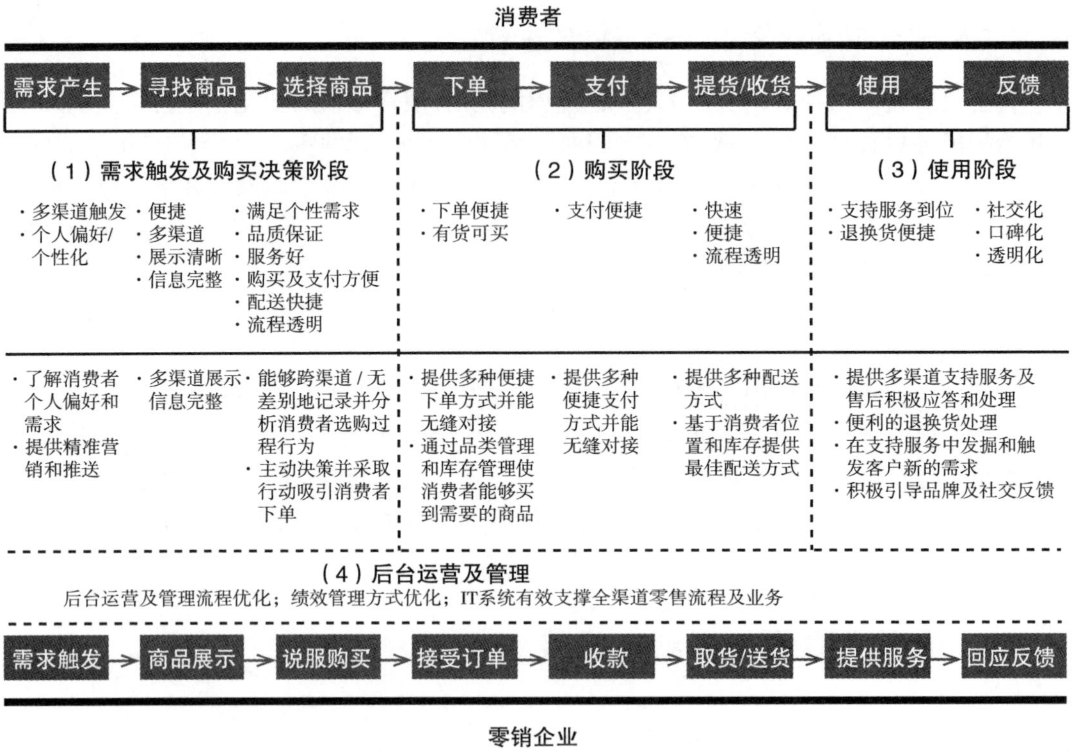

来源：根据颜艳春《第三次零售革命》消费者购物过程图进一步绘制而得。

图 8　全渠道零售购买流程、销售流程及全渠道关键因素

（二）全渠道零售发展现状

1. 消费者全渠道购买的八大特征

（1）移动端购物是消费者最喜欢的线上购买方式

本次调研显示，89%的被访对象更喜欢采用移动端下单方式，远高于20%的喜欢采用网页端下单的比例。移动端购物比例越来越高，对零售企业的电商销售以及线上线下融合将产生影响。

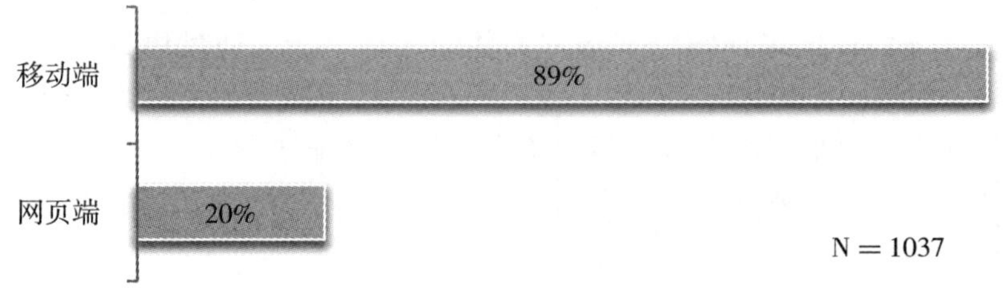

数据来源：零售全渠道转型之路调研，2015 年 11 月。

图 9　消费者喜欢的线上购买方式

（2）消费者最关心的线上推送信息是上市新品和优惠打折

调研数据显示，消费者最为关心的还是商品本身以及价格，这两项因素的比例远高于其他因素。对于零售企业来讲，这一方面反映出商品本身的性价比仍是最重要的；另一方面也反映出零售企业在线上信息推送的内容仍然不丰富，更多是将线下的营销信息搬到了线上。

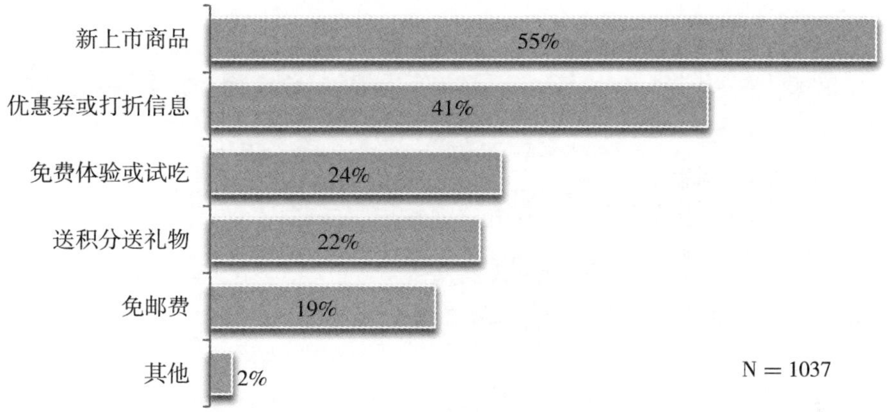

数据来源：零售全渠道转型之路调研，2015 年 11 月。

图 10　消费者最关心的线上推送信息

（3）第三方平台和店员推荐是消费者接受信息推送的主要方式

调研数据显示，在所有线上线下的信息推送方式中，带有评价、反馈性质的店员推荐以及第三方推荐方式最被消费者接受。因此，对于零售企业来讲，店员（包括线上客服）如果针对消费者个性化的需求及偏好进行产品介绍和推荐，以及使得消费者能在第三方平台上更容易、更清晰地获得关于商品和服务的点评及反馈，则会更好地促进零售企业商品及服务的销售。

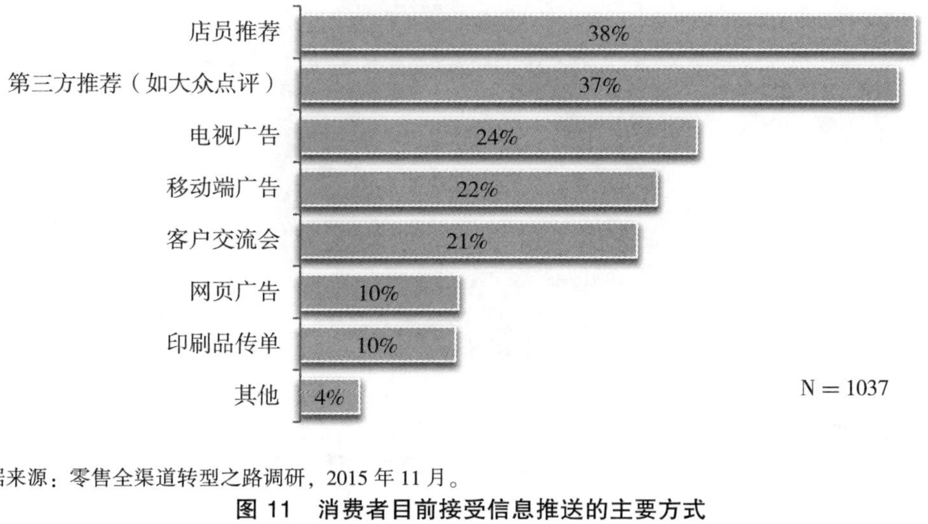

数据来源：零售全渠道转型之路调研，2015 年 11 月。

图 11　消费者目前接受信息推送的主要方式

（4）商品丰富是消费者选择线上平台的最主要原因

调研数据显示，商品多样化、什么都可以买到是消费者选择线上平台最主要的原因。因此，对于零售企业来讲，一方面需要考虑如何扩大产品种类以增加丰富性；另一方面，在产品种类难以增加的情况下，如何进行商品管理和客户群细分管理，利用有限的商品最大程度地覆盖消费群，并满足消费者需求则变得十分重要。

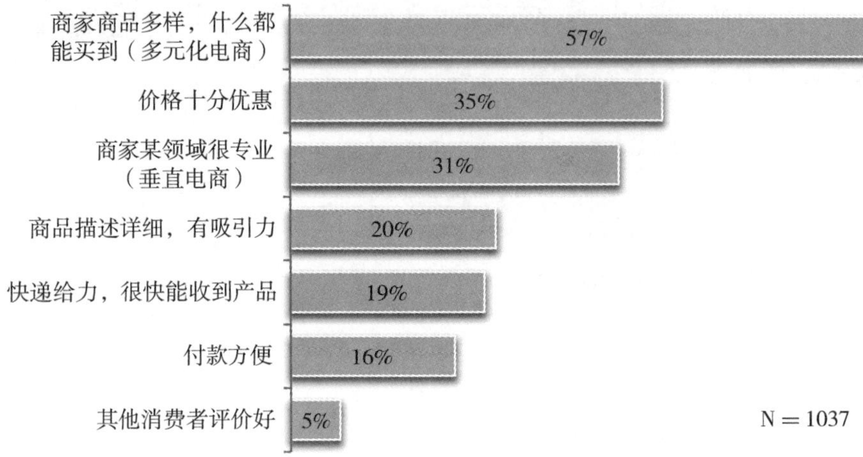

数据来源：零售全渠道转型之路调研，2015 年 11 月。

图 12　消费者选择线上平台的最主要原因

（5）消费者选择多元化电商平台的比例高于垂直电商

除了多元化电商平台产品更为多样丰富外，垂直类电商的规模及相应品牌知名度低于平台类电商也是主要原因。

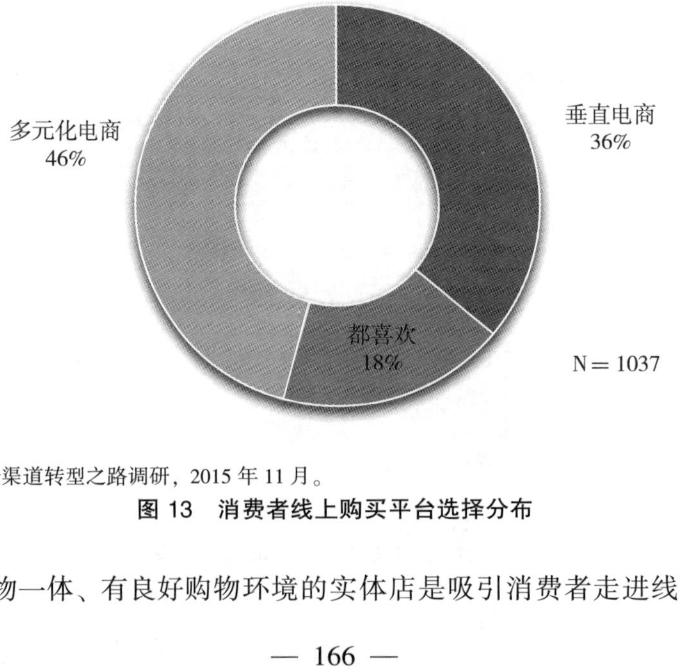

数据来源：零售全渠道转型之路调研，2015 年 11 月。

图 13　消费者线上购买平台选择分布

（6）休闲购物一体、有良好购物环境的实体店是吸引消费者走进线下实体店的主要

因素

调研显示，休闲购物一体、以及提供更好的购物环境已经成为消费者选择实体店的优先考虑因素，并且选择比例远高于其他因素。这一方面与消费者体验需求的提高有关，另一方面也反映出，目前的实体店除了休闲购物一站式以及购物环境之外，在商品种类、提供服务、营销吸引等方面，还难以做到更好的差异化竞争。

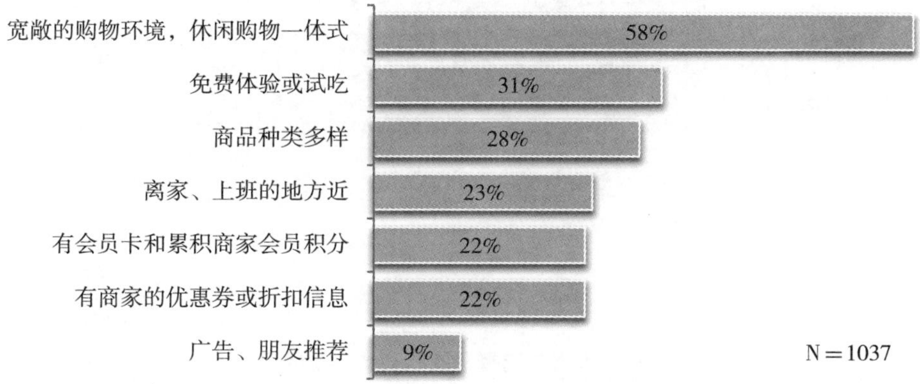

数据来源：零售全渠道转型之路调研，2015 年 11 月。

图 14　消费者走进一家商场或超市的主要原因

（7）商品本身的功能、设计以及价格是消费者购买决策的主要考虑因素

调研表明，商品的功能、设计及价格属性是消费者购买决策的主要考虑因素。这说明，无论商品营销的渠道和方式如何变化，商品及服务本身，以及商品性价比能否满足消费者个人的偏好及需求，仍是消费者购买决策的根本。

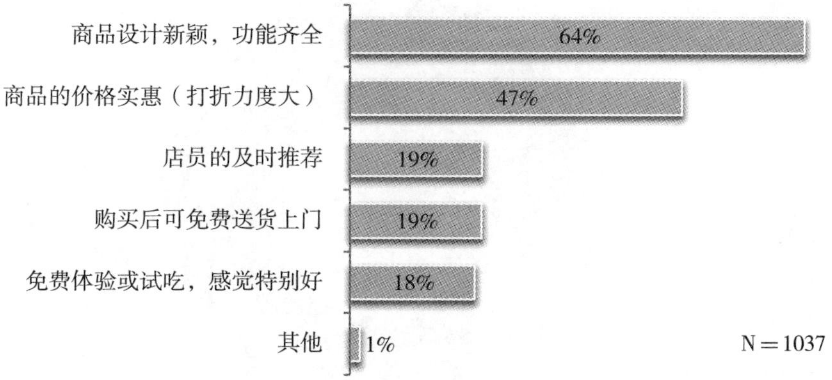

数据来源：零售全渠道转型之路调研，2015 年 11 月。

图 15　消费者选择购买的考虑因素

（8）店家服务态度、商品质量、退换货方便程度是吸引消费者重复购买的主要考虑因素

调研发现，吸引消费者重复购买（即“回头客”）是建立在首次购物获得的良好体验基础上，这些体验的核心在于退换货方便程度、店家服务态度，以及商品质量。对于零售企业，一方面需要从根本上重视和提升商品的质量和服务；另一方面，在吸引客户再次购买时上述因素也是零售企业主要的宣传及营销点。

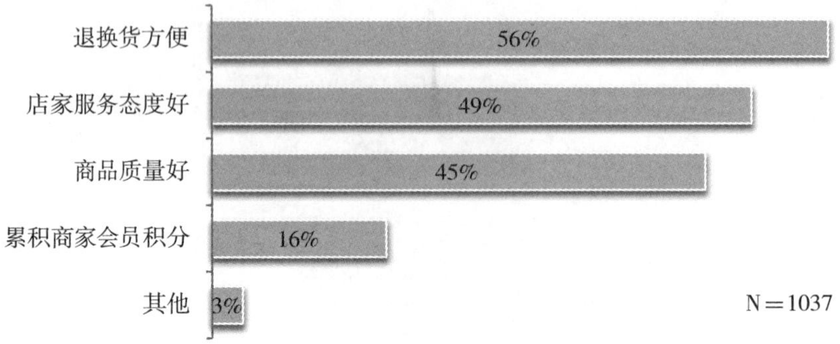

数据来源：零售全渠道转型之路调研，2015 年 11 月。

图 16　消费者选择再次购买的考虑因素

2. 零售及快消品企业全渠道零售的五大现状

（1）近半数零售企业已开展线上业务，且销售收入越高的企业开展线上业务的占比越高

本次调研显示，近半数的零售及快消品企业已经开展了线上业务或全渠道业务，其中同时拥有线上线下业务的企业占比为 47%。

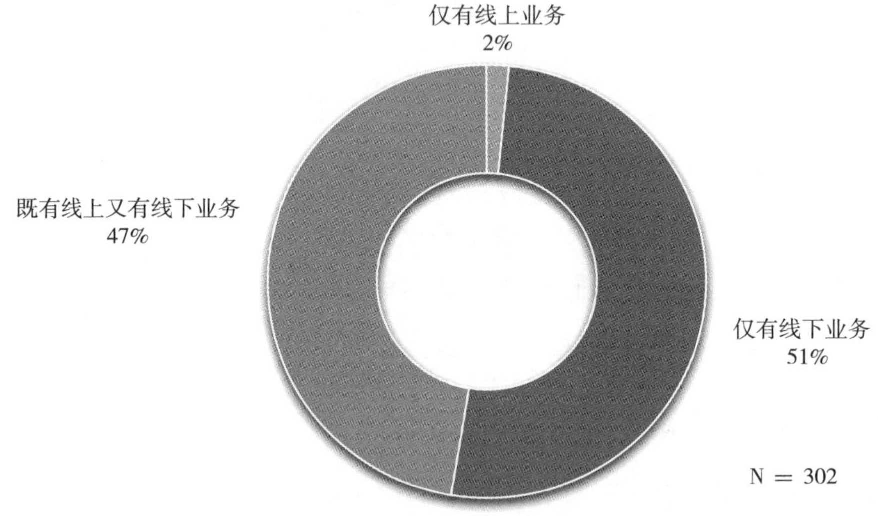

数据来源：零售全渠道转型之路调研，2015 年 11 月。

图 17　企业开展线上线下业务的状况

而从企业销售收入特征看，收入越高的企业，开展线上业务的占比越大。

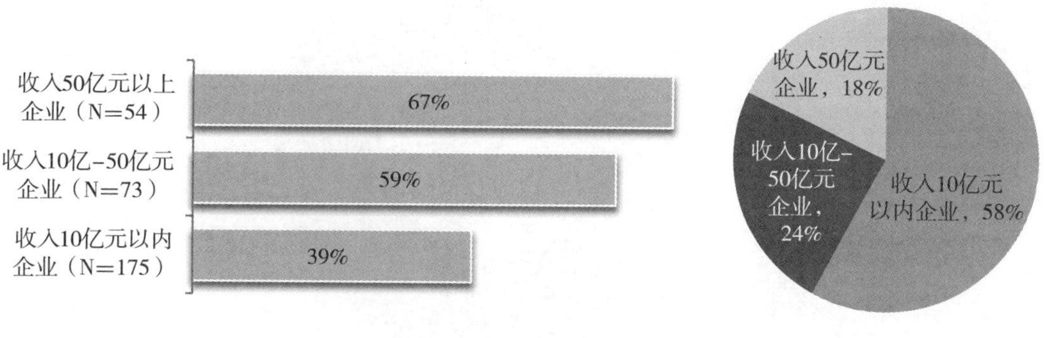

数据来源：零售全渠道转型之路调研，2015 年 11 月；N＝302。

图 18 A. 不同销售收入企业开展线上业务占比状况　　B. 不同销售收入企业占比状况

从业态特征看，超市、百货店、购物中心、专卖店、快消品等开展线上业务的占比高于便利店和餐饮等业态。

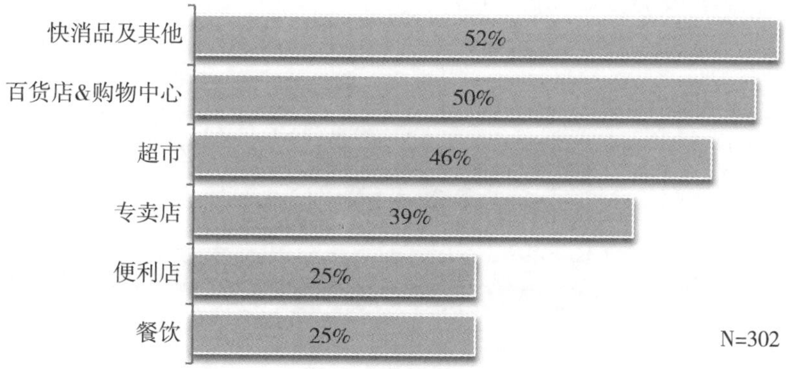

数据来源：零售全渠道转型之路调研，2015 年 11 月。

图 19 不同业态企业开展线上业务的比例状况

（2）自建平台仍是零售企业发展线上业务的主要方式

本次调研显示，46%的企业采取自建平台方式发展线上业务，31%的企业入驻第三方平台，23%的企业同时采用自建平台和入驻第三方平台。其中，自建平台的企业占比稍高于入驻第三方平台的企业，其主要原因，如湖南某知名集团旗下网上商城 CEO 所说，“零售商本身是集货商和平台商，零售企业的价值在于供应链价值，而随着第三方平台目前更多与产品生产商直接联系（如京东自营店），零售商的平台和价值链作用逐渐降低，因此多数零售商选择自建电商平台”。

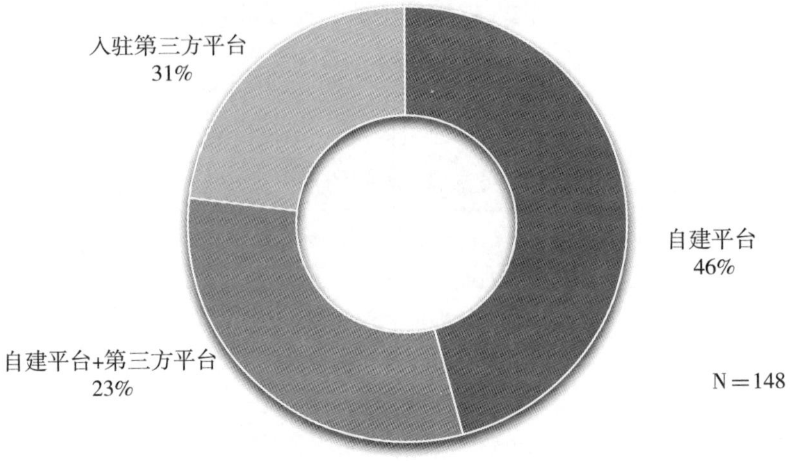

数据来源：零售全渠道转型之路调研，2015年11月。

图20 企业线上业务开展方式分布状况

从不同收入规模的企业特征看，自建平台、入驻第三方平台或两种均采用的企业占比，整体上与企业收入规模无明显差异。

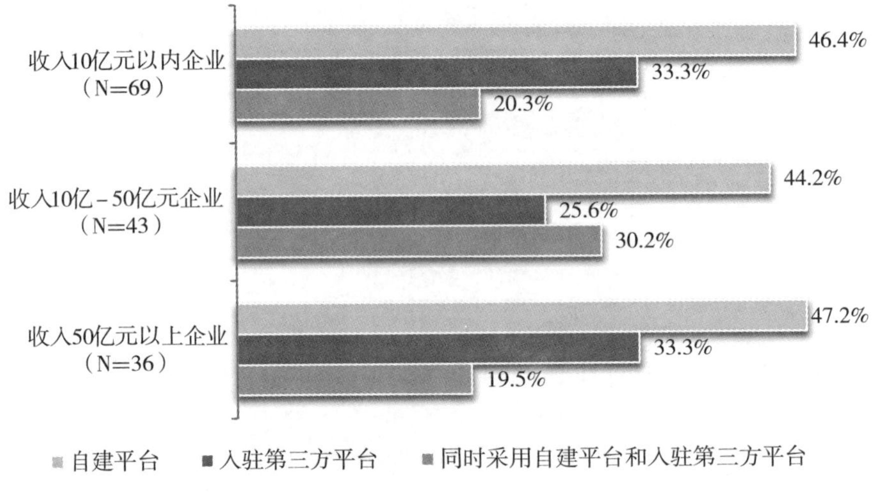

数据来源：零售全渠道转型之路调研，2015年11月。

图21 不同收入的企业开展线上业务的方式分布状况

（3）线上业务中，传统电商方式仍占主流，开展移动购物业务的企业不足三分之一

调研显示，发展三、四线城市电商业务仍是零售及快消品企业发展线上业务的主要方式。开展海外购和移动业务的零售企业目前还较少，在开展线上业务企业中的占比均不足40%。尤其提供移动购物的零售企业数量不足调研样本的三分之一，这与89%的消费者更喜欢移动购物形成较大的反差，也反映出实体零售企业大多仍延续传统电商建设思路，而

不是以移动购物为核心去发展线上业务。

不同收入规模的零售企业发展三、四线城市电商的比例差异不大，但收入规模大的零售企业，开展海外购及移动购物的比例略高。

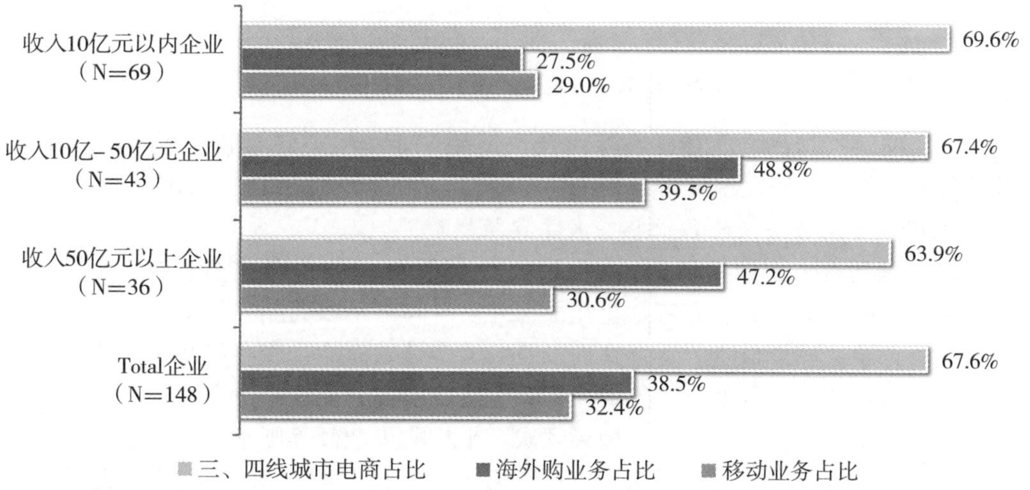

数据来源：零售全渠道转型之路调研，2015 年 11 月。

图 22　不同收入的企业发展线上业务的模式分布状况

（4）零售企业发展线上业务的累计投入多数不足 2000 万元

本次调研显示，发展线上业务的零售企业中，70%以上在三、四线城市的电商业务、海外购业务、移动购物业务上的累计投资额不足 2000 万元。

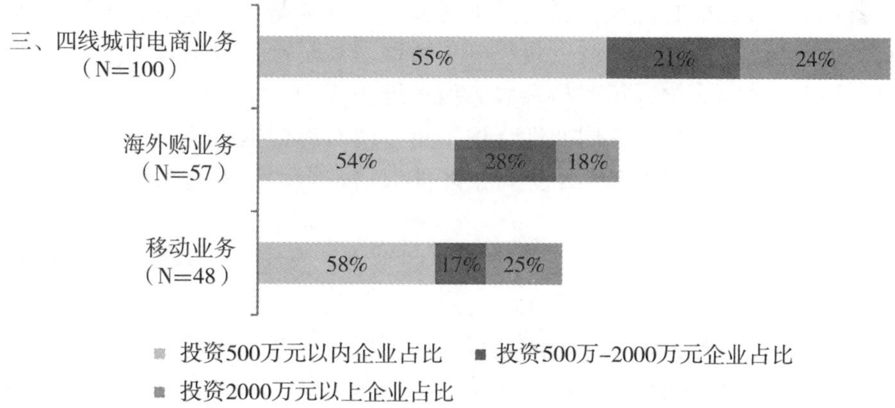

数据来源：零售全渠道转型之路调研，2015 年 11 月。

图 23　不同收入的企业在不同线上业务的累计投资金额状况

（5）大多数零售企业发展全渠道业务时线上线下分别运营，尚未形成线上线下融合

目前大多数零售企业的线上线下业务分别独立运营，未形成融合。如线上线下商品不

一致（部分与线上线下区隔策略有关）、相同商品价格不统一、不能支持线上下单线下取货、库存未实现线上线下共享、门店不能直接发货，以及很少有企业实现线上购买线下退货。但部分零售连锁百强企业已开始尝试线上线下融合并已实现部分融合。

本报告对部分零售连锁百强企业线上线下业务融合情况进行了汇总整理，详细请见附录二。

（三）全渠道零售发展面临的挑战

通过本次调研，以及结合 IBM 在零售及快消品企业全渠道转型咨询服务项目中的大量经验及研究成果，我们发现零售及快消品企业在全渠道业务转型中仍面临很多挑战。

1. 需求触发与购买决策阶段面临四大主要挑战

（1）缺乏消费者个人偏好和个性化需求数据的搜集和分析，不能提供精准营销

缺乏历史数据积累。由于零售企业在很长一段时间都是以商品和渠道为核心，而非以消费者为核心，导致零售企业的运营管理以及数据多是以商品、库存以及供应链为主，对消费者及会员的管理及数据则更多集中在折扣优惠以及积分换礼品等方面，消费者商品购买类别和购买具体产品、购买偏好、购买频次、平均购买金额等则基本无记录。

部分零售业经营模式掣肘的限制。以百货店为例，从上世纪 90 年代已形成了由品牌商控制进、销、存过程的“品牌联营”模式，并且这种模式已经成为我国百货店业态的主流盈利模式，大约占到百货店总销售额的 80%-90%。在品牌联营模式下，百货店虽然有效规避了传统百货店自营模式的种种经营风险，如降低财务费用、降低劳动力成本、没有过期过季商品“去库存化”压力等，但是联营模式使得百货企业利润被压缩、管理困难、营销策略和售后服务等均受到制约外，更失去对具体商品的采购权和定价权，也难以记录消费者购买产品的全部信息。

缺乏搜集所需数据及科学利用的清晰规划。消费者数据的搜集类别以及搜集方法有很多种，不仅仅是交易数据的记录，更包括进店频次、行走路径、停留时间等数据，以及除实体店行为和交易数据外的多种线上渠道购买数据、甚至社交数据等，才能对每个消费者有更清楚的认识，并自动化进行产品及服务信息推送。

对消费者数据搜集和分析的周期性认识不足。消费者数据搜集不是短期行为而是需要长期坚持的行为，需不断搜集和不断完善，才能对消费者的消费行为和需求进行深层次分析并做相应的营销计划。

（2）虽然与消费者的互动渠道已经建立（如微信、微博），但缺乏与消费者清晰的交互策略及交互内容

缺乏交互策略。首先，无论线上还是线下的消费者交互，都需要有清晰的交互目的或目标，并根据目的、目标执行相应的交互策略以及效果评估标准。而目前的消费者交互，尤其是线上的交互，更多以信息展示为主，缺乏明确的目标和可评估的标准，以及相应完整的策略设计。其次，从根本上来讲，与消费者的交互以消费者用户体验为核心，这不仅包含了消费者的个人偏好，更包括了消费者的消费心理、价值观、消费观、情感需求等，并与零售企业的文化、产品特性及定位进行融合。而目前零售企业的消费者交互，在这些方面处于摸索阶段，缺乏成功经验和模式参考。

交互内容单一。由于交互策略的缺乏以及对消费者个人偏好和需求的洞察，目前大多

数零售企业的线上信息推送只是将原有线下信息推送线上化，如新品信息、折扣及优惠信息等，而非针对消费者个人偏好和个人需求进行针对性的推送；更难以做到实时的交互、主动判断和决策以吸引消费者下单。

（3）缺乏线上线下同时运营客户的能力

因未实现同一消费者同一账户，难以实现在不同渠道识别同一消费者并采取销售行动。消费者同时有线上购买及线下购买，且线上购买行为和线下购买行为可能不一致。在目前状况下，受产品区隔、线上线下业务流程及 IT 系统未打通等影响，大多数零售企业的线上体系与线下体系完全割裂，或虽在某些环节（如商品展示、支付）有打通，但难以在线上线下不同渠道识别同一消费者，而是作为不同消费者分别进行记录，这使得零售企业难以做出主动决策以吸引消费者下单。

即便在某些业务流程上已经实现线上线下的打通，但由于线下业务流程不适合线上业务，也导致零售企业线上线下运营客户的能力不足。如零售企业在线上线下支付环节、库存管理都实现打通，但如线下实体店不能就近或按需进行物流递送，仍不能满足消费者线上线下一体化的购物体验。

（4）缺乏与其他互联网公司、第三方销售平台进行合作的策略及经验，且认识不足

目前零售企业自建平台的比例较高，但消费者也活跃于第三方销售平台及其他互联网上。零售企业在与哪些公司合作、合作价值及利益点、合作方式、合作内容策略等方面经验缺乏或认识不足。

2. 购买和使用阶段面临两大主要挑战

（1）线下整套业务流程难以适应全渠道业务变革

从下单、支付、配送的环节来看，已经有部分企业实现了线上线下订单系统、库存系统，以及物流仓储等供应链系统的打通，但是更大的挑战和困难在于目前线下的一整套作业流程不适合全渠道变革的需求，导致虽然在系统或某些节点上打通，但还是线上做线上的、线下做线下的，并没有真正做到线上线下的融合。以线上下单为例，门店送货最快捷、供应链最短，能以成本最优方式最好地满足客户需求——但需要一些前提：一是对线下门店来讲，为线上购买的消费者提供商品快递及送货服务也是其职责之一，并不与其线下的销售行为产生业绩矛盾；二是在库存管理及补货方面，线下门店需要将线上需求考虑在内，并成为其主要职责；三是在商品相关财务核算及结算方面，需要能够支持线上线下融合。

（2）线上线下一体化的退换货对业务流程、财务结算、管理体系形成挑战巨大

使用阶段的挑战不在售后维修方面，而是在退换货等方面。如实现线上购买线下退货，或在一个店购买的产品可以在任何一个店或线上退货等，这对企业的业务流程、财务结算等都有非常高的要求，需要企业的业务流程、管理体系、财务体系等做巨大的转型。

以图 24 为例，如要实现线上购买商品可在任一线下店面退换货，则线上线下需实现一致化的服务。

在业务流程方面。①门店需要能够随时查到消费者线上消费具体情况；②线下零售店面以及线上客服中心，需要与公司质检中心共享、打通会员体系及销售体系。而对于线上线下销售产品不一致情况下，如果要实现线上购买线下互相退换货，则更为复杂。

在财务体系方面。门店对线上销售产品的退换货，需要在财务系统中都能有实时的体

现。这将导致财务系统的复杂性大大提高，并需要重建或调整优化。

在管理体系方面。①门店人员的职责及业绩考核中需包含对线上销售的退换货服务；②零售企业需制定线上线下一致的退换货政策；③IT 系统需能够实现并支撑所有的业务流程、财务流程及运营管理考核。

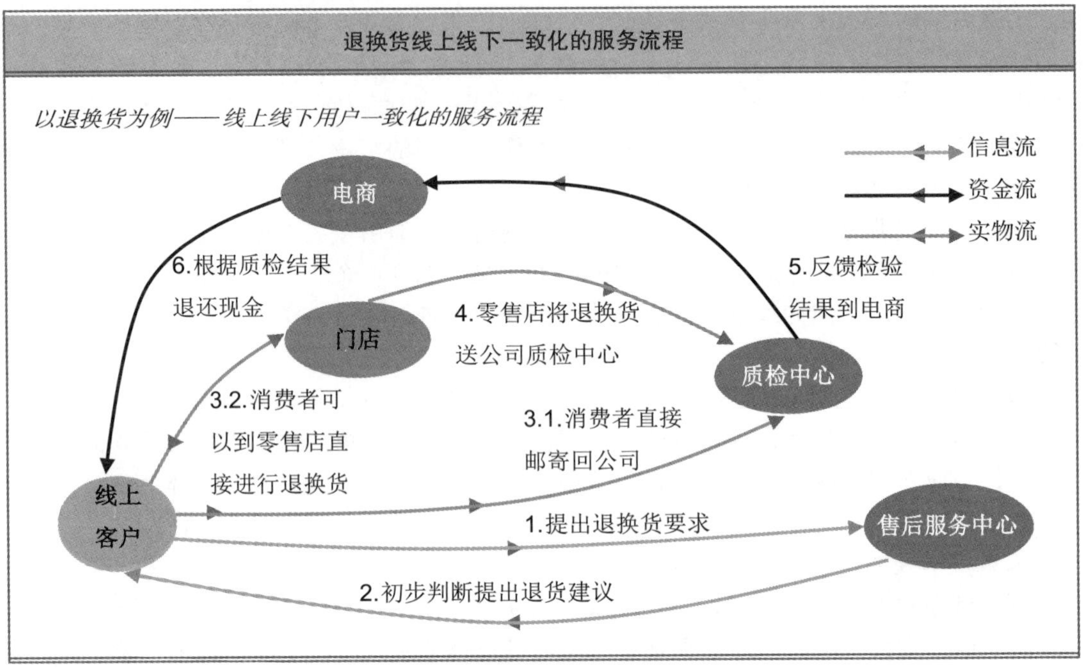

资料来源：IBM《整合运营协同发展——品牌企业线上线下一体化运营管理经验分享》。

图 24　线上购买线下退货服务流程示意

3. 在支撑全渠道整个流程的后台运营及管理方面面临两大主要挑战

（1）在全渠道 KPI 体系建立方面尚存在巨大困难

目前大多数公司一般会设置独立的线上或全渠道部门（或公司），线上与线下业务分离，或全渠道销售与公司整体的生产、物流、仓储、财务、HR 等系统分离。但是，如果不把公司放在全渠道环境下做考核，在全渠道流程和管理上就难以真正打通。

以生产和供应链管理为例，如零售企业设立独立的公司或部门负责线上业务，但不将生产和供应链管理纳入线上业务整体 KPI 考核，则就难以解决线上销售以消费者需求反馈而形成的快速设计、小批量、多批次按需生产、快速高效的物流供应链管理需求，最终在竞争速度、流程及品质上弱于竞争对手。

（2）目前的 IT 系统对全渠道零售业务的支持方面存在不足

企业如想实现真正的、全流程的全渠道销售，需要实现从设计、生产、仓储、运输、渠道、零售系统的全业务流程打通。而这需要对企业的电商平台、移动购物及移动营销系统、CRM 系统、仓储系统、物流运输系统、零售系统等做全面改造，以及实现大数据搜集及分析在各个运营、销售及管理环节的全面应用。

全渠道本质上是对原有业务模式及 IT 系统的改造，如果仅做微调，对于全渠道是不利的，这方面的认识存在不足。

三、如何应对：全渠道零售发展战略重点

针对零售业全渠道业务的发展现状以及挑战，我们建议零售企业在全渠道业务转型发展战略层面重点考虑以下几个方面。

（一）思考并选择适合本企业的全渠道重点业务模式

全渠道涉及非常多的环节，零售企业目前大量的精力放在微信、微博、APP 建设等方面，但这些在全渠道零售时代仅是必备的基础能力，企业更需要思考并选择适合本企业的全渠道业务模式及全渠道业务场景。

1. 不同类型的企业，对全渠道业务模式的选择各有不同

首先，不同品类、不同业态零售企业的全渠道业务模式及切入点可能完全不同。如，以非标准化的商品（如服装、鞋帽、配饰、家具、家居用品）销售为主的百货商场，消费者在相当大的程度上还需要在实体店进行接触、通过店员或导购的信息介绍，以及实体店的购物环境和氛围进行商品质量及服务感知才会完成下单，因此全渠道的核心在于如何通过多渠道方式实现线上线下相互引流、在店面提供优质的客户体验。而对于以标准化商品（如图书、日用品等）销售为主的超市、书店，全渠道的核心除了引流之外，则可能是差异化的优质商品、便捷快速的物流和更低的价格。

其次，零售企业的全渠道业务模式选择，与零售企业自身的核心优势及资源限制有关。如京东发展“京东到家”业务，以京东的物流体系为核心，以众包物流配送方式，为用户提供 3 公里范围内的生鲜、超市产品、鲜花、外卖送餐、上门等各类生活服务，“京东到家”主要侧重提供“流量、运力和系统服务”等优势资源，而合作伙伴只需提供线下门店、库存和供应链即可。而百货或商超的优势资源则是门店与丰富的商品，切入可能是门店的数字化而非便捷快速的物流体系。

最后，零售企业的全渠道业务模式选择，需要首先考虑清楚线上业务与线下业务的关系，以及采取什么样的全渠道业务模式和发展路径才能避免线上业务与线下业务的竞争，或将竞争影响降至最低。

2. 零售企业全渠道建设发展路径参考

从全渠道建设的发展路径看，零售企业首先需要从单渠道向多渠道发展，并逐渐过渡到全渠道以及未来的资源整合，全渠道建设的重点也将从全渠道及 O2O 策略的优化、O2O 流程梳理与优化逐渐过渡到组织模式和岗位责任的优化，以及绩效与考核体系的优化。

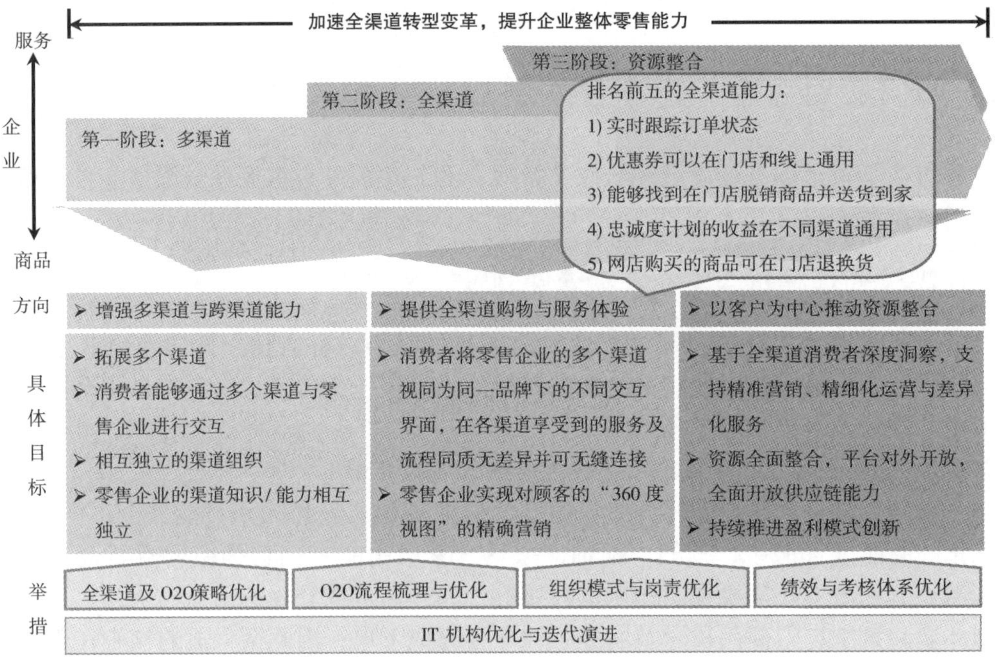

资料来源：IBM。

图 25　零售企业全渠道建设路径图参考

（二）基于大数据和数字化营销优先建立消费者深度洞察能力

零售业的本质在于向每个消费者提供所需的个性化商品或服务，尤其在消费者主权时代，每个消费者都是独立的核心。因此，对于零售企业来讲，对消费者的深度洞察是零售业销售的起点，也是提供满足消费者需求和用户体验的商品和服务的核心。

1. 消费者深度洞察的价值和意义

对消费者的深度洞察，在于通过消费者画像和消费者偏好分析，清晰消费者需求什么、喜欢什么、受什么影响、如何做决定，从而为零售企业调整营销策略、进行个性化内容推荐、优化产品设计、精准广告投放提供支持和帮助，最终帮助零售企业增加销量、提升利润、提高满意度和忠诚度。

2. 消费者深度洞察的内容

对消费者的深度洞察包含两个方面：（1）消费者画像分析，如消费者年龄、性别、职业、学历、省份、城市、区县、消费层级、购物频率、月均消费、购物时间、生活状态、兴趣爱好、触媒习惯等进行分析；（2）消费者偏好分析，如搜索、浏览、收藏及购买的商品的品类、品牌、价位段、产品偏好等。

3. 基于大数据和数字化营销建立对消费者的深度洞察

消费者大数据主要分为三类：消费者个人数据（主客户中心数据）、客户交易数据以及客户活动数据。详见图 3-2 所示。

消费者大数据来源于零售企业的数字化营销系统，即通过会员系统、微信微博等社交及营销系统、订单系统、售后服务系统、供应链管理系统以及 WIFI、基于位置的服务系统等，对消费者相关数据进行搜集，并通过数据分析和挖掘，形成对消费者的深度洞察。最终再以对消费者的深度洞察指导零售企业的营销及销售活动。

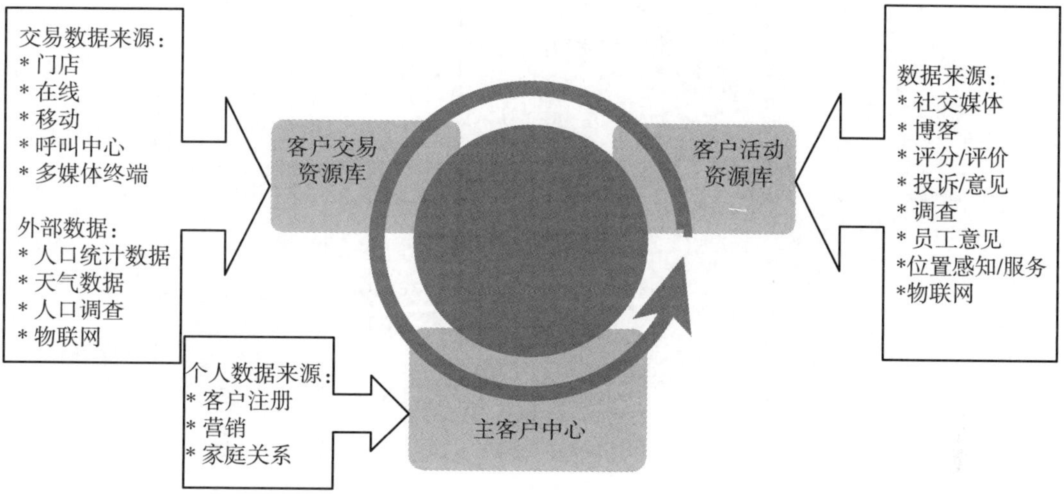

资料来源：IBM《2015 年零售业解决方案指南》。

图 26　消费者大数据类型及来源

（三）运用创新手段改进与消费者的交互策略及内容

1. 全渠道零售创新的目的

全渠道零售创新的核心目的有三方面：一是提升消费者全渠道购物体验，如利用移动技术、智能搜索技术提供智能导购；二是改进全渠道供应链效率，如利用大数据优化 O2O 供应链；三是增进全渠道生态的融合及协作，如利用云实现零售商上下游以及门店与线上之间的信息共享。

2. 主要的创新手段

目前，创新手段主要分成以下三大类：一是与应用创新相关的，包括移动、智能搜索；二是与技术创新相关的，包括智能设备、大数据分析，以及建立在智能设备和大数据分析上的认知计算等；三是与生态协作创新相关的，有云计算、互联网金融等。

详细的创新手段分类及应用成熟度发展阶段预估如图 27 所示。

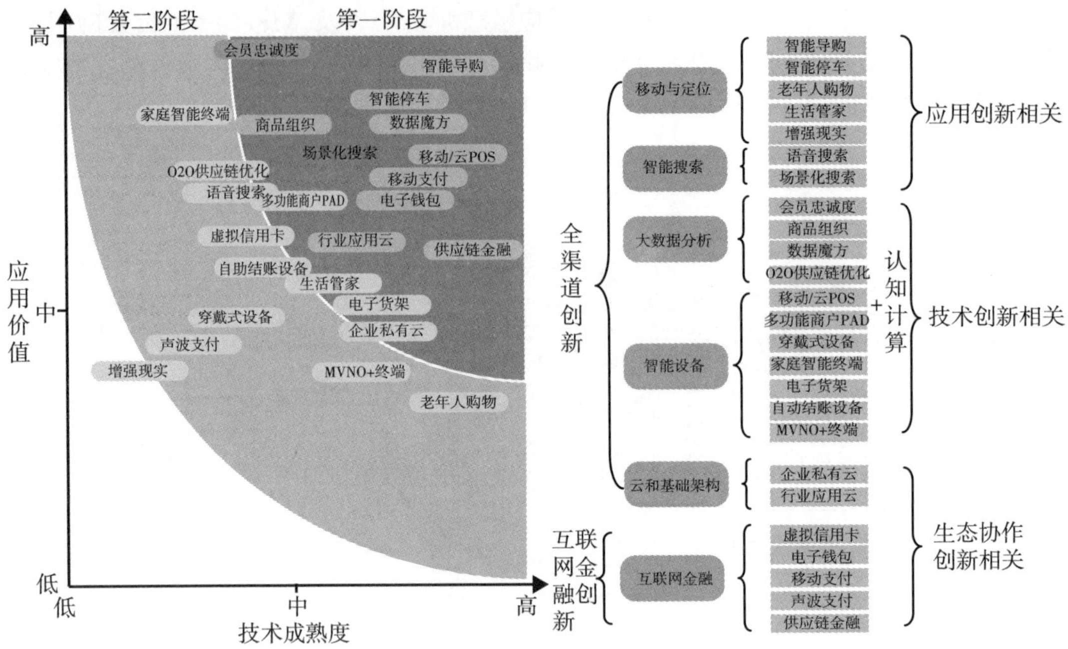

资料来源：IBM。

图 27　创新手段分类及应用成熟度发展阶段预估

3. 案例：认知计算在零售业中的应用

通过店面、PC 端以及移动端智能设备，零售企业已经并将逐渐获取更为庞大和海量的有关整个全渠道流程的海量数据。虽然部分企业已经采用了大数据分析技术，但传统的分析方式受限于只能以预先固定编程的计算模式解决预设的固定问题，不能处理模糊信息，以及难以实现机器与人的自然语言互动，这使得零售企业在全渠道业务中与消费者的互动、做出分析洞察以及经营决策方面，都受到很多限制。

而认知计算系统能够通过感知和互动理解世界，通过机器学习、推理、解决问题、用自然语言进行互动，在与消费者互动、做出发现与洞察、给出决策建议方面，相对于传统的分析及决策方式则有巨大的改进和提升。

认知计算与传统分析的差异：

资料来源：IBM 商业价值研究院。

图 28　传统分析与认知计算的差异

目前，认知计算已经在零售企业中有所应用。如零售企业可以使用认知计算来了解消费者的行为和搜索意愿并通过个性化建议和准确的产品推荐来引导消费者，零售企业在构建 360 度客户视图和发掘特征洞察力时可利用认知计算来分析各种客户数据（如心理、行为、购买等），以及可利用认知计算对非结构化数据进行深入分析并帮助企业对产品和服务等进行改进。未来，认知计算在零售全渠道业务中的应用将越来越多。

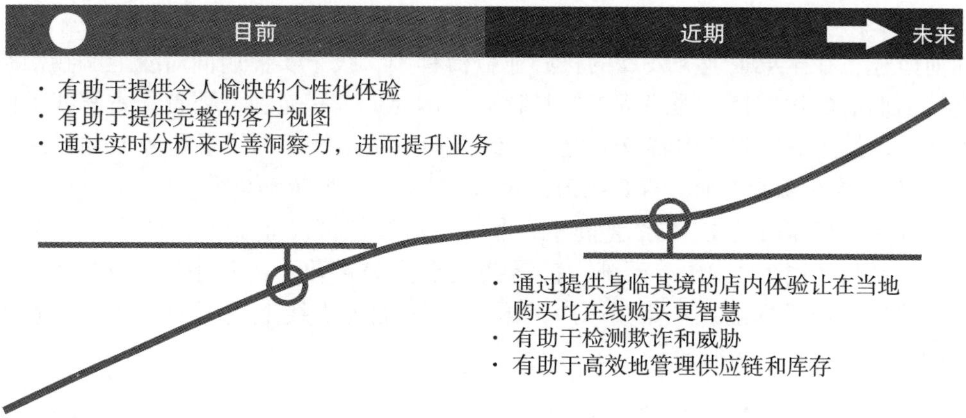

资料来源：IBM 商业价值研究院。

图 29　认知计算在零售业目前及近期未来的应用场景

（四）建立适合全渠道发展的线下业务流程

1. 线下门店为线上购物客户提供店面体验及配送货支持

目前，大多数零售企业线上与线下销售独立运营，实体店面被动而非主动地对线上购物提供支持。但消费者同时线上线下购物已经成为常态，发展全渠道业务，需要在线下业务流程中改善和建立实体店面对线上购物客户的体验支持，如通过门店数字化使消费者能同步浏览线下及线上商品、实体店面对线上购物客户提供与线下购物相同的服务态度和试穿支持等。

除了实体店面支持外，从消费者购物体验、满意度以及零售企业本身的高效运营来看，零售企业还需要对整个供应链系统进行改造和重塑，以支持门店能够以最快捷、成本最低的方式向线上购物消费者提供配送货服务。这需要线下实体店面在商品管理、订单管理、库存管理、物流管理方面不仅考虑线下客户需求，更需要将线上部分纳入日常工作职责范围。

2. 店面脱销商品支持送货到家

在网络购物发展带动物流体系已经高速发展的今天，实体店向消费者提供脱销商品快递到家的却非常少见，尤其在部分实体店已经实现从门店为线上购物客户提供发货服务的情况下。在这个服务中，零售企业并不需要非常大的资源投入和调整，而是在线下实体店的业务内容及流程中增加面向消费者的物流配送服务即可。同时，店面脱销商品支持送货到家，也是店面提供线上购物就近配送货的一部分。

3. 线上购买商品可在店面退换货

从消费者的购物体验及需求出发，零售企业还需要改造线下业务流程，实现线上购买商品在实体店面退换货。如前所述，尽管这对零售企业的财务流程、管理和运营体系将造成重大挑战，但从长远看这是必然的趋势。

（五）建立适合全渠道发展的 KPI 体系

1. 重塑线下门店 KPI 考核体系

如前所述，在全渠道业务发展的核心业务流程中，线下实体店面对线上购物消费者的体验支持、商品配送支持、退换货支持是核心。因此，零售企业需要首先重塑线下门店的 KPI 考核体系，使得在业务内容及绩效上，线下门店员工能够为线上业务提供支持。

2. 未来零售企业所有业务部门 KPI 考核都将以全渠道为核心

除了线下门店 KPI 考核体系重塑外，未来零售和快消品企业相关的生产、物流、仓储、渠道、销售、财务、HR 等系统，都需要放在全渠道业务流程中进行 KPI 体系重建。如，只有将供应链管理纳入全渠道 KPI 考核，才可能提供线上线下融合的、高效的、有竞争力的库存管理和物流管理。

（六）建立打通全流程线上线下一体化的 IT 系统

全渠道零售发展最终需要 IT 系统做支撑。零售企业需要根据所选择的适合本企业的全渠道业务模式、场景和切入点，优先选择需改造或重建的 IT 系统，并逐步建立包含生产（快消品企业）、采购、物流、仓储、渠道、销售、财务等全流程的线上线下一体化打通的 IT 系统。预计未来 1-2 年，电商平台、移动购物、数字营销等系统的建设将会更加成熟；未来 2-3 年，适合全渠道的 CRM 系统、仓储系统、物流系统、零售系统将会逐渐成熟，同时大数据分析局部应用增多；未来 3-5 年，线上线下一体化的生产、采购、仓储、运输、渠道、零售系统打通将会逐渐增多，同时大数据也将更多、更成熟地应用在各个运营、销售及管理环节。

四、最佳实践分享

（一）百联集团全渠道案例

1. 企业背景

百联集团是中国最大的实体零售企业之一，涵盖了标超、大卖场、便利店、百货店、购物中心、奥特莱斯、电子商务等七大业态，旗下联华超市及百联股份分别排名 CCFA 2014 年度连锁百强的第七和第九位，整体营业收入为 1200 亿元，拥有门店总数 8000 多家。

2. 百联全渠道业务发展历程

百联集团旗下企业在过去各自独立地发展了各自的电子商务，百联电子商务有限公司的“百联 E 城”，以经营电子类商品为主；联华超市股份有限公司的“联华易购”，以经营杂货类商品为主；百联股份公司的“百联股份网上商城”，以经营高端百货类商品为主。

2014年中期，百联集团决心抓住互联网快速发展的机遇及满足消费者体验的变化需求，开展全渠道商务电子化转型，以互联网、移动及创新技术为推动力，以强大的线下零售资源为依托，大力发展适合于新一代消费者体验及符合百联实际特点的全渠道业务模式。

2014年年底，百联集团完成了全渠道商务电子化转型的战略蓝图及策略设计，从以消费者为中心的视角出发，以“引流、转化、交易、交付、售后”五大业务链为主线，以七大消费者体验场景为未来全渠道发展的业务方向，设计了与消费者体验、商品、供应链等环节密切相关的三十三种业务模式，并通过线上、线下、移动三种渠道的打通，交付给消费者全新的全渠道消费体验。

2015年年底，百联集团完成了三网合一、一体化的移动平台、门店数字化及全渠道物流体系的一期建设，初步实现了全渠道商务电子化转型的第一步，并在集团员工内部进行了为期三个月的试运营。

2016年3月中旬，百联集团将经过完善后的一期建设的成果，正式对社会公众开放并运营。目前，已经实现了包括“逛百联”、“室内导航及购物”、“百联到家”、“虚拟货架”、“网定店取”等68个全渠道业务体验产品，迈出了商务电子化转型实质性的第一步。

3. 百联集团的全渠道业务策略及模式

百联集团的全渠道业务体验产品，是建立在全渠道会员通、支付通、供应链通、商品通等全渠道业务能力基础上的，通过对业务模式、客户体验等具体业务场景的设计，引入最新的移动、互联网技术，实现消费者在移动、线上及线下的全渠道体验。

（1）需求触发及购买决策阶段，通过移动端、门店数字化设备等实现全渠道信息共享

百联集团通过“逛百联”、“门店数字化”帮助消费者实时了解线上线下的门店、商品、营销信息。在“逛百联”中，利用移动定位、智能停车等技术，在店外，消费者即可以非常轻松地检索与自己位置相近的百联旗下所有门店、商品及营销信息，并随着下一步大数据技术的整合应用，消费者可实现更好的智能搜索体验；在店内，利用精准定位技术、整合的供应链及商品技术，实现店内的品牌、货架导航，并利用下一步即将整合的大数据技术，实现基于位置的消费者的精确营销。在“门店数字化”中，通过可以互动的营销数字屏、二维码扫码购、虚拟货架等技术，消费者既可以了解店内品牌、商品，也能检索店外的其他商品、品牌，并实现与移动端互动的扫码购物体验。

（2）在购买阶段，通过精选的商品运营模式的创新，实现消费者购物的全渠道体验

为使消费者在线上、线下、移动端方便地实现全渠道购物，百联集团特别在商品的运营模式上进行了创新，重点通过“百联到家”、“美食汇”、“全球购”等业务产品，使消费者从交付端、服务端及商品端等方面，感受到全新的购物体验。其中，“百联到家”产品，通过整合线下数百家超市门店的商品资源、交付团队，确保消费者在下达订单后最快30分钟左右的时间即能交付所购商品，未来，这一产品将推广至百联旗下数千家门店，并通过与社区其他零售资源的整合，进一步满足消费者对商品及交付方面的巨大需求；“美食汇”及“影院订票”的产品，被整合在移动端，与“逛百联”一起，满足消费者

对商品订购、休闲娱乐类商品订购的一站式便捷服务；“全球购”则主要针对中高端消费者对国外优质商品的巨大需求，通过整合百联优势的采购渠道及资源，利用线上、线下、移动三个渠道，使消费者在第一时间不用出境，即可完成购买。

（3）在支付阶段，通过门店及线上移动支付的创新，实现消费者便捷的支付体验

为给消费者提供便捷的支付体验，百联集团构建了强大的支付平台，整合了积分、微信支付、银联、安付宝（百联旗下支付品牌）等多种支付手段，并通过“门店 APP 支付”、“移动支付”两个业务产品，使消费者的支付体验在任意支付方式及快捷支付过程两个方面有巨大提升。其中，“门店 APP 支付”，主要是针对节假日高峰期百货店、购物中心、商超等门店收银台支付效率过低的客户体验痛点，通过在品牌专柜、自助收银台等地布设门店 APP 收单及支付设备，使消费者快速完成支付过程；“移动支付”产品主要整合在消费者 APP 中，通过会员账户，使消费者在一次支付中，可以选择包括积分、优惠券、微信支付、安付宝支付、银联支付等多种支付手段。

（二）“京东到家”案例

1. 企业背景

2015 年 3 月，京东集团正式成立 O2O 独立全资子公司，“拍到家”上线。4 月中旬，更名为“京东到家”。到目前为止，“京东到家”已经在全国开通了十四个城市，包括北京、上海、广州、深圳、南京、武汉、成都、天津、宁波、重庆、廊坊、苏州、杭州等，全国日单量最高曾达到 10 万。

2. “京东到家”经营模式

（1）定位：基于 O2O 的全品类第三方生活服务平台

“京东到家”的目标是打造一个全品类 O2O 生活服务业务的开放式第三方平台。目前提供 3 公里范围内超市生鲜、外卖、鲜花、医药健康、家政、洗衣、按摩和美食等 8 类生活服务项目，并基于 LBS 移动端定位实现 2 小时内快速送达。

（2）核心能力：物流配送+系统+商圈流量整合能力

以众包物流+门店取货为核心的物流体系是“京东到家”模式的基础。目前，“京东到家”采取自建配送队伍、众包物流以及京东配送做补充的物流配送体系，以满足生活类 O2O 业务高频以及及时性的需求。同时，在商品仓储方面，“京东到家”目前的模式是代跑腿，即替用户到附近的线下门店取货，不集货入库，一方面极大丰富商品类别，另一方面极大缩短商品递送时间。

IT 系统及管理体系是保证“京东到家”模式高效运营的保证。除了物流系统、C 端平台外，目前“京东到家”还提供了面向合作商户的商家中心后台、商家中心 2.0 系统，以及商户的积分评价体系，未来将进一步完善相关的 IT 系统及管理体系。

商圈流量整合能力是“京东到家”业务快速发展的核心。与 B2C 业务不同，O2O 业务更注重本地化和高频化。一方面，“京东到家”需要挖掘更加高频的商品和生活服务类目；另一方面，O2O 的商品和服务都是本地化的，随不同城市、同城的不同位置，消费者看到的“京东到家”都不一样，这就需要更接地气的运营，同时也将带来更精准的流量。

（三）某世界500强商超企业全渠道案例

1. 企业背景

该商超企业为世界500强企业，目前在全球20多个国家拥有上万家门店并在10多个国家开展了电商业务。

2. 全渠道业务发展历程

该企业发展电商业务较早，在2000年前即上线自营的网上商城业务。2010年后，该企业加大电商业务，将门店的产品管理系统与电商业务打通，允许顾客在网上订购商品的当天到门店提取购买的货品，开始了线上线下融合的全渠道探索。此后，它开始加大对全渠道建设的投入，尤其以社交、移动、大数据领域为主，这些投入也带来其公司业务的快速上升。

3. 全渠道业务模式及策略

（1）需求触发和购买决策阶段：多渠道触发，并利用数据分析向顾客推送个性化商品信息

利用多种途径进行商品的信息推送。除传统的电视广告、纸媒、官方网站、自主APP等途径外，该企业还上线微信公众号、微博，以及与第三方社交媒体共同开发APP等，以显示最新的优惠与各种购物信息。

大数据分析促进精准营销。该企业建立数据实验室，通过对社交网络信息、顾客店面、网站购物信息、APP购物信息等多范围、多角度的数据进行分析，详尽地呈现顾客消费习惯的变化，得出不同区域、不同人群、不同购物偏好，为顾客进行个性化信息推送。

利用推送食物订阅获取用户反馈数据，指导商品运营。该企业针对消费者推出固定月度费用的食品订阅试吃服务，用以吸引用户反馈，该企业则通过获得这些数据并对其进行探索和分析，辅助判断是否要进货和打折促销，或作为网站和实体店分类的参考。

（2）购买阶段：线上线下相互促进，为顾客提供便捷的购物渠道

利用多功能APP帮助顾客快速找到所需的商品。如在消费者进入实体店购物时，APP可自动切换至“店内模式”，为顾客提供该店内商品导航和搜索、电子优惠券等服务。

针对不同人群，提供多种支付方式。如，针对有明确的购物目标的用户，该企业的APP引入了扫码支付功能，可减少排队时间；针对那些没有信用卡或者储蓄卡，并有需要在网上购物的顾客，提供线上下单、线下支付服务；同时，也接入第三方支付和移动支付。

提供便捷的线上线下一体化的提货和配送服务。如，针对线上下单的客户，该企业利用门店优势，将门店作为配送中心，自动选择离用户最近的店面为其配送；同时针对线上下单的客户也提供门店自提服务。

五、附录

附录一：2015 年部分零售企业全渠道转型事件

主题	零售企业	事件描述
1. 电商与实体零售业线上线下业务融合	京东与永辉超市	· 2015 年 8 月，京东集团宣布与永辉超市达成战略合作，以总价值为 43.1 亿元（约 7 亿美元）战略入股永辉超市，持有永辉超市 10%股份，成为第三大股东。 · 双方合作主要涉及四大方面：强化联盟协同、积极探索线上线下合作模式及 O2O 业务发展、仓储物流协作，以及共同挖掘互联网金融资源。
	苏宁云商与阿里巴巴	· 2015 年 8 月，苏宁云商发布公告称，阿里巴巴集团旗下淘宝（中国）软件有限公司拟认购苏宁云商 18.6 亿股，占发行后总股本的 19.99%，认购金额 283.43 亿元，成为苏宁云商第二大股东；与此同时，苏宁云商将以 140 亿元认购不超过 2780 万股的阿里巴巴新发行股份，将持有阿里约 1.12%股份。 · 阿里巴巴与苏宁云商还共同宣布达成全面战略合作，打通线上线下全面提升效率，苏宁云商辐射全国的 1600 多家线下门店、3000 多家售后服务网点、5000 个加盟服务商以及下沉到四、五线城市的服务站将与阿里巴巴强大的线上体系实现无缝对接。
	银泰百货与阿里巴巴	· 2015 年 7 月，银泰百货完成第二次股权转让，阿里持有银泰百货 32%股权，成为第一大股东；同期，银泰商业宣布沈国军辞任董事会主席兼战略发展委员会主席职务，由阿里 CEO 张勇接任。
	百联股份	· 2015 年 12 月，百联股份通过百联全渠道电子商务有限公司成功将其麾下的“百联 E 城”、“联华易购”和“百联股份网上商城”三家购物网站整合为 i 百联 BL. COM 购物网站。此举旨在全力构建一个全业态联动的电子商务购物网站。整合上线试运行后的 i 百联 BL. COM 购物网站从单一支持线上销售的电商网站，转变为结合线下门店商务电子化改造的 O2O 业务提供方。
	沃尔玛	· 2015 年 7 月，沃尔玛从中国平安以及 1 号店前董事长于刚、前 CEO 刘峻岭手中购买了 1 号店余下股份，全资拥有 1 号店在中国的电子商务业务。在全资控股 1 号店后，沃尔玛计划投资加速电商业务的发展，希望为线上、移动端和实体店的顾客创造无缝联接的购物体验。
	京东	· 2015 年 3 月，京东集团正式成立 O2O 独立全资子公司，主营“京东到家”业务。京东到家与京东商城的原有模式不同，通过整合各类 O2O 生活类目，采取众包物流配送，为用户提供 3 公里范围内的生鲜、超市产品、鲜花、外卖送餐、上门等各类生活服务，商品均来自于合作商家，并基于移动端定位实现 2 小时内的快速送达。京东到家主要侧重提供“流量、运力和系统服务”等优势资源，而合作伙伴只需提供线下门店、库存和供应链即可。

续表

主题	零售企业	事件描述
	新世界百货	· 2015年11月，新世界百货中国有限公司宣布与网络服饰零售品牌茵曼（INMAN）跨界融合，开启品牌体验馆商业新模式。新世界百货—上海巴黎春天与茵曼将做到款式线上线下同步更新，价格也实时同步；所有服装吊牌上带有二维码，扫码即可直接连接到在线选择颜色及尺寸；为方便顾客，更是沿用了传统线下现金支付模式，也打通了在线手机支付；同时消费者可以选择在家等快递，也可现场拿货回家。
	飞凡电商与五洲国际集团	· 万达、腾讯、百度联手打造的飞凡电商2015年7月31日重磅上线。不仅具备停车、院线、排队、导航……这些基础功能，还建立会员、积分、大数据、一卡通等体系，为购物中心提供“互联网+”商业方案。 · 2015年10月24日，飞凡电商与五洲国际集团在无锡达成战略合作，五洲国际集团旗下的广益哥伦布广场等16家购物中心将进驻飞凡开放平台，打造线上线下融合的运营模式和全新消费体验。
	百盛集团	· 2015年7月，百盛集团与大众点评在上海宣布达成战略合作，大众点评将为百盛遍布中国34个城市的60家分店全面提供O2O解决方案。
	苏宁	· 2015年苏宁集团计划在线下开设50家苏宁超市，以配合O2O落地，实现同城配送。顾客不仅能买家电，还能买到粮油、蔬果、服装等。
2. 电商平台建设	大润发	· 2015年3月，大润发网上商城飞牛网启动。截至5月份，飞牛网已完成全国可配送服务。
	联华超市	· 2015年4月，联华超市投入1亿元增资百联电商，主要拟用于相关系统开发以配合百联电商转型需要，改进顾客门店体验，加大网上商品开发等投入 。
	华润万家	· 2015年6月，华润万家电商平台e万家正式上线，重启实体零售与线上零售双渠道发展。
	一商集团	· 2015年3月，一商集团旗下的一商电子商务公司加紧打造B2B平台“多彩云商”电商项目。
3. 跨境电商及海外购	步步高	· 2015年3月，步步高旗下云猴网开通全球购业务，选择母婴和保健品作为突破口，并随着云猴网香港采购中心的建立以及与海外品牌商、零售商的深入合作，云猴网将逐步完善产品系列。
	永辉超市	· 2015年4月，永辉超市“全球购”体验店正式落户中国（福建）自由贸易试验区福州片区。
	华润万家	· 2015年4月，华润万家有限公司与招商国际有限公司签署战略合作协议，在前海保税港区内推出保税展示交易与跨境电子商务结合的体验店。
	天虹商场	· 2015年7月，天虹商场宣布推出从线下到线上的“天虹到家”业务，以及从线上到线下的“跨境电商体验店”业务。 · 2015年9月，长沙天虹跨境电商体验店在长沙天虹芙蓉店一楼盛大开业，开启海外购的新模式。

续表

主题	零售企业	事件描述
	苏宁	· 自2010年转型电商的苏宁，2014年成立了跨境电商项目组，采用“自营+招商”的模式进入热门的跨境电商领域。苏宁方面表示，2015年重点布局之一便是海外购和跨境电商。
	顺丰	· 2015年9月，顺丰海淘推出了跨境订购配送O2O服务，首批已经与赴日本北海道游客经常光顾的札幌药妆局建立了合作。
4. 移动购物	华润万家	· 2015年4月，华润万家宣布旗下的商超品牌将全线接入支付宝钱包支付，首批江苏、江西、浙江三地的1000多家超市、便利店已经完成接入。
	家乐福	· 2015年4月，家乐福与微信支付正式达成全面合作，家乐福全国237家门店将陆续接入微信支付。
	沃尔玛	· 2015年5月，沃尔玛宣布与支付宝达成合作，其深圳的25家门店率先开始支持支付宝付款，全国其他门店未来将陆续接入支付宝。
	拉夏贝尔	· 2015年9月，拉夏贝尔全国800家门店接入支付宝。
	沃尔玛山姆会员商店	· 2015年7月，沃尔玛山姆会员商店宣布入驻一款美食分享平台APP，这是它继自有网上商店和手机APP以来，在电商布局的又一新尝试。
	天虹商场	· 2015年10月，天虹商场召开了“互联网+”战略转型沟通会暨天虹官方APP“虹领巾”发布会。“虹领巾”与天虹实体门店、网上天虹、天虹微信以及天虹微品共同构成天虹全渠道零售平台。
5. 运营及管理	中百集团与永辉超市	· 2015年4月，中百集团宣布与永辉超市的业务已全面对接，双方后台数据互相开放并联合采购，通过信息共享和联合采购等模式以降低成本，从而带来毛利率的提升。

来源：根据网上公开资料整理。

附录二：2015 年部分连锁零售百强企业线上线下业务融合情况

	是否有线上业务	商品品类线上线下是否统一	商品价格是否线上线下统一	是否支持线上下单线下取货	库存是否实现线上线下共享	门店是否可以直接发货	是否支持线上购买线下退货
国美电器	Y	线上线下分开运营，产品略有不同	实体店和国美在线分开运营，国美在线无法查询实体店价格	小件可以门店自提，大件不支持门店自提	线上线下独立运营，无法共享库存和商品信息	所有商品均为仓库发货	N
苏宁云商	Y	部分一致	苏宁门店和苏宁易购正价商品价格是一致的，但是部分活动商品及特价促销商品会存在价格差异	中小件商品可享受自提服务（如无自提选项表示该商品无法进行自提）	有部分共享	线上下单的商品多从易购仓库发货，苏宁易购目前在全国共有十个始发仓库，系统会根据实际库存情况选择发货库房	N
华润万家	Y	官方购物网站 e 万家目前只支持华润万家部分商品	N	N	N	只有万家送业务是通过门店配送	N
沃尔玛	Y	沃尔玛分成两个体系：（1）沃尔玛超级购物广场（即沃尔玛门店），在中国还未实现线上线上商品全渠道运营，如不能线上下单线下提货（国外门店已实现）；（2）沃尔玛旗下山姆会员店，在 2013 年左右已实现门店可交付线上订单的商品					
联华超市	Y	部分一致	N	支持，通过联华数百家门店的自提业务，实现线上订单线下收货	部分共享	在百联到家业务的试点中，可以实现门店商品直接发货	N
重庆商社	Y	N-世纪购	N	N	N	N	N
上海百联	Y	部分一致	N	支持，通过联华、百联股份数百家门店的自提业务，实现线上订单线下收货	N	由于大多数是百货类商品，因此暂不支持门店直接发货	N

续表

	是否有线上业务	商品品类线上线下是否统一	商品价格是否线上下统一	是否支持线上下单线下取货	库存是否实现线上线下共享	门店是否可以直接发货	是否支持线上购买线下退货
百胜餐饮	Y	美团外卖与肯德基店面售卖菜单基本一致； 肯德基宅急送商品类别也基本一致	美团外卖价格基本一致（活动除外）； 肯德基宅急送价格略高于店面，但优惠活动较多	美团提供外卖； 肯德基宅急送可以自提，但仍收配送费	N	Y	N
家乐福	Y	N	Y	Y	N	家乐福的电商网站采取自建自营的方式，依托门店网络作为小型配送中心。同时家乐福开出了小型门店 Easy Carrefour，在未来电商业务发展中将承担配送和自提中心的功能	可至上海地区任意家乐福大卖场的服务中心办理退货，退货商品的运费由客户承担
永辉超市	Y	部分一致	Y	部分门店支持自提服务	部分共享	Y	Y
大商股份	Y （天狗网）	部分一致	货源不同，且有时候做活动，可能价格不一致	Y，大连 22 家门店开始支持自提	N	Y	Y
武汉武商	Y	线上有特供商品	活动价可能不同	有几家商场支持自提服务	N	有几家商场提供配货服务	与商家协调，有的可能支持

来源：根据网上公开资料及部分企业在线业务客服电话调研整理。

2015年中国零供商业关系研究报告

一、调研概述

（一）深圳湾共识元年

1. 工商关系调查与深圳湾共识

中国连锁经营协会（以下简称协会）十分关注和重视零供合作关系的发展变化，自2010年即组织“零售商供应商合作状况年度调查”，并撰写《工商合作关系调查报告》，至2014年已连续开展五年。2015年，协会首次与Advantage公司合作，把“深圳湾共识”元年作为新的起点，以全新视角观察中国零供关系的发展变化。2015年1月9日，在协会会长郭戈平女士、华润万家有限公司首席执行官洪杰先生的共同提议下，华润万家、宝洁、步步高、家乐福、大润发、永辉、可口可乐、中粮食品、伊利、立白、脱普等11家企业高层在深圳湾召开零供合作座谈会，探讨行业未来零供合作健康发展的方向。与会代表一致认为，未来零供合作的模式应由过去的双方利益博弈转向聚焦消费者，应建立以消费者为中心的共同价值观，提高零售商供应商的合作效率；零供双方有必要采取切实行动改善合作现状，打造健康的营商生态环境。经过与会代表们的充分讨论，会议达成三点共识和五项行动计划。三点共识内容包括：第一，共同建立以消费者为中心的价值观和评价标准，建立符合各自特点的管理模式，研究消费者需求，分享数据，增强店面体验，为消费者提供更好的商品和服务。第二，建立有利于提高供应链效率的零售商供应商公平交易条款，透明市场竞争机制，维护双方合法权益。第三，建立零售商供应商从业人员道德规范和诚信监督体系，共同抵制腐败商业行为，净化营商生态环境。同时，为落实共识精神，各企业将建立采购、销售总监以上高管参加的行动组，落实以下五项计划：（一）建立共同的行业绩效考核指标指南；（二）建立符合双方需求且可行的数据分享模式；（三）建立行业《零售商供应商公平交易合同规范》；（四）建立行业《零售商供应商从业人员道德规范》和“零售商供应商从业人员诚信档案”；（五）建立零供合作工作小组以及专项回顾制度。

本次会议富有成效、意义深远，与会企业高层当场签署共识文件。华润万家CEO洪杰先生提议，以会议地点“深圳湾”命名本次会议，大家一致赞同。本次会议达成的纲领性文件称作“深圳湾共识”，而2015年也被称为“深圳湾共识”元年。

2. 关于Advantage

Advantage成立于1988年，其致力于研究企业之间的业务关系，并开创了业务关系标杆管理的理念。Advantage 通过每年持续的行业研究来衡量零供双方的合作，研究广泛结合定量数据及定性信息，帮助双方确定优势、劣势和机会。Advantage 的项目为全球 500 多家大型供应商提供极富价值的专业解决方案，并已成为衡量快速消费品、健康护理、医药和食品服务渠道等行业业务关系的标准；目前，Advantage 的业务覆盖 39 个国家和地区，跨越北美洲、拉丁美洲、欧洲和亚太。

（二）调研模块设计

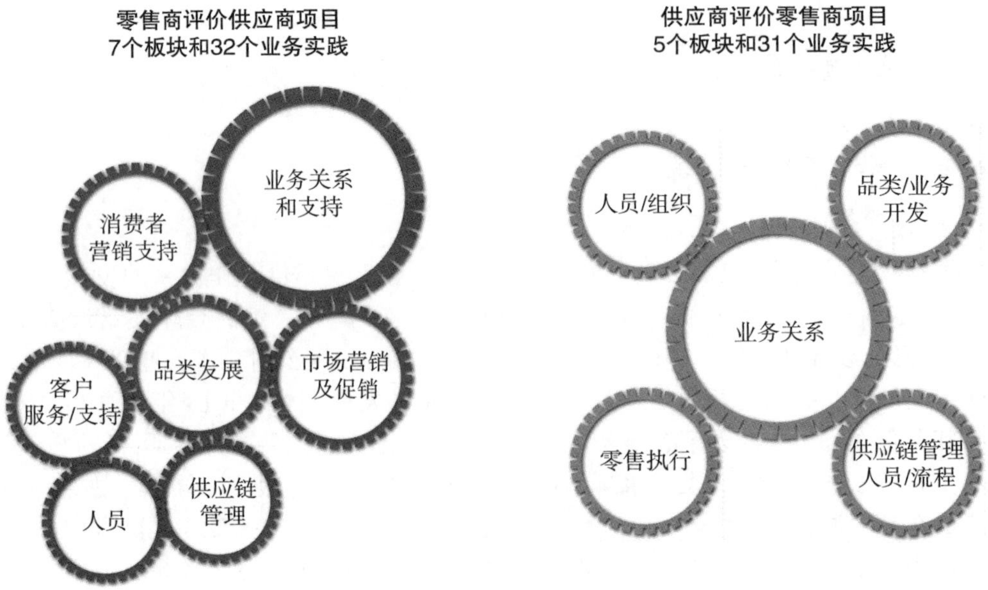

（三）调研数据与信息收集

◇ 项目得到各零售商和供应商高层的认可与支持

◇ 整个调研项目参与的人员名单由零售商和供应商的高层提供，来自不同部门和不同层级

◇ 参与调研人员根据其职能、所属品类对所负责的供应商进行对比评价，对每个业务实践的重要性进行评级

◇ 根据不同品类、不同部门和不同层级的人员来进行针对性的访问

◇ 主要是针对重点供应商或零售商评分最佳和最差的业务实践进行深度访问，得到评分背后的原因和改善意见，使供应商和零售商发现机会并明确具体改善方案

（四）调研总样本（2015 年参与人员）

1. 高级管理层

零售商：总裁、总经理、副总、采购总监、品类总监、供应链总监等。

供应商：全国销售副总裁，全国销售总监/总经理，高级经理等。

2. 采购及品类管理/销售管理

零售商：采购经理、品类经理、采购专员、运营经理、市场经理等。

供应商：客户经理、客户主任等。

3. 库存/物流管理

零售商：供应链经理、预测团队经理、补货分析员等。

供应商：供应链经理、补货经理等。

4. 样本及数量

表 1 调研样本及其数量

总样本	1829
高级管理层	315
采购及品类管理	1037
库存/物流管理	477

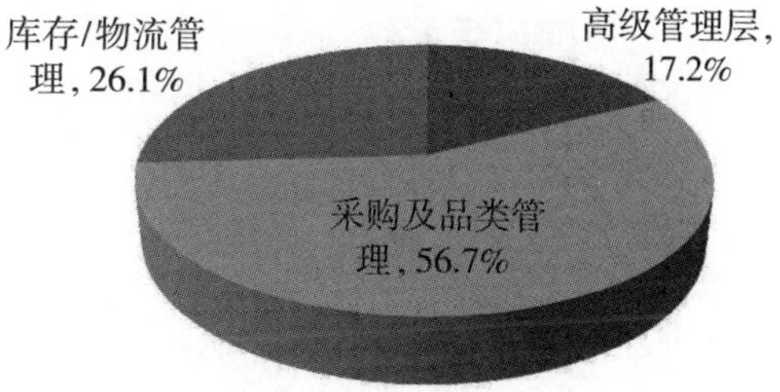

图 1 样本及其占比

（五）核心指标

1. 净优势值

	评价标准	给予该评判的人数	有利评价%	不利评价%
1	最好的公司之一	2	2	
2	比多数公司都好	4	4	
3	与多数公司类同	4		
4	比多数公司都差	3		3
5	最差的公司之一	2		2
		15	6	5
			=6/15 =40%	=5/15 =33%

· 净优势值是衡量各业务实践的关键指标
· 净优势值越高排名越高
· 净优势值评分范围为：-100到+100
· 净优势值细分为：
 >有利评价（1. 最好公司之一；2. 比多数公司都好）
 >中间值（3. 与多数公司类同）
 >不利评价（4. 比多数公司都差；5. 最差的公司之一）

净优势值=40%（有利评价）-33%（不利评价）=7%

2. 权重

（1）职能权重：高级管理层=40%；采购及品类管理=40%；库存/物流管理=20%。

（2）零售商权重：根据零售商的市场销售额（ACV）确定。

（3）业务实践权重：所有的业务实践权重均相同。

（六）调研合作伙伴

1. 部分零售商

2. 部分供应商

二、市场环境与挑战

（一）零售商对供应商满意度变化趋势

从过去三年的整体市场变化看，在2014年零售商对供应商的整体满意度出现下降，但在2015年整体满意度呈现回升趋势。供应商在2015年与零售商的合作更加紧密，尤其是在人员和市场营销及促销两个板块出现了较为明显的回升。供应商对零售商加强了人员、渠道资源等方面的投入，更加关注各层级之间的沟通决策效率，根据零售商的需求进行灵活、有针对性的投入，满足零售商的个性化需求，实现双方的共同发展，最终实现双赢。

与此同时，供应商也面临着来自内部和外部环境所带来的压力和挑战，希望能与零售商抱团取暖、共同发展。

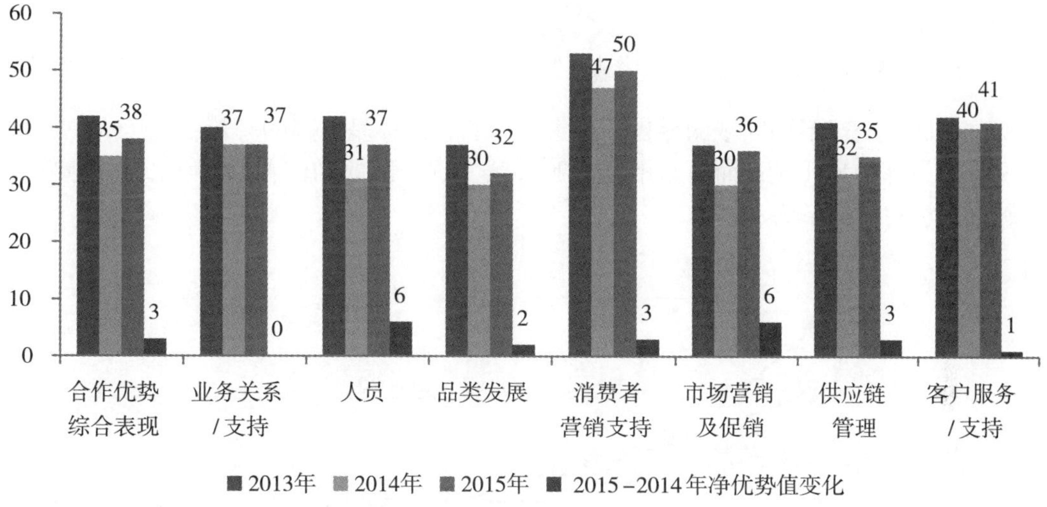

图2　零售商对供应商满意度的评价（净优势值均值）

（二）供应商对零售商满意度变化趋势

从过去三年的整体市场的变化看，在2014年供应商对零售商的整体满意度出现下降，同样在2015年整体满意度呈现回升趋势。市场满意度在零售执行板块涨幅略高，与2013年持平，说明零售商开始对内部进行变革和策略性的调整来适应目前市场的发展趋势，供应商对零售商一系列有计划、有条理、有目标的动作表示了肯定，并对双方在未来的合作表现出了积极的态度。零售商的发展逐渐从遍地开花的黄金期演变到现阶段的市场调整过度期，出现了区域零售商兼并、内资零售商收购外资零售商、零售商集团互相参股、实体零售商涉电等现象，这些都反映了零售商的发展需求和市场的变化趋势。

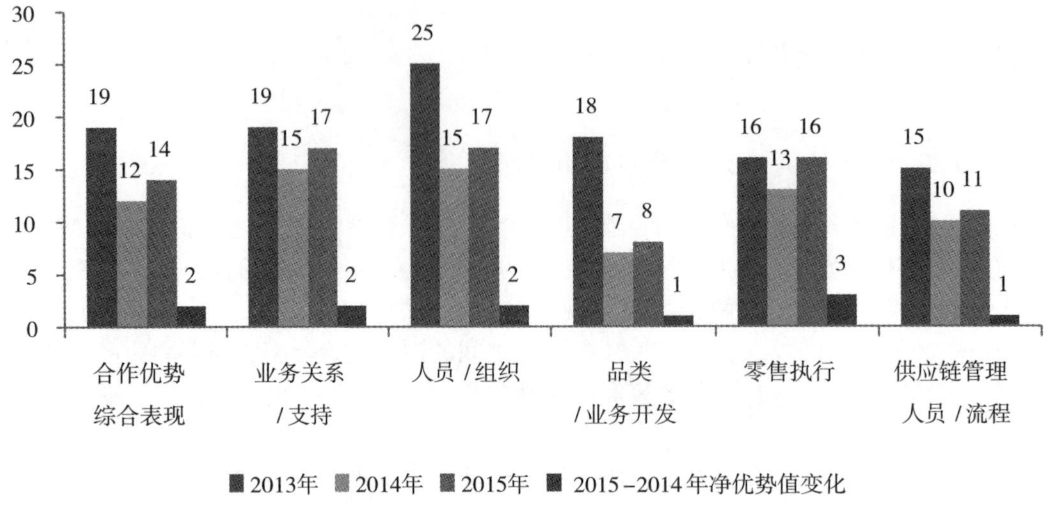

图 3　供应商对零售商满意度的评价（净优势值均值）

（三）全球零售商满意度变化趋势

从过去四年全球不同区域的零售商满意度来看，总体呈下降的趋势；北美成熟市场的满意度指标下降趋势明显；而新兴市场如亚太区、拉美区的均值普遍高于欧美成熟市场，说明新兴市场更具有活力和潜力。

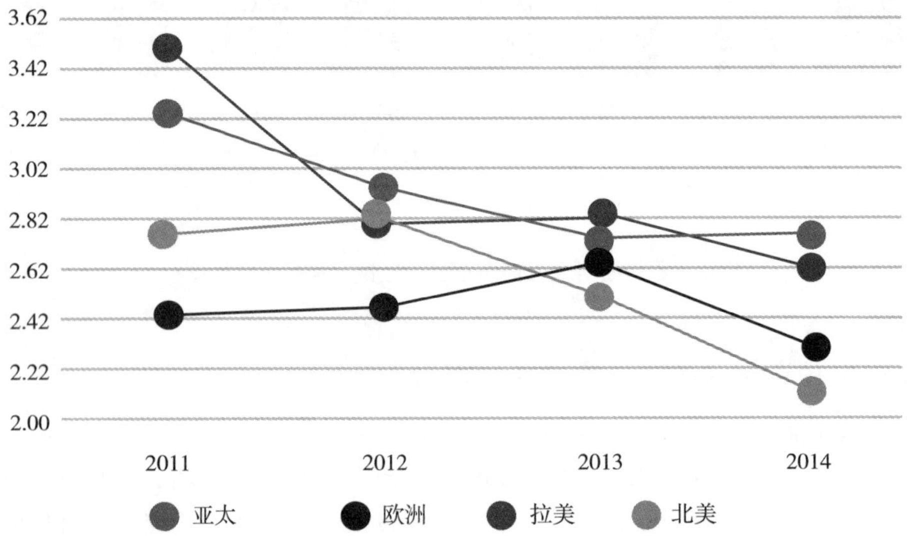

图 4　2011-2014 年亚太、欧洲、拉美、北美地区零售商满意度评价

（四）零售商最关心的十大业务实践

1. 商务层面

优先级排名		业务实践
2014	2015	
1	1	推出量身定制的活动计划，帮助零售商实现差异化
1	2	建立和维持良好的合作和信任关系
3	3	支持零售商的联合营销计划
3	4	人员处理问题及时有效
7	4	理解并响应零售商独特的战略和目标
6	4	提供合适的营销/促销投资并适度灵活，使零售商能够实现预定目标
9	7	与零售商合作来制定品类开发计划，进而帮助零售商在实现品类发展的过程中获得可持续的经济增长和企业利润
5	7	有效地管理促销
7	7	新产品上市的有效管理
11	10	合作愉快且容易开展业务

2. 物流层面

优先级排名		业务实践
2014	2015	
3	1	交付完整订单/订单满足率高
4	2	在规定的日期和时间交付订单
5	3	交付准确的订单
2	4	建立和维持良好的合作和信任关系
7	5	确保订单周期时间可以始终如一地满足我们的需求
7	6	积极地与我们进行沟通和预测，防止断货
16	6	与我们合作愉快且容易开展业务
9	8	提供联系方便、响应及时的客户支持服务
12	9	与我们的供应链关键绩效指标相匹配
9	10	就订单状态、调整和变更进行积极而及时的沟通

（五）供应商最关心的十大业务问题

优先级排名		业务实践
2014	2015	
3	1	零售商门店能够根据所做的承诺执行促销和零售营销计划
5	2	零售商配合供应商预测并订购足够的存货，以确保产品在促销期内不会断货
1	3	拥有高效的支付流程
2	4	零售商门店能够执行已商定的货架图；并确保供应商的产品在店内/货架上保持可接受的供应水平
3	5	与供应商进行卓有成效的合作，开创了双赢的业务局面
7	5	拥有高效的供应链
5	7	零售商总部能够有效执行商定的业务计划
11	7	建立并维持合作和信任的氛围
15	9	零售商门店保持较高的货架展示标准
8	9	零售商制定了清晰的策略来发展品类和促进生意增长

从零售商近几年最关注的业务实践来看，他们对供应商的要求不断地发生着微妙的变化——从之前更加关注双方合作的结果，逐步过渡到目前更加关注双方合作的过程，如双方的合作氛围与信任、品类发展和双方策略的协同。零售商希望得到不断地学习和提高，从供应商那里获得更多的帮助和支持，使双方的生意得到提升。

从供应商近几年最关注的业务实践看，他们希望零售商能够高质量、高标准地执行双方已商定的计划，同时希望零售商区域机构也能够充分执行总部下达的商业计划，提升双方的合作效率，节省不必要的人力、物力和财力，转而投入更多精力来研究推动双方生意增长的合作项目，如品类合作发展、消费者研究、供应链效率提升等项目。

（六）零售商面临的挑战

2010 年以来，电商市场表现出巨大的增长潜能，呈现了三位数的增长态势，基本上所有品类都给实体零售商带来了不小的冲击，电商以其价格和便捷的优势吸引着年轻消费者，这不断挑战着零售商目前的运营模式，尽管供应商对实体零售商的整体投入不会有大幅缩减，但电商的冲击也逼迫零售商做出变革和调整。

> 建立自己的电商渠道，使自身业务覆盖线上线下。像沃尔玛、大润发、步步高等都开始建立自己的线上渠道；

> 与电商合作，实现“最后一公里”的配送；

> 品类创新管理。如主题区陈列，婴儿产品主题，男士护理中心，口腔护理中心等；

> 多业态探索。便利店、社区店、精品超市和高端会员超市；

> 中央集权化管理。对于一些区域权力仍然较大的全国性零售商，已开始加强中央集权化管理，制定统一的执行标准并简化流程，提高工作效率；

> 提高消费者的购物体验：

· 会员系统升级，提高会员忠诚度；

· 增加客流量。如加大班车频次和覆盖范围；

· 优化商品结构。如 DM 商品的选择，价格优势，品项丰富，应季商品，创新型陈列等。

（七）供应商面临的挑战

大部分供应商面临着成长的压力，消费者需求的变化和购物方式的变革都给供应商带来了巨大的挑战。

市场垄断局势已经逐渐分化，供应商的发展策略、产品定位、品牌升级、新品研发、渠道投入、人员成本、供应链效率等都面临着调整，如：

> 大部分供应商已经开始缩减费用投入，更加关注投资回报率；

> 外资品牌与本土品牌的激烈竞争。尽管部分外资品牌的市场份额占比较大，但目前已经出现下滑的趋势。由于零售商看不到利润，以致出现某些零售商更愿与本土供应商合作的情况；

> 人员的频繁变动。近几年一些外资品牌供应商高层人员的频繁流动，给供应商带来了不小的损失和压力；

> 产品的创新。基于目前市场的变化，现有的产品已不能满足消费者日益增长的需求，供应商需要投入更多的资源来进行产品的研发和创新。

三、供应商合作优势表现

本次调研中，零售商分为 5 个竞争组（核心组、休闲食品组、饮料组、个人护理组和家庭护理组）对供应商进行综合排行评价。

（一）2015 年核心竞争组供应商合作优势综合表现

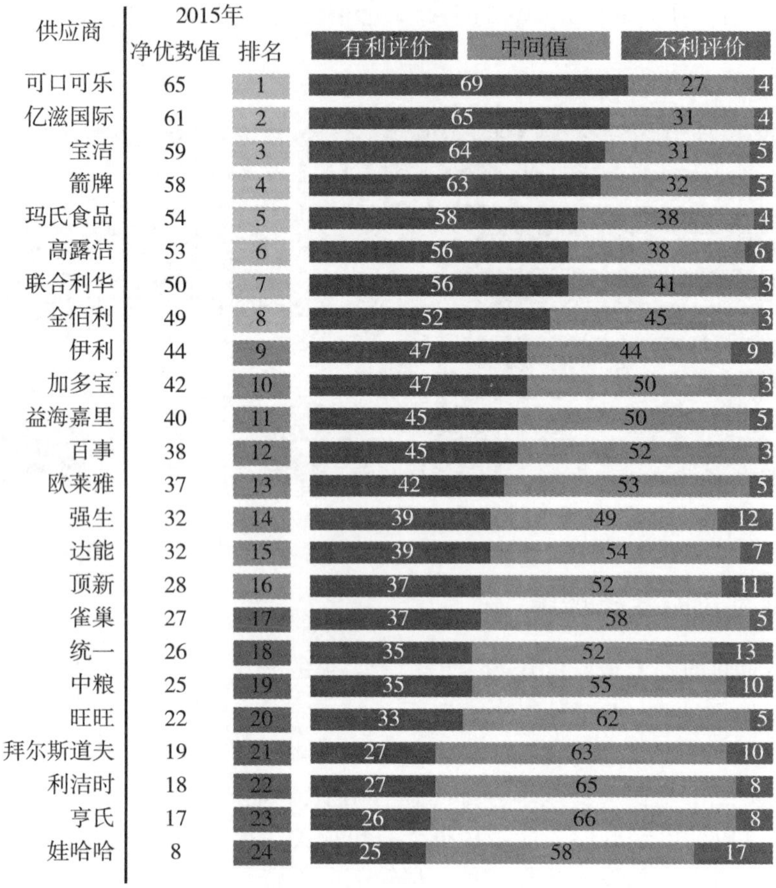

图 5　2015 年核心竞争组供应商合作净优势综合排名

在被评价的 24 家核心竞争组供应商中，国际品牌占据了第一梯队中的全部 8 个席位，前三名为：可口可乐、亿滋国际和宝洁。可口可乐以较高的有利评价领先亿滋国际和宝洁。在第二梯队中有三家本土品牌上榜，分别为：伊利、加多宝和顶新。

第一梯队与第二梯队的各家供应商的不利评价差距很小，即第一和第二梯队的供应商与零售商之间的合作均维持正常水平，而之间的分差主要是来自于有利评价之间的差距（在与零售商的日常合作中，供应商各业务实践的表现是否突出，是否能够引起零售商的注意）。

从整体来看，核心竞争组中的 24 家供应商相邻之间的净优势值差距最大为 9%，最小为 0%，平均差距为 2%，竞争激烈。

（二）2015 年休闲食品竞争组供应商合作优势综合表现

在被评价的 19 家休闲食品竞争组供应商中，国际品牌占据其中的 10 个席位，前三名分别为：亿滋国际、玛氏糖果和好丽友。本土品牌有 2 家进入前 10，分别为徐福记和旺旺，其中徐福记表现强劲，进入第一梯队。休闲食品竞争组中的 19 家供应商相邻之间的净优势值差距最大为 17%，最小为 0%，平均差距为 4%，竞争依然激烈，其中前五名供应商之间的净优势值差距非常小，基本呈现并驾齐驱的态势。第二梯队与第一梯队的净优势值差异明显，均在 40%以下。

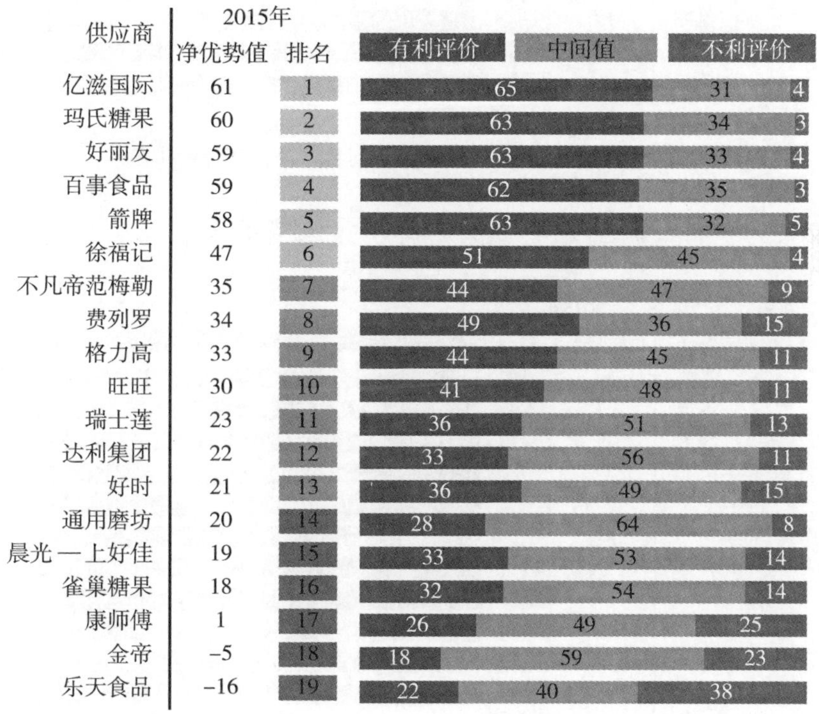

图 6 2015 年休闲食品竞争组供应商合作净优势综合排名

（三）2015 年饮料竞争组供应商合作优势综合表现

在被评价的 13 家饮料竞争组供应商中，前三名为可口可乐、农夫山泉和加多宝。仅有的 4 家国际品牌分别是，可口可乐（排名第一）、百事饮品（排名第八）、雀巢饮用水（排名第八）和红牛（排名第十一）。本土品牌中有三家表现较为优秀，进入第一梯队，分别是农夫山泉、加多宝和康师傅。可口可乐的净优势值以绝对的优势领跑饮料品类，以 18%的净优势遥遥领先第二名农夫山泉。尽管农夫山泉和加多宝的不利评价略低于可口可乐，但可口可乐以非常明显的有利评价领先农夫山泉和加多宝。汇源与百事饮品、雀巢饮用水并列第八。

供应商	2015年 净优势值	排名	有利评价	中间值	不利评价
可口可乐	65	1	69	27	4
农夫山泉	47	2	49	49	2
加多宝	42	3	45	52	3
康师傅	36	4	48	40	12
统一企业	22	5	35	52	13
银鹭	20	6	33	54	13
怡宝	19	7	33	53	14
百事饮品	14	8	31	52	17
雀巢饮用水	14	8	29	56	15
汇源	14	8	23	68	9
红牛	13	11	30	53	17
旺旺	12	12	29	54	17
娃哈哈	7	13	25	57	18

图 7　2015 年饮料竞争组供应商合作净优势综合排名

（四）2015 年个人护理竞争组供应商合作优势综合表现

供应商	2015年 净优势值	排名	有利评价	中间值	不利评价
维达	57	1	61	35	4
宝洁	54	2	60	34	6
高露洁	54	3	57	40	3
恒安纸业	53	4	57	39	4
联合利华	52	5	57	38	5
金佰利	51	6	54	43	3
金红叶纸业	44	7	50	44	6
好来化工	43	8	45	53	2
巴黎欧莱雅	37	9	42	53	5
强生	32	10	39	54	7
汉高	29	11	33	63	4
云南白药	27	12	35	57	8
花王	25	13	38	49	13
美宝莲	24	14	38	48	14
妮维雅	24	15	30	64	6
相宜本草	21	16	22	63	8
资生堂	20	17	36	48	16
拜尔斯道夫	18	18	28	62	10
上海家化	14	19	23	68	9
尤妮佳	13	20	37	39	24
纳爱斯	13	21	16	81	3
葛兰素史克	12	22	23	66	11
狮王	11	23	22	67	11
LG化工	6	24	20	66	14
曼秀雷敦	5	25	14	77	9

图 8　2015 年个人护理竞争组供应商合作净优势综合排名

在被评价的25家个人护理竞争组供应商中，前三名为维达、宝洁和高露洁。本土品牌维达成为黑马，领跑整个个人护理品类，并以3%的净优势领先并列第二名的国际品牌宝洁和高露洁。恒安纸业仅以1%的差距名列第4位，并以1%的优势领先联合利华；本土品牌金红叶纸业也跻身第一梯队，与维达、恒安成为本土品牌的前三甲，实现了与国际品牌齐头并进的态势。

（五）2015年家庭护理竞争组供应商合作优势综合表现

在被评价的9家家庭护理竞争组供应商中，前三名分别为宝洁、立白和联合利华。本土品牌立白成为黑马，与宝洁齐头并进，并以2%的净优势领先联合利华。纳爱斯和蓝月亮也因优秀的市场表现和生意增长进入第二梯队，领先上海庄臣。

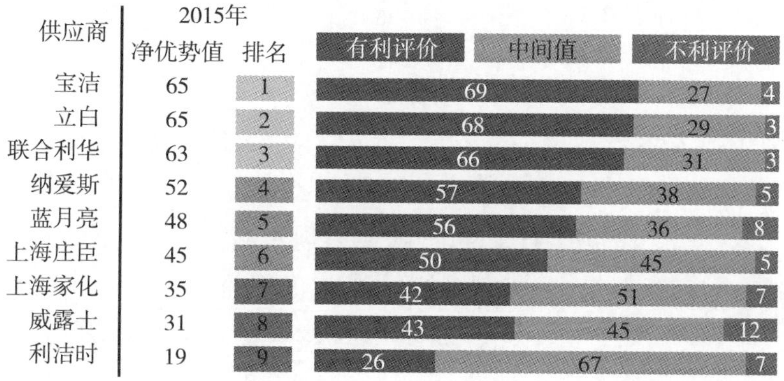

图9　2015年家庭护理竞争组供应商合作净优势综合排名

（六）零售商七大板块评价供应商（Top10供应商）

本次调研中，零售商分五组从以下七大板块对供应商进行排行评价：业务关系和支持、人员、品类发展、消费者营销支持、市场营销及促销、供应商管理以及客户服务与支持。

1. 业务关系和支持板块TOP10供应商

休闲食品	2015年	
	净优势值	排名
亿滋国际	62	1
玛氏糖果	61	2
箭牌	60	3
好丽友	58	4
百事食品	54	5
徐福记	45	6
不凡帝范梅勒	38	7
费列罗	35	8
格力高	27	9
旺旺	24	10

个人护理	2015年	
	净优势值	排名
维达	59	1
联合利华	53	2
宝洁	51	3
高露洁	51	3
恒安纸业	44	5
金佰利	44	5
金红叶纸业	39	7
好来化工	38	8
巴黎欧莱雅	36	9
强生	33	10

核心竞争组	2015 年	
	净优势值	排名
可口可乐	67	1
亿滋国际	62	2
箭牌	61	3
宝洁	55	4
玛氏食品	55	5
联合利华	52	6
高露洁	50	7
伊利	45	8
加多宝	45	8
金佰利	43	10

饮料	2015 年	
	净优势值	排名
可口可乐	67	1
农夫山泉	53	2
加多宝	44	3
康师傅	44	3
怡宝	26	5
百事饮品	21	6
红牛	18	7
统一企业	18	7
银鹭	18	7
汇源	13	10

家庭护理	2015 年	
	净优势值	排名
立白	69	1
联合利华	63	2
宝洁	62	3
纳爱斯	50	4
蓝月亮	48	5
上海庄臣	45	6
威露士	33	7
上海家化	20	8
利洁时	13	9

● 供应商最佳业务实践

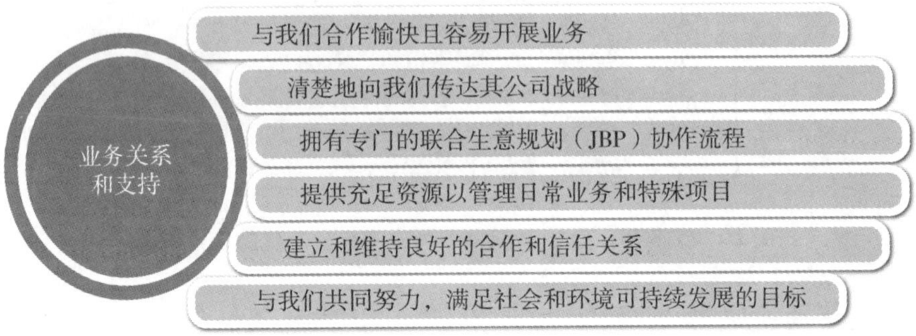

⊙ 他们是我们合作最好的供应商之一，给我们的感觉是比较专业、配合度意愿非常高的一家供应商。他们对于区域门店差异性非常了解，促销活动方面的特殊支持和人员的配合等都会尽可能地满足我们的需求，遇到问题时的跟进处理非常及时，新品和促销时间的把控非常准确，我们感觉他们持一种积极的工作态度去面对双方的生意。

⊙ 他们对零售卖场的业务非常熟悉，对其自身的商品也非常了解，对我们公司的制度以及门店的运营规则同样非常清楚，而且他们只和我们的采购层级有直接工作上的对接，其他的部门没有权力发表意见并加以干涉，这就让我们双方在开展工作时省去了很多中间环节，效率有明显的提升，双方在业务合作上是比较愉快的。

⊙ 他们是采用经销商的模式与我们合作，之前由于经销商数量多、分布广，双方的合作比较困难。今年他们下了决心对江苏、安徽所有的经销商进行整合，数量缩减到原来的十分之一，而且他们跟经销商的合作费用属于实销，只要经销商跟卖场产生了费用就会马上核销掉，所以经销商在费用和促销资源投入上是没有抵触的，合作非常愉快，这对双方生意发展是有好处的。

⊙ 他们在该品类上的业务占比非常高，而且营销能力、T2T 的沟通、人员对接，卖场形象展示、人员跟进维护、店面促销员的执行都非常不错。他们会指派一个专业的KA团队来和我们对接生意，每年我们双方都会针对销售计划开展一些高层会议，详细制定阶段性的工作安排，包括前期的方案制定、门店实际落地的执行以及后期的跟进维护都是很不错的。

⊙ 他们在今年对于活动的重视程度和创新上相比往年加强了很多，配合度非常紧密，他们能够在人力、物力和费用等多方面给予很好的支持，能够根据我们的需求提供专供装，提供足够的资源帮助我们处理年前订货过多所带来的库存问题，而且我们认为他们是一家以财务规范为导向的国际化大公司，很多事情是有章可循的，承诺给我们的资源和方案都可以按时按量执行到位。

⊙ 他们非常支持我们的369会议分享，能够清晰地传达他们的策略给我们，而且每个月我们都有对接，参与的人员非常齐全，他们的供应链团队和销售团队与我们的供应链团队和采购团队四方开展会议，分享未来可能发生的事情，尽管有些事情无法在会上解决，但是会后双方都会很好地跟进和对接去解决问题，非常积极，而且大部分都能够落实。

2. 人员板块TOP10供应商

休闲食品	2015年	
	净优势值	排名
亿滋国际	64	1
箭牌	63	2
好丽友	62	3
玛氏糖果	62	3
百事食品	60	5
徐福记	53	6
不凡帝范梅勒	42	7
费列罗	39	8
格力高	28	9
旺旺	27	10

个人护理	2015年	
	净优势值	排名
恒安纸业	60	1
维达	58	2
高露洁	52	3
金佰利	51	3
宝洁	50	5
联合利华	50	5
好来化工	44	7
汉高	38	8
金红叶纸业	36	9
强生	33	10

核心竞争组	2015年	
	净优势值	排名
可口可乐	67	1
箭牌	63	2
亿滋国际	62	3
宝洁	55	4
玛氏食品	55	4
高露洁	49	6
联合利华	47	7
金佰利	47	7
伊利	45	9
加多宝	45	9

饮料	2015年	
	净优势值	排名
可口可乐	66	1
农夫山泉	61	2
加多宝	45	3
康师傅	37	4
怡宝	23	5
旺旺	21	6
银鹭	20	7
统一企业	18	8
雀巢饮用水	15	9
汇源	14	10

家庭护理	2015年	
	净优势值	排名
宝洁	62	1
立白	69	2
联合利华	63	3
纳爱斯	50	4
上海庄臣	45	5
上海家化	20	6
蓝月亮	48	7
威露士	33	8
利洁时	13	9

● 供应商最佳业务实践

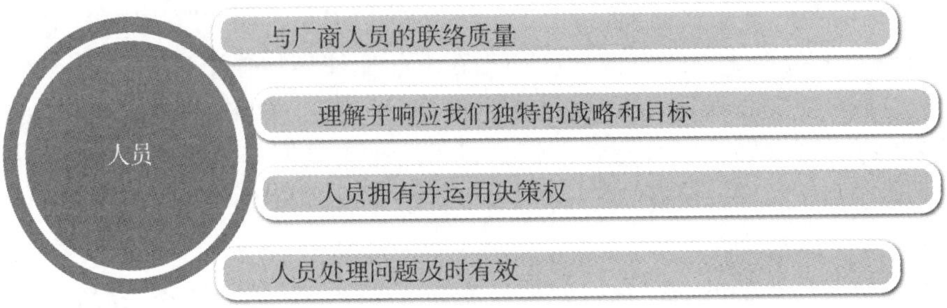

⊙ 他们有专门的团队来对接我们，他们对自己的生意和我们门店的情况非常了解，出现问题都能够积极地应对，与我们采购的沟通也是非常主动的，对待工作非常细致，而且他们对我们提出的需求能够很认真负责地给出合适的方案来满足双方需求平衡点，这是非常不错的。

⊙ 他们人员的素质在该品类供应商里是非常高的。他们的业务经理基本 1~2 个月会来店一次，业务人员每周会来店里一次，同时我们经常通过电话、邮件沟通，因此我们日常工作中很少有问题出现。

⊙ 他们是一家工作效率和服务热情都比较高的公司，而且他们非常清楚我们的产品情况和库存情况，对于日常会议中问题的处理，他们晚上就有计划和反馈，非常迅速。他们在推进项目的效果和效率上面都是超出我们预期的，例如在一些特殊的包装和价格的支持方面，一开始他们反馈会非常难办，但经过双方沟通和协商了解到对生意有帮助之后，他们会积极主动地向公司申请，最终能够满足我们 80%的需求，非常不错。

⊙ 我们公司在推出一些新策略时，他们马上就能做出反应，给我们一些他们的新想法，这是大部分供应商不能做到的。

⊙ 他们人员的决策权非常不错，大部分当时就能决定 80%~90%的事情，而且还能很大地满足我们的需求。他们人员整体素质也非常好，对我们公司的业务也非常了解，人员非常稳定（到目前为止，只有他们没有换过人）。

⊙ 他们总部人员的决策权运用得非常到位，每一层级的人员有比较清晰的权限，我们与他们在日常沟通时出现的问题可以马上得到解决，并有效地被传递至各个区域落地执行。他们 KA 团队在专业度上是优于大多数竞品公司的，他们能够根据我们不同的需求制定出各种方案，帮助我们很好地提升业绩。

⊙ 他们人员处理问题的效率很高，尽管中间他们要与高层汇报获得审批，但基本早上跟他沟通的事情到第二天就会有回复，而且他们的业务团队对市场的反应非常迅速，面对问题可以第一时间询问我们的意见并反馈给他们的高层，无论问题是否能妥善解决，他们都会尽快给我们结果。

⊙ 我们对双方整体的合作是比较满意的，他们人员对业务合作有很高的主动性与积极性，处理问题的积极性很高，虽然最后处理结果有好有坏，但至少他们是抱着解决问题的心态去做，这点很难得。

3. 品类发展板块 TOP10 供应商

休闲食品	2015 年	
	净优势值	排名
亿滋国际	66	1
玛氏糖果	60	2
百事食品	60	2
箭牌	59	4
好丽友	48	5
徐福记	39	6
费列罗	37	7
不凡帝范梅勒	31	8
格力高	23	9
好时	21	10

个人护理	2015 年	
	净优势值	排名
宝洁	51	1
联合利华	50	2
金红叶纸业	45	3
金佰利	44	4
高露洁	43	5
恒安纸业	42	6
维达	42	6
花王	30	8
巴黎欧莱雅	28	9
好来化工	25	10

核心竞争组	2015 年	
	净优势值	排名
亿滋国际	65	1
可口可乐	65	1
箭牌	59	3
宝洁	55	4
玛氏食品	51	5
金佰利	46	6
高露洁	45	7
联合利华	44	8
伊利	40	9
百事	38	10

饮料	2015 年	
	净优势值	排名
可口可乐	64	1
农夫山泉	34	2
康师傅	30	3
加多宝	20	4
统一企业	20	4
银鹭	16	6
百事饮品	13	7
怡宝	12	8
汇源	9	9
红牛	7	10

家庭护理	2015 年	
	净优势值	排名
宝洁	62	1
联合利华	59	2
立白	54	3
纳爱斯	45	4
上海庄臣	41	5
蓝月亮	32	6
上海家化	27	7
威露士	19	8
利洁时	14	9

● 供应商最佳业务实践

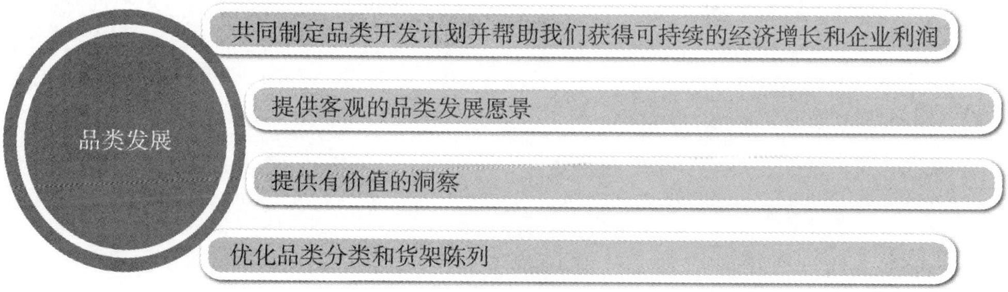

⊙ 他们的品类管理做得非常好，能引领整个品类的增长。他们有专门的团队分析市场趋势、分析消费者购买倾向，并和我们分享如何优化货架，使货架能以更合理的方式展现给消费者。

⊙ 我们把他们作为旗舰供应商来合作。针对我们的标超业态，他们给予了足够的重视并指派专门的品类发展团队来和我们对接，建议我们将膨化食品以群组的方式进行划分，经过我们双方共同参考市场上的销售数据后进行了品类划分的工作，从 2015 年上半年来看，效果还是非常明显的。我们认为其他品牌商应学习他们对于品类上这种认真、严谨和创新的工作态度。

⊙ 关于门店内的陈列原则是由我们零售商做主导，但他们今年向我们提出了一个特殊的陈列方式，相当于打乱了目前整个品类的陈列方式，虽然他们的想法不一定能在店内实现，但我们觉得至少他们有考虑如何在卖场优化陈列，这点是值得肯定的。他们对货架的研究是比较积极的，包括对收银台口的货架和正常陈列的货架都是不错的。

⊙ 他们的优势在于他们对市场的洞察力非常强，一旦某个单品的销售情况不佳，他们会立即配合零售商做出相应的调整并且停掉这个商品的所在条码，同时相应地推出新品并且快速上架。我们认为他们是一家很注重市场的厂商。

⊙ 过去一年，我们双方的合作非常好。他们非常注重业绩和销售，并且给我们提出了很有效的建议，比如针对品项更换，他们分享了很多市场数据告诉我们更换品项的原因，以及我们应该利用哪些品项来提高销售。我们听从他们的建议后，销售业绩得到了稳步提升。

⊙ 我们双方的数据都是共享的，他们每个月会定期给我们提供销量、来客数、毛利等方面的数据，信息比较完整（尼尔森数据、消费者洞察数据、我们的销售数据等），能够帮助我们解决目前所面临的一些问题，而且能够站在整个市场的角度去分析哪些规格、包装、口味的产品比较受消费者欢迎，并帮助我们做品类管理和陈列规划。

⊙ 他们会经常给我们提供一些有深度的市场信息和消费者洞察，能够站在比较客观的角度去分析整个市场的发展，并基于这些洞察进行品类开发。如果市场有些异常情况，他们会很及时的给我们反馈最近市场的动态和导致这些异常的原因，让我们及时作出调整。与此同时，他们每月还会与我们做生意回顾，分享行业数据、各个门店的数据对比，以及他们做得不足的地方和做得好的地方，然后总结出未来趋势是什么、下一步计划是什么，以及全国区域的活动怎么安排等一系列的生意建议，这使我们双方合作非常顺畅。

4. 消费者营销支持板块 TOP10 供应商

休闲食品	2015 年	
	净优势值	排名
亿滋国际	73	1
百事食品	72	2
箭牌	67	3
玛氏糖果	67	3
好丽友	61	5
徐福记	56	6
费列罗	53	7
旺旺	45	8
格力高	42	9
不凡帝范梅勒	38	10

个人护理	2015 年	
	净优势值	排名
高露洁	67	1
宝洁	66	2
恒安纸业	65	3
巴黎欧莱雅	62	4
联合利华	62	4
维达	60	6
金佰利	58	7
金红叶纸业	56	8
好来化工	53	9
美宝莲	52	10

核心竞争组	2015 年	
	净优势值	排名
可口可乐	80	1
宝洁	73	4
亿滋国际	71	1
高露洁	68	7
箭牌	67	3
欧莱雅	64	9
玛氏食品	62	5
联合利华	61	8
加多宝	57	10
百事	56	10
金佰利	56	6

饮料	2015 年	
	净优势值	排名
可口可乐	80	1
农夫山泉	68	2
加多宝	57	4
统一企业	49	4
康师傅	48	3
百事饮品	37	7
怡宝	29	8
银鹭	26	6
红牛	25	10
汇源	23	9

家庭护理	2015 年	
	净优势值	排名
宝洁	81	1
立白	75	2
联合利华	74	3
蓝月亮	65	4
上海庄臣	56	5
纳爱斯	52	6
威露士	32	7
上海家化	30	8
利洁时	25	9

● 供应商最佳业务实践

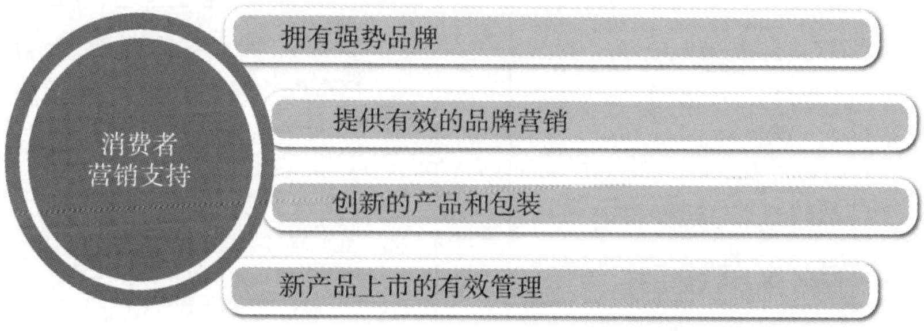

⊙ 他们在针对目标客户的定位上做的非常精准，主要体现在广告宣传上，而且他们产品在电视媒体上的曝光度也是很高的，从而带动了业绩的增长。在营销方面能够结合热点，例如抓住变形金刚 4 上映的时间点，给旗下品牌做了针对性的广告营销。

⊙ 他们在包装创新方面做得不错，如歌词瓶、台词瓶，比较受消费者欢迎。

⊙ 他们在新品推出前和我们有充分的沟通，和我们分享一些市场研究数据，如市场的需求如何，我们为什么要上这个新品，新品推出后有怎样的计划，如何进行商品陈列、促销以及人员安排等。

⊙ 他们在新品推广方面比较重视我们的建议。新品推出前他们会征集我们的意见，新品推出时会提前三个月或者半年告诉我们新品推广计划，这样我们就知道如何支持他们、有哪些资源可以配合他们的推广计划，而且他们会对消费者进行分析，比如包装是不过大或者太小、多少的容量可以使消费者既可以方便拿又可以一次吃完，他们都会做一些考虑。

⊙ 他们的健康理念是可以迎合市场需求的，再配合一些多元化的媒体广告可以大幅度提升在消费者心目中的位置，加上新品上市前针对他们的目标客群做了一些推广活动，与顾客进行互动，导致产品的单产及市场占有率表现都不错。

⊙ 他们的新品上市管理做得比较好，包括促销员的培训、品项的管控、零售价格的管控、形象陈列等做得都比较到位。他们新品上市后的营销推广也非常到位，可以在第一时间推出新品的促销活动，让消费者很迅速地了解他们的产品。

⊙ 他们的新品在多样化上做得非常好，比如辣子鸡丁口味、鱿鱼口味等满足消费者各种口味偏好的需求，为“吃货”消费者提供大包装薯片等，相比其他竞争对手，他们产品的包装要更漂亮一些。

⊙ 他们新产品的创新是比较好的，比较符合年轻人审美观，属于亮类系、彩色的、混搭，他们的新品包括粉色、黄色、橙色等各种彩色元素，感觉上不像是在卖卫生巾，倒是像在卖糖果的那种感觉，从消费者的反馈来看市场效果非常好。

5. 市场营销及促销板块 TOP10 供应商

休闲食品	2015 年	
	净优势值	排名
百事食品	64	1
玛氏糖果	60	2
亿滋国际	58	3
好丽友	57	4
箭牌	52	5
徐福记	40	6
格力高	30	7
费列罗	28	8
旺旺	26	9
不凡帝范梅勒	24	10

个人护理	2015 年	
	净优势值	排名
恒安纸业	56	1
高露洁	54	2
维达	53	3
金佰利	51	4
联合利华	46	5
金红叶纸业	44	6
宝洁	43	7
好来化工	33	8
巴黎欧莱雅	28	9
汉高	28	9

核心竞争组	2015 年	
	净优势值	排名
可口可乐	72	1
亿滋国际	57	2
玛氏食品	55	3
高露洁	54	4
箭牌	51	5
金佰利	51	5
伊利	48	7
益海嘉里	47	8
联合利华	47	8
宝洁	46	10

饮料	2015 年	
	净优势值	排名
可口可乐	72	1
农夫山泉	44	2
加多宝	40	3
康师傅	28	4
统一企业	20	5
怡宝	14	6
百事饮品	13	7
银鹭	13	8
汇源	10	9
娃哈哈	4	10

家庭护理	2015 年	
	净优势值	排名
立白	67	1
联合利华	64	2
宝洁	57	3
纳爱斯	51	4
上海庄臣	47	5
蓝月亮	26	6
威露士	20	7
利洁时	18	8
上海家化	16	9

● 供应商最佳业务实践

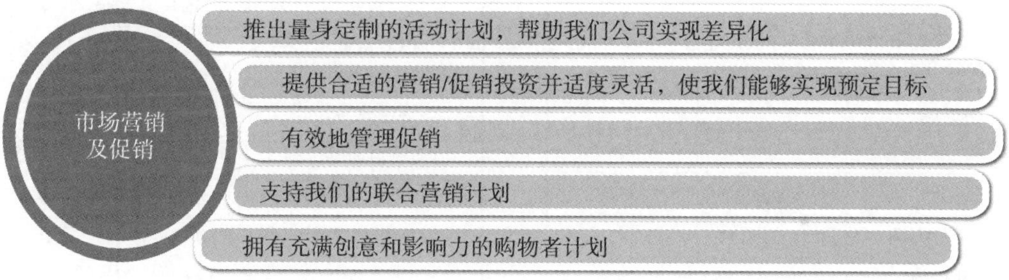

⊙ 首先在产品上，他们会有特殊产品规格给到我们，而且在营销上，他们有定制的宣传活动，给产检妈妈提供优惠券（只能来我们系统购买），而且在价格上也会给到我们很大的支持，比如全系统最低价，包括线上线下渠道。

⊙ 他们会和我们推出线上线下的活动，比如扫二维码活动，给我们做的“六一”小朋友画画的活动，由于活动的覆盖范围很广，他们利用了新媒体的方式上传图画。总之，他们在为我们提供这些增加顾客体验和互动方面活动的投入是非常大的。

⊙ 他们会针对消费者对他们产品的购买情况，会定期选择明星产品在档期内为消费者做出非常低的价格，增加消费者忠诚度，这点他们做得非常好。

⊙ 他们前几年的市场操作比较保守，近几年表现还不错，有一些比较亮点的操作，比如线上线下互动的游戏，线上开展抽奖活动等，虽然不能很快带来销量，但是活动形式比较创新，可以让消费者更多地参与进来，对消费者有长远的影响。

⊙ 他们全国性的活动制定得不多，而是偏重于区域的特性来制定活动，我们觉得这样的活动效果比全国性的活动好，毕竟每个区域的门店情况以及消费者购买力不同，需要这种差异化对待。

⊙ 他们的产品在门店的推广做得很到位，比如他们时常会在门店内有试吃的活动，能帮助顾客在第一时间了解他们的产品，这是其他厂商需要向他们学习的地方。

⊙ 他们的资源支持力度比较大，计划好的资源都能给到，包括人员、陈列等，临时性的资源投入也比较好，比较灵活。

⊙ 他们在档期的前、中、后期都会与我们共同进行预测、跟进和总结工作。比如在开档前我们会一起预测，包括活动的产出，货量需求（根据我们每家门店过往的销售情况来预测本档期的销售，并合理地给各个门店配货），人员需求、赠品需求、费比等方面；在档期中跟进销售数据，如果销量不好会及时找到问题并进行调整；在档期后总结此次档期的销售状况，及时找到问题所在，让下个档期做得更好。

6. 供应商管理板块 TOP10 供应商

休闲食品	2015 年	
	净优势值	排名
好丽友	63	1
玛氏糖果	53	2
百事食品	53	2
箭牌	52	4
亿滋国际	51	5
徐福记	49	6
格力高	44	7
晨光—上好佳	40	8
不凡帝范梅勒	35	9
达利集团	35	9

个人护理	2015 年	
	净优势值	排名
维达	67	1
宝洁	58	2
金佰利	57	3
高露洁	55	4
恒安纸业	53	5
联合利华	52	6
好来化工	50	7
金红叶纸业	46	8
资生堂	45	9
相宜本草	44	10
美宝莲	44	10

核心竞争组	2015 年	
	净优势值	排名
宝洁	60	1
亿滋国际	55	2
箭牌	53	3
高露洁	52	4
玛氏食品	51	5
金佰利	50	6
可口可乐	49	7
联合利华	48	8
加多宝	43	9
伊利	37	10

饮料	2015 年	
	净优势值	排名
可口可乐	49	1
加多宝	43	2
农夫山泉	37	3
康师傅	29	4
银鹭	25	5
雀巢饮用水	25	5
旺旺	22	7
红牛	18	8
怡宝	14	9
统一企业	14	9

家庭护理	2015 年	
	净优势值	排名
蓝月亮	66	1
宝洁	63	2
上海家化	61	3
联合利华	60	4
立白	58	5
纳爱斯	57	6
上海庄臣	45	7
威露士	35	8
利洁时	26	9

● 供应商最佳业务实践

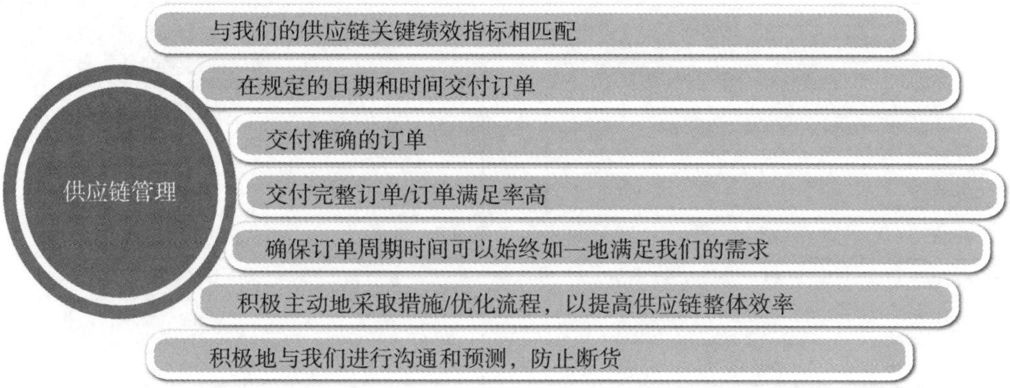

⊙ 他们的送货率和有货率都比较好，是我们补货组的战略合作伙伴，和我们也有整体运输项目合作。他们的货源没有什么问题，对订单的履行也非常好，整体的订单满率大概在90%左右，可以满足我们的要求。

⊙ 双方已经采用了CPFR的合作模式，他们有专门的人员定点在我们大仓处理日常的供货问题，在大型假期、节日前我们会做出货品需求计划给到他们，他们会根据我们的计划备货，相对来说他们是配合比较好的厂家。

⊙ 双方在优化供应链效率方面的沟通非常好，他们有专门的物流专员、物流经理、销售人员、业务人员、第三方物流公司代表一起和我们洽谈一些具体操作层面的问题，如需要他们改善什么，如何把操作流程规范化，如何防盗、如何防控运输中货品短缺问题，这样的会议是对双方都有益的，效率非常高。

⊙ 双方的订单都是固定下单、固定预约，对接非常准时，而且他们的库存非常低，很少有出现问题的时候。

⊙ 我们双方在供应链系统的对接上配合得非常好，我们运用EDI技术已经好多年了，他们能进入我们的系统，并在第一时间监测门店的库存以及订单合理性，实时做出积极、准确的应对。

⊙ 双方每年都会寻求新的项目去提高双方的效率，高层也会定期召开会议研讨如何在供应链内部开展新的合作项目来降低费用。他们对我们系统比较重视，有专门负责供应链的人员与我们对接来统筹双方的业务合作，也会邀请我们参加他们供应链的项目，并探讨如何共同改善供应链的效率。

⊙ 我们南区的门店是跨了六个省区，他们在每个区域都可以采取直供的方式送货，这个是非常难得的，而且他们的订单满足率今年有了大幅度提高，在该品类厂商中是做得比较好的，可以满足我们的要求。

⊙ 他们对到货率比较关注，每个月都会从我们这里获取一些数据，他们会根据这个数据去考核经销商。而且相较其他厂商，他们与我们的供应链绩效指标匹配度比较高。

7. 客户服务/支持板块 TOP10 供应商

休闲食品	2015 年	
	净优势值	排名
好丽友	70	1
亿滋国际	63	2
玛氏糖果	63	2
箭牌	58	4
百事食品	57	5
徐福记	49	6
格力高	44	7
不凡帝范梅勒	41	8
旺旺	39	9
达利集团	36	10

个人护理	2015 年	
	净优势值	排名
宝洁	68	1
高露洁	62	2
联合利华	60	3
美宝莲	58	4
金佰利	57	5
好来化工	56	6
相宜本草	56	6
维达	56	6
恒安纸业	48	9
巴黎欧莱雅	45	10

核心竞争组	2015 年	
	净优势值	排名
宝洁	70	4
亿滋国际	65	1
可口可乐	65	1
箭牌	58	3
高露洁	58	7
联合利华	56	8
玛氏食品	54	5
金佰利	51	6
伊利	48	9
加多宝	47	10

饮料	2015 年	
	净优势值	排名
可口可乐	66	1
加多宝	47	2
康师傅	38	3
农夫山泉	35	4
旺旺	26	5
银鹭	26	5
红牛	23	7
雀巢饮用水	23	7
汇源	22	9
怡宝	20	10

家庭护理	2015 年	
	净优势值	排名
宝洁	75	1
联合利华	72	2
立白	71	3
纳爱斯	70	4
上海家化	59	5
蓝月亮	59	5
上海庄臣	45	7
威露士	42	8
利洁时	25	9

● 供应商最佳业务实践

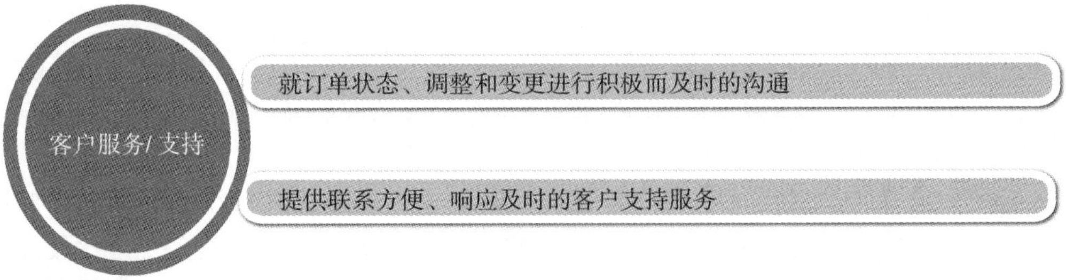

⊙ 他们在春节后恢复我们的有货率方面配合得非常好。他们会为了能够快速地满足我们门店的有货率，从最近的仓库调货直接进门店，省去了很多中间的环节，响应非常快，不到2周就恢复到98%以上的有货率，这点非常好，比去年好很多。

⊙ 他们的订单非常稳定，满足率非常高，我们要的货他们都能给到，他们和我们的收货、仓库、库存和商品信息小组等部门的沟通都比较好，沟通态度非常积极，如果有订单延迟或者一些商品信息不符或停用，他们的人员会及时通知我们，给我们充足的时间去处理相关问题，这对双方供应链管理和效率上都有很大的帮助。

⊙ 他们在订单满足率的细节上做得比较到位，比如有缺货的情况时，他们也会提前告知我们，和我们共同沟通协调，我们觉得从态度上到做法上他们都是一家值得信任并长期合作的厂商。

四、零售商合作优势表现

本次调研中，供应商从五大板块（业务关系、人员/组织、品类/业务开发、零售执行、供应链管理人员/流程）对零售商进行排行评价。

（一）综合优势表现TOP 5零售商

1. 在2015年超市/大卖场零售商的合作优势综合表现中，山姆会员店与沃尔玛以绝对优势包揽前两名，其良好的表现受到广大供应商的一致好评，成为行业中的标杆。

2. 在2015年国际零售商的合作优势综合表现中，屈臣氏以2%的净优势值超越大润发，跻身前三位。

3. 在2015年本地零售商的合作优势综合表现中，永辉以较大的优势拔得头筹。

超市/大卖场零售商	2015年	
	净优势值	排名
山姆会员店	67	1
沃尔玛	62	2
大润发	46	3
永辉	38	4
麦德龙	32	5

国际零售商	2015年	
	净优势值	排名
山姆会员店	67	1
沃尔玛	62	2
屈臣氏	48	3
大润发	46	4
7-11	39	5

本地零售商	2015年	
	净优势值	排名
永辉	38	1
家家悦	25	2
华润万家	20	3
步步高	17	4
苏果	15	5

（二）供应商五大板块评价零售商（Top5零售商）

1. 业务关系板块TOP5零售商

大润发有明确的市场定位以及清晰的战略政策，他们能站在消费者的角度去考虑如何把生意做大、做强。经过多年的市场竞争，大润发已经成为行业标杆，是很多大供应商愿意紧密合作的零售商。

沃尔玛从最初的地方采购转向区域采购，并最终变为现在的中央集权制，虽然政策变化非常大，但他们始终没有放下业务，而是始终从生意的角度出发与供应商展开合作，不会让生意受到影响或停滞。

近两年永辉的发展非常好。他们在品类管理上的愿景以及和大供应商合作的方式方法，让供应商眼前一亮，而且他们在持续努力地提高与供应商的谈判效率，即由总部负责谈判，区域负责执行。

超市/大卖场零售商	2015 年	
	净优势值	排名
山姆会员店	77	1
沃尔玛	72	2
永辉	58	3
大润发	46	4
家家悦	36	5

国际零售商	2015 年	
	净优势值	排名
山姆会员店	77	1
沃尔玛	72	2
屈臣氏	62	3
7-11	52	4
大润发	46	5

本地零售商	2015 年	
	净优势值	排名
永辉	58	1
家家悦	36	2
步步高	21	3
华润万家	21	4
武汉中百	16	5

● 零售商最佳业务实践

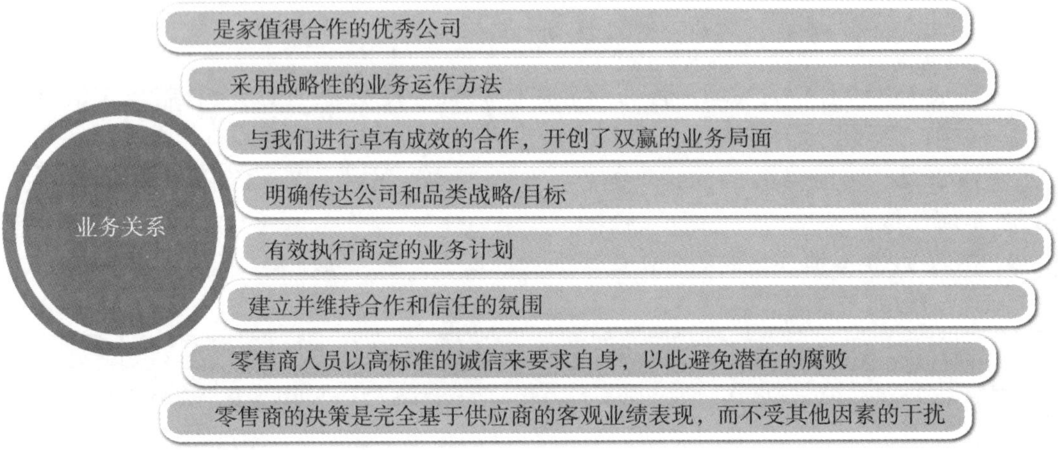

⊙ 在双方的年度战略会议上，我们会向零售商提出我们公司整体的战略目标和方向，优秀的零售商会清晰地告诉我们他们公司的战略及方向，并在我们双方定期的生意回顾上有总结与展望。

⊙ 优秀零售商目前采用双管齐下的策略，对国际性供应商提供政策与支持的同时，也维护着有优势的本土品牌。这样的经营理念让本土供应商有了更多的机会，我们很乐意看到他们的这种改变。

⊙ 优秀零售商在以下两方面具有优势：首先是店面的选址基本都处于黄金位置；其次是价格形象维护得很好，消费者对于他们的忠诚度比较高。

⊙优秀零售商愿意与供应商尝试并开展一些领先全国的创新活动，尽管最终的销售结果达不到双方的理想值，但是供应商愿意以其他的形式给予零售商很好的支持来实现双赢。

⊙ 优秀零售商在执行总部下达的指令时是比较到位的。站在品牌商的角度，我们更多的工作是与他们配合，而不是一味地催促、监督门店。这种生意模式可以让我们将更多的精力投入到其他工作当中。

⊙ 优秀零售商非常看重与重点品牌商的深入合作，每年我们双方会开展两次高层会议，他们对于细节问题的把控非常到位。

2. 人员/组织板块 TOP5 零售商

沃尔玛人员的专业素质非常高，且公司拥有非常透明的管理规定，在双方的业务合作中，我们可以接触到他们的高层人员，如品类发展经理、采购总监等。

卜蜂莲花内部跨部门的沟通非常高效，各部门的权力分配比较清晰。当有些事情不是采购部门能单独负责处理时，他们会给予供应商清晰的指引。同时卜蜂莲花的财务部可以见供应商，而且会很主动地与供应商寻求合作方案，这点是其他零售商值得学习的地方。

步步高的采购工作比较细致。他们非常关注双方生意的达成，对促销活动的关注度要超过其他系统，而且他们沟通和学习的意愿非常强。

超市/大卖场零售商	2015 年	
	净优势值	排名
山姆会员店	58	1
沃尔玛	56	2
大润发	52	3
麦德龙	36	4
卜蜂莲花	30	5

国际零售商	2015 年	
	净优势值	排名
山姆会员店	58	1
沃尔玛	56	2
大润发	52	3
屈臣氏	42	4
卜蜂莲花	30	5

本地零售商	2015 年	
	净优势值	排名
永辉	29	1
家家悦	27	2
步步高	23	3
华润万家	22	4
苏果	20	5

● 零售商最佳业务实践

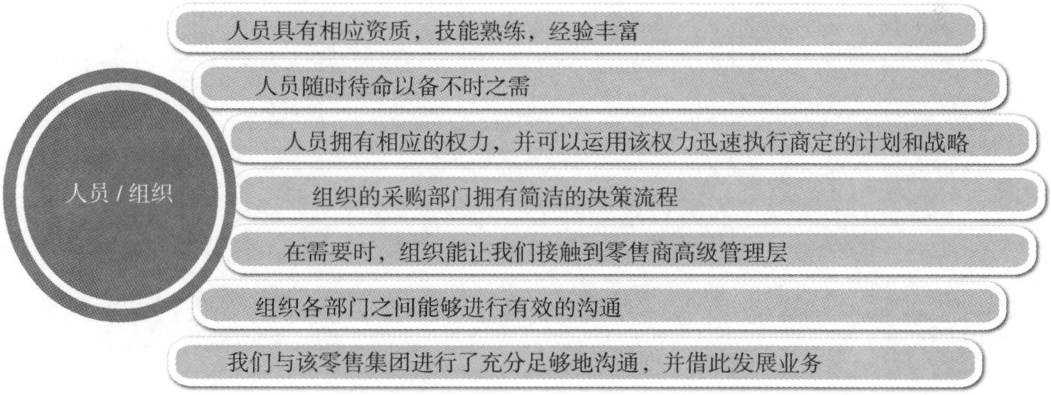

⊙ 优秀零售商的人员专业度以及诚信度比较高，工作前期在门店经过了充分锻炼和培训，且不会出现恶意收受个人好处的现象。

⊙ 优秀零售商会定期与供应商开展生意回顾，双方就近段时间的生意情况做交流、沟通，坦诚地谈出目前生意中存在的问题，并找到解决方案。

⊙ 优秀零售商敢于启用一些较为年轻的管理者，他们能更主动地了解消费者，并顺应市场做出改变。同时他们也愿意学习国外的管理经验，不停地进行尝试和改进。

⊙ 优秀零售商有专门设立供应商发展部门，每个月会主动与供应商分享一些销售、毛利、供应链等方面的数据信息。

⊙ 优秀零售商人员的专业度和处理问题的效率是很好的，例如在三月份的全场 7.5 折活动中，由于其大仓人员休假，无法及时下单，他们总部的运营人员与其内部沟通后，最终达成了订单，圆满解决了这次突发事件。

⊙ 优秀零售商的采购部门自身拥有较大权力，能够就一些问题快速做出决定。在执行上，我们不需要花费很多时间与他们沟通，只需和一个采购谈成就能得到有效执行。

3. 品类/业务开发板块 TOP5 零售商

大润发的品类规划是以实际销量为基准，使供应商获得货架的空间和品类发展机会，即供应商产品销量越高，其获得货架的位置则会越好，这对于各供应商来讲比较公平。

山姆虽然品类不多，但在品类优化上做得非常到位。目前消费者对高端商品的使用率越来越高，这是山姆吸引消费者的一个重要原因。

永辉的商品陈列比较好，全国会下发陈列图，他们会把门店分几个类型，什么货架按照什么方式陈列，有比较统一的陈列标准，而且 80%以上的门店主货架能够按照陈列图去做。

步步高虽然跟同行存在差距，但他们通过自身品类结构的调整逐步在缩小与优秀零售商的差距，这点值得肯定。

超市/大卖场零售商	2015 年	
	净优势值	排名
山姆会员店	57	1
沃尔玛	54	2
大润发	46	3
永辉	26	4
麦德龙	25	5

国际零售商	2015 年	
	净优势值	排名
山姆会员店	57	1
沃尔玛	54	2
大润发	46	3
屈臣氏	44	4
7-11	31	5

本地零售商	2015 年	
	净优势值	排名
永辉	26	1
家家悦	22	2
步步高	10	3
苏果	9	4
武汉中百	6	5

● 零售商最佳业务实践

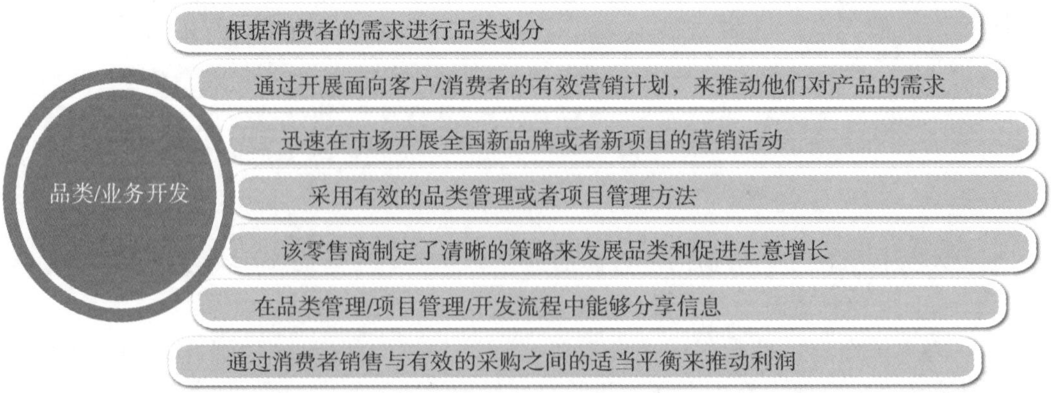

⊙ 优秀零售商的商品陈列非常规范，总部将门店分为不同的类型，并设计出合适的货架陈列标准，下发到各个区域进行严格执行。

⊙ 优秀零售商在品类发展上与供应商有持续的良好合作。双方以各自的权威数据为基础，与对方开展品类愿景方面的分享，并借此后的活动将供应商的产品卖点传达给消费者。

⊙ 优秀零售商能将品类部门和补货小组结合起来与供应商进行三方会谈，针对一些品类发展的项目提出可行性的建议。

⊙ 优秀零售商能够很好地将供应商的活动与零售商的年度主题相结合，并将档期的选择与活动的特点之间进行合理融合、安排，使消费者对活动拥有清晰的了解。

⊙ 优秀零售商会主动邀请供应商参与他们的品类发展会议，同时会邀请尼尔森的人员来与供应商分享目前零售环境的数据信息以及零售商自身的数据信息。

⊙ 优秀零售商能够较容易地接受新品，同时配合供应商进行新品推广。当供应商提出新品框架时，他们会认真研究并针对其中的机会点与供应商定期进行分析整理，这是其他零售商需要学习的地方。

4. 零售执行板块 TOP5 零售商

大润发采购人员会将门店信息分享给供应商，让供应商比较清楚地了解其门店的陈列面积，同时大润发设有专门的人员去跟进门店执行情况，与其他零售商相比，大润发的总体执行情况属领先水平。

沃尔玛的特别省心价活动开展得非常好，持续半年的商品低价有效地吸引了消费者的眼球。门店中的促销人员、堆头、横幅宣传等方面安排得也很到位。供应商很乐于配合他们这种大规模的促销活动。

华润万家的南区在执行力上非常好，基本上超过 90%的执行者都能按总部的指令完成，即使区域有特殊调整也会争取总部的同意。门店的执行在 80%以上。

超市/大卖场零售商	2015 年	
	净优势值	排名
山姆会员店	74	1
沃尔玛	57	2
大润发	46	3
麦德龙	36	4
卜蜂莲花	33	5

国际零售商	2015 年	
	净优势值	排名
山姆会员店	78	1
屈臣氏	74	2
沃尔玛	60	3
7-11	57	4
全家便利	56	5

本地零售商	2015 年	
	净优势值	排名
永辉	26	1
华润万家	25	2
步步高	24	3
苏果	21	4
武汉中百	10	5

● 零售商最佳业务实践

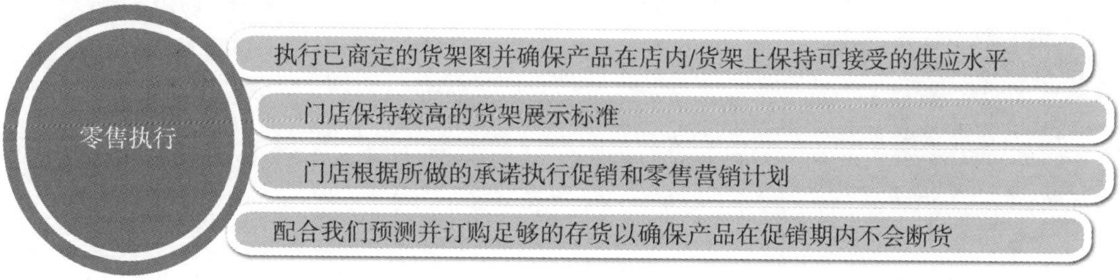

⊙ 供应商与优秀零售商之间签订的业务计划可以得到零售商有效地执行，如果执行过程中临时需要变动，他们能提前主动向供应商沟通、报备。

⊙ 优秀零售商制定的促销活动形式非常多元化，例如联合的陈列促销、跨品类的促销、主题性促销、低碳环保促销等，且执行效果可以达到供应商的要求。

⊙ 优秀零售商在促销活动开展前期，采购部会将方案提报给促销部，由促销部统一整合资源反馈给供应商，零供双方在良好的气氛下洽谈生意，这样的合作方式值得在其他零售商内部推广。

⊙ 优秀零售商的门店会遵循商定好的货架图进行陈列，保持较高的货架展示标准，同时采购人员会亲自监督。

⊙ 优秀零售商每年有特定的时间段来重点考核他们员工在执行方面的工作状况，供应商比较认可这种高压政策，这会让门店的零售执行工作越来越细致，达到行业里的领先水平。

⊙ 优秀零售商对其采购人员有费用和毛利的考核，在零供双方的活动配合上，他们希望有更多的费用和毛利，且往往高于供应商所能提供的上限。当出现这种情况时，他们会参照其他竞品品牌的投入情况与供应商进行协商，尽量达成共识。

5. 供应链管理人员/流程板块 TOP5 零售商

沃尔玛供应链系统的人员愿意与供应商的各个部门进行对接，并采纳供应商的建议，这是很多零售商做不到的。

大润发的系统非常先进，且流程非常清晰，他们以商品的每月售出数作为属性，用以决定每个商品的牌面大小和补货频率。这种以销量决定前台和物流的方式得到供应商的广泛认可。

家家悦有自己的物流公司，在配送货过程中相比其他的系统要更快捷便利。我们基本上每天都可以收到他们的订单，在供应链方面的合作，我们认为家家悦做得非常不错。

超市/大卖场零售商	2015 年	
	净优势值	排名
山姆会员店	75	1
沃尔玛	71	2
永辉	46	3
大润发	37	4
麦德龙	33	5

国际零售商	2015 年	
	净优势值	排名
山姆会员店	75	1
沃尔玛	71	3
大润发	37	4
麦德龙	33	5
屈臣氏	32	2

本地零售商	2015 年	
	净优势值	排名
永辉	46	1
华润万家	31	2
家家悦	19	3
苏果	8	4
步步高	5	5

● 零售商最佳业务实践

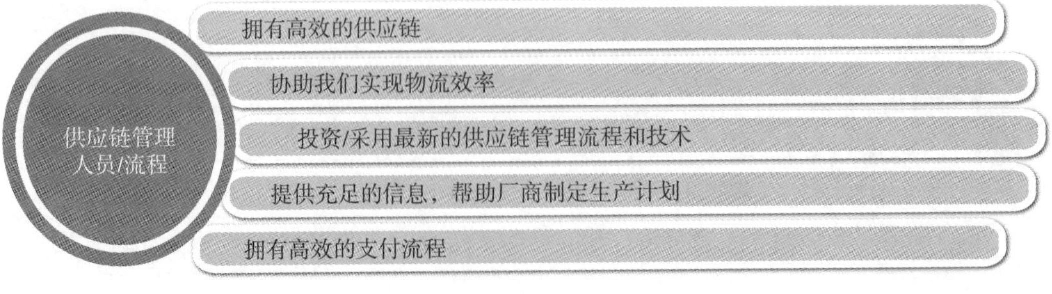

⊙ 优秀零售商的系统和数据信息非常完善，供应商能随时查到商品的状态和门店的供销情况，并借此进行数据分析。零售商自身也能通过系统数据计算出门店的货架空间容量占比、库存剩余，并由此制定备货计划。

⊙ 优秀零售商会根据市场的变化对供应链进行调整，引进国外先进理念帮助自身改善供应链系统，更加重视与供应商的联合预估和订单管控。

⊙ 优秀零售商的仓储覆盖率在国内处于顶尖的水平，并且仍在陆续地建立分仓。在补货系统上可以很好地监测到门店的实时库存情况，有效地避免促销期间断货或者品项缺失现象。

⊙ 优秀零售商拥有健全的组织架构，物流体系和人员情况相对完善且稳定，在和供应商对接的时候能做到有条不紊。

⊙ 优秀零售商的物流效率非常高，大仓与门店之间的商品周转快，产品的先进先出做得很到位，在其系统中几乎不会出现高库存或临期产品。

⊙ 优秀零售商的供应链系统非常开放，愿意和供应商合作，并分享他们的档期安排。这样供应商可以提前做出规划来满足他们档期的需求，根据各个门店的排档做预测，并安排生产计划。

五、电商合作优势表现

（一）电商合作优势综合表现

在 2015 年电商零售商的合作优势综合表现中，京东以领先第二名 13% 的绝对优势夺得第一，在行业中得到了广大供应商的一致好评；亚马逊仅以 3% 的差距未能跻身前三。

电商	2015 年	
	净优势值	排名
京东	67	1
1 号店	54	2
山姆会员网上商店	46	3
亚马逊	43	4
飞牛网	25	5
当当网	14	6
苏宁易购	10	7

（二）电商最关心的十大业务实践

优先级排名 2015 年	业务实践
1	在规定的日期和时间交付订单
1	给消费者提供所需要的商品在线内容
3	制订清晰连贯的电子商务品类计划，帮助建立盈利性增长
4	持续为顾客的网上购物体验增加价值
5	建立和维持良好的合作和信任关系
5	提供及时而准确的产品信息
5	促销活动与移动互联业务的全面整合
8	与我们高效沟通
9	交付完整订单/订单满足率高
10	高效协作和执行以确保在电子商务渠道成功发布新产品

● 电商最佳业务实践

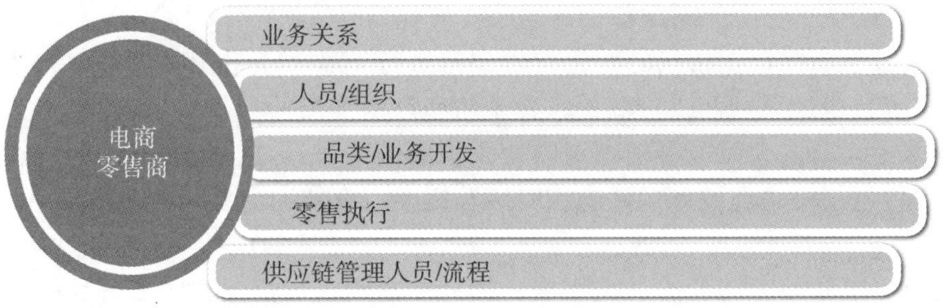

⊙ 优秀电商的反应速度非常快，对于在合作中出现的问题，零供双方都本着共赢的态度来协商，他们不会出现恶意收取费用的情况。

⊙ 优秀电商内部各部门之间的沟通效率非常高，采购人员的决策权也比较大。线上的变化要求非常快，当工作出现问题时他们的各部门会一起讨论解决，比线下的效率高很多。

⊙ 优秀电商在与供应商进行品类发展合作时，可以主动地给予供应商一些数据的分享；供应商也可以进入到他们的后台系统进行必要的数据查看。

⊙ 供应商在平时会给优秀的电商提报一些多品类的促销活动。相对地，他们也会给供应商一些优化的版面以及具有优势的位置。

⊙ 优秀电商可以做到零供双方共同承担促销费用，甚至有时会自行降低毛利需求，配合供应商做活动，这点是非常难能可贵的，供应商很乐意与他们合作。

⊙ 优秀电商处理问题的效率很高，比如在一档活动时，有些商品图片的价格出现错误，供应商找到他们的负责人沟通，他们能在半个小时内给予反馈，并给出处理办法。

⊙ 优秀电商在与供应商合作时非常融洽，双方会互相分享数据，认真了解彼此的需求以及对品类的设想，即便有些目标无法达成也能清楚背后的原因。

⊙ 优秀电商的供应链非常强，一般的电商普遍是先进货，然后进行活动的跟进。但是他们能做到先上活动，然后告诉消费者商品的到货时间。活动后他们知道这档活动的总货量，然后再从供应商进货。这样的方式有效地节省了很多物流和仓储成本。

六、行业趋势洞察

（一）零供双方以更深入的合作拓展业务并带来生意增长

零供双方高层达成共识，定期开展高层间的沟通和 JBP[①] 合作；对双方高层达成的计划，零售商要保证执行力，供应商要保证产品质量、货品供应及价格优势。

零售商在追求利润时，应该清楚利润的来源是产品销售还是费用收取；很多零售商是

① 年度联合生意计划（JBP，Joint Business Plan），是指零售商、供应商和其他服务商在生意策略达成一致的前提下，为建立紧密而稳定的合作关系，共同制定一定时期内的销售活动计划并予以实施，从而提高渠道投入的一种客户管理模式。

总部盈、门店亏，这不是良性的发展，而以消费者为中心的发展共识才是长远之计。

品类管理、陈列优化、营销推广以及供应链管理依然是零供双方的合作重点。

零供双方合作开展一些公益活动，通过媒体宣传让广大消费者了解并参与，加强企业的社会责任形象。

线上与线下相结合，如线上做宣传，线下做活动；微信扫一扫支付等。

（二）零供双方稳定业务关系的关键驱动因素

战略协作——零供双方每年应有高层会议以及 JBP 联合生意规划，清楚了解对方公司的战略目标以及生意规划并达成一致，以此为前提帮助双方共同实现共赢和 KPI① 的达成。

平等诚信——零供双方应互相尊重、互相学习，摒弃一方强势的态度，站在相对平等的角度展开合作，并保持足够的诚信，切实完成双方制定的业务计划，从共同利益出发，将市场做大、做强。

沟通与资源相契合——沟通是零供双方合作的基础，只有充分地沟通才能解决出现的问题，如每年的高层会议、定期的业务回顾、数据的分享、日常的拜访、促销活动的沟通等，在各自公司政策的基础上尽量找到平衡点，契合对方的各项需求。

货源与结款——货源和结款问题是零供双方合作获得安全感的基础，供应商应尽量保证货源供给，提高到货率，并在规定的时间内交付准确的订单；零售商应尽量在供应商规定的时间内，完成货款支付工作。

（三）零供双方的供应链合作

开展 EDI② 项目，尽量摒弃纸质化办公，通过系统实时掌握数据的来源。

供应商向零售商定期传递生产计划，帮助零售商更好地安排促销计划，避免客观原因造成的无效订单。

供应商加强对业务员和经销商人员的考核，对零售商提出的供货问题做出及时反馈，避免大型活动促销期间由于人员的原因导致缺货的现象发生。

针对 DM③ 商品，零供双方合作开展提前订单项目，零售商提前给供应商下订单，供应商根据订单情况保留库存，并按照规定的送货日期送到。提前下单既给供应商充足的备货时间，也让零售商避免由于提前进货引起的库存压力。

零售商简化内部操作流程，合并较为类似的功能、职能部门，减少不必要的环节；针对厂商的退货采取提前预约的方式，减少厂商的退货等待时间。

控制运输成本，采取回程车项目，供应商的商品配送到当地门店以后，将门店的退货

---

① 关键绩效指标（KPI，Key Performance Indicator），是企业对组织内部运营及管理等流程的初始与终端的关键参数进行设置、取样、计算、分析，形成考核流程绩效的一种目标式量化管理指标，也是企业将战略发展目标分解为具体工作目标的可操作性的工具。

② 电子数据交换（EDI，Electronic Data Interchange），是为处理商业或行政事务，按照一个公认的标准，形成结构化的事务处理或消息报文格式，是计算机可以识别的商业语言，是从计算机到计算机的电子传输方法，是由国际标准化组织（ISO）推出的国际标准，在商贸流通等领域（如采购订单、装箱单、提货单等数据交换）被广泛使用。

③ 快讯商品广告（DM，Direct mail），是一种正反面彩色印刷的广告，通常采取邮寄、定点派发、选择性派送等多种方式传送到消费者，也是超市等零售企业常用的重要促销方式。

或其他需要送到 DC① 的商品共同运回，提高车辆的利用率。

托盘运输是零供双方公认的高效方法，但由于成本、专业技术以及对商品要求较高等原因，现阶段只有少部分供应商和零售商可以采用托盘运输对接，这也是未来零供双方在供应链上合作的趋势。

（四）零供双方如何应对电商渠道的冲击

1. 供应商方面

在当前市场竞争激烈的大环境下，电商渠道对快速消费品传统零售行业的冲击越来越大，这已成为未来的发展趋势。由于电商渠道具有反应迅速、结款便捷、能有效扩大品牌知名度等优势，目前供应商都在以不同的形式加大对电商渠道的投入力度。如扩大电商团队的人员规模，加大客户经理以及专业知识人才的培养，按一定的投资回报比加大对电商渠道的费用、商品、活动投入等。但由于现阶段电商渠道在供应商层面整体生意占比依然较小，所以一段时间内实体零售商还是供应商最重要的市场渠道。

为保证线上与线下多渠道的共同发展，目前供应商会有以下一些应对措施：

关注自身产品的品类特性是否适合于线上销售，例如巧克力、糖果等品类属于冲动型产品，更适合在实体门店中以形象展示方式销售，而宠物用品、化妆品等品类则在线上渠道拥有良好的业绩表现；

供应商会将提供给线上和线下的产品加以区分，并根据不同业态制定差异化的营销方案，避免渠道之间的不良价格竞争；

供应商更加关注线下零售渠道的消费者购物体验，加大对实体门店的客户服务质量，增加年轻消费者的进店消费频次；

供应商相比以往更加关注与实体零售商的供应链系统协作，最大程度上实现供应链高效。

2. 零售商方面

顾客体验是实体零售商相比于电商渠道最突出的优势，顾客可以在实体门店切身体会产品品牌以及门店服务，一种难忘的顾客体验可以拉动一个门店的客流量和业绩。

为加强顾客的购物体验，零售商也在更积极地探索：

从产品上，零售商根据自身业态以及消费者定位，进行产品结构的调整，例如选择不同于电商渠道的高质量产品，避开电商渠道中的热销产品，并大力发展电商渠道未涉及或不适合的品类（如生鲜、冷冻、冷藏品类）；

从陈列上，保证货架的整洁度和丰富度，通过大数据研究深挖顾客需求，将连带品类就近陈列，打造一站式购物体验；

从价格上，严格管控，避免各个实体零售系统之间的恶意竞争以及实体零售商与电商之间的价格落差；

从服务上，完善自身的购物环境，包括门店布局、灯光、导向指引、服务台、结账速度、停车便捷度等，更大力度地增加试吃、试饮、试用、赠品等互动方式；

从供应链上，增加线上线下相结合的方式，顾客由线上选择商品并支付，由线下就近的门店进行配送或由顾客上门自提。

---

① 配送中心（DC，Distrubtion Center），具有采购、存储、流通加工、配送等功能。

2015年中国连锁企业女大学生人才需求及就业状况调查报告（2015）

前　言

连锁经营运营及管理体系比较成熟的企业，其商业模式相对先进、高效，并以相对较低的成本稳定提升、快速复制和扩张，在其各自的行业（业态）领域实现做强做大，其在零售、餐饮、服务等不同行业（及相关业态）中的地位和影响举足轻重。调查显示，2014年连锁百强销售规模2.1万亿元，同比增长5.1%。门店总数达到10.7万余家，同比增长4.2%。百强企业销售额占社会消费品零售总额的8.0%。历年调查显示，连锁经营企业渗透率、扩张规模和经营业绩都在稳步提升，这表明中国经济逐步向服务经济转变。在传统服务业向现代服务业转型的大背景下，连锁经营企业不仅迸发出日益蓬勃的生命力，而且成为支持企业创新和更广泛意义上社会资源优化配置的重要商业力量。特别是中国经济进入提质增效的新常态，连锁企业销售、店铺扩张增幅双现新低，就业人数首现负增长，成本压力持续高企，内外资持优博弈加剧市场竞争，线上线下加速融合，移动销售快速增长不断蚕食传统零售份额的大环境下，连锁行业如何保持快速、健康、稳定发展，成为连锁企业迫切需要解决的现实问题。

上述问题的解决，离不开管理人才，特别是具有连锁经营管理经验的高级管理人才。其实，连锁企业的诸多岗位具有相对比较适合女性从业、履职的优势及其特征，连锁行业也是女性就业比较集中的行业领域。但调查显示，随着连锁企业规模的扩展和经营管理水平的不断提升，其所需的女性管理人才十分缺乏，特别是高职位女性管理者更为稀缺。而高校在连锁经营人才培养方面，却相对滞后，特别是在满足企业实际需求人才方面差距更大，不仅不利于大学生的就业，而且制约了连锁企业的发展，影响了社会的和谐与稳定。

为了解企业对连锁经营专业人才的需求特点，特别是女大学生在连锁企业就业、履职等实际情况，以对院校实质提升人才培养工作提供依据和借鉴，中国连锁经营协会与山东女子学院经济管理学院、连锁经营学院合作，对全国范围的101家连锁经营企业和在连锁企业就业的1421名大学生进行了专项调查（其中女大学毕业生914人），经统计形成连锁企业女大学毕业生需求及就业状况调查报告。

一、连锁企业对女大学毕业生需求状况

（一）样本企业基本情况

1. 受访企业的所有制分布

本次调查共抽取样本企业 101 家，图 1 显示了受访企业的所有制分布情况。从所有制情况来看，私营企业（内资）占比最高，达到 73.2%，外商投资企业占 10.9%，国有企业（含国有控股）占 8.9%，港、澳、台投资企业占 3.0%，中外合资企业（联营经济）占 2.0%，其他占 2.0%。

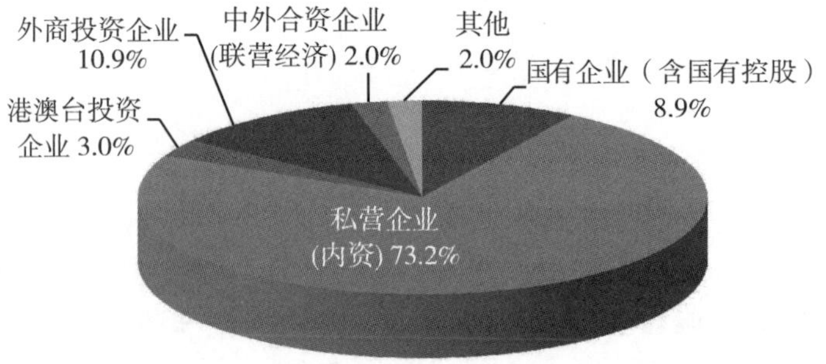

图 1　受访企业的所有制分布（%）

2. 受访企业的行业分布

受访企业的行业（业态）分布情况如图 2 所示。样本企业涉及零售业、餐饮业以及酒店业、美容业、家电业、教育培训等服务业。其中，零售业占比最高，达 62.4%；餐饮业占比为 17.7%；服务等行业（业态）合计占比 19.9%，包括连锁酒店、教育培训、美容业等。

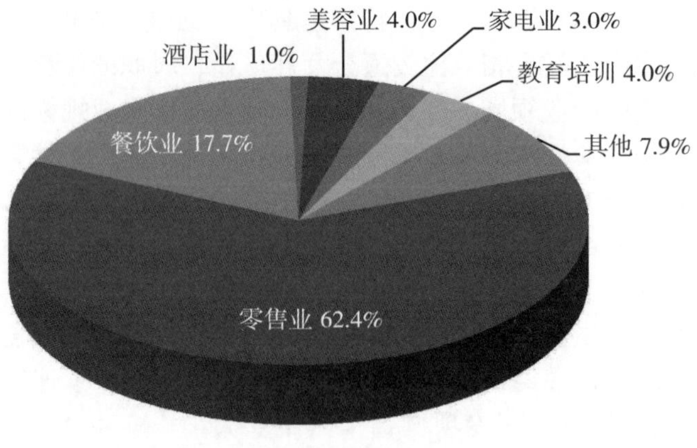

图 2　受访企业的行业分布（%）

3. 受访企业的规模

（1）员工人数

从受访企业员工人数看，企业平均人数为 4198 人，以中小型企业为主（见图 3）。其中，员工人数 500 人以下的企业，占 11.9%；500－999 人的企业，占 25.7%；1000－1999 人的企业，占 16.9%；2000－4999 人的企业，占 25.7%；5000 及以上员工人数的企业，占 19.8%。

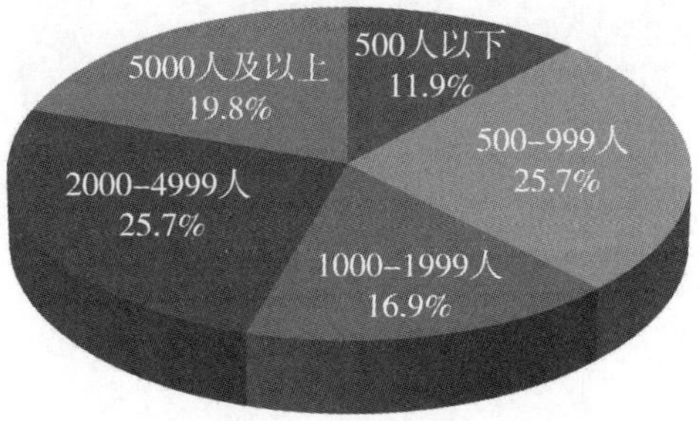

图 3　企业拥有员工人数分布（%）

（2）年销售规模

从年销售规模来看，受访企业年均销售规模为 294491.1 万元。其中，年销售 5000 万元以下的企业，占 11.2%；年销售 5000 万－9999 万元的企业，占 29.6%；年销售 10000 万－99999 万元的企业，占 31.7%；占比最大的是年销售 100000 万－499999 万元的企业，占 17.3%；年销售 500000 万元及以上企业，占 10.2%。见图 4。

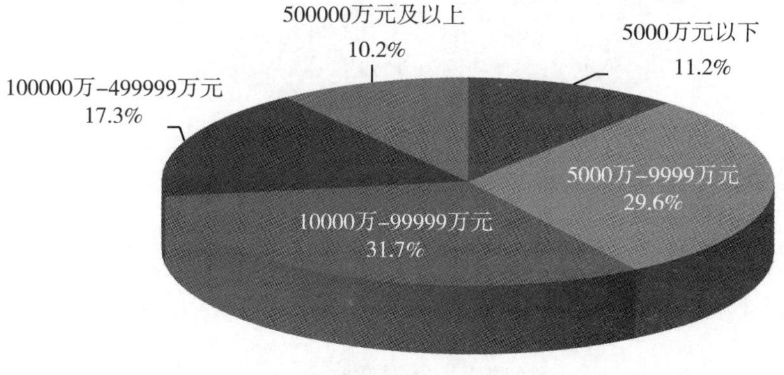

图 4　企业年销售规模分布（%）

（3）企业成立年限

受访企业成立的平均年限为 15.2 年，多数为成立年限较长的企业（见图 5）。占比最大的为成立 15－19 年的企业，占 28.6%；其次，成立 20 年及以上的企业，占 27.6%；成立 10－14 年的企业，占 22.4%；成立 5－9 年的企业，占 17.3%；成立不足 5 年的新企业，只占 4.1%。

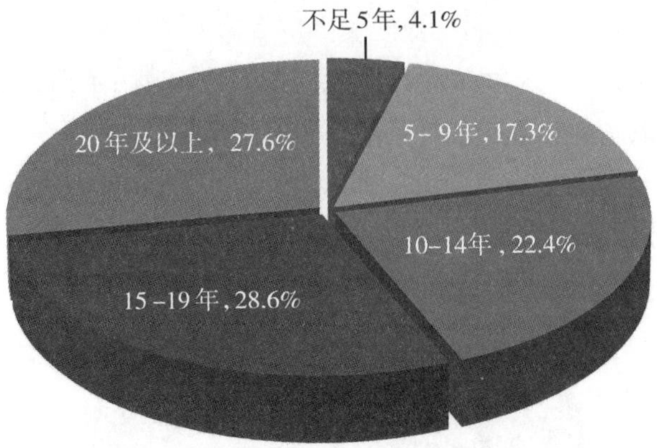

图5　受访企业成立年限分布（%）

（4）门店数

从受访企业店铺规模来看，企业拥有门店平均数为276家（见图6）。受访企业中，不足20家门店的，占15.4%；20-49家门店的，占25.8%；50-99家门店的，占19.6%；100-199家门店的，占16.5%；200家门店及以上的，占22.7%。

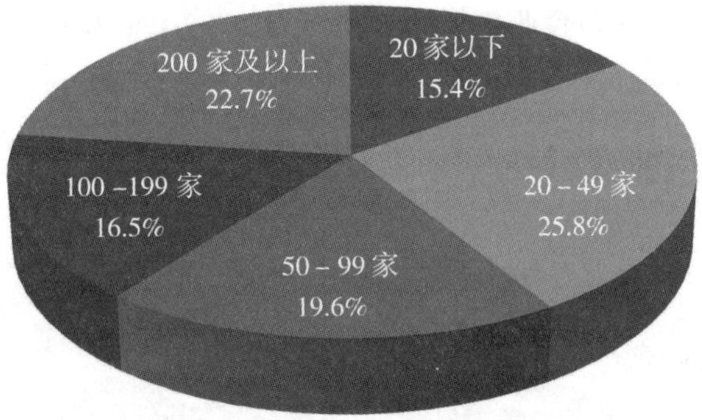

图6　受访企业店铺规模分布（%）

（5）是否为跨国公司

大部分受访企业不是跨国公司，占比为86.1%，只有13.9%的受访企业是跨国公司。见图7。

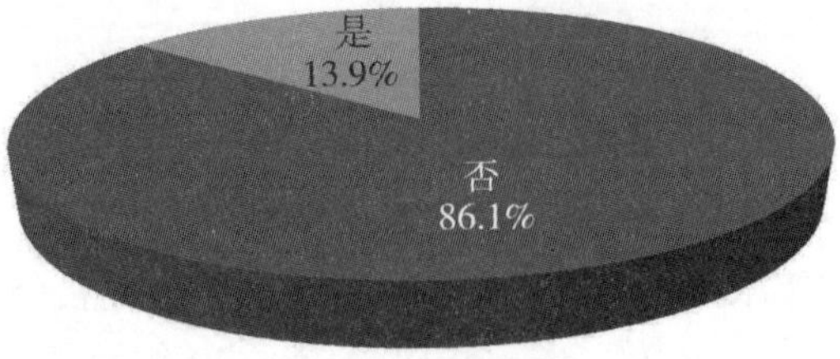

图7　是否为跨国公司

（二）企业对女性人才的需求状况

1. 未来三年连锁企业对女性专业人才需求数量

如图8所示，连锁企业对基层管理人员的需求量最大，占29.0%；其次是中层管理者，占26.7%；再次是企业高管，占23.8%；较少的是一线岗位女员工，仅占16.5%。可以看出，受访企业未来三年对连锁经营专业女性人才的需求旺盛，特别是各层级女性管理人才的需求尤为突出。

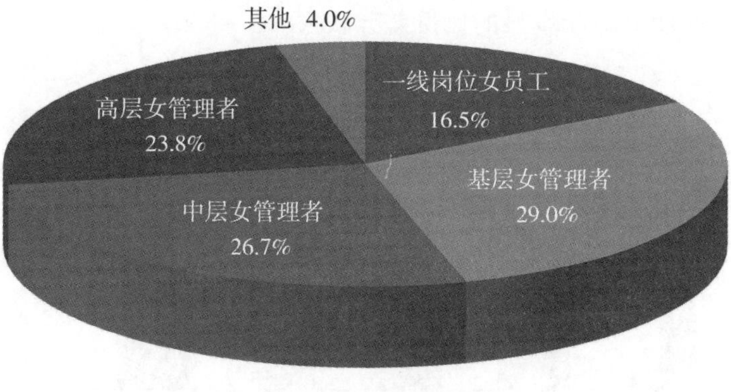

图8　未来三年的连锁经营女性专业人才比重

2. 未来三年企业需要的不同学历女毕业生情况

调查显示（见图9），受访企业未来三年需要的各类学历的女毕业生中，高中及中专生占比最高，达29.0%；初中及以下毕业生，占16.3%；而对受过高等教育的毕业生，需求量最大，超过半数，达54.7%，其中高职高专占26.8%，本科占23.8%，研究生及以上学历占4.1%。

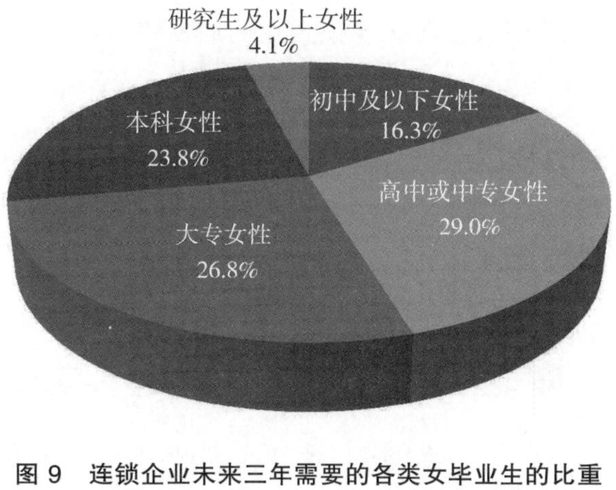

图9　连锁企业未来三年需要的各类女毕业生的比重

（三）企业对女大学生工作领域及岗位需求状况

1. 从事的主要业务领域

连锁企业在对女大学毕业生进行业务领域的配置时，普遍存在依学历差异性配置。即，针对不同学历层次的女大学生所安排的工作领域是有所差异的，如图 10 所示。对于高职高专女生，30.7%的企业希望其从事门店拓展类业务，其次是招商管理、商品采购，分别占 14.9%和 13.9%；而对于本科女生，企业最希望其从事区域督导工作，其次是营销策划和商品采购，分别占 20.8%和 16.8%。可以看出，尤其是门店拓展和区域督导，女大学毕业生中，高职高专和本科的比例差异较大。

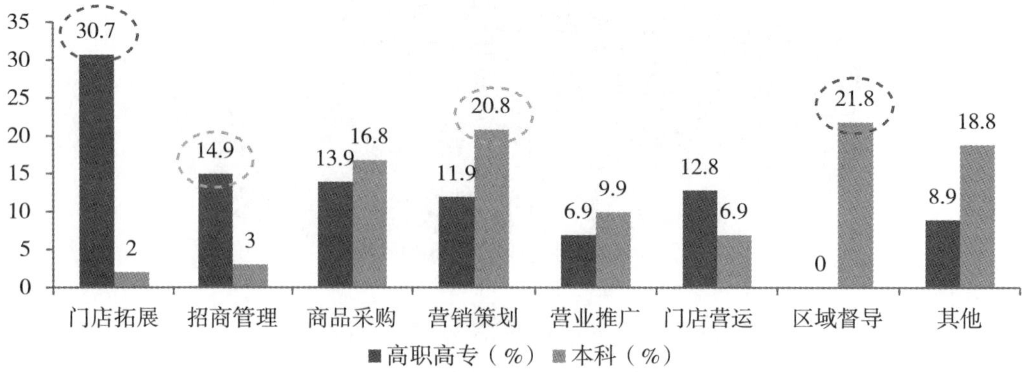

图 10　从事的业务领域

2. 针对的主要部门或岗位

连锁企业在对女大学毕业生进行部门和岗位配置时，与业务领域女生配置类似，也存在依学历差异性配置。即，针对高职高专和本科学历的女生所安排的部门和岗位是不同的，如图 11 所示。本科女生多在连锁企业总部从事各项“管理类”性质的工作，如总部信息中心占 23.6%；高职高专女生多在连锁企业门店从事各项工作，其中门店店长助理占 30.8%。

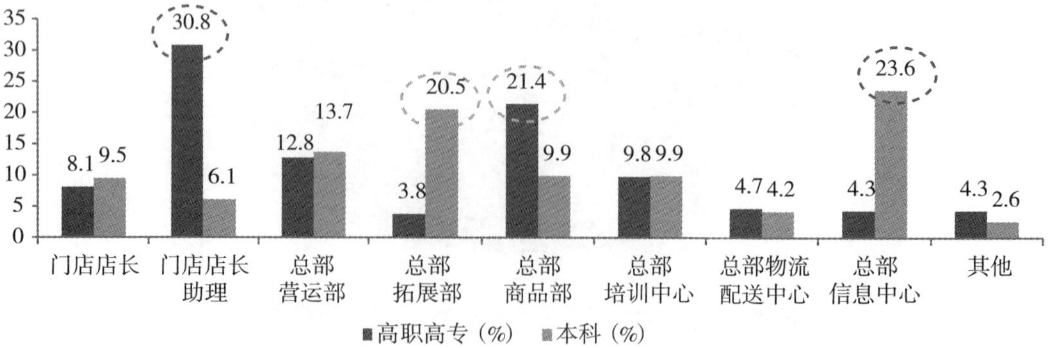

图 11　从事的部门或岗位

（四）企业选择女大学生的主要原因以及不满意之处

1. 选择女大学生的最主要原因

从图 12 可以看出，连锁企业选择女大学毕业生的最主要原因是节约企业成本。其中，48.5%的企业认为招聘女大学生能够节约成本；26.7%的企业认为女大学生就业踏实，学习能力强；13.9%的企业认为其实践技能较强；而 5.9%的企业认为外语好的女生不比本科生或男生差。

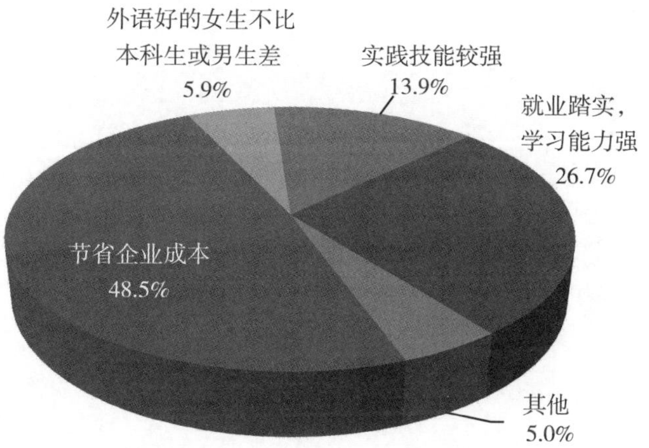

图 12　企业选择女大学毕业生的最主要的原因

2. 企业对女大学生最不满意的方面

调查显示，有些连锁企业愿意雇佣女大学生，但对她们诸多方面存在的问题也有不满，如图 13 所示。对女大学生最不满意的方面主要包括：抗压能力差，占 22.5%；娇气，占 20.5%；怕吃苦，占 17.2%；事多（任性、矫情），占 16.5%。

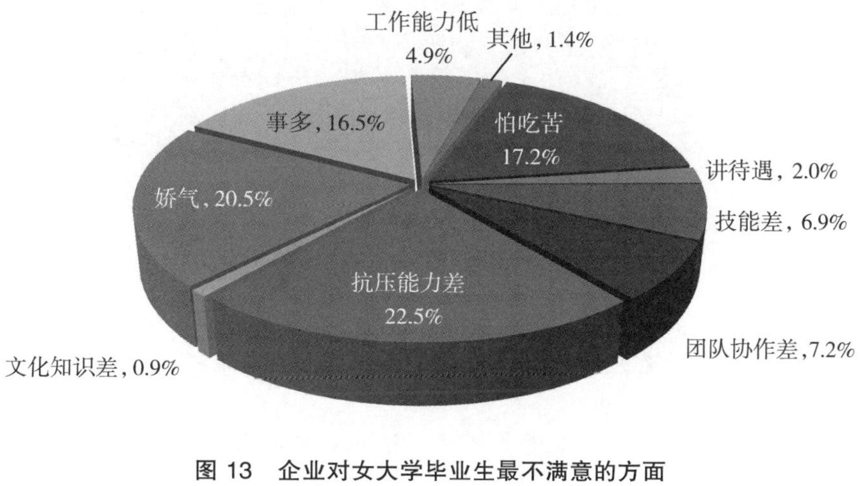

图 13　企业对女大学毕业生最不满意的方面

（五）企业对女大学生的专业领域及资格认证（证书）需求

1. 企业对本科女生和高职高专女生专业领域的需求

调查显示，连锁企业最希望本科女生学习经济学和管理学专业，从图 14 可以看出，这两个专业的需求近六成，达到 58. 3%；其次是理科、法学专业，占比分别为 8% 和 7. 7%。

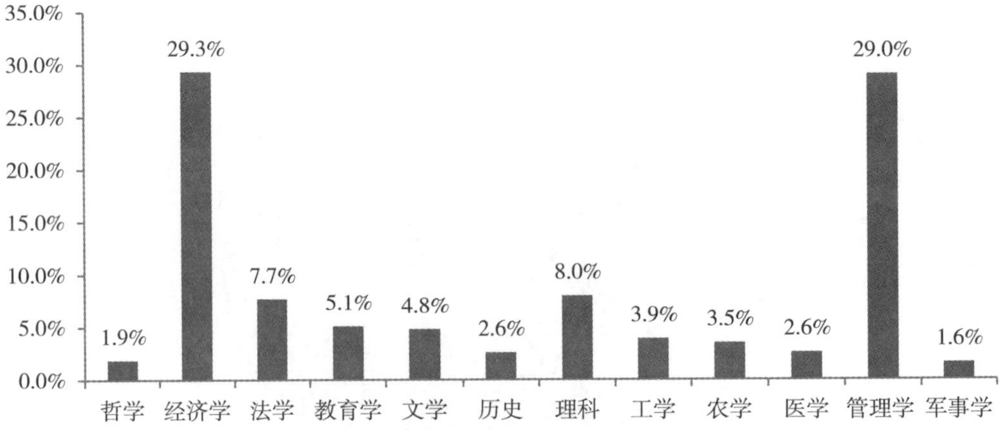

图 14　企业对本科女毕业生专业的需求

调查还显示，连锁企业最希望高职高专女生学习财经大类的专业，需求占比达到 38. 3%；其次是电子信息类专业，占比为 31. 5%。结合图 14 数据看出，连锁企业对本科和高职高专女生的专业需求主体多集中在经管大类。

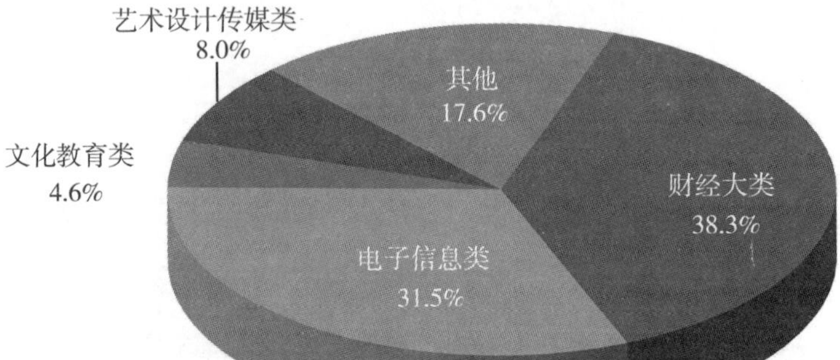

图 15　企业对高职高专女生的专业领域需求

2. 企业对女大学生的专业职业资格认证（证书）的要求

如图 16 所示，有 61. 4%的企业表示更注重应聘毕业生内在能力，并不在意其职业资格证书的数量和级别，从而表明，企业并不像学生所预期的那样看重职业资格证书。连锁企业及其岗位多具劳动密集型特征，其初级岗位所占比重较多，录用的大学生大多数也是首先进驻初级岗位，对专业基础理论知识的要求多是在岗位上完善和系统化，对职业基本技能和实操经验的要求多是从实践中获取并提升。所以，企业在招聘时虽然需要应招者的职业资格认证（证书）材料，但并不实质性地看中。

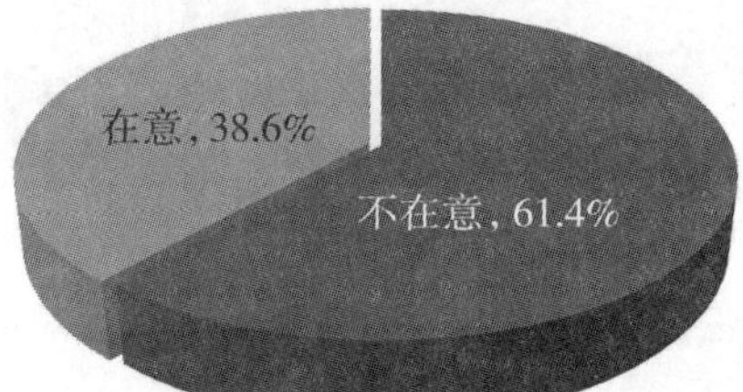

图 16　企业对女大学生专业职业资格证书的要求

（六）企业对高校培养女大学生的认知

1. 企业认为女大学生能力培养的最佳途径

在女大学生职业能力培养的途径方面通常包括学校培养、校企合作订单式培养和企业内部培训三种。据对连锁企业相关调查显示，企业内部培训占比最高，达 57.5%；校企合作订单式培养居次，为 36.6%；而学校培养占比最低，仅为 5.9%。见图 17。

高校课堂主要是满足学生系统学习和掌握专业理论知识，校企合作订单式培养和企业内部培训重在培养大学生对未来实际工作岗位的认知和基本工作能力的掌握。调查表明，连锁企业更看重后者。

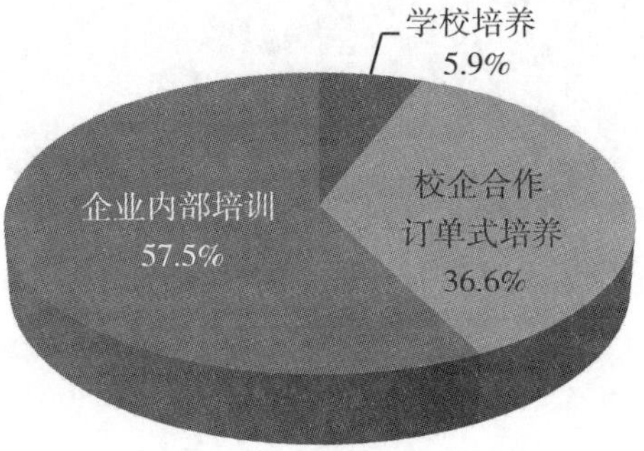

图 17　女大学毕业生能力培养的最佳途径

2. 针对女大学生哪些课程对企业最有用

开设哪些课程对女大学生更有用？如图 18 所示，计算机应用课程占比最高（52.5%），职业道德占比居次（32.7%），而专业知识、专业技能、商务礼仪课程所占比重依次递减，占比均不足 10%。调查数据表明，现代连锁企业离不开信息化，其对计算机应用能力的要求很迫切且不断提升，同时对职业道德、操守非常重视，而认为专业知识、专业技能、商务礼仪等素养均可以在工作中不断学习、积累和提高。

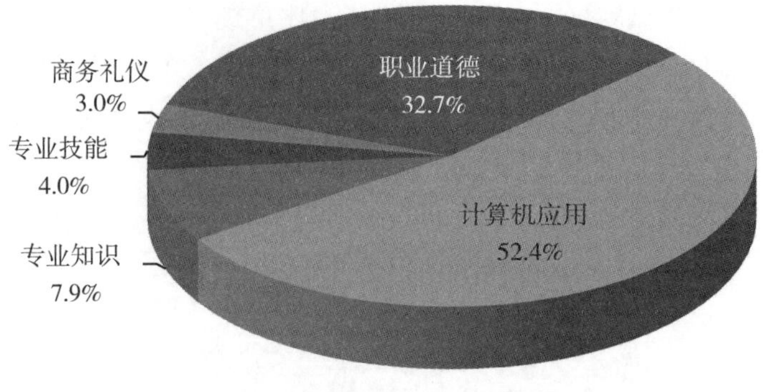

图 18　开设针对女大学毕业生下列哪些课程对企业最有用

3. 企业应着重加强哪方面的教育

现如今，连锁经营企业越来越重视加强员工的培训和教育（见图 19）。其中，对员工操作技能的培训最重视，占比达 31.0%；其次是对职业道德的培养和要求也格外看重，占 25.9%；再次是对团队精神、企业文化和规章制度的宣教和培养，占比分别为 15.8%、15.3%和 10.2%；而对文化知识方面的培训，仅占 1.8%。

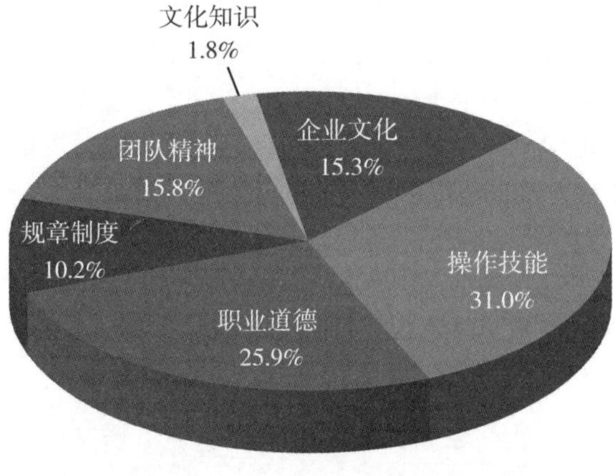

图 19　企业应着重加强哪方面的教育

（七）企业对女大学生的公平任用情况

1. 在职位晋升中女大学生遭受不公平对待及原因

企业中，有些女大学毕业生在职位晋升过程中会受到不公平对待，其原因较多。企业调查显示，认为受到不公平对待的原因及其占比如图 20 所示。首先是女大学生因生理特点和家庭传统观念，使其工作时间被更多地挤占，表现在：女性生育会中断正常工作而不适合担任管理职位，占比为 39.1%；承担相对较多的家务劳动及抚养子女义务而影响企业工作精力，占比为 36.1%；认为女大学生工作能力一般不及男大学生，占比为 10.6%；也有认为女大学生待人处事相对刻板、企业领导层缺乏性别平等意识等原因，但所占比例均较小。

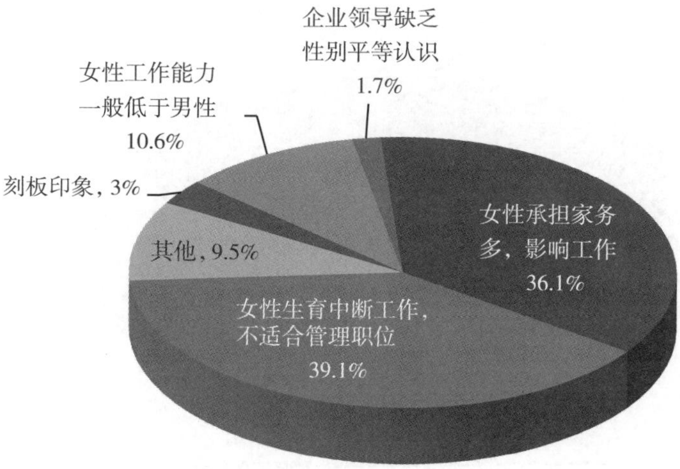

图 20　在职位晋升中女性受到不公平对待的原因

2. 女大学毕业生与在职合格女职员主要差异

由于女大学生工作经验和阅历尚浅，与在职合格女职员相比时，存在一定的差距是客观且必然的。如图 21 调查所示，应急处理能力和实战技能是二者差距最明显之处，占比均超过三分之一；而人情智商、团队合作能力、工作精力与热情、价值取向等也都有不同的差距，但占比均不大，不足 10%。

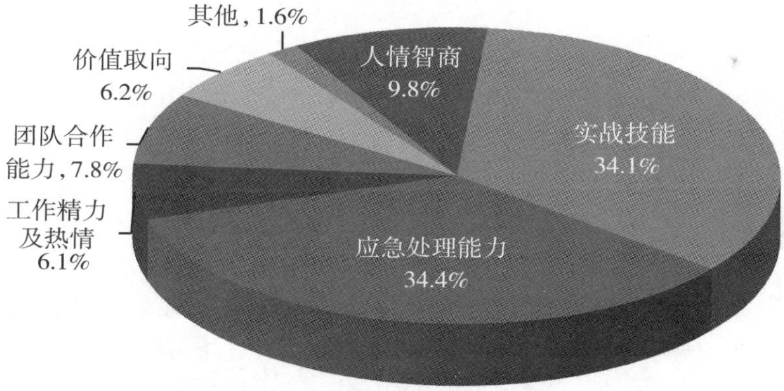

图 21　女大学毕业生与在职合格女职员主要差异

3. 女职员提升技能的最佳连续工作时间

女职员持续工作时间往往会被婚姻、产假、哺乳等近乎不可抗因素所中断，而客观上这些因素确实不利于员工自身技能的不断提升。如图 22 调查所示，连锁企业针对女职员持续提升技能的最佳连续工作时间是：1-2 年的连续工作时间，占比最高，达 55.4%；其次是 2-3 年的连续工作时间，占比超过三分之一；再次是 3-5 年的连续工作时间，占比为 7.9%；5 年及以上连续工作时间和不足 1 年工作时间，占比均仅为 1%。

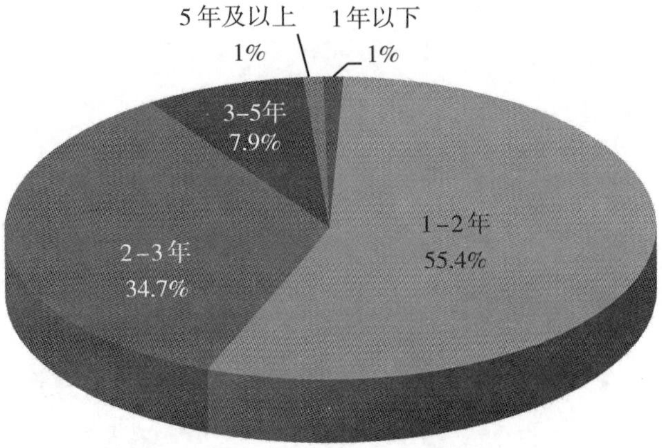

图 22 女职员提升技能的连续工作时间（指不被婚姻、产假打断）

（八）企业对女大学生知识、素质和能力的要求

1. 对女大学生的知识要求

连锁企业对女大学毕业生的知识要求主要包括七个方面：基础知识、专业知识、管理知识、法律知识、财务知识、贸易知识和人文知识。其针对大学生以及女大学生的重要程度如图 23 所示。相对于大学生整体，女大学生在基础知识、法律知识方面更为需要，而在专业知识、管理知识、财务知识、贸易知识和人文知识方面的需求略有不及。

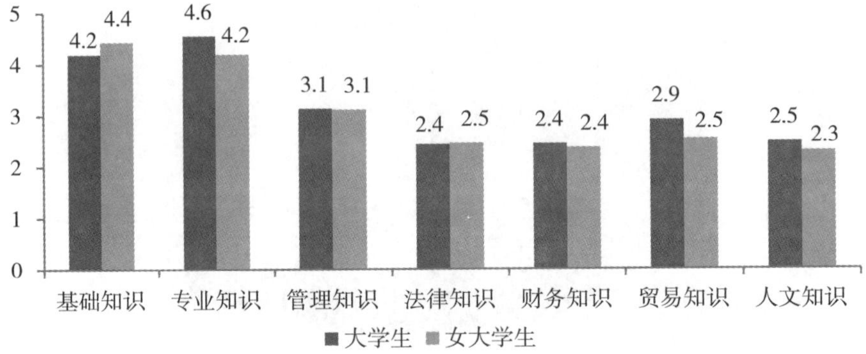

图 23 连锁企业对大学毕业生的知识要求（用 1-5 表示由低至高的重要程度）

2. 对女大学生的素质要求

连锁企业对女大学生的素质要求主要包括四个方面：职业道德、身体素质、心理素质和工作效率。其针对大学生以及女大学生的重要程度如图 24 所示。相对于大学生整体，女大学生虽然在身体素质、心理素质方面略有不及，但是在职业道德、工作效率方面则更胜一筹。

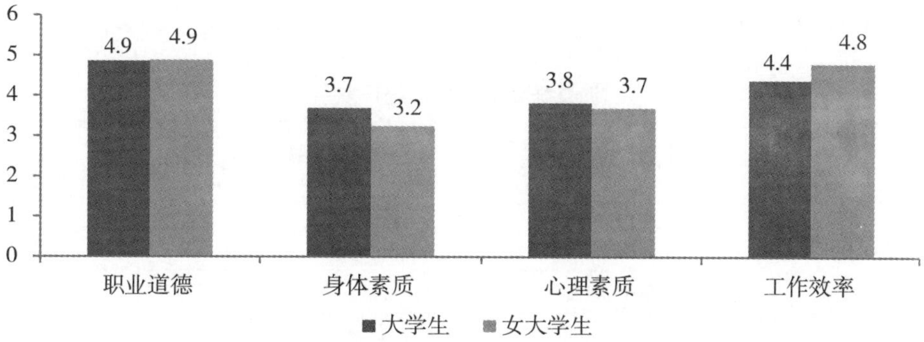

图 24 连锁企业对女大学生的素质要求（用 1–5 表示由低至高的重要程度）

3. 对女大学生的能力要求

连锁企业对女大学生的能力要求主要包括十个方面：外语能力、计算机能力、表达能力、沟通能力、组织能力、学习能力、创新能力、分析能力、谈判能力和解决能力。其针对大学生以及女大学生的重要程度如图 25 所示。相对于大学生整体，女大学生在外语能力方面持平，在学习能力、创新能力、谈判能力和解决能力方面略有不及，但是在表达能力、沟通能力、组织能力和分析能力方面则更胜一筹。

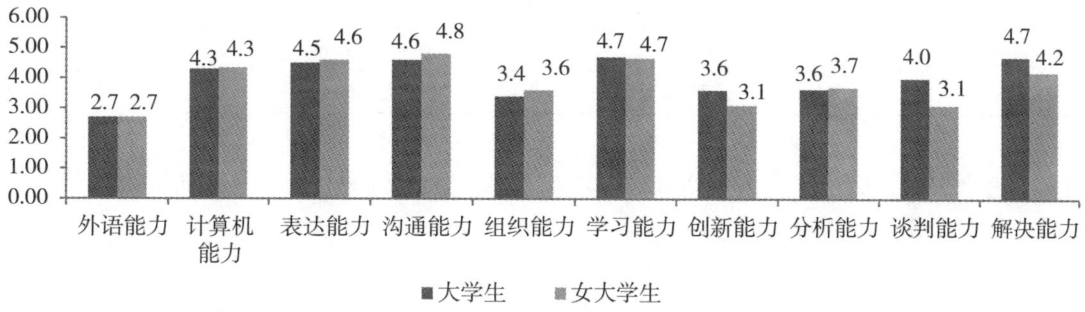

图 25 连锁企业对女大学生的能力要求（用 1–5 表示由低至高的重要程度）

二、女大学毕业生总体就业状况

（一）样本毕业生基本情况

为更具针对性地开展本专项调查，2015 年 1 月，我们先行组织预调查，共发放问卷 200 份，回收完整问卷 193 份，并根据预调查被访者提供的意见对调查问卷进行了修订。正式调查于 2015 年 7–8 月（暑假期间）组织山东女子学院 200 名大学生作为调查员，对已在连锁经营企业就业的大学毕业生进行调查访谈，并现场填写调查问卷。本次调查涉及 324 所高校，共发放调查问卷 1600 份，回收问卷 1517 份，其中有效问卷 1421 份，有效问卷率为 93.7%，而回收女大学毕业生问卷 914 份。本调研以有效问卷样本数据为研究对象，其基本统计特征如下表所示。

调查样本基本特征统计表

项　目		频数（人）	比重（%）
哪届毕业	2012 届	382	27.1
	2013 届	385	27.4
	2014 届	640	45.5
性别	女	914	64.3
	男	507	35.7
学历层次	专科	710	50.1
	本科	706	49.9
高校类型	高职高专	466	32.9
	民办本科院校	144	10.2
	普通本科院校	805	56.9
就业地点	县城及以下	265	18.8
	地级市	166	11.8
	一般省会城市	432	30.7
	副省级及以上城市	545	38.7
城乡	农村	915	64.5
	城市	504	35.5

本调研重点分析样本女大学毕业生基本情况特征及其就业状况，从而研究女大学毕业生就业中的问题以及解决途径。

1. 女大学毕业生城乡来源分布情况

如图 26 所示，女大学生中源自农村和城镇的，占比分别为 69%和 31%；男大学生中，源自农村和城镇的，占比分别为 56.4%和 43.6%。显然，女生的农村居民属性 2 倍于城镇。

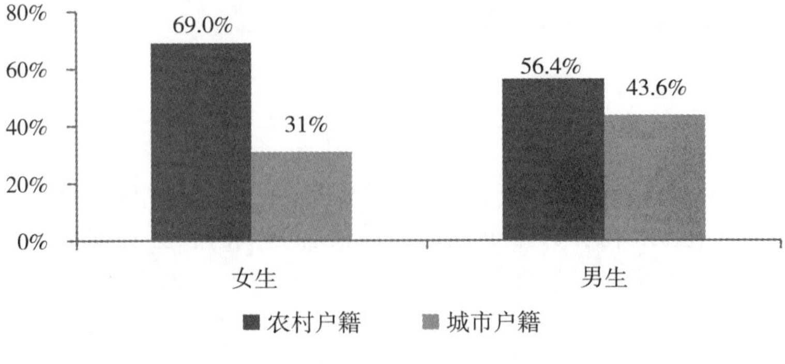

图 26　女大学毕业生城乡来源分布

2. 女大学毕业生就业地域分布情况

如图 27 所示，女大学生在就业地域的选择上，倾向于副省及以上级别城市的人数最多，占比 38.4%；其次为一般省会城市，占 32.1%；再次是县城及以下和地级市，占比分别为 17.8%和 11.7%。男大学生的就业地域选择与女生大致接近。男女生在就业地域选择方面的主要差异集中在一般省会城市和县城及以下。

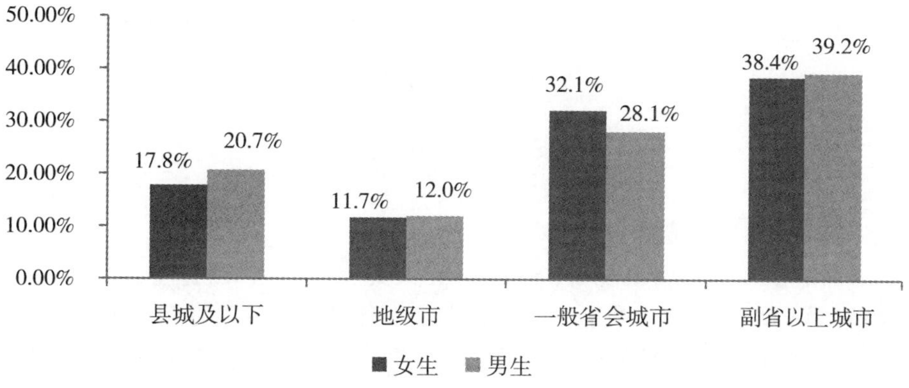

图 27　女大学毕业生就业地域分布

3. 女大学毕业生学历情况

调查显示，受访女大学生以专科学历为主，男大学生以本科学历为主，男生整体学历层次高于女生。见图 28。

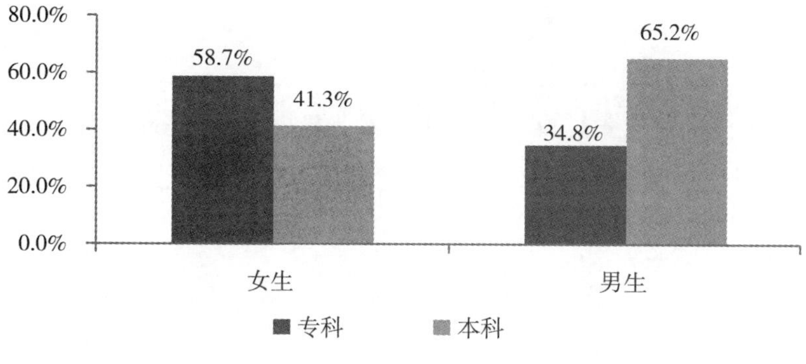

图 28　女大学毕业生学历情况

4. 女大学毕业生就学高校类型

如图 29 所示，毕业生就学高校类型中，（公办）普通本科类院校普遍受到学生的青睐，成为男女生们的首选；民办本科类院校在学生中的认可度最低；高职高专因其应用性和就业导向性强的办学特征而居于二者之间。

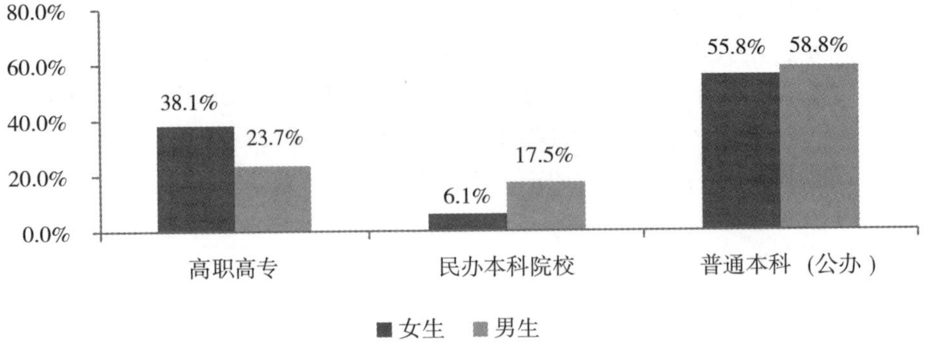

图 29　女大学毕业生就学高校类型

5. 女大学毕业生所学专业分布情况

如图 30 所示，在高职高专院校，由于财经大类和旅游大类就业情况良好，最受大学生关注，特别是女大学生关注度更高。女大学生对环境差、危险性较高的资源开发与测绘大类、公安大类专业报考率较低。男大学毕业生在专业选择上虽然对财经大类和旅游大类也具有偏好，但相比女生，专业分散程度相对更高。

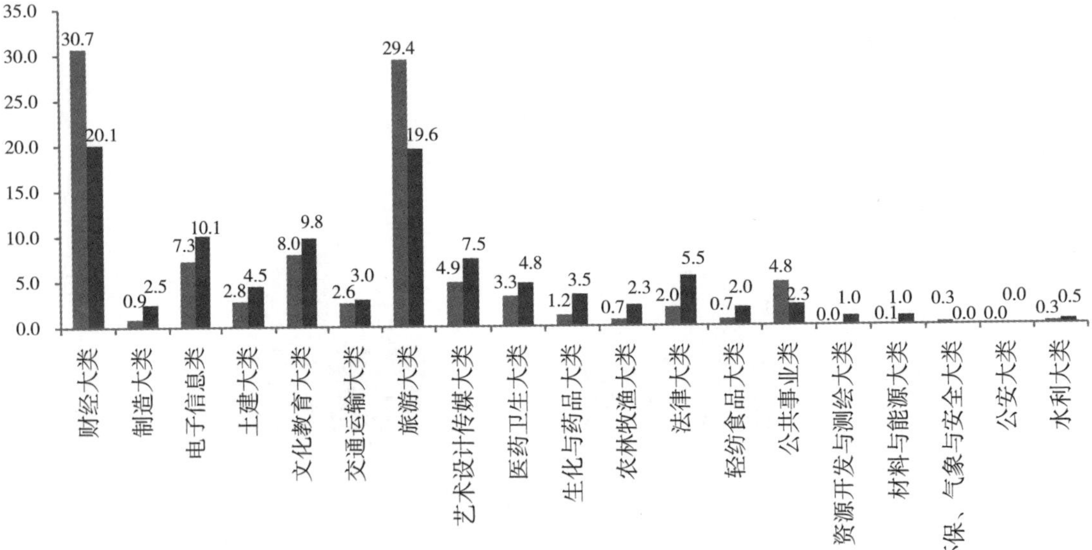

图 30　高职高专女大学毕业生所学专业分布

如图 31 所示，在本科院校，女大学毕业生在专业选择上呈现与高职高专相似的情形，其中管理学最受欢迎，经济学次之。男大学生在专业选择上比女生要分散，其中管理学仍为最高，但工学次之，经济学排列第三，理科、文学居后。

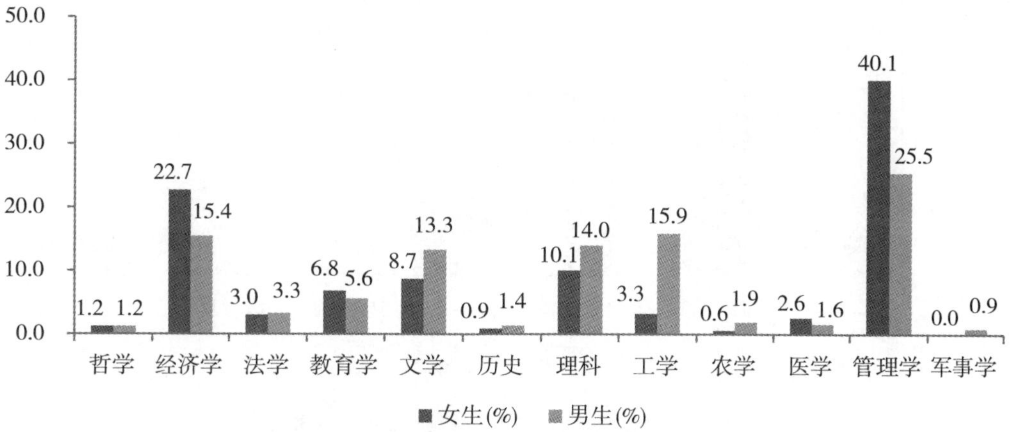

图 31 本科女大学毕业生专业分布

6. 女大学生就业及再发展分布情况

调查显示，大学毕业生在选择就业及再发展渠道方面，选择签订劳动合同而就业者最多，特别是女生签订劳动合同而就业的占比更高，为 57.2%；其次是灵活就业，女生为 21.3%，男生为 17.4%；第三位是网签就业协议，占比超 10%。选择升学、自主创业或出国学习并就业等情况的毕业生相对较少。调查还显示，女生在选择自主创业、出国学习并就业等情况的占比明显少于男生。如图 32 所示。

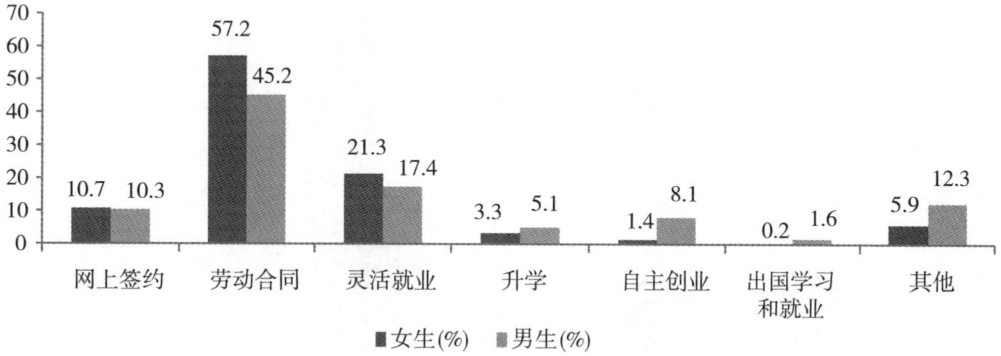

图 32 女大学毕业生就业类型

7. 女大学生就业单位行业属性情况

从大学毕业生就业单位所属行业（业态）看，就业于餐饮、酒店、美容等行业的人数居多，男女生均如此，其中女生占比分别为 33.7%、27.3%和 18.3%；而选择零售、教育培训、家电等行业（业态）的人数相对较少。整体而言，男女大学毕业生在就业单位行业属性选择方面很接近，见图 33。

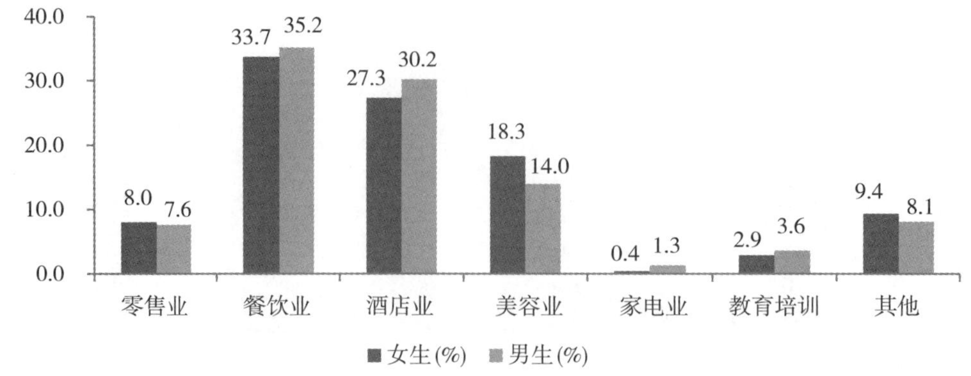

图 33　女大学生就业单位行业属性分布情况

8. 女大学生就业单位规模情况

如图 34 所示，女大学毕业生就业单位的员工规模平均为 918. 5 人，所在单位年均销售规模为 14599 万元，所在企业拥有店铺平均数为 39. 5 个；男大学生就业单位的员工规模平均为 1314. 6 人，所在单位年均销售规模为 16493. 2 万元，所在企业拥有店铺平均数为 44. 6 个。就大学生总体就业单位规模而言，在员工规模、年均销售规模、企业拥有店铺数三个方面，女生就业单位均弱于男生。

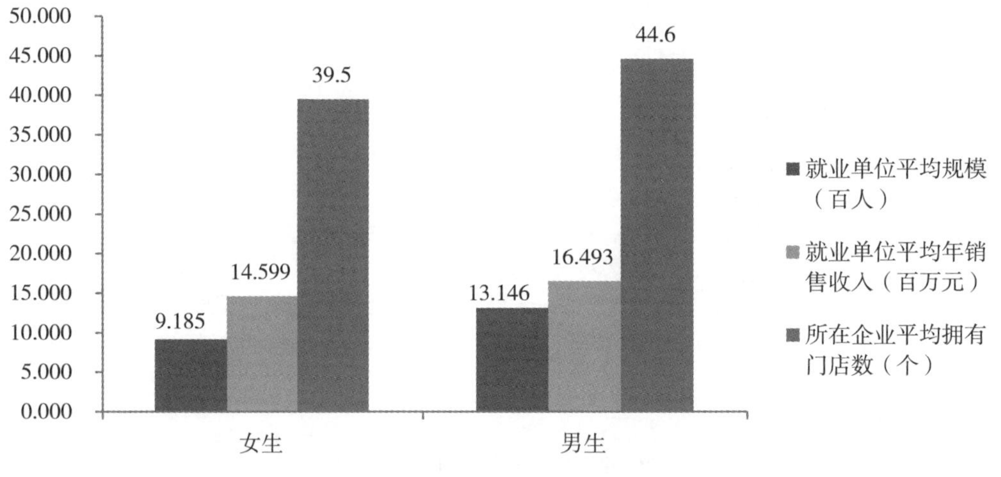

图 34　女大学毕业生就业单位情况

9. 女大学毕业生工作时间和收入情况

调查显示，在周均工作时间及周均加班次数方面，女大学生均略低于男生；而在变更工作岗位平均次数方面，女生为 0. 8 次，男生为 1. 3 次，男生远高于女生，表明女生更趋向于规避岗位风险，寻求更稳定的工作环境。如图 35 所示。在月均收入方面，女大学毕业生比男生低约 600 元（同比为-16. 2%），如图 36 所示。

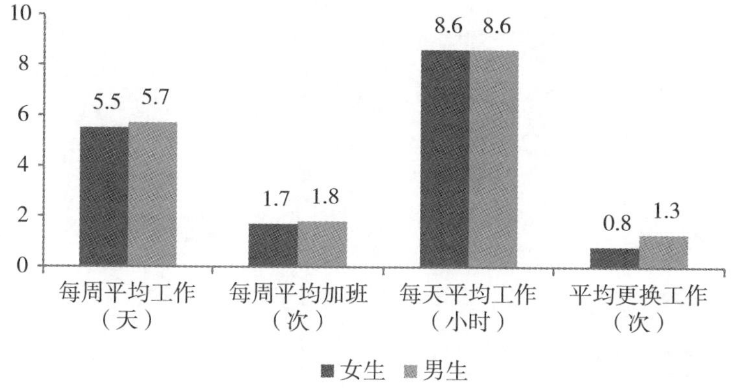

图 35　女大学毕业生就业时间

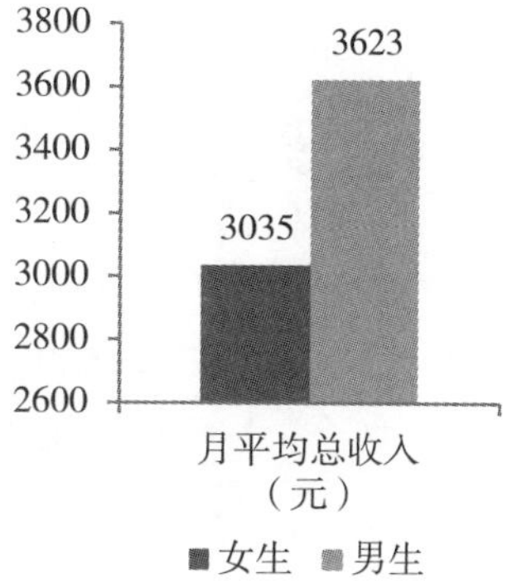

图 36　女大学毕业生平均月收入

10. 女大学毕业生所学专业与就业岗位的专业相关性

如图 37 所示，大学生所学专业与就业工作岗位专业相关性较高，接近 80%，其中半数以上的大学生专业相关程度较高（女生为 54. 2%，男生为 53. 1%），但高度相关和一致的占比不足 20%。从男女生专业相关性比较看，女生所学专业与就业工作专业相关程度略低于男生，但所学专业与工作岗位专业一致的占比明显高于男生，表明女生就业选择时趋利避险的倾向更强。

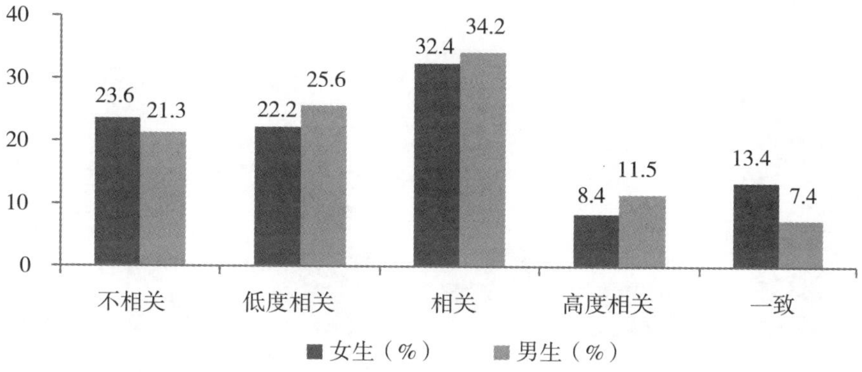

图 37　女大学毕业生所学专业与工作岗位专业相关性情况

调查还显示，总体上看，大学生对就业工作满意度超过九成，且男女生差别不大。

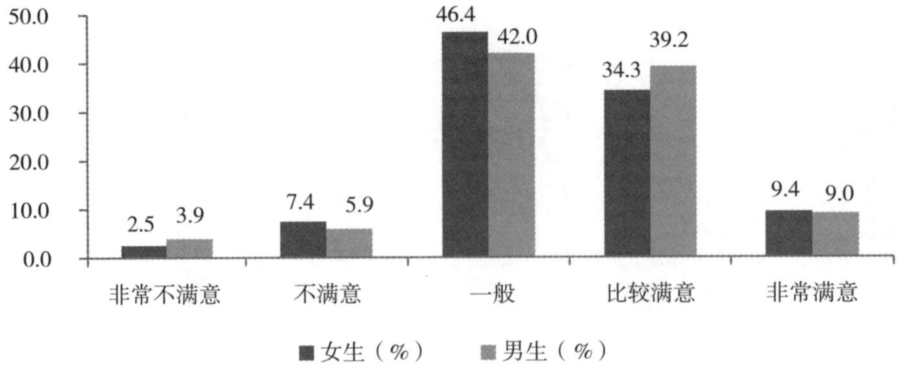

图 38　女大学毕业生工作满意度情况

（二）女大学毕业生就业相关问题

1. 认可度更高的校企合作方式

学校与企业的合作方式多种多样，但是找到一条既能实现学校人才培养目标、又能满足企业人才需求的合作方式尤其重要。从图 39 调查结果看，对不同的校企合作方式，大学生普遍认为顶岗实习方式最好，其次是建立实训基地，此二种方式被女生看好占比分别为 36.4%和 22.5%。总体看，男女生对各种校企合作方式认可度差异不大。

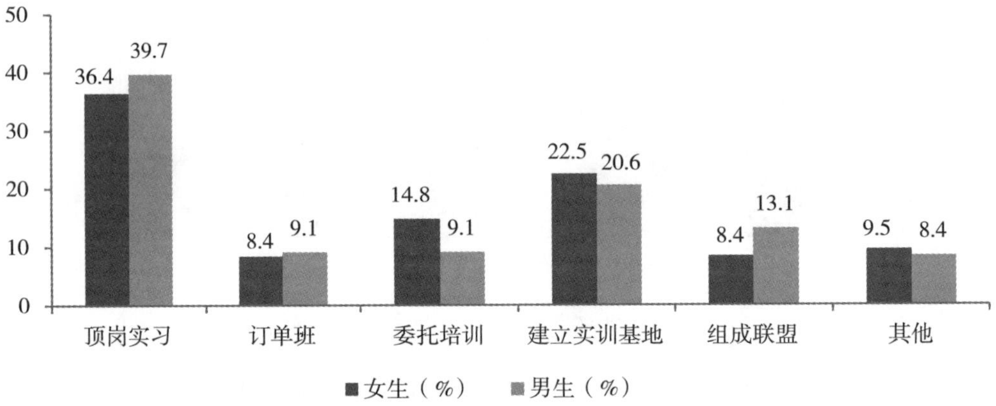

图 39　女大学生认为相对较好的校企合作方式及其占比（%）

2. 连锁企业最看重的员工职业素质

连锁企业多属于服务行业，其对员工的素质要求有些不同于其他行业，因此，清晰了解连锁企业对员工的基本素质要求是非常重要的。如图 40 调查数据显示，女大学生更认可敬业精神是最重要的职业素质，占 23.5%；其次是责任心、服务意识、吃苦耐劳等，分别占 18.8%、13.9%、13.6%。相比之下，男生认为责任心最重要，占比 25.1%；其次是敬业精神、诚实守信和服务意识，分别占 19.1%、11.6%和 11.2%。

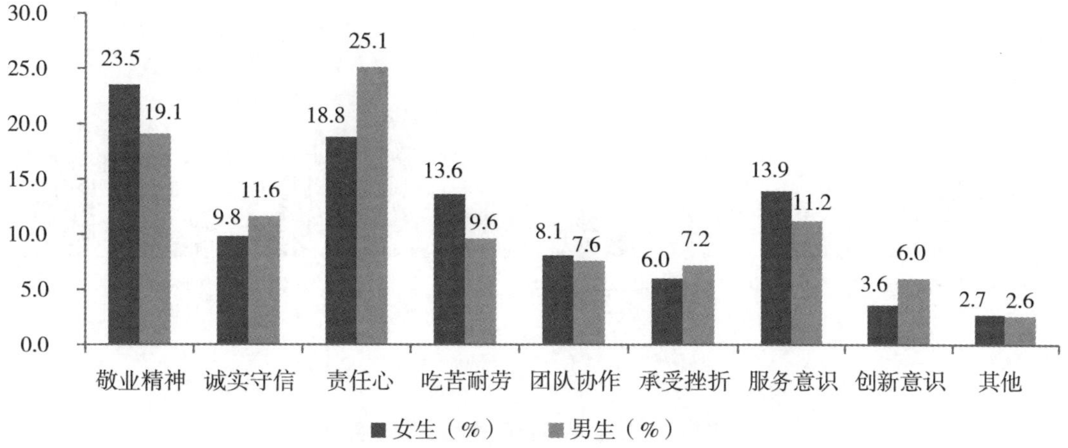

图 40　连锁经营企业最看重的员工素质

3. 工作中遇到的主要问题

全面了解连锁企业员工在工作中遇到的主要问题，通过员工培训教育进行有针对性的应对是非常重要的。调查显示，在工作中女大学生认为遇到的最大问题，首先是占比27. 7%的收入太低，其次是占比 22. 2%的发展机会受限，再次是占比 14. 7%的工作太辛苦。男生认为最主要的问题是占比 24. 4%的发展机会少，其次是占比 22. 8%的收入太低，再次是占比 14. 4%的人际关系难处。如图 41 所示。

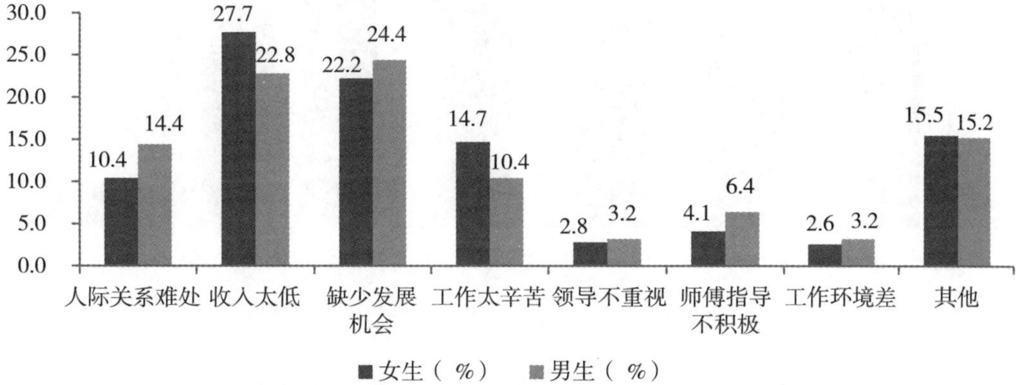

图 41　在工作中遇到的主要问题

4. 毕业后最需优先提升的能力

每位大学生毕业进入一个就业行业都将面临继续学习、尽快提高自身专业能力的需要。图 42 显示了本次调查受访大学生最需优先提升的不同专业能力及其占比情况，其中最需优先提升的是推销谈判能力，男女生占比分别为 33. 5%和 24. 9%。

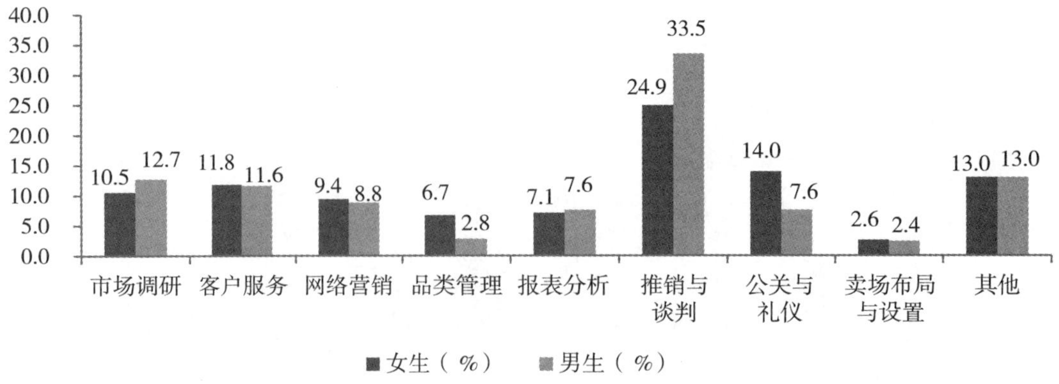

图 42 毕业后最需优先提高的能力

5. 大学生在校期间最需重点加强的专业训练和学习

调查数据显示，男女生受访者都认为，就业于连锁行业的大学生在校学习期间最需优先加强的前三项能力均为专业技能、职业素养和团队合作。其中，此三项女生占比分别为21.8%、18.1%和17.0%，男生占比分别为20.6%、19.4%和16.8%。如图43所示。

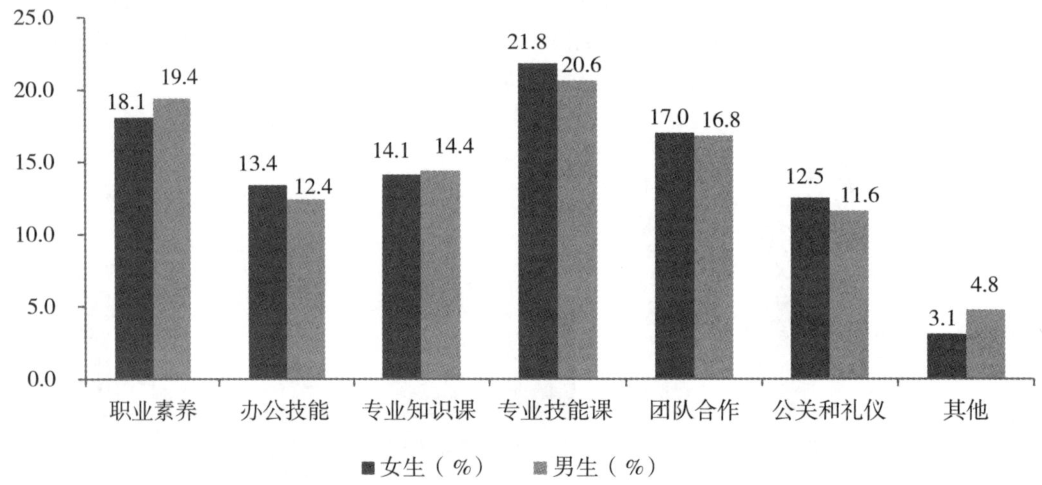

图 43 男女大学生在校期间应重点加强的训练和学习

6. 在职位晋升中女员工遭受不公平对待及原因

如图44所示，女大学生认为企业在职位晋升方面，女员工遭受不公平对待的首要原因是女性承担过多家务劳动而影响正常工作，占比为27.3%；次要原因是女性因生育而中断连续工作，以致不适合担任管理工作，占比为27.0%。在职位晋升方面，男生认为女性遭受不公平对待的首要原因是女性因生育而中断工作，占比为27.4%；其次是女性承担过多家务劳动，占比为23.7%。

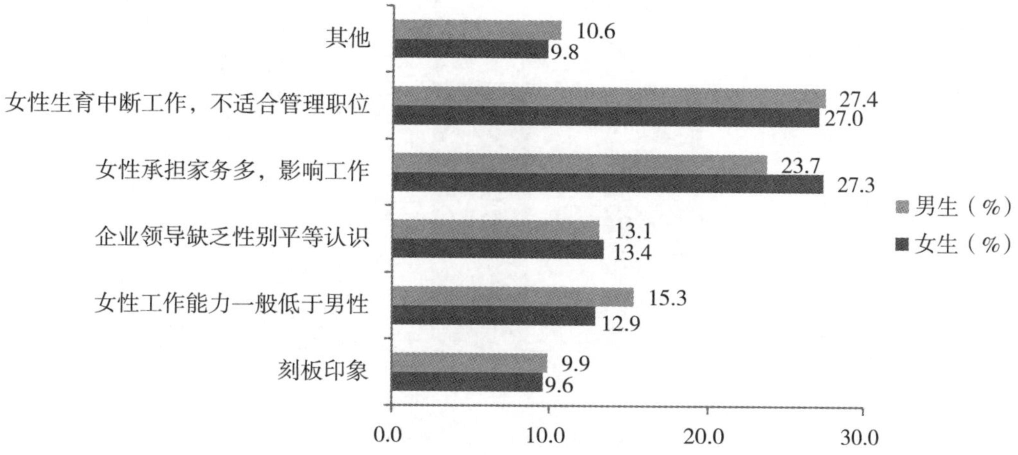

图 44　职位晋升时女性可能遭受不公平对待的原因及占比（%）

7. 女大学毕业生与在职合格女职员的主要差异

如图 45 调查所示，受访者认为女大学生与在职合格女职员的主要差异主要表现在实战技能和应急处理能力方面，占比分别为 26. 5%和 25. 9%。这表明女大学生在校学习过程中更重视理论知识的学习，而缺少实践机会，表现出实践能力、应急能力不足的特征。

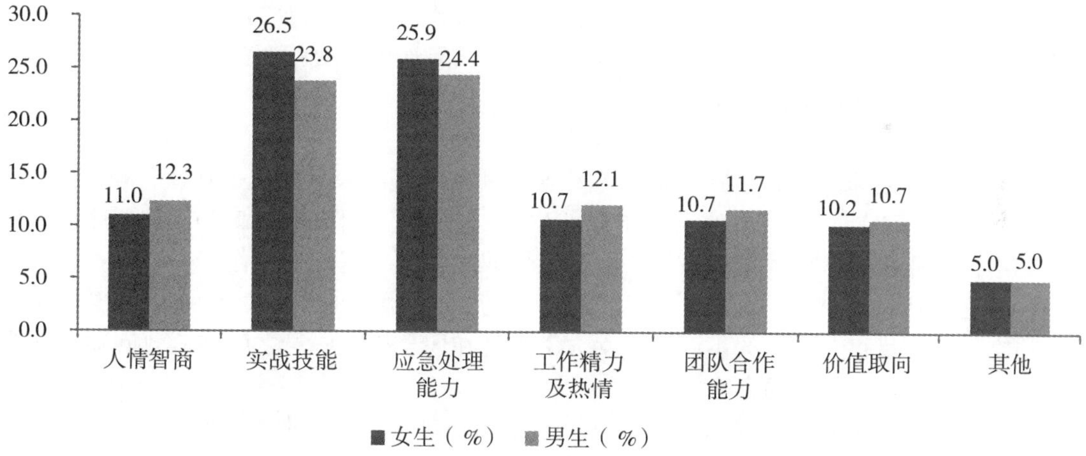

图 45　女大学毕业生与在职合格女职员主要差异

8. 女职员提升技能的最佳连续工作时间

如图 46 所示，针对女职员持续提升技能的最佳连续工作时间，受访者的意见呈现两极化：40. 4%的受访女生和 40. 8%的受访男生认为女职员连续工作 2-3 年（期间不被婚姻、产假打断，下同）为最佳；而另有 38. 5%的受访女生和 30. 6%的受访男生认为女职员连续工作 1-2 年为最佳。由此表明，若不能保证一段较长的连续工作时间，女职员在持续提升技能，进而晋升职位等职业发展方面会受到影响。

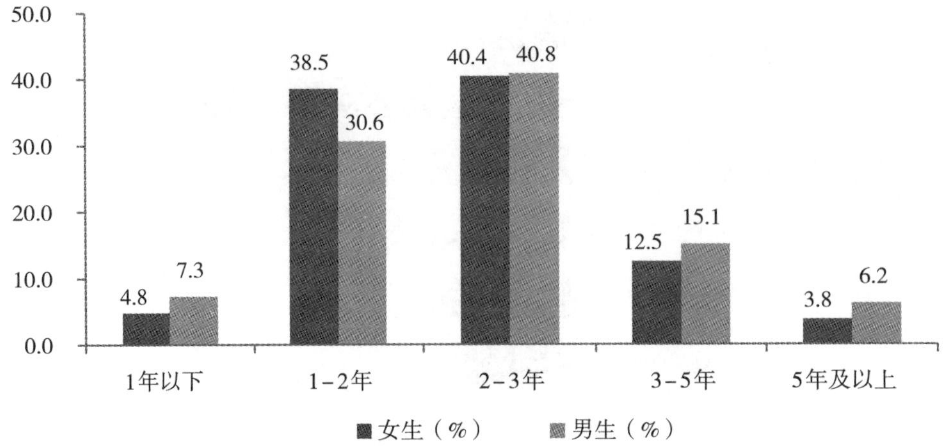

图 46　女职员提升技能的最佳连续工作时间（不被婚姻、产假打断）

三、调查结论与政策建议

（一）调查结论

通过对全国范围内 101 家连锁经营企业和在连锁经营企业就业的 1421 名大学生进行访谈和问卷调查，并对调查数据进行统计分析，我们对连锁行业就女大学毕业生的主要需求以及实际就业状况得出初步调查结论。

1. 连锁经营企业对女大学毕业生总体需求情况

（1）连锁行业未来会持续保持对女性专业人才的旺盛需求，尤其是女性管理人才。

（2）企业对不同学历层次的女大学毕业生在安排相应工作领域和部门岗位时有明显不同，本科毕业生多从事管理类工作，而专科毕业生多从事基础类工作。

（3）企业更多是从节约成本的角度考虑而雇佣女大学毕业生，对女大学生抗压能力差、怕吃苦等不足存在明显的不满意。女大学生与在职合格女职员之间在应急问题处理能力、实战技能、情商等方面存在差距。

（4）企业更倾向招聘经济管理类的女大学生，同时，并不特别看重职业资格证书。

（5）企业出于员工职业发展、更好完成工作的角度考虑，将企业内部培训以及校企合作培养作为女大学毕业生职业培训的最佳途径，并将员工的操作技能、职业道德、团队精神、企业文化等作为培训重点。而对学生在校期间的专业学习，企业更希望着重加强专业理论知识，尤其是计算机应用相关的课程及职业道德方面的培养。对女大学生希望在基础知识、法律知识等方面更为突出；对其身体素质、心理素质、创新能力、谈判能力、解决问题的能力等方面的期待较高。

（6）企业客观存在女性在职位晋升中遭受不公平对待的情况。女职员欲得到技能和职位的晋升，特别需要保持一定的连续工作时间。

2. 女大学毕业生在连锁行业总体就业状况

（1）学生普遍认同校企合作订单式的合作培养方式对其就业最有利。

（2）女大学生认为敬业精神是最重要的职业素质。

（3）女大学生认为工作中的最大问题是收入低、发展机会受限和工作辛苦。

（4）进入工作环境后，女大学生认为最需要提高推销谈判的能力。

（5）在连锁行业就职的女大学生认为在校学习期间更应加强专业技能、专业知识和职业素养的培训；其与在职合格女职员的主要差异体现在实战技能和应急问题处理能力等方面。

（6）女大学生认为，连锁企业客观存在晋升等障碍，如不能保证一段较长的连续工作时间会影响职业晋升。

（二）建议

1. 女大学生要树立正确的求职心态

面对激烈的就业竞争，当代女大学生应该转变观念，树立积极乐观向上的求职心态，在求职压力、全方位竞争环境下应表现出愈挫愈勇的气度，树立自信、自立、自强的观念，迎难而上。女大学生更应客观剖析自己的内在实力，无论在应聘求职还是初入职场都应扬长避短、固优补劣。作为现代职业女性，要把事业有成、对社会有所贡献作为自己的人生目标，努力追求自身价值的实现。

2. 女大学生要增强自身的就业竞争力

女大学生在校期间不仅要努力学好基础和专业理论知识，还应积极参加社会实践、校办活动，有意识地提高自身的职业素养和实践技能，加强社交、协调、适应和创新等诸多方面的能力，实现书本知识和实践知识的更好结合从而强化自身的求职活力和竞争力。女大学生有志投身连锁经营行业，就应积极参与连锁经营相关的社会实践活动，以利更早、更全面地了解行业和企业，更多发现自身的优势及提升的空间，不断强化、提高自己的综合实力，努力缩短自己成为职场达人的距离。

3. 女大学生要积极参加适合自己的职业培训

女大学生应充分利用课余时间积极参加适合自己的职业培训，提升自身面对就业门槛高、技能要求高行业的就业机会和跨越能力。首先，应基本确定或明确就业方向。女大学生要根据自身特点、所学专业和将来可能就业的领域选择适合的职业培训，不应在尚未确定方向的前提下盲目参加培训，否则不仅浪费时间、精力、金钱，而且很难适时解决实际问题，乃至问题越积越多。其次，精选合适的培训机构。明确就业方向，精选培训学校，通过职业培训提升自己的专业素养，强化自身学校所学知识与社会实践有机结合的体验和能力。特别是对女大学生，更要加大理论知识运用于实践能力培养的力度，拓展求职所需的各种工作技能的宽度和广度。

4. 高校有必要进一步完善毕业生就业指导体系

加大就业工作指导力度，将就业指导纳入日常教管工作，实现就业指导与教育教学的有机结合，为女大学生成功就业奠定良好基础。首先，应专设就业指导工作机构，从新生入学开始就植入就业指导教育，而非等到学生临近毕业再仓促“强化”；将就业指导思想渗入教育教学各个环节，相关授课教师要树立帮辅学生就业的意识、义务和责任；引导女大学生学会并量身定制自身的职业发展规划。其次，高校就业指导工作内容不能限于提供就业政策和就业信息，更应注重学生求职应聘所应具备的技巧、职业素养等相关专业素质的培养。此外，相比于男生，女生有其特定的特点，高校应针对性地开展心理、生理等相关女性特征的就业指导教育，为女大学生树立正确的择业观、人生观提供有益、有效的帮助，使之更客观、准确地认知自身的优势与不足，为自己设定相对科学、合理的定位。

5. 院校要注重对女大学生实践能力的培养

首先，学校可以组织社会实践活动，督导学生参加，使之从中发现自己的长处与短处，培养提高社交沟通、组织协调等能力。其次，针对女大学生开设实践性较强的课程，有效强化其实践能力。此外，还应为女大学生多提供实习机会，让她们更早地接触社会，更多地了解工作环境，从而使之更主动、合理地调整自己的职业目标与规划，为积极适应职场氛围、各种社会环境而努力做出改变。同样，高校在人才培养方面，也应密切结合女性特点，引导发挥其在沟通交往、审美、认真等方面的优势，构建提升女大学生的职业核心能力。

6. 促进相关法律法规等政策进步，强化执法力度

《劳动法》第十三条规定，“妇女享有与男子平等的就业权利。在录用职工时，除国家规定的不适合妇女的工种或者岗位外，不得以性别为由拒绝录用妇女或者提高对妇女的录用标准”。但 1995 年新施行的《劳动法》在就业歧视相关法律法规责任方面未做详细说明。也即，用人单位若违反了《劳动法》就业歧视相关条款规定，是不会遭受责罚的。因此，完善就业歧视相关法律责任及罚则对女大学生就业尤为重要。因此，有必要对《劳动法》《中国妇女发展纲要》《妇女权益保障法》等法律法规中有关就业歧视行为进行明确界定，明晰相关法律责任来保证女性求职者与男性享有同等就业机会与待遇。同时，我国法律法规对用人单位女性就业、使用等性别歧视行为的责罚规定笼统且力度不足，效用有限。应对现行的违反就业、使用性别歧视方面的相关法律法规进行梳理、完善，对执法效果无威慑、无力度的条款应强化、从严并加重违规惩处，以确保行政执法部门易辨识、可操作、有力度、见实效。还应设立专门机构对就业歧视严重事件或特困案例实行法律援助和困难救济。如此，才能确保女性求职者遭遇就业性别歧视时的权益保障，才能有效确立相关行政部门的执法权威及其法律环境的维护。

7. 企业要关爱女性，创造公平的职场竞争环境

企业应树立性别平等意识，努力遵从性别平等原则，改变员工招聘、使用、晋升和薪酬等环节存在的不良性别偏见，确保企业相关人力资源政策规定的公正、公平。对专业不对口、专业能力不足，或需要不断提升专业技能的毕业生，企业应建立相应的职业、岗位培训体系，实施必要的强化培训。企业在制定制度、编制任务、组织考评时，应充分考虑女性的性别特征和承受能力，对女职员的压力感受予以充分的重视。员工有工作压力且保持一定程度有其必要性，但企业也不应漠视或轻视它的存在。企业应及时了解压力来源，对症下药，创造更有利的工作环境来缓解压力，改善压力应对方式，变压力为动力，在有益互助的工作竞争环境和残酷的市场经济竞争环境下，使员工尤其是女员工保持最佳工作状态，高效迎接并完成工作任务的挑战。

第四部分

政策法规篇

商务部办公厅等五部门关于进一步加强零售商供应商交易监管工作的通知

近年来，各地区有关部门针对大型零售企业向供应商违规收费等问题，联合开展清理整顿工作，探索建立长效机制，采取多种方式促进零售商供应商公平交易。总体看，企业收费行为逐步规范，行业自律意识不断提高，零售商供应商交易（以下简称零供交易）关系逐步改善。但部分企业逃避市场监管、违规收取费用等现象仍不同程度存在。为切实加强零供交易监管，促进公平交易，现就有关事项通知如下：

一、严格规范促销行为，健全收费公示制度

商务主管部门要会同有关部门依据《零售商供应商公平交易管理办法》（商务部令2006年第17号，以下简称《办法》），严格规范零售商促销服务收费行为。零售商为吸引消费者、扩大销售，依照合同约定开展促销服务可以收取相应费用，但不应以促销行为代替应向供应商提供的基本营销服务。促销服务主要包括印制促销海报和刊物、制作促销宣传品、在网站或移动终端特定专区发布促销信息等相应服务；开展顾客体验、主题推广等促销活动；提供店内特定造型摆放、集中品牌展示等相应服务。零售企业未按照合同约定提供相应服务且不返还未提供服务部分的费用，收取其他与销售商品没有直接关系、应当由零售企业自身承担的费用或要求无条件返利及不合理扣款等，均属于违反《办法》的不正当行为。地方商务主管部门要会同发展改革（物价）、工商等相关部门，依据有关法律法规，引导零售企业规范促销服务费用具体项目，合理合法收费。

发展改革（物价）部门要会同商务主管部门指导、督促零售企业建立健全收费公示制度，实行明码标价，并加大对收费公示情况的日常监督检查。零售企业总部及其门店均应建立有关收费公示的管理制度，落实责任人员，加强内部管理和检查；要明确收费项目、收费标准（价格）、适用对象、收费条件，并与应提供的服务内容相对应；要在谈判室、财务室或经营场所的醒目位置，设置（放置）标价牌或价目表或价格手册，并可通过显示屏、电脑、多媒体终端等现代信息技术手段进行查询。

二、强化执法协作机制，加大监督检查力度

商务主管部门要会同发展改革（物价）、公安、税务、工商等部门进一步完善工作机

制，健全定期会商制度，加强执法协作，严肃查处不公平交易和不正当竞争行为。

商务主管部门要规范零售企业促销服务行为，依法检查零售企业收费后未按约定向供应商提供相应服务、拖欠供应商货款等行为。发展改革（物价）部门要加强市场价格监管，规范零售商、供应商价格行为，依法查处各类价格违法和价格垄断行为。税务主管部门要检查零售企业促销服务费纳税情况，依法查处零售企业涉税违法行为。工商行政管理部门要加强对零售企业经营活动的监督检查，依法查处零供交易活动中的不正当竞争行为和垄断行为。公安机关要对涉嫌犯罪行为及时立案侦查。

要发挥商务（12312）、价格（12358）、工商（12315）、税务（12366）等部门的举报投诉平台作用，建立举报投诉移交转办和执法信息共享机制，对发现的违法违规线索一查到底。建立重大案件挂牌督办制度，始终保持打击违规收费行为的高压态势。

三、拓宽产品销售渠道，增强供应商竞争实力

商务主管部门要发挥市场运行调节机制作用，及时发布市场监测信息，引导产销有效衔接。促进供应商加强市场分析，开发适销对路产品，避免产品同质化竞争。要会同有关部门加快推动电子商务发展，引导中小供应商充分利用网络平台、移动终端等新型营销手段，拓宽销售渠道，创新营销方式。鼓励有条件的供应商探索形成统一采购、配送和经营的直营或加盟销售模式。加强中小流通企业公共服务体系建设，鼓励零售企业推行中小供应商扶持计划，为中小供应商融资提供便利。

积极促进有条件的地方建立供应商协会，培育独立、专业、有广泛代表性的行业组织。支持中小供应商建立销售联盟，增强与零售企业谈判和议价能力。

四、鼓励创新发展模式，引导零售企业转型升级

商务主管部门要支持传统零售企业拓展业务发展模式，加强内部经营管理和品牌培育，通过开展职业“买手”、供应链和品类管理等业务培训，提升人才队伍素质，形成经营和服务的新优势。鼓励有条件的零售企业建立产品直采基地和物流配送中心，加强产销衔接，建立零售商和供应商长期互惠合作关系。引导零售企业运用现代信息技术，提高采购、仓储、运输（配送）等环节的科学管理水平，积极探索线上线下融合发展。协调有关部门出台商贸流通企业融资支持政策，为企业发展和转型升级提供必要的资金保障。

五、健全纠纷调解机制，加强行业诚信建设

鼓励零售企业建立健全与供应商的纠纷调解机制，通过完善相关管理制度，设置专门岗位，安排专人负责，及时调解纠纷。支持行业协会等社会中介组织建立零售商供应商信息交流平台，及时化解零供交易矛盾。指导行业协会研究制订行业标准和合同规范。

加强行业信用体系建设。将违法违规企业和相关人员的信息纳入有关部门的信用信息系统和国家统一的信用信息共享交换平台，建立“黑名单”，依法向社会公示，加大对失信行为的惩戒力度。继续推动行业协会建立会员企业信用信息数据库，鼓励行业协会与有

资质的第三方信用服务机构合作，依法开展行业信用评价，树立诚信经营典型。大力开展宣传教育和舆论引导，强化企业契约意识和诚信经营理念。

促进零售商供应商公平交易，对于转变流通发展方式，规范市场经济秩序，建设法治化营商环境具有重要意义。各地区有关部门要加强组织领导，健全工作机制，细化工作任务，落实工作责任，切实做好零供交易监管工作，促进零售商供应商和谐共赢发展。

商 务 部 办 公 厅
发展改革委办公厅
公 安 部 办 公 厅
税务总局办公厅
工商总局办公厅
2015 年 1 月 26 日

国务院办公厅关于发展众创空间推进大众创新创业的指导意见

国办发〔2015〕9号

各省、自治区、直辖市人民政府，国务院各部委、各直属机构：

为加快实施创新驱动发展战略，适应和引领经济发展新常态，顺应网络时代大众创业、万众创新的新趋势，加快发展众创空间等新型创业服务平台，营造良好的创新创业生态环境，激发亿万群众创造活力，打造经济发展新引擎，经国务院同意，现提出以下意见。

一、总体要求

（一）指导思想。全面落实党的十八大和十八届二中、三中、四中全会精神，按照党中央、国务院决策部署，以营造良好创新创业生态环境为目标，以激发全社会创新创业活力为主线，以构建众创空间等创业服务平台为载体，有效整合资源，集成落实政策，完善服务模式，培育创新文化，加快形成大众创业、万众创新的生动局面。

（二）基本原则。

坚持市场导向。充分发挥市场配置资源的决定性作用，以社会力量为主构建市场化的众创空间，以满足个性化多样化消费需求和用户体验为出发点，促进创新创意与市场需求和社会资本有效对接。

加强政策集成。进一步加大简政放权力度，优化市场竞争环境。完善创新创业政策体系，加大政策落实力度，降低创新创业成本，壮大创新创业群体。完善股权激励和利益分配机制，保障创新创业者的合法权益。

强化开放共享。充分运用互联网和开源技术，构建开放创新创业平台，促进更多创业者加入和集聚。加强跨区域、跨国技术转移，整合利用全球创新资源。推动产学研协同创新，促进科技资源开放共享。

创新服务模式。通过市场化机制、专业化服务和资本化途径，有效集成创业服务资源，提供全链条增值服务。强化创业辅导，培育企业家精神，发挥资本推力作用，提高创新创业效率。

（三）发展目标。到2020年，形成一批有效满足大众创新创业需求、具有较强专业化服务能力的众创空间等新型创业服务平台；培育一批天使投资人和创业投资机构，投融资渠道更加畅通；孵化培育一大批创新型小微企业，并从中成长出能够引领未来经济发展的骨干企业，形成新的产业业态和经济增长点；创业群体高度活跃，以创业促进就业，提供更多高质量就业岗位；创新创业政策体系更加健全，服务体系更加完善，全社会创新创业文化氛围更加浓厚。

二、重点任务

（一）加快构建众创空间。总结推广创客空间、创业咖啡、创新工场等新型孵化模式，充分利用国家自主创新示范区、国家高新技术产业开发区、科技企业孵化器、小企业创业基地、大学科技园和高校、科研院所的有利条件，发挥行业领军企业、创业投资机构、社会组织等社会力量的主力军作用，构建一批低成本、便利化、全要素、开放式的众创空间。发挥政策集成和协同效应，实现创新与创业相结合、线上与线下相结合、孵化与投资相结合，为广大创新创业者提供良好的工作空间、网络空间、社交空间和资源共享空间。

（二）降低创新创业门槛。深化商事制度改革，针对众创空间等新型孵化机构集中办公等特点，鼓励各地结合实际，简化住所登记手续，采取一站式窗口、网上申报、多证联办等措施为创业企业工商注册提供便利。有条件的地方政府可对众创空间等新型孵化机构的房租、宽带接入费用和用于创业服务的公共软件、开发工具给予适当财政补贴，鼓励众创空间为创业者提供免费高带宽互联网接入服务。

（三）鼓励科技人员和大学生创业。加快推进中央级事业单位科技成果使用、处置和收益管理改革试点，完善科技人员创业股权激励机制。推进实施大学生创业引领计划，鼓励高校开发开设创新创业教育课程，建立健全大学生创业指导服务专门机构，加强大学生创业培训，整合发展国家和省级高校毕业生就业创业基金，为大学生创业提供场所、公共服务和资金支持，以创业带动就业。

（四）支持创新创业公共服务。综合运用政府购买服务、无偿资助、业务奖励等方式，支持中小企业公共服务平台和服务机构建设，为中小企业提供全方位专业化优质服务，支持服务机构为初创企业提供法律、知识产权、财务、咨询、检验检测认证和技术转移等服务，促进科技基础条件平台开放共享。加强电子商务基础建设，为创新创业搭建高效便利的服务平台，提高小微企业市场竞争力。完善专利审查快速通道，对小微企业亟须获得授权的核心专利申请予以优先审查。

（五）加强财政资金引导。通过中小企业发展专项资金，运用阶段参股、风险补助和投资保障等方式，引导创业投资机构投资于初创期科技型中小企业。发挥国家新兴产业创业投资引导基金对社会资本的带动作用，重点支持战略性新兴产业和高技术产业早中期、初创期创新型企业发展。发挥国家科技成果转化引导基金作用，综合运用设立创业投资子基金、贷款风险补偿、绩效奖励等方式，促进科技成果转移转化。发挥财政资金杠杆作用，通过市场机制引导社会资金和金融资本支持创业活动。发挥财税政策作用，支持天使投资、创业投资发展，培育发展天使投资群体，推动大众创新创业。

（六）完善创业投融资机制。发挥多层次资本市场作用，为创新型企业提供综合金融服务。开展互联网股权众筹融资试点，增强众筹对大众创新创业的服务能力。规范和发展服务小微企业的区域性股权市场，促进科技初创企业融资，完善创业投资、天使投资退出和流转机制。鼓励银行业金融机构新设或改造部分分（支）行，作为从事科技型中小企业金融服务的专业或特色分（支）行，提供科技融资担保、知识产权质押、股权质押等方式的金融服务。

（七）丰富创新创业活动。鼓励社会力量围绕大众创业、万众创新组织开展各类公益活动。继续办好中国创新创业大赛、中国农业科技创新创业大赛等赛事活动，积极支持参与国际创新创业大赛，为投资机构与创新创业者提供对接平台。建立健全创业辅导制度，培育一批专业创业辅导师，鼓励拥有丰富经验和创业资源的企业家、天使投资人和专家学者担任创业导师或组成辅导团队。鼓励大企业建立服务大众创业的开放创新平台，支持社会力量举办创业沙龙、创业大讲堂、创业训练营等创业培训活动。

（八）营造创新创业文化氛围。积极倡导敢为人先、宽容失败的创新文化，树立崇尚创新、创业致富的价值导向，大力培育企业家精神和创客文化，将奇思妙想、创新创意转化为实实在在的创业活动。加强各类媒体对大众创新创业的新闻宣传和舆论引导，报道一批创新创业先进事迹，树立一批创新创业典型人物，让大众创业、万众创新在全社会蔚然成风。

三、组织实施

（一）加强组织领导。各地区、各部门要高度重视推进大众创新创业工作，切实抓紧抓好。各有关部门要按照职能分工，积极落实促进创新创业的各项政策措施。各地要加强对创新创业工作的组织领导，结合地方实际制定具体实施方案，明确工作部署，切实加大资金投入、政策支持和条件保障力度。

（二）加强示范引导。在国家自主创新示范区、国家高新技术产业开发区、小企业创业基地、大学科技园和其他有条件的地区开展创业示范工程。鼓励各地积极探索推进大众创新创业的新机制、新政策，不断完善创新创业服务体系，营造良好的创新创业环境。

（三）加强协调推进。科技部要加强与相关部门的工作协调，研究完善推进大众创新创业的政策措施，加强对发展众创空间的指导和支持。各地要做好大众创新创业政策落实情况调研、发展情况统计汇总等工作，及时报告有关进展情况。

国务院办公厅

2015 年 3 月 2 日

国家食药监总局公布《食品召回管理办法》

国家食品药品监督管理总局令　第12号

《食品召回管理办法》已经国家食品药品监督管理总局局务会议审议通过，现予公布，自2015年9月1日起施行。

局长　毕井泉

2015年3月11日

食品召回管理办法

第一章　总　则

第一条　为加强食品生产经营管理，减少和避免不安全食品的危害，保障公众身体健康和生命安全，根据《中华人民共和国食品安全法》及其实施条例等法律法规的规定，制定本办法。

第二条　在中华人民共和国境内，不安全食品的停止生产经营、召回和处置及其监督管理，适用本办法。

不安全食品是指食品安全法律法规规定禁止生产经营的食品以及其他有证据证明可能危害人体健康的食品。

第三条　食品生产经营者应当依法承担食品安全第一责任人的义务，建立健全相关管理制度，收集、分析食品安全信息，依法履行不安全食品的停止生产经营、召回和处置义务。

第四条　国家食品药品监督管理总局负责指导全国不安全食品停止生产经营、召回和处置的监督管理工作。

县级以上地方食品药品监督管理部门负责本行政区域的不安全食品停止生产经营、召回和处置的监督管理工作。

第五条 县级以上食品药品监督管理部门组织建立由医学、毒理、化学、食品、法律等相关领域专家组成的食品安全专家库，为不安全食品的停止生产经营、召回和处置提供专业支持。

第六条 国家食品药品监督管理总局负责汇总分析全国不安全食品的停止生产经营、召回和处置信息，根据食品安全风险因素，完善食品安全监督管理措施。

县级以上地方食品药品监督管理部门负责收集、分析和处理本行政区域不安全食品的停止生产经营、召回和处置信息，监督食品生产经营者落实主体责任。

第七条 鼓励和支持食品行业协会加强行业自律，制定行业规范，引导和促进食品生产经营者依法履行不安全食品的停止生产经营、召回和处置义务。

鼓励和支持公众对不安全食品的停止生产经营、召回和处置等活动进行社会监督。

第二章 停止生产经营

第八条 食品生产经营者发现其生产经营的食品属于不安全食品的，应当立即停止生产经营，采取通知或者公告的方式告知相关食品生产经营者停止生产经营、消费者停止食用，并采取必要的措施防控食品安全风险。

食品生产经营者未依法停止生产经营不安全食品的，县级以上食品药品监督管理部门可以责令其停止生产经营不安全食品。

第九条 食品集中交易市场的开办者、食品经营柜台的出租者、食品展销会的举办者发现食品经营者经营的食品属于不安全食品的，应当及时采取有效措施，确保相关经营者停止经营不安全食品。

第十条 网络食品交易第三方平台提供者发现网络食品经营者经营的食品属于不安全食品的，应当依法采取停止网络交易平台服务等措施，确保网络食品经营者停止经营不安全食品。

第十一条 食品生产经营者生产经营的不安全食品未销售给消费者，尚处于其他生产经营者控制中的，食品生产经营者应当立即追回不安全食品，并采取必要措施消除风险。

第三章 召 回

第十二条 食品生产者通过自检自查、公众投诉举报、经营者和监督管理部门告知等方式知悉其生产经营的食品属于不安全食品的，应当主动召回。

食品生产者应当主动召回不安全食品而没有主动召回的，县级以上食品药品监督管理部门可以责令其召回。

第十三条 根据食品安全风险的严重和紧急程度，食品召回分为三级：

（一）一级召回：食用后已经或者可能导致严重健康损害甚至死亡的，食品生产者应当在知悉食品安全风险后 24 小时内启动召回，并向县级以上地方食品药品监督管理部门报告召回计划。

（二）二级召回：食用后已经或者可能导致一般健康损害，食品生产者应当在知悉食品安全风险后48小时内启动召回，并向县级以上地方食品药品监督管理部门报告召回计划。

（三）三级召回：标签、标识存在虚假标注的食品，食品生产者应当在知悉食品安全风险后72小时内启动召回，并向县级以上地方食品药品监督管理部门报告召回计划。标签、标识存在瑕疵，食用后不会造成健康损害的食品，食品生产者应当改正，可以自愿召回。

第十四条　食品生产者应当按照召回计划召回不安全食品。

县级以上地方食品药品监督管理部门收到食品生产者的召回计划后，必要时可以组织专家对召回计划进行评估。评估结论认为召回计划应当修改的，食品生产者应当立即修改，并按照修改后的召回计划实施召回。

第十五条　食品召回计划应当包括下列内容：

（一）食品生产者的名称、住所、法定代表人、具体负责人、联系方式等基本情况；

（二）食品名称、商标、规格、生产日期、批次、数量以及召回的区域范围；

（三）召回原因及危害后果；

（四）召回等级、流程及时限；

（五）召回通知或者公告的内容及发布方式；

（六）相关食品生产经营者的义务和责任；

（七）召回食品的处置措施、费用承担情况；

（八）召回的预期效果。

第十六条　食品召回公告应当包括下列内容：

（一）食品生产者的名称、住所、法定代表人、具体负责人、联系电话、电子邮箱等；

（二）食品名称、商标、规格、生产日期、批次等；

（三）召回原因、等级、起止日期、区域范围；

（四）相关食品生产经营者的义务和消费者退货及赔偿的流程。

第十七条　不安全食品在本省、自治区、直辖市销售的，食品召回公告应当在省级食品药品监督管理部门网站和省级主要媒体上发布。省级食品药品监督管理部门网站发布的召回公告应当与国家食品药品监督管理总局网站链接。

不安全食品在两个以上省、自治区、直辖市销售的，食品召回公告应当在国家食品药品监督管理总局网站和中央主要媒体上发布。

第十八条　实施一级召回的，食品生产者应当自公告发布之日起10个工作日内完成召回工作。

实施二级召回的，食品生产者应当自公告发布之日起20个工作日内完成召回工作。

实施三级召回的，食品生产者应当自公告发布之日起30个工作日内完成召回工作。

情况复杂的，经县级以上地方食品药品监督管理部门同意，食品生产者可以适当延长召回时间并公布。

第十九条　食品经营者知悉食品生产者召回不安全食品后，应当立即采取停止购进、销售，封存不安全食品，在经营场所醒目位置张贴生产者发布的召回公告等措施，配合食品生产者开展召回工作。

第二十条 食品经营者对因自身原因所导致的不安全食品，应当根据法律法规的规定在其经营的范围内主动召回。

食品经营者召回不安全食品应当告知供货商。供货商应当及时告知生产者。

食品经营者在召回通知或者公告中应当特别注明系因其自身的原因导致食品出现不安全问题。

第二十一条 因生产者无法确定、破产等原因无法召回不安全食品的，食品经营者应当在其经营的范围内主动召回不安全食品。

第二十二条 食品经营者召回不安全食品的程序，参照食品生产者召回不安全食品的相关规定处理。

第四章 处 置

第二十三条 食品生产经营者应当依据法律法规的规定，对因停止生产经营、召回等原因退出市场的不安全食品采取补救、无害化处理、销毁等处置措施。

食品生产经营者未依法处置不安全食品的，县级以上地方食品药品监督管理部门可以责令其依法处置不安全食品。

第二十四条 对违法添加非食用物质、腐败变质、病死畜禽等严重危害人体健康和生命安全的不安全食品，食品生产经营者应当立即就地销毁。

不具备就地销毁条件的，可由不安全食品生产经营者集中销毁处理。食品生产经营者在集中销毁处理前，应当向县级以上地方食品药品监督管理部门报告。

第二十五条 对因标签、标识等不符合食品安全标准而被召回的食品，食品生产者可以在采取补救措施且能保证食品安全的情况下继续销售，销售时应当向消费者明示补救措施。

第二十六条 对不安全食品进行无害化处理，能够实现资源循环利用的，食品生产经营者可以按照国家有关规定进行处理。

第二十七条 食品生产经营者对不安全食品处置方式不能确定的，应当组织相关专家进行评估，并根据评估意见进行处置。

第二十八条 食品生产经营者应当如实记录停止生产经营、召回和处置不安全食品的名称、商标、规格、生产日期、批次、数量等内容。记录保存期限不得少于 2 年。

第五章 监督管理

第二十九条 县级以上地方食品药品监督管理部门发现不安全食品的，应当通知相关食品生产经营者停止生产经营或者召回，采取相关措施消除食品安全风险。

第三十条 县级以上地方食品药品监督管理部门发现食品生产经营者生产经营的食品可能属于不安全食品的，可以开展调查分析，相关食品生产经营者应当积极协助。

第三十一条 县级以上地方食品药品监督管理部门可以对食品生产经营者停止生产经营、召回和处置不安全食品情况进行现场监督检查。

第三十二条 食品生产经营者停止生产经营、召回和处置的不安全食品存在较大风险的，应当在停止生产经营、召回和处置不安全食品结束后5个工作日内向县级以上地方食品药品监督管理部门书面报告情况。

第三十三条　县级以上地方食品药品监督管理部门可以要求食品生产经营者定期或者不定期报告不安全食品停止生产经营、召回和处置情况。

第三十四条　县级以上地方食品药品监督管理部门可以对食品生产经营者提交的不安全食品停止生产经营、召回和处置报告进行评价。

评价结论认为食品生产经营者采取的措施不足以控制食品安全风险的，县级以上地方食品药品监督管理部门应当责令食品生产经营者采取更为有效的措施停止生产经营、召回和处置不安全食品。

第三十五条　为预防和控制食品安全风险，县级以上地方食品药品监督管理部门可以发布预警信息，要求相关食品生产经营者停止生产经营不安全食品，提示消费者停止食用不安全食品。

第三十六条　县级以上地方食品药品监督管理部门将不安全食品停止生产经营、召回和处置情况记入食品生产经营者信用档案。

第六章　法律责任

第三十七条　食品生产经营者违反本办法有关不安全食品停止生产经营、召回和处置的规定，食品安全法律法规有规定的，依照相关规定处理。

第三十八条　食品生产经营者违反本办法第八条第一款、第十二条第一款、第十三条、第十四条、第二十条第一款、第二十一条、第二十三条第一款、第二十四条第一款的规定，不立即停止生产经营、不主动召回、不按规定时限启动召回、不按照召回计划召回不安全食品或者不按照规定处置不安全食品的，由食品药品监督管理部门给予警告，并处一万元以上三万元以下罚款。

第三十九条　食品经营者违反本办法第十九条的规定，不配合食品生产者召回不安全食品的，由食品药品监督管理部门给予警告，并处五千元以上三万元以下罚款。

第四十条　食品生产经营者违反本办法第十三条、第二十四条第二款、第三十二条的规定，未按规定履行相关报告义务的，由食品药品监督管理部门责令改正，给予警告；拒不改正的，处二千元以上二万元以下罚款。

第四十一条　食品生产经营者违反本办法第二十三条第二款的规定，食品药品监督管理部门责令食品生产经营者依法处置不安全食品，食品生产经营者拒绝或者拖延履行的，由食品药品监督管理部门给予警告，并处二万元以上三万元以下罚款。

第四十二条　食品生产经营者违反本办法第二十八条的规定，未按规定记录保存不安全食品停止生产经营、召回和处置情况的，由食品药品监督管理部门责令改正，给予警告；拒不改正的，处二千元以上二万元以下罚款。

第四十三条　食品生产经营者停止生产经营、召回和处置不安全食品，不免除其依法应当承担的其他法律责任。

食品生产经营者主动采取停止生产经营、召回和处置不安全食品措施，消除或者减轻危害后果的，依法从轻或者减轻处罚；违法情节轻微并及时纠正，没有造成危害后果的，不予行政处罚。

第四十四条 县级以上地方食品药品监督管理部门不依法履行本办法规定的职责，造成不良后果的，依照《中华人民共和国食品安全法》的有关规定，对直接负责的主管人员和其他直接责任人员给予行政处分。

第七章 附 则

第四十五条 本办法适用于食品、食品添加剂和保健食品。

食品生产经营者对进入批发、零售市场或者生产加工企业后的食用农产品的停止经营、召回和处置，参照本办法执行。

第四十六条 本办法自 2015 年 9 月 1 日起施行。

国务院关于大力发展电子商务加快培育经济新动力的意见

国发〔2015〕24号

各省、自治区、直辖市人民政府，国务院各部委、各直属机构：

近年来我国电子商务发展迅猛，不仅创造了新的消费需求，引发了新的投资热潮，开辟了就业增收新渠道，为大众创业、万众创新提供了新空间，而且电子商务正加速与制造业融合，推动服务业转型升级，催生新兴业态，成为提供公共产品、公共服务的新力量，成为经济发展新的原动力。与此同时，电子商务发展面临管理方式不适应、诚信体系不健全、市场秩序不规范等问题，亟须采取措施予以解决。当前，我国已进入全面建成小康社会的决定性阶段，为减少束缚电子商务发展的机制体制障碍，进一步发挥电子商务在培育经济新动力，打造“双引擎”、实现“双目标”等方面的重要作用，现提出以下意见：

一、指导思想、基本原则和主要目标

（一）指导思想。全面贯彻党的十八大和十八届二中、三中、四中全会精神，按照党中央、国务院决策部署，坚持依靠改革推动科学发展，主动适应和引领经济发展新常态，着力解决电子商务发展中的深层次矛盾和重大问题，大力推进政策创新、管理创新和服务创新，加快建立开放、规范、诚信、安全的电子商务发展环境，进一步激发电子商务创新动力、创造潜力、创业活力，加速推动经济结构战略性调整，实现经济提质增效升级。

（二）基本原则。一是积极推动。主动作为、支持发展。积极协调解决电子商务发展中的各种矛盾与问题。在政府资源开放、网络安全保障、投融资支持、基础设施和诚信体系建设等方面加大服务力度。推进电子商务企业税费合理化，减轻企业负担。进一步释放电子商务发展潜力，提升电子商务创新发展水平。二是逐步规范。简政放权、放管结合。法无禁止的市场主体即可为，法未授权的政府部门不能为，最大限度减少对电子商务市场的行政干预。在放宽市场准入的同时，要在发展中逐步规范市场秩序，营造公平竞争的创业发展环境，进一步激发社会创业活力，拓宽电子商务创新发展领域。三是加强引导。把握趋势、因势利导。加强对电子商务发展中前瞻性、苗头性、倾向性问题的研究，及时在商业模式创新、关键技术研发、国际市场开拓等方面加大对企业的支持引导力度，引领电子商务向打造“双引擎”、实现“双目标”发展，进一步增强企业的创新动力，加速电子商务创新发展步伐。

（三）主要目标。到2020年，统一开放、竞争有序、诚信守法、安全可靠的电子商务大市场基本建成。电子商务与其他产业深度融合，成为促进创业、稳定就业、改善民生服务的重要平台，对工业化、信息化、城镇化、农业现代化同步发展起到关键性作用。

二、营造宽松发展环境

（四）降低准入门槛。全面清理电子商务领域现有前置审批事项，无法律法规依据的一律取消，严禁违法设定行政许可、增加行政许可条件和程序。（国务院审改办，有关部门按职责分工分别负责）进一步简化注册资本登记，深入推进电子商务领域由“先证后照”改为“先照后证”改革。（工商总局、中央编办）落实《注册资本登记制度改革方案》，放宽电子商务市场主体住所（经营场所）登记条件，完善相关管理措施。（省级人民政府）推进对快递企业设立非法人快递末端网点实施备案制管理。（邮政局）简化境内电子商务企业海外上市审批流程，鼓励电子商务领域的跨境人民币直接投资。（发展改革委、商务部、外汇局、证监会、人民银行）放开外商投资电子商务业务的外方持股比例限制。（工业和信息化部、发展改革委、商务部）探索建立能源、铁路、公共事业等行业电子商务服务的市场化机制。（有关部门按职责分工分别负责）

（五）合理降税减负。从事电子商务活动的企业，经认定为高新技术企业的，依法享受高新技术企业相关优惠政策，小微企业依法享受税收优惠政策。（科技部、财政部、税务总局）加快推进“营改增”，逐步将旅游电子商务、生活服务类电子商务等相关行业纳入“营改增”范围。（财政部、税务总局）

（六）加大金融服务支持。建立健全适应电子商务发展的多元化、多渠道投融资机制。（有关部门按职责分工分别负责）研究鼓励符合条件的互联网企业在境内上市等相关政策。（证监会）支持商业银行、担保存货管理机构及电子商务企业开展无形资产、动产质押等多种形式的融资服务。鼓励商业银行、商业保理机构、电子商务企业开展供应链金融、商业保理服务，进一步拓展电子商务企业融资渠道。（人民银行、商务部）引导和推动创业投资基金，加大对电子商务初创企业的支持。（发展改革委）

（七）维护公平竞争。规范电子商务市场竞争行为，促进建立开放、公平、健康的电子商务市场竞争秩序。研究制定电子商务产品质量监督管理办法，探索建立风险监测、网上抽查、源头追溯、属地查处的电子商务产品质量监督机制，完善部门间、区域间监管信息共享和职能衔接机制。依法打击网络虚假宣传、生产销售假冒伪劣产品、违反国家出口管制法规政策跨境销售两用品和技术、不正当竞争等违法行为，组织开展电子商务产品质量提升行动，促进合法、诚信经营。（工商总局、质检总局、公安部、商务部按职责分工分别负责）重点查处达成垄断协议和滥用市场支配地位的问题，通过经营者集中反垄断审查，防止排除、限制市场竞争的行为。（发展改革委、工商总局、商务部）加强电子商务领域知识产权保护，研究进一步加大网络商业方法领域发明专利保护力度。（工业和信息化部、商务部、海关总署、工商总局、新闻出版广电总局、知识产权局等部门按职责分工分别负责）进一步加大政府利用电子商务平台进行采购的力度。（财政部）各级政府部门不得通过行政命令指定为电子商务提供公共服务的供应商，不得滥用行政权力排除、限制电子商务的竞争。（有关部门按职责分工分别负责）

三、促进就业创业

（八）鼓励电子商务领域就业创业。把发展电子商务促进就业纳入各地就业发展规划和电子商务发展整体规划。建立电子商务就业和社会保障指标统计制度。经工商登记注册的网络商户从业人员，同等享受各项就业创业扶持政策。未进行工商登记注册的网络商户从业人员，可认定为灵活就业人员，享受灵活就业人员扶持政策，其中在网络平台实名注册、稳定经营且信誉良好的网络商户创业者，可按规定享受小额担保贷款及贴息政策。支持中小微企业应用电子商务、拓展业务领域，鼓励有条件的地区建设电子商务创业园区，指导各类创业孵化基地为电子商务创业人员提供场地支持和创业孵化服务。加强电子商务企业用工服务，完善电子商务人才供求信息对接机制。（人力资源社会保障部、工业和信息化部、商务部、统计局，地方各级人民政府）

（九）加强人才培养培训。支持学校、企业及社会组织合作办学，探索实训式电子商务人才培养与培训机制。推进国家电子商务专业技术人才知识更新工程，指导各类培训机构增加电子商务技能培训项目，支持电子商务企业开展岗前培训、技能提升培训和高技能人才培训，加快培养电子商务领域的高素质专门人才和技术技能人才。参加职业培训和职业技能鉴定的人员，以及组织职工培训的电子商务企业，可按规定享受职业培训补贴和职业技能鉴定补贴政策。鼓励有条件的职业院校、社会培训机构和电子商务企业开展网络创业培训。（人力资源社会保障部、商务部、教育部、财政部）

（十）保障从业人员劳动权益。规范电子商务企业特别是网络商户劳动用工，经工商登记注册取得营业执照的，应与招用的劳动者依法签订劳动合同；未进行工商登记注册的，也可参照劳动合同法相关规定与劳动者签订民事协议，明确双方的权利、责任和义务。按规定将网络从业人员纳入各项社会保险，对未进行工商登记注册的网络商户，其从业人员可按灵活就业人员参保缴费办法参加社会保险。符合条件的就业困难人员和高校毕业生，可享受灵活就业人员社会保险补贴政策。长期雇用 5 人及以上的网络商户，可在工商注册地进行社会保险登记，参加企业职工的各项社会保险。满足统筹地区社会保险优惠政策条件的网络商户，可享受社会保险优惠政策。（人力资源社会保障部）

四、推动转型升级

（十一）创新服务民生方式。积极拓展信息消费新渠道，创新移动电子商务应用，支持面向城乡居民社区提供日常消费、家政服务、远程缴费、健康医疗等商业和综合服务的电子商务平台发展。加快推动传统媒体与新兴媒体深度融合，提升文化企业网络服务能力，支持文化产品电子商务平台发展，规范网络文化市场。支持教育、会展、咨询、广告、餐饮、娱乐等服务企业深化电子商务应用。（有关部门按职责分工分别负责）鼓励支持旅游景点、酒店等开展线上营销，规范发展在线旅游预订市场，推动旅游在线服务模式创新。（旅游局、工商总局）加快建立全国 12315 互联网平台，完善网上交易在线投诉及售后维权机制，研究制定 7 天无理由退货实施细则，促进网络购物消费健康快速发展。（工商总局）

（十二）推动传统商贸流通企业发展电子商务。鼓励有条件的大型零售企业开办网上商城，积极利用移动互联网、地理位置服务、大数据等信息技术提升流通效率和服务质量。支持中小零售企业与电子商务平台优势互补，加强服务资源整合，促进线上交易与线下交易融合互动。（商务部）推动各类专业市场建设网上市场，通过线上线下融合，加速向网络化市场转型，研究完善能源、化工、钢铁、林业等行业电子商务平台规范发展的相关措施。（有关部门按职责分工分别负责）制定完善互联网食品药品经营监督管理办法，规范食品、保健食品、药品、化妆品、医疗器械网络经营行为，加强互联网食品药品市场监测监管体系建设，推动医药电子商务发展。（食品药品监管总局、卫生计生委、商务部）

（十三）积极发展农村电子商务。加强互联网与农业农村融合发展，引入产业链、价值链、供应链等现代管理理念和方式，研究制定促进农村电子商务发展的意见，出台支持政策措施。（商务部、农业部）加强鲜活农产品标准体系、动植物检疫体系、安全追溯体系、质量保障与安全监管体系建设，大力发展农产品冷链基础设施。（质检总局、发展改革委、商务部、农业部、食品药品监管总局）开展电子商务进农村综合示范，推动信息进村入户，利用“万村千乡”市场网络改善农村地区电子商务服务环境。（商务部、农业部）建设地理标志产品技术标准体系和产品质量保证体系，支持利用电子商务平台宣传和销售地理标志产品，鼓励电子商务平台服务“一村一品”，促进品牌农产品走出去。鼓励农业生产资料企业发展电子商务。（农业部、质检总局、工商总局）支持林业电子商务发展，逐步建立林产品交易诚信体系、林产品和林权交易服务体系。（林业局）

（十四）创新工业生产组织方式。支持生产制造企业深化物联网、云计算、大数据、三维（3D）设计及打印等信息技术在生产制造各环节的应用，建立与客户电子商务系统对接的网络制造管理系统，提高加工订单的响应速度及柔性制造能力；面向网络消费者个性化需求，建立网络化经营管理模式，发展“以销定产”及“个性化定制”生产方式。（工业和信息化部、科技部、商务部）鼓励电子商务企业大力开展品牌经营，优化配置研发、设计、生产、物流等优势资源，满足网络消费者需求。（商务部、工商总局、质检总局）鼓励创意服务，探索建立生产性创新服务平台，面向初创企业及创意群体提供设计、测试、生产、融资、运营等创新创业服务。（工业和信息化部、科技部）

（十五）推广金融服务新工具。建设完善移动金融安全可信公共服务平台，制定相关应用服务的政策措施，推动金融机构、电信运营商、银行卡清算机构、支付机构、电子商务企业等加强合作，实现移动金融在电子商务领域的规模化应用；推广应用具有硬件数字证书、采用国家密码行政主管部门规定算法的移动智能终端，保障移动电子商务交易的安全性和真实性；制定在线支付标准规范和制度，提升电子商务在线支付的安全性，满足电子商务交易及公共服务领域金融服务需求；鼓励商业银行与电子商务企业开展多元化金融服务合作，提升电子商务服务质量和效率。（人民银行、密码局、国家标准委）

（十六）规范网络化金融服务新产品。鼓励证券、保险、公募基金等企业和机构依法进行网络化创新，完善互联网保险产品审核和信息披露制度，探索建立适应互联网证券、保险、公募基金产品销售等互联网金融活动的新型监管方式。（人民银行、证监会、保监会）规范保险业电子商务平台建设，研究制定电子商务涉及的信用保证保险的相关扶持政策，鼓励发展小微企业信贷信用保险、个人消费履约保证保险等新业务，扩大信用保险

保单融资范围。完善在线旅游服务企业投保办法。（保监会、银监会、旅游局按职责分工分别负责）

五、完善物流基础设施

（十七）支持物流配送终端及智慧物流平台建设。推动跨地区跨行业的智慧物流信息平台建设，鼓励在法律规定范围内发展共同配送等物流配送组织新模式。（交通运输部、商务部、邮政局、发展改革委）支持物流（快递）配送站、智能快件箱等物流设施建设，鼓励社区物业、村级信息服务站（点）、便利店等提供快件派送服务。支持快递服务网络向农村地区延伸。（地方各级人民政府，商务部、邮政局、农业部按职责分工分别负责）推进电子商务与物流快递协同发展。（财政部、商务部、邮政局）鼓励学校、快递企业、第三方主体因地制宜加强合作，通过设置智能快件箱或快件收发室、委托校园邮政局所代为投递、建立共同配送站点等方式，促进快递进校园。（地方各级人民政府，邮政局、商务部、教育部）根据执法需求，研究推动被监管人员生活物资电子商务和智能配送。（司法部）有条件的城市应将配套建设物流（快递）配送站、智能终端设施纳入城市社区发展规划，鼓励电子商务企业和物流（快递）企业对网络购物商品包装物进行回收和循环利用。（有关部门按职责分工分别负责）

（十八）规范物流配送车辆管理。各地区要按照有关规定，推动城市配送车辆的标准化、专业化发展；制定并实施城市配送用汽车、电动三轮车等车辆管理办法，强化城市配送运力需求管理，保障配送车辆的便利通行；鼓励采用清洁能源车辆开展物流（快递）配送业务，支持充电、加气等设施建设；合理规划物流（快递）配送车辆通行路线和货物装卸搬运地点。对物流（快递）配送车辆采取通行证管理的城市，应明确管理部门、公开准入条件、引入社会监督。（地方各级人民政府）

（十九）合理布局物流仓储设施。完善仓储建设标准体系，鼓励现代化仓储设施建设，加强偏远地区仓储设施建设。（住房城乡建设部、公安部、发展改革委、商务部、林业局）各地区要在城乡规划中合理规划布局物流仓储用地，在土地利用总体规划和年度供地计划中合理安排仓储建设用地，引导社会资本进行仓储设施投资建设或再利用，严禁擅自改变物流仓储用地性质。（地方各级人民政府）鼓励物流（快递）企业发展“仓配一体化”服务。（商务部、邮政局）

六、提升对外开放水平

（二十）加强电子商务国际合作。积极发起或参与多双边或区域关于电子商务规则的谈判和交流合作，研究建立我国与国际认可组织的互认机制，依托我国认证认可制度和体系，完善电子商务企业和商品的合格评定机制，提升国际组织和机构对我国电子商务企业和商品认证结果的认可程度，力争国际电子商务规制制定的主动权和跨境电子商务发展的话语权。（商务部、质检总局）

（二十一）提升跨境电子商务通关效率。积极推进跨境电子商务通关、检验检疫、结汇、缴进口税等关键环节“单一窗口”综合服务体系建设，简化与完善跨境电子商务货物返修与退运通关流程，提高通关效率。（海关总署、财政部、税务总局、质检总局、外汇局）探索建立跨境电子商务货物负面清单、风险监测制度，完善跨境电子商务货物通关与检验检疫监管模式，建立跨境电子商务及相关物流企业诚信分类管理制度，防止疫病疫情传入、外来有害生物入侵和物种资源流失。（海关总署、质检总局按职责分工分别负责）大力支持中国（杭州）跨境电子商务综合试验区先行先试，尽快形成可复制、可推广的经验，加快在全国范围推广。（商务部、发展改革委）

（二十二）推动电子商务走出去。抓紧研究制定促进跨境电子商务发展的指导意见。（商务部、发展改革委、海关总署、工业和信息化部、财政部、人民银行、税务总局、工商总局、质检总局、外汇局）鼓励国家政策性银行在业务范围内加大对电子商务企业境外投资并购的贷款支持，研究制定针对电子商务企业境外上市的规范管理政策。（人民银行、证监会、商务部、发展改革委、工业和信息化部）简化电子商务企业境外直接投资外汇登记手续，拓宽其境外直接投资外汇登记及变更登记业务办理渠道。（外汇局）支持电子商务企业建立海外营销渠道，创立自有品牌。各驻外机构应加大对电子商务企业走出去的服务力度。进一步开放面向港澳台地区的电子商务市场，推动设立海峡两岸电子商务经济合作实验区。鼓励发展面向“一带一路”沿线国家的电子商务合作，扩大跨境电子商务综合试点，建立政府、企业、专家等各个层面的对话机制，发起和主导电子商务多边合作。（有关部门按职责分工分别负责）

七、构筑安全保障防线

（二十三）保障电子商务网络安全。电子商务企业要按照国家信息安全等级保护管理规范和技术标准相关要求，采用安全可控的信息设备和网络安全产品，建设完善网络安全防护体系、数据资源安全管理体系和网络安全应急处置体系，鼓励电子商务企业获得信息安全管理体系认证，提高自身信息安全管理水平。鼓励电子商务企业加强与网络安全专业服务机构、相关管理部门的合作，共享网络安全威胁预警信息，消除网络安全隐患，共同防范网络攻击破坏、窃取公民个人信息等违法犯罪活动。（公安部、国家认监委、工业和信息化部、密码局）

（二十四）确保电子商务交易安全。研究制定电子商务交易安全管理制度，明确电子商务交易各方的安全责任和义务。（工商总局、工业和信息化部、公安部）建立电子认证信任体系，促进电子认证机构数字证书交叉互认和数字证书应用的互联互通，推广数字证书在电子商务交易领域的应用。建立电子合同等电子交易凭证的规范管理机制，确保网络交易各方的合法权益。加强电子商务交易各方信息保护，保障电子商务消费者个人信息安全。（工业和信息化部、工商总局、密码局等有关部门按职责分工分别负责）

（二十五）预防和打击电子商务领域违法犯罪。电子商务企业要切实履行违禁品信息巡查清理、交易记录及日志留存、违法犯罪线索报告等责任和义务，加强对销售管制商品网络商户的资格审查和对异常交易、非法交易的监控，防范电子商务在线支付给违法犯罪活动提供洗钱等便利，并为打击网络违法犯罪提供技术支持。加强电子商务企业与相关管理部门的协作配合，建立跨机构合作机制，加大对制售假冒伪劣商品、网络盗窃、网络诈骗、网上非法交易等违法犯罪活动的打击力度。（公安部、工商总局、人民银行、银监

会、工业和信息化部、商务部等有关部门按职责分工分别负责）

八、健全支撑体系

（二十六）健全法规标准体系。加快推进电子商务法立法进程，研究制定或适时修订相关法规，明确电子票据、电子合同、电子检验检疫报告和证书、各类电子交易凭证等的法律效力，作为处理相关业务的合法凭证。（有关部门按职责分工分别负责）制定适合电子商务特点的投诉管理制度，制定基于统一产品编码的电子商务交易产品质量信息发布规范，建立电子商务纠纷解决和产品质量担保责任机制。（工商总局、质检总局等部门按职责分工分别负责）逐步推行电子发票和电子会计档案，完善相关技术标准和规章制度。（税务总局、财政部、档案局、国家标准委）建立完善电子商务统计制度，扩大电子商务统计的覆盖面，增强统计的及时性、真实性。（统计局、商务部）统一线上线下的商品编码标识，完善电子商务标准规范体系，研究电子商务基础性关键标准，积极主导和参与制定电子商务国际标准。（国家标准委、商务部）

（二十七）加强信用体系建设。建立健全电子商务信用信息管理制度，推动电子商务企业信用信息公开。推进人口、法人、商标和产品质量等信息资源向电子商务企业和信用服务机构开放，逐步降低查询及利用成本。（工商总局、商务部、公安部、质检总局等部门按职责分工分别负责）促进电子商务信用信息与社会其他领域相关信息的交换共享，推动电子商务信用评价，建立健全电子商务领域失信行为联合惩戒机制。（发展改革委、人民银行、工商总局、质检总局、商务部）推动电子商务领域应用网络身份证，完善网店实名制，鼓励发展社会化的电子商务网站可信认证服务。（公安部、工商总局、质检总局）发展电子商务可信交易保障公共服务，完善电子商务信用服务保障制度，推动信用调查、信用评估、信用担保等第三方信用服务和产品在电子商务中的推广应用。（工商总局、质检总局）

（二十八）强化科技与教育支撑。开展电子商务基础理论、发展规律研究。加强电子商务领域云计算、大数据、物联网、智能交易等核心关键技术研究开发。实施网络定制服务、网络平台服务、网络交易服务、网络贸易服务、网络交易保障服务技术研发与应用示范工程。强化产学研结合的企业技术中心、工程技术中心、重点实验室建设。鼓励企业组建产学研协同创新联盟。探索建立电子商务学科体系，引导高等院校加强电子商务学科建设和人才培养，为电子商务发展提供更多的高层次复合型专门人才。（科技部、教育部、发展改革委、商务部）建立预防网络诈骗、保障交易安全、保护个人信息等相关知识的宣传与服务机制。（公安部、工商总局、质检总局）

（二十九）协调推动区域电子商务发展。各地区要把电子商务列入经济与社会发展规划，按照国家有关区域发展规划和对外经贸合作战略，立足城市产业发展特点和优势，引导各类电子商务业态和功能聚集，推动电子商务产业统筹协调、错位发展。推动国家电子商务示范城市、示范基地建设。（有关地方人民政府）依托国家电子商务示范城市，加快开展电子商务法规政策创新和试点示范工作，为国家制定电子商务相关法规和政策提供实践依据。加强对中西部和东北地区电子商务示范城市的支持与指导。（发展改革委、财政部、商务部、人民银行、海关总署、税务总局、工商总局、质检总局等部门按照职责分工

分别负责）

各地区、各部门要认真落实本意见提出的各项任务，于 2015 年底前研究出台具体政策。发展改革委、中央网信办、商务部、工业和信息化部、财政部、人力资源社会保障部、人民银行、海关总署、税务总局、工商总局、质检总局等部门要完善电子商务跨部门协调工作机制，研究重大问题，加强指导和服务。有关社会机构要充分发挥自身监督作用，推动行业自律和服务创新。相关部门、社团组织及企业要解放思想，转变观念，密切协作，开拓创新，共同推动建立规范有序、社会共治、辐射全球的电子商务大市场，促进经济平稳健康发展。

国务院

2015 年 5 月 4 日

国务院办公厅关于促进跨境电子商务健康快速发展的指导意见

国办发〔2015〕46号

各省、自治区、直辖市人民政府，国务院各部委、各直属机构：

近年来，我国跨境电子商务快速发展，已经形成了一定的产业集群和交易规模。支持跨境电子商务发展，有利于用“互联网+外贸”实现优进优出，发挥我国制造业大国优势，扩大海外营销渠道，合理增加进口，扩大国内消费，促进企业和外贸转型升级；有利于增加就业，推进大众创业、万众创新，打造新的经济增长点；有利于加快实施共建“一带一路”等国家战略，推动开放型经济发展升级。为促进我国跨境电子商务健康快速发展，经国务院批准，现提出以下意见：

一、支持国内企业更好地利用电子商务开展对外贸易。加快建立适应跨境电子商务特点的政策体系和监管体系，提高贸易各环节便利化水平。鼓励企业间贸易尽快实现全程在线交易，不断扩大可交易商品范围。支持跨境电子商务零售出口企业加强与境外企业合作，通过规范的“海外仓”、体验店和配送网店等模式，融入境外零售体系，逐步实现经营规范化、管理专业化、物流生产集约化和监管科学化。通过跨境电子商务，合理增加消费品进口。

二、鼓励有实力的企业做大做强。培育一批影响力较大的公共平台，为更多国内外企业沟通、洽谈提供优质服务；培育一批竞争力较强的外贸综合服务企业，为跨境电子商务企业提供全面配套支持；培育一批知名度较高的自建平台，鼓励企业利用自建平台加快品牌培育，拓展营销渠道。鼓励国内企业与境外电子商务企业强强联合。

三、优化配套的海关监管措施。在总结前期试点工作基础上，进一步完善跨境电子商务进出境货物、物品管理模式，优化跨境电子商务海关进出口通关作业流程。研究跨境电子商务出口商品简化归类的可行性，完善跨境电子商务统计制度。

四、完善检验检疫监管政策措施。对跨境电子商务进出口商品实施集中申报、集中查验、集中放行等便利措施。加强跨境电子商务质量安全监管，对跨境电子商务经营主体及商品实施备案管理制度，突出经营企业质量安全主体责任，开展商品质量安全风险监管。进境商品应当符合我国法律法规和标准要求，对违反生物安全和其他相关规定的行为要依法查处。

五、明确规范进出口税收政策。继续落实现行跨境电子商务零售出口货物增值税、消费税退税或免税政策。关于跨境电子商务零售进口税收政策，由财政部按照有利于拉动国内消费、公平竞争、促进发展和加强进口税收管理的原则，会同海关总署、税务总局另行制订。

六、完善电子商务支付结算管理。稳妥推进支付机构跨境外汇支付业务试点。鼓励境内银行、支付机构依法合规开展跨境电子支付业务，满足境内外企业及个人跨境电子支付需要。推动跨境电子商务活动中使用人民币计价结算。支持境内银行卡清算机构拓展境外业务。加强对电子商务大额在线交易的监测，防范金融风险。加强跨境支付国内与国际监管合作，推动建立合作监管机制和信息共享机制。

七、提供积极财政金融支持。鼓励传统制造和商贸流通企业利用跨境电子商务平台开拓国际市场。利用现有财政政策，对符合条件的跨境电子商务企业走出去重点项目给予必要的资金支持。为跨境电子商务提供适合的信用保险服务。向跨境电子商务外贸综合服务企业提供有效的融资、保险支持。

八、建设综合服务体系。支持各地创新发展跨境电子商务，引导本地跨境电子商务产业向规模化、标准化、集群化、规范化方向发展。鼓励外贸综合服务企业为跨境电子商务企业提供通关、物流、仓储、融资等全方位服务。支持企业建立全球物流供应链和境外物流服务体系。充分发挥各驻外经商机构作用，为企业开展跨境电子商务提供信息服务和必要的协助。

九、规范跨境电子商务经营行为。加强诚信体系建设，完善信用评估机制，实现各监管部门信息互换、监管互认、执法互助，构建跨境电子商务交易保障体系。推动建立针对跨境电子商务交易的风险防范和预警机制，健全消费者权益保护和售后服务制度。引导跨境电子商务主体规范经营行为，承担质量安全主体责任，营造公平竞争的市场环境。加强执法监管，加大知识产权保护力度，坚决打击跨境电子商务中出现的各种违法侵权行为。通过有效措施，努力实现跨境电子商务在发展中逐步规范、在规范中健康发展。

十、充分发挥行业组织作用。推动建立全国性跨境电子商务行业组织，指导各地行业组织有效开展相关工作。发挥行业组织在政府与企业间的桥梁作用，引导企业公平竞争、守法经营。加强与国内外相关行业组织交流合作，支持跨境电子商务企业与相关产业集群、专业商会在境外举办实体展会，建立营销网络。联合高校和职业教育机构开展跨境电子商务人才培养培训。

十一、加强多双边国际合作。加强与"一带一路"沿线国家和地区的电子商务合作，提升合作水平，共同打造若干畅通安全高效的电子商务大通道。通过多双边对话，与各经济体建立互利共赢的合作机制，及时化解跨境电子商务进出口引发的贸易摩擦和纠纷。

十二、加强组织实施。国务院有关部门要制订和完善配套措施，做好跨境电子商务的中长期总体发展规划，定期开展总结评估，支持和推动各地监管部门出台相关措施。同时，对有条件、有发展意愿的地区，就本意见的组织实施做好协调和服务等相关工作。依托现有工作机制，加强部门间沟通协作和相关政策衔接，全力推动中国（杭州）跨境电子商务综合试验区和海峡两岸电子商务经济合作实验区建设，及时总结经验，适时扩大试点。在此基础上，逐步建立适应跨境电子商务发展特点的政策体系和监管体系。

地方各级人民政府要按照本意见要求，结合实际情况，制订完善发展跨境电子商务的工作方案，切实履行指导、督查和监管责任。组建高效、便利、统一的公共服务平台，构建可追溯、可比对的数据链条，既符合监管要求，又简化企业申报办理流程。加大对重点企业的支持力度，主动与相关部门沟通，及时协调解决组织实施工作中遇到的困难和问题。

国务院办公厅

2015 年 6 月 16 日

国务院关于推进国内贸易流通现代化建设法治化营商环境的意见

国发〔2015〕49号

各省、自治区、直辖市人民政府，国务院各部委、各直属机构：

国内贸易流通（以下简称内贸流通）是我国改革开放最早、市场化程度最高的领域之一，目前已初步形成主体多元、方式多样、开放竞争的格局，对国民经济的基础性支撑作用和先导性引领作用日益增强。做强现代流通业这个国民经济大产业，可以对接生产和消费，促进结构优化和发展方式转变。党中央、国务院高度重视内贸流通工作，对深化改革、开展内贸流通体制改革发展综合试点工作作了部署。为深入贯彻落实党中央、国务院的决策部署，现就推进内贸流通现代化、建设法治化营商环境提出以下意见。

一、总体要求

（一）指导思想

全面贯彻党的十八大和十八届二中、三中、四中全会精神，按照国务院部署要求，主动适应和引领经济发展新常态，坚持问题导向与超前谋划相结合、顶层设计与基层探索相结合、整体推进与重点突破相结合，加快法治建设，推动体制机制创新，优化发展环境，完善治理体系，促进内贸流通发展方式转变，推动我国从流通大国向流通强国转变，更好地服务经济社会发展。

（二）基本原则

坚持以市场化改革为方向。充分发挥市场配置资源的决定性作用，打破地区封锁和行业垄断，促进流通主体公平竞争，促进商流、物流、资金流、信息流自由高效流动，提高流通效率，降低流通成本。

坚持以转变政府职能为核心。进一步简政放权，加强事中事后监管，推进放管结合、优化服务，做好规划引导，完善促进政策，增强调控能力，增加公共产品和公共服务供给，推进信息公开和共享。

坚持以创新转型为引领。顺应“互联网+”的发展趋势，加快现代信息技术应用，完善促进创新的体制机制，推动内贸流通内涵式发展、可持续发展。

坚持以建设法治化营商环境为主线。健全内贸流通法律法规、标准、信用等制度体系，提升监管执法效能，依法规范市场主体行为，加快建设法治市场。

（三）主要目标

到2020年，基本形成规则健全、统一开放、竞争有序、监管有力、畅通高效的内贸流通体系和比较完善的法治化营商环境，内贸流通统一开放、创新驱动、稳定运行、规范有序、协调高效的体制机制更加完善，使内贸流通成为经济转型发展的新引擎、优化资源配置的新动力，为推进内贸流通现代化夯实基础。

二、健全内贸流通统一开放的发展体系

（四）加强全国统一市场建设，降低社会流通总成本

消除市场分割。清理和废除妨碍全国统一市场、公平竞争的各种规定及做法。禁止在市场经济活动中实行地区封锁，禁止行政机关滥用行政权力限制、排除竞争的行为。推动建立区域合作协调机制，鼓励各地就跨区域合作事项加强沟通协商，探索建立区域合作利益分享机制。

打破行业垄断。完善反垄断执法机制，依法查处垄断协议、滥用市场支配地位行为，加强经营者集中反垄断审查。禁止利用市场优势地位收取不合理费用或强制设置不合理的交易条件，规范零售商供应商交易关系。

（五）统筹规划全国流通网络建设，推动区域、城乡协调发展

推进大流通网络建设。提升环渤海、长三角、珠三角三大流通产业集聚区和沈阳—长春—哈尔滨、郑州—武汉—长沙、成都—重庆、西安—兰州—乌鲁木齐四大流通产业集聚带的消费集聚、产业服务、民生保障功能，打造一批连接国内国际市场、发展潜力较大的重要支点城市，形成畅通高效的全国骨干流通网络。

推进区域市场一体化。推进京津冀流通产业协同发展，统筹规划建设三地流通设施，促进共建共享。依托长江经济带综合立体交通走廊，建设沿江物流主干道，推动形成若干区域性商贸物流中心，打造长江商贸走廊。将流通发展所需的相关设施和用地纳入城乡规划，实施全国流通节点城市布局规划，加强区域衔接。

推进城乡流通网络一体化。统筹规划城乡商业网点的功能和布局，提高流通设施利用效率和商业服务便利化水平。整合商务、供销、邮政等各方面资源，加强农村地区商业网点建设。加强对贫困地区、民族地区、边疆地区和革命老区市场建设的支持，保障居民基本商业服务需要。

创新流通规划编制实施机制。县级以上地方人民政府要将内贸流通纳入同级国民经济和社会发展规划编制内容，做好流通规划与当地土地利用总体规划和城乡规划的衔接，确保依法依规推进流通设施项目建设，各地制修订相关规划时应充分征求本行政区域流通主管部门的意见。探索建立跨区域流通设施规划编制协调机制和相关部门之间规划衔接机制，推动规划对接、政策联动和资源共享。

（六）构建开放融合的流通体系，提高利用国际国内两个市场、两种资源的能力

实施流通“走出去”战略。加大对流通企业境外投资的支持，统筹规划商贸物流型境外经济贸易合作区建设，支持企业建设境外营销、支付结算和仓储物流网络，推动国内流通渠道向境外延伸，打造全球供应链体系。鼓励流通企业与制造企业集群式“走出去”，促进国际产能和装备制造合作。鼓励电子商务企业“走出去”，提升互联网信息服务国际化水平。

创建内外贸融合发展平台。服务“一带一路”战略，促进国内外市场互联互通，打造内外贸融合发展的流通网络。培育一批经营模式、交易模式与国际接轨的商品交易市场。打造一批内外贸结合、具有较强国际影响力的大型会展平台。发展一批连接国际国内市场、运行规范有序的跨境贸易电子商务综合服务平台。

进一步提高内贸流通领域对外开放水平。放开商贸物流等领域外资准入限制，鼓励外资投向共同配送、连锁配送以及鲜活农产品配送等现代物流服务领域。更加注重引进国外先进技术、管理经验、商业模式和知名品牌，鼓励跨国公司在华设立采购、营销等功能性区域中心。

（七）完善流通设施建设管理体系，加强流通领域重大基础设施建设

创新基础性流通设施建设模式。对于公益性农产品批发市场建设，通过多种形式建立投资保障、运营和监督管理新模式，增强应对突发事件和市场异常波动的功能。

完善微利经营的流通设施建设保障制度。落实新建社区商业和综合服务设施面积占社区总建筑面积的比例不得低于10%的政策，优先保障农贸市场、社区菜市场和家政、养老、再生资源回收等设施用地需求。加强大型物流节点和公共物流配送设施系统性布局、协同性建设，提升物流配送的集约化水平。

改进市场化商业设施建设引导方式。支持有条件的城市开展城市商业面积监测预警，定期发布大型商业设施供给信息，合理引导市场预期。统筹大型实体和网络商品交易市场建设，避免盲目重复建设。

三、提升内贸流通创新驱动水平

（八）强化内贸流通创新的市场导向

推动新兴流通方式创新。积极推进“互联网+”流通行动，加快流通网络化、数字化、智能化建设。引导电子商务企业拓展服务领域和功能，鼓励发展生活消费品、生产资料、生活服务等各类专业电子商务平台，带动共享、协同、融合、集约等新兴模式发展。促进农产品电子商务发展，引导更多农业从业者和涉农企业参与农产品电子商务，支持各地打造各具特色的农产品电子商务产业链，开辟农产品流通新渠道。推广拍卖、电子交易等农产品交易方式。大力推进电子商务进农村，推广农村商务信息服务，培育多元化的农村电子商务市场主体，完善农村电子商务配送服务网络。促进电子商务进社区，鼓励电子

商务企业整合社区现有便民服务设施，开展电子商务相关配套服务。

推动传统流通企业转型模式创新。鼓励零售企业改变引厂进店、出租柜台等经营模式，实行深度联营，通过集中采购、买断经营、开发自有品牌等方式，提高自营比例。鼓励流通企业通过兼并、特许经营等方式，扩大连锁经营规模，提高经营管理水平。鼓励流通企业发挥线下实体店的物流、服务、体验等优势，与线上商流、资金流、信息流融合，形成优势互补。支持流通企业利用电子商务平台创新服务模式，提供网订店取、网订店送、上门服务、社区配送等各类便民服务。引导各类批发市场自建网络交易平台或利用第三方电子商务平台开展网上经营，推动实体市场与网络市场协同发展。推动流通企业利用信息技术加强供应链管理，鼓励向设计、研发、生产环节延伸，促进产业链上下游加强协同，满足个性化、多样化的消费需求。大力发展第三方物流和智慧物流，鼓励物联网等技术在仓储系统中的应用，支持建设物流信息服务平台，促进车源、货源和物流服务等信息高效匹配，支持农产品冷链物流体系建设，提高物流社会化、标准化、信息化、专业化水平。

推动绿色循环低碳发展模式创新。鼓励绿色商品消费，引导流通企业扩大绿色商品采购和销售，推行绿色包装和绿色物流，推行绿色供应链环境管理，推动完善绿色商品认证制度和标准体系。鼓励旧货市场规范发展，促进二手商品流通。研究建立废弃商品回收的生产者、销售者、消费者责任机制，加快推进再生资源回收与垃圾清运处理网络体系融合，促进商贸流通网络与逆向物流体系（即商品废弃后，经消费端回到供应端的活动及过程，包括废物回收、再制造再加工、报废处理等）共享。制订内贸流通领域节能节水和环保技术、产品、设备推广目录，引导流通企业加快设施设备的节能环保改造。

推动文化培育传播形式创新。弘扬诚信文化，加强以诚信兴商为主的商业文化建设。加强对内贸流通领域传统技艺的保护，支持中华老字号创新发展，促进民族特色商品流通。鼓励商品创意设计创新，支持消费类产品提升新产品设计和研发能力，以创意设计增加消费品附加值。提升商业设施的文化内涵，引导流通企业在商品陈列、商场装饰、环境营造等方面突出创意特色，增加商业设施和商业街区的文化底蕴，推动现代商业与传统文化融合创新。建立健全品牌发展公共服务体系。促进传统节庆、民俗文化消费，培育健康文明的消费文化。

（九）增强内贸流通创新的支撑能力

完善财政金融支持政策。加快设立国家中小企业发展基金，加大对包括流通领域在内的各领域初创期成长型中小企业创新创业的支持。支持发展创业投资基金、天使投资群体，引导社会资金和金融资本加大对流通创新领域的投资。完善流通企业融资模式，推广知识产权质押融资，依法合规开展股权众筹融资试点，支持创业担保贷款积极扶持符合条件的中小流通企业。

健全支撑服务体系。推动现代物流、在线支付等电子商务服务体系建设，鼓励各类创业孵化基地为电子商务创业人员提供场地支持和孵化服务，支持发展校企合作、商学结合等人才培养模式。支持专业化创新服务机构发展，创新产学研合作模式。完善创新成果交易机制，积极发展各类商贸服务交易平台。研究建立流通创新示范基地，鼓励创业创新基地提高对中小流通企业的公共服务能力和水平。

推动流通企业改革创新。加快发展内贸流通领域混合所有制经济，鼓励非公有资本和国有资本交叉持股、相互融合。鼓励流通企业通过兼并重组整合创新资源，提高创新能力。各地可根据实际情况，依法完善相关政策，按照主体自愿的原则，引导有条件的个体工商户转为企业。

（十）加大内贸流通创新的保护力度

加强知识产权保护。严厉打击制售侵权假冒商品行为，加大对反复侵权、恶意侵权等行为的处罚力度。研究商业模式等新形态创新成果的知识产权保护办法。完善知识产权保护制度，健全知识产权维权援助体系，合理划分权利人举证责任，缩短确权审查、侵权处理周期。

引导电子商务平台健康发展。推动电子商务平台企业健全交易规则、管理制度、信用体系和服务标准，构建良好的电子商务生态圈。加强区域间统筹协调，引导各地有序建设电子商务交易平台。

四、增强内贸流通稳定运行的保障能力

（十一）完善信息服务体系

强化大数据在政府内贸流通信息服务中的应用。利用大数据加强对市场运行的监测分析和预测预警，提高市场调控和公共信息服务的预见性、针对性、有效性。推进部门间信息共享和信息资源开放，建立政府与社会紧密互动的大数据采集机制，形成高效率的内贸流通综合数据平台。夯实内贸流通统计基层基础，完善行业统计监测制度，建立完善电子商务、服务消费等统计调查制度，完善综合统计与部门统计协作机制，强化统计监测制度执行刚性。

推动内贸流通行业中介组织开展大数据的推广应用。利用政府采购、服务外包等方式，鼓励行业中介组织深入挖掘和研发大数据公共服务产品，加强对大数据技术应用的宣传和推广，服务流通企业创新转型和大数据产业发展需要。

鼓励流通企业开展大数据的创新应用。引导流通企业利用大数据技术推进市场拓展、精准营销和优化服务，带动商业模式创新。建立社会化、市场化的数据应用机制，推动第三方电子商务平台等企业开放数据资源，引导建立数据交换交易的规范与标准，规范数据交易行为。

（十二）创新市场应急调控机制

完善市场应急调控管理体系。按照统一协调、分级负责、快速响应的原则，健全市场应急供应管理制度和协调机制。应对全国范围和跨区域市场异常波动由国务院有关部门负责，应对区域性市场异常波动主要由当地人民政府负责。

健全突发事件市场应急保供预案。细化自然灾害、事故灾难、公共卫生事件、社会安全事件等各类突发事件情况下市场应急保供预案和措施。根据突发事件对市场影响的范围和程度，综合运用信息引导、企业采购、跨区域调运、储备投放、进口组织、限量供应、

依法征用等方式，建立基本生活必需品应急供应保障机制。

完善商品应急储备体系。建立中央储备与地方储备、政府储备与商业储备相结合的商品应急储备体系。建立储备商品定期检查检验制度，确保储备安全。推广商业储备模式，推进商业储备市场化运作和储备主体多元化。

增强市场应急保供能力。建设应急商品数据库，及时掌握相关应急商品产销和库存情况，保障信息传导畅通和组织调度科学有序。实施应急保供重点联系企业动态管理，保持合理库存水平，增强投放力量，合理规划设置应急商品集散地和投放网点。探索利用商业保险稳定生活必需品供应机制，推动重要生活必需品生产流通保险产品创新。

（十三）构建重要商品追溯体系

建设重要商品追溯体系。坚持政府引导与市场化运作相结合，以食用农产品、食品、药品以及其他对消费者生命健康有较大影响的商品为重点，利用物联网等信息技术建设来源可追、去向可查、责任可究的信息链条，逐步增加可追溯商品品种。

完善重要商品追溯体系的管理体制。坚持统一规划、统一标准、分级建设、属地管理的原则，整合现有资源，建设统一的重要商品追溯信息服务体系，形成全国上下一体、协同运作的重要商品追溯体系管理体制。推进跨部门、跨地区追溯体系对接和信息互通共享。地方各级人民政府要建立商品追溯体系持续有效运行的保障机制。

扩大重要商品追溯体系应用范围。完善重要商品追溯大数据分析与智能化应用机制，加大商品追溯信息在事中事后监管、行业发展促进、信用体系建设等方面的应用力度，提升追溯体系综合服务功能。

五、健全内贸流通规范有序的规制体系

（十四）加快推进流通立法

完善流通法律制度。加快推进商品流通法立法进程，确立流通设施建设、商品流通保障、流通秩序维护、流通行业发展以及市场监管等基本制度。推动完善知识产权和商业秘密保护、网络信息安全、电子商务促进等法律制度。

健全流通法规规章。完善反垄断、反不正当竞争法律的配套法规制度，强化对市场竞争行为和监管执法行为的规范。加快制订内贸流通各行业领域的行政法规和规章，规范相关参与方行为，推动建立公平、透明的行业规则。对内贸流通领域与经济社会发展需要不相适应的现行法规、规章及规范性文件，及时予以修订或废止。

推进流通领域地方立法。坚持中央立法与地方立法相结合，鼓励地方在立法权限范围内先行先试。

（十五）提升监管执法效能

加强流通领域执法。创新管理机制，加强执法队伍建设，合理配置执法力量，严格落实执法人员持证上岗和资格管理制度。健全举报投诉服务网络，完善受理、办理、转办和督办机制。开展商务综合行政执法体制改革试点。

推进行政执法与刑事司法衔接。建立信息共享、案情通报和案件移送制度，完善案件移送标准和程序，相关工作纳入中央、省、市、县四级人民政府统一建设的行政执法与刑事司法衔接信息共享平台。

创新市场监管方式。加强事中事后监管，坚持日常监管与专项治理相结合。加强大数据等现代信息技术在监管执法中的应用，推进行政处罚案件信息公开和流通企业信息公示，加强市场监管部门与行业协会商会、专业机构的合作，引入社会监督力量。创新企业产品质量执法检查方式，推行企业产品质量承诺制度。创新电子商务监管模式，健全消费者维权和交易争端解决机制。

（十六）加强流通标准化建设

健全流通标准体系。加快构建国家标准、行业标准、团体标准、地方标准和企业标准相互配套、相互补充的内贸流通标准体系。扩大标准覆盖面、增强适用性，加强商贸物流、电子商务、农产品流通、居民生活服务等重点领域标准的制修订工作。

强化流通标准实施应用。建立政府支持引导、社会中介组织推动、骨干企业示范应用的内贸流通标准实施应用机制。推动建立经营场所服务标准公开公示制度，倡导流通企业以标准为依据规范服务、交易和管理行为。

完善流通标准管理。加快内贸流通标准管理信息化建设，简化行业标准制修订程序、缩短制修订周期。选择具备条件的社会团体开展团体标准试点。建立重点标准实施监督和评价制度，加强标准在认证认可、检验检测、市场准入、执法监督等行政管理中的使用。

（十七）加快流通信用体系建设

推动建立行政管理信息共享机制。以统一社会信用代码为基础，推动各地建设流通企业信用信息系统并纳入全国统一的信用信息共享交换平台，实现信息互通共享。建立健全企业经营异常名录、失信企业“黑名单”制度及跨部门联合惩戒机制，依法向社会提供信用信息查询服务。在行政管理中依法使用流通企业信用记录和信用报告，对企业实施信用分类管理。

引导建立市场化综合信用评价机制。在商品零售、居民服务等行业推动建立以交易信息为基础的企业信用评价机制。引导商品交易市场、物流园区以及第三方电子商务平台等建立入驻商户信用评价机制，鼓励按照信用级别向入驻商户提供差别化的信用服务。

支持建立第三方信用评价机制。支持信用调查、信用评估、信用保险、商业保理等信用服务行业加快发展，创新信用产品和服务。鼓励行业协会商会建立会员企业信用档案，推动具有上下游产业关系的行业协会商会建立信用信息共享机制。

六、健全内贸流通协调高效的管理体制

（十八）处理好政府与市场的关系

明确政府职责。加强内贸流通领域发展战略、规划、法规、规章、政策、标准的制订和实施，整顿和规范市场经济秩序，推动信用建设，提供信息等公共服务，做好生活必需

品市场供应应急调控，依法管理特殊流通行业。深化行政审批制度改革，依法界定内贸流通领域经营活动审批、资格许可和认定等管理事项，加快推广行政审批“一个窗口”受理，规范行政许可流程，取消涉及内贸流通的非行政许可审批。结合市场准入制度改革，推行内贸流通领域负面清单制度。

严格依法履职。建立健全内贸流通行政管理权力清单、部门责任清单等制度，公开涉及内贸流通的行政管理和资金支持事项。

（十九）合理划分中央与地方政府权责

发挥中央政府宏观指导作用。国务院有关部门要研究制订内贸流通领域全国性法律法规、战略、规划、政策和标准，加强跨区域整顿和规范市场经济秩序、信用建设、公共服务、生活必需品市场供应应急调控，按国务院有关规定对特殊流通行业进行监督管理。

强化地方人民政府行政管理职责。地方各级人民政府要加强内贸流通领域全国性法律法规、战略、规划、政策和标准的贯彻实施，结合当地特点，制订本地区的规划、政策和标准，着力加强本行政区域整顿和规范市场秩序、信用建设、公共服务、应急保供等职责。

（二十）完善部门间协作机制

进一步理顺部门职责分工。商务主管部门要履行好内贸流通工作综合统筹职责，加强与有关部门的沟通协调，完善工作机制，形成合力。探索建立内贸流通领域管理制度制定、执行与监督既相互制约又相互协调的行政运行机制。

探索建立大流通工作机制。鼓励有条件的地方整合和优化内贸流通管理职责，加强对电子商务、商贸物流、农产品市场建设等重点领域规划和政策的统筹协调。

（二十一）充分发挥行业协会商会作用

推进行业协会商会改革。积极稳妥推进内贸流通领域行业协会商会与行政机关脱钩，厘清行业协会商会与行政机关的职能边界，创新行业协会商会管理体制和运行机制，推动建立政府与行业协会商会的新型合作关系。

支持行业协会商会加快发展。制订支持和鼓励内贸流通领域行业协会商会发展的政策措施，提升行业服务和管理水平，发挥其在加强行业自律、服务行业发展、反映行业诉求等方面的作用。

各地区、各部门要充分认识推进内贸流通现代化、建设法治化营商环境的重要意义，切实抓好各项政策措施的落实，重要的改革要先行试点，及时总结和推广试点经验。各地区要结合本地实际，因地制宜制订实施方案，出台有针对性的具体措施，认真组织实施。各部门要明确分工，落实责任，加强协调，形成合力。商务部会同有关部门负责对本意见落实工作的统筹协调、跟踪了解、督促检查，确保各项任务措施落实到位。

国务院
2015 年 8 月 26

国家工商总局公布《网络商品和服务集中促销活动管理暂行规定》

国家工商总局令　第77号

《网络商品和服务集中促销活动管理暂行规定》已经中华人民共和国国家工商行政管理总局局务会审议通过，现予公布，自2015年10月1日起施行。

局长　张　茅

2015年9月2日

网络商品和服务集中促销活动管理暂行规定

（2015年9月2日国家工商行政管理总局令第77号公布）

第一章　总　则

第一条　为规范网络商品和服务集中促销活动，保护消费者和经营者的合法权益，维护公平有序的网络商品和服务交易秩序，根据《消费者权益保护法》《反不正当竞争法》《广告法》等法律、法规的规定，制定本规定。

第二条　本规定所称网络商品和服务集中促销活动（以下简称网络集中促销），是指在特定时间内网络集中促销组织者组织网络集中促销经营者在互联网上，通过提供优惠条件开展销售商品或者提供服务的经营活动。

第三条　本规定所称网络集中促销组织者，是指组织网络集中促销的第三方交易平台。

网络集中促销组织者应当是经工商行政管理部门登记注册并领取营业执照的企业法人。

第四条　本规定所称网络集中促销经营者，是指在网络集中促销中向消费者销售商品或者提供服务的企业、个体工商户、其他经济组织以及已在交易平台办理实名登记的自然人。

网络集中促销经营者销售的商品或者提供的服务属于法律、行政法规或者国务院决定规定应当取得行政许可的，应当依法取得有关许可并在网页显著位置予以公示。

第五条 网络集中促销组织者、经营者应当遵守相关法律、法规、规章的规定，遵循自愿、公平、诚实信用的原则，遵守商业道德和公序良俗。

第二章 网络集中促销组织者的义务

第六条 网络集中促销组织者应当对网络集中促销经营者的经营主体身份进行审查和登记。

网络集中促销组织者应当按照《网络交易管理办法》的规定，记录、保存促销活动期间在其平台上发布的商品和服务信息内容及其发布时间。

第七条 网络集中促销组织者应当对网络集中促销经营者的促销活动进行检查监控，发现有违反工商行政管理法律、法规、规章的行为的，应当向平台经营者所在地工商行政管理部门报告，并及时采取措施制止，必要时可以停止对其提供第三方交易平台服务，并予公示。

第八条 网络集中促销组织者应当在网站显著位置并以显著方式，事先公示网络集中促销的期限、方式和规则等信息。

第九条 网络集中促销组织者不得采用格式条款设置订金不退、预售商品不适用七日无理由退货、自行解释商品完好、增加限退条件等排除或者限制消费者权利、减轻或者免除经营者责任、加重消费者责任等对消费者不公平、不合理的规定。

第十条 网络集中促销组织者应当依据可以查验的统计结果公布网络集中促销的成交量、成交额，不得对成交量、成交额进行虚假宣传，不得直接或者间接为网络集中促销经营者虚构交易、成交量或者虚假用户评价。

虚构交易、成交量或者虚假用户评价是指，网络集中促销经营者通过不正当方式获得关于其销售商品的销量、经营者店铺评分、信用积分、商品好评度评分、删除不利评论等有助于其产生商业利益、妨害消费者和其他经营者合法权益的行为。

第十一条 网络集中促销组织者不得违反《反垄断法》《反不正当竞争法》等法律、法规、规章的规定，限制、排斥平台内的网络集中促销经营者参加其他第三方交易平台组织的促销活动。

第三章 网络集中促销经营者的义务

第十二条 网络集中促销经营者除应当依照《网络交易管理办法》第十一条的规定提供商品或者服务的信息外，还应当在网店页面显著位置并以显著方式公示网络集中促销的期限、方式和规则。

第十三条 网络集中促销经营者的广告应当真实、准确，不得含有虚假内容，不得欺骗和误导消费者。

附条件的促销广告，应当将附加条件在促销广告页面上一并清晰完整表述。

第十四条 禁止采用下列不正当手段进行促销活动：

（一）标示商品的品名、用途、性能、产地、规格、等级、质量、价格或者服务的项目、价格等有关内容与实际不符；

（二）在促销中提供赠品、免费服务的，标示的赠品、免费服务的名称、数量和质量、履行期限和方式、安全注意事项和风险警示、售后服务等与消费者有重大利害关系的信息与实际不符；

（三）采用虚构交易、成交量或者虚假用户评价等不正当方式虚抬商誉，损害消费者和其他经营者合法权益。

第十五条　网络集中促销经营者在促销的商品或者服务销售完毕后，应当在促销页面、购买页面及时告知消费者。

第十六条　网络集中促销经营者在促销活动中销售、附赠的商品应当符合《产品质量法》的规定，不得销售、附赠国家明令禁止销售的商品，不得因促销降低商品质量。

网络集中促销中附赠的商品，应当依照《消费者权益保护法》和《产品质量法》的规定提供“三包”服务。

第十七条　网络集中促销经营者在促销活动中赠送消费积分或者发放优惠券的，应当标明消费积分或者优惠券的使用条件、方法和期限。

网络集中促销经营者改变消费积分或者优惠券使用条件、方法和期限的，应当征得消费者同意。增加有利于消费者权益的变更除外。

第十八条　网络集中促销经营者在促销活动中开展有奖促销的，应当符合《反不正当竞争法》的规定并公示可查验的抽奖方法，不得虚构奖品数量和质量，不得进行虚假抽奖或者操纵抽奖。

第四章　法律责任

第十九条　网络集中促销组织者违反本规定第六条规定的，依照《网络交易管理办法》第五十条的规定查处。

第二十条　网络集中促销组织者违反本规定第九条规定的，依照《合同违法行为监督处理办法》的规定查处。

第二十一条　网络集中促销组织者或者网络集中促销经营者违反本规定第十条、第十四条、第十八条规定的，依照《反不正当竞争法》的规定查处。

第二十二条　网络集中促销组织者违反本规定第十一条规定的，依照《反垄断法》《反不正当竞争法》等法律、法规、规章的规定查处。

第二十三条　网络集中促销经营者违反本规定第十三条规定的，依照《广告法》的规定查处。

第二十四条　网络集中促销经营者违反本规定第十六条规定的，依照《消费者权益保护法》《产品质量法》等法律、法规的规定查处。

第五章　附　则

第二十五条　本规定由国家工商行政管理总局负责解释。

第二十六条　本规定自 2015 年 10 月 1 日起施行。

国务院办公厅关于推进线上线下互动加快商贸流通创新发展转型升级的意见

国办发〔2015〕72 号

各省、自治区、直辖市人民政府，国务院各部委、各直属机构：

近年来，移动互联网等新一代信息技术加速发展，技术驱动下的商业模式创新层出不穷，线上线下互动成为最具活力的经济形态之一，成为促进消费的新途径和商贸流通创新发展的新亮点。大力发展线上线下互动，对推动实体店转型，促进商业模式创新，增强经济发展新动力，服务大众创业、万众创新具有重要意义。为落实国务院决策部署，推进线上线下互动，加快商贸流通创新发展和转型升级，经国务院同意，现提出以下意见：

一、鼓励线上线下互动创新

（一）支持商业模式创新。包容和鼓励商业模式创新，释放商贸流通市场活力。支持实体店通过互联网展示、销售商品和服务，提升线下体验、配送和售后等服务，加强线上线下互动，促进线上线下融合，不断优化消费路径、打破场景限制、提高服务水平。鼓励实体店通过互联网与消费者建立全渠道、全天候互动，增强体验功能，发展体验消费。鼓励消费者通过互联网建立直接联系，开展合作消费，提高闲置资源配置和使用效率。鼓励实体商贸流通企业通过互联网强化各行业内、行业间分工合作，提升社会化协作水平。（商务部、网信办、发展改革委、工业和信息化部、地方各级人民政府）

（二）鼓励技术应用创新。加快移动互联网、大数据、物联网、云计算、北斗导航、地理位置服务、生物识别等现代信息技术在认证、交易、支付、物流等商务环节的应用推广。鼓励建设商务公共服务云平台，为中小微企业提供商业基础技术应用服务。鼓励开展商品流通全流程追溯和查询服务。支持大数据技术在商务领域深入应用，利用商务大数据开展事中事后监管和服务方式创新。支持商业网络信息系统提高安全防范技术水平，将用户个人信息保护纳入网络安全防护体系。（商务部、工业和信息化部、发展改革委、地方各级人民政府）

（三）促进产品服务创新。鼓励企业利用互联网逆向整合各类生产要素资源，按照消费需求打造个性化产品。深度开发线上线下互动的可穿戴、智能化商品市场。鼓励第三方电子商务平台与制造企业合作，利用电子商务优化供应链和服务链体系，发展基于互联网的装备远程监控、运行维护、技术支持等服务市场。支持发展面向企业和创业者的平台开发、网店建设、代运营、网络推广、信息处理、数据分析、信用认证、管理咨询、在线培训等第三方服务，为线上线下互动创新发展提供专业化的支撑保障。鼓励企业通过虚拟社区等多种途径获取、转化和培育稳定的客户群体。（商务部、工业和信息化部、网信办、地方各级人民政府）

二、激发实体商业发展活力

（四）推进零售业改革发展。鼓励零售企业转变经营方式，支持受线上模式冲击的实体店调整重组，提高自营商品比例，加大自主品牌、定制化商品比重，深入发展连锁经营。鼓励零售企业利用互联网技术推进实体店铺数字化改造，增强店面场景化、立体化、智能化展示功能，开展全渠道营销。鼓励大型实体店不断丰富消费体验，向智能化、多样化商业服务综合体转型，增加餐饮、休闲、娱乐、文化等设施，由商品销售为主转向“商品+服务”并重。鼓励中小实体店发挥靠近消费者优势，完善便利服务体系，增加快餐、缴费、网订店取、社区配送等附加便民服务功能。鼓励互联网企业加强与实体店合作，推动线上交流互动、引客聚客、精准营销等优势和线下真实体验、品牌信誉、物流配送等优势相融合，促进组织管理扁平化、设施设备智能化、商业主体在线化、商业客体数据化和服务作业标准化。（商务部、发展改革委）支持新型农业经营主体对接电子商务平台，有效衔接产需信息，推动农产品线上营销与线下流通融合发展。鼓励农业生产资料经销企业发展电子商务，促进农业生产资料网络营销。（农业部、发展改革委）支持零售企业线上线下结合，开拓国际市场，发展跨境网络零售。（商务部）

（五）加快批发业转型升级。鼓励传统商品交易市场利用互联网做强交易撮合、商品集散、价格发现和信息交互等传统功能，增强物流配送、质量标准、金融服务、研发设计、展览展示、咨询服务等新型功能。鼓励传统批发企业应用互联网技术建设供应链协同平台，向生产、零售环节延伸，实现由商品批发向供应链管理服务的转变。支持发展品牌联盟或建设品牌联合采购平台，集聚品牌资源，降低采购成本。深化电子商务应用，引导商品交易市场向电子商务园区、物流园区转型。以电子商务和现代物流为核心，推动大宗商品交易市场优化资源配置、提高流通效率。鼓励线上行业信息服务平台向综合交易服务平台转型，围绕客户需求组织线下展示会、洽谈会、交易会，为行业发展提供全方位垂直纵深服务。（商务部、工业和信息化部、发展改革委）

（六）转变物流业发展方式。运用互联网技术大力推进物流标准化，重点推进快递包裹、托盘、技术接口、运输车辆标准化，推进信息共享和互联互通，促进多式联运发展。大力发展智慧物流，运用北斗导航、大数据、物联网等技术，构建智能化物流通道网络，建设智能化仓储体系、配送系统。发挥互联网平台实时、高效、精准的优势，对线下运输车辆、仓储等资源进行合理调配、整合利用，提高物流资源使用效率，实现运输工具和货物的实时跟踪和在线化、可视化管理，鼓励依托互联网平台的“无车承运人”发展。推广城市共同配送模式，支持物流综合信息服务平台建设。鼓励企业在出口重点国家建设海外仓，推进跨境电子商务发展。（发展改革委、商务部、交通运输部、邮政局、国家标准委）

（七）推进生活服务业便利化。大力推动吃住行及旅游、娱乐等生活服务业在线化，促进线上交易和线下服务相结合，提供个性化、便利化服务。鼓励餐饮企业发展在线订餐、团购、外卖配送等服务。支持住宿企业开展在线订房服务。鼓励交通客运企业、旅游景点及文化演艺单位开展在线订票、在线订座、门票配送等服务。支持家政、洗染、维修、美发等行业开展网上预约、上门服务等业务。鼓励互联网平台企业汇聚线下实体的闲置资源，发展民宿、代购、合乘出行等合作消费服务。（商务部、旅游局、文化部、交通运输部）

（八）加快商务服务业创新发展。鼓励展览企业建设网上展示交易平台，鼓励线上企业服务实体展会，打造常态化交流对接平台，提高会展服务智能化、精细化水平。支持举办中国国际电子商务博览会，发现创新、引导创新、推广创新。提升商务咨询服务网络化水平。（商务部）提升知识产权维权服务水平。（知识产权局）积极探索基于互联网的新型服务贸易发展方式，培育服务新业态，推动服务贸易便利化，提升商务服务业国际化水平。（商务部）

三、健全现代市场体系

（九）推进城市商业智能化。深入推进智慧城市建设，鼓励具备条件的城市探索构建线上线下互动的体验式智慧商圈，支持商圈无线网络基础设施建设，完善智能交通引导、客流疏导、信息推送、移动支付、消费互动、物流配送等功能，健全商圈消费体验评价、信息安全保护、商家诚信积累和消费者权益保障体系。实施特色商业街区示范建设工程，鼓励各地基于互联网技术培育一批具有产业特色、经营特色、文化特色的多功能、多业态商业街区。（商务部、发展改革委、科技部、工业和信息化部、人民银行、工商总局、地方各级人民政府）

（十）推进农村市场现代化。开展电子商务进农村综合示范，推动电子商务企业开拓农村市场，构建农产品进城、工业品下乡的双向流通体系。（商务部、财政部）引导电子商务企业与农村邮政、快递、供销、“万村千乡市场工程”、交通运输等既有网络和优势资源对接合作，对农村传统商业网点升级改造，健全县、乡、村三级农村物流服务网络。加快全国农产品商务信息服务公共平台建设。（商务部、交通运输部、邮政局、供销合作总社、发展改革委）大力发展农产品电子商务，引导特色农产品主产区县市在第三方电子商务平台开设地方特色馆。（商务部、地方各级人民政府）推进农产品“生产基地+社区直配”示范，带动订单农业发展，提高农产品标准化水平。加快信息进村入户步伐，加强村级信息服务站建设，强化线下体验功能，提高新型农业经营主体电子商务应用能力。（农业部）

（十一）推进国内外市场一体化。鼓励应用互联网技术实现国内国外两个市场无缝对接，推进国内资本、技术、设备、产能与国际资源、需求合理适配，重点围绕“一带一路”战略及开展国际产能和装备制造合作，构建国内外一体化市场。（商务部、发展改革委、网信办）深化京津冀、长江经济带、“一带一路”、东北地区和泛珠三角四省区（福建、广东、广西、海南）区域通关一体化改革，推进全国一体化通关管理。（海关总署）建立健全适应跨境电子商务的监管服务体系，提高贸易便利化水平。（商务部、海关总署、财政部、税务总局、质检总局、外汇局）

四、完善政策措施

（十二）推进简政放权。除法律、行政法规和国务院决定外，各地方、各部门一律不得增设线上线下互动企业市场准入行政审批事项。根据线上线下互动特点，调整完善市场准入资质条件，加快公共服务领域资源开放和信息共享。（有关部门按职能分工分别负责）简化市场主体住所（经营场所）登记手续，推进一照多址、一址多照、集群注册等住所登记制度改革，为连锁企业、网络零售企业和快递企业提供便利的登记注册服务。(工商总局)

（十三）创新管理服务。坚持促进发展、规范秩序和保护权益并举，坚持在发展中逐步规范、在规范中更好发展。注意规范方式，防止措施失当导致新兴业态丧失发展环境。创新管理理念、管理体制和管理方式，建立与电子商务发展需要相适应的管理体制和服务机制，促进线上线下互动，充分发挥流通在经济发展中的基础性和先导性作用。开展商务大数据建设和应用，服务监管创新，支持电子商务产品品牌推广。（商务部、工商总局、质检总局）在不改变用地主体、规划条件的前提下，各类市场主体利用存量房产、土地资源发展线上线下互动业务的，可在 5 年内保持土地原用途、权利类型不变，5 年期满后确需办理变更手续的，按有关规定办理。(国土资源部)

（十四）加大财税支持力度。充分发挥市场在资源配置中的决定性作用，突出社会资本推动线上线下融合发展的主体地位。同时发挥财政资金的引导作用，促进电子商务进农村。(财政部、商务部）营造线上线下企业公平竞争的税收环境。（财政部、税务总局）线上线下互动发展企业符合高新技术企业或技术先进型服务企业认定条件的，可按现行税收政策规定享受有关税收优惠。(财政部、科技部、税务总局）积极推广网上办税服务和电子发票应用。(税务总局、财政部、发展改革委、商务部)

（十五）加大金融支持力度。支持线上线下互动企业引入天使投资、创业投资、私募股权投资，发行企业债券、公司债券、资产支持证券，支持不同发展阶段和特点的线上线下互动企业上市融资。支持金融机构和互联网企业依法合规创新金融产品和服务，加快发展互联网支付、移动支付、跨境支付、股权众筹融资、供应链金融等互联网金融业务。完善支付服务市场法律制度，建立非银行支付机构常态化退出机制，促进优胜劣汰和资源整合。健全互联网金融征信体系。(人民银行、发展改革委、银监会、证监会)

（十六）规范市场秩序。创建公平竞争的创业创新环境和规范诚信的市场环境，加强知识产权和消费者权益保护，防止不正当竞争和排除、限制竞争的垄断行为。推进社会诚信体系建设，强化经营主体信息公开披露，推动行政许可、行政处罚信息 7 个工作日内上网公开。建立健全电子商务信用记录，纳入“信用中国”网站和统一的信用信息共享交换平台，完善电子商务信用管理和信息共享机制。切实加强线上线下一体化监管和事中事后监管，健全部门联动防范机制，严厉打击网络领域制售假冒伪劣商品、侵犯知识产权、传销、诈骗等违法犯罪行为。(商务部、发展改革委、工业和信息化部、公安部、工商总局、质检总局、食品药品监管总局、知识产权局)

（十七）加强人才培养。鼓励各类企业、培训机构、大专院校、行业协会培养综合掌握商业经营管理和信息化应用知识的高端紧缺人才。支持有条件的地区建设电子商务人才继续教育基地，开展实用型电子商务人才培训。支持开展线上线下互动创新相关培训，引进高端复合型电子商务人才，为线上线下互动企业创新发展提供服务。（商务部、人力资源社会保障部、地方各级人民政府）

（十八）培育行业组织。支持行业协会组织根据本领域行业特点和发展需求制订行业服务标准和服务规范，倡导建立良性商业规则，促进行业自律发展。发挥第三方检验检测认证机构作用，保障商品和服务质量，监督企业遵守服务承诺，维护消费者、企业及个体创业者的正当权益。（商务部、工商总局、质检总局）

各地区、各部门要加强组织领导和统筹协调，结合本地区、本部门实际制订具体实施方案，明确工作分工，落实工作责任。商务部要会同有关部门做好业务指导和督促检查工作，重大情况及时报告国务院。

国务院办公厅

2015 年 9 月 18 日

中共中央国务院
关于推进价格机制改革的若干意见

（2015 年 10 月 12 日）

价格机制是市场机制的核心，市场决定价格是市场在资源配置中起决定性作用的关键。改革开放以来，作为经济体制改革的重要组成部分，价格改革持续推进、不断深化，放开了绝大多数竞争性商品价格，对建立健全社会主义市场经济体制、促进经济社会持续健康发展发挥了重要作用。特别是近年来，价格改革步伐大大加快，一大批商品和服务价格陆续放开，成品油、天然气、铁路运输等领域价格市场化程度显著提高。同时也要看到，一些重点领域和关键环节价格改革还需深化，政府定价制度需要进一步健全，市场价格行为有待进一步规范。为推动价格改革向纵深发展，加快完善主要由市场决定价格机制，现提出以下意见。

一、总体要求

（一）指导思想。全面贯彻党的十八大和十八届二中、三中、四中全会精神，按照党中央、国务院决策部署，主动适应和引领经济发展新常态，紧紧围绕使市场在资源配置中起决定性作用和更好发挥政府作用，全面深化价格改革，完善重点领域价格形成机制，健全政府定价制度，加强市场价格监管和反垄断执法，为经济社会发展营造良好价格环境。

（二）基本原则。

——坚持市场决定。正确处理政府和市场关系，凡是能由市场形成价格的都交给市场，政府不进行不当干预。推进水、石油、天然气、电力、交通运输等领域价格改革，放开竞争性环节价格，充分发挥市场决定价格作用。

——坚持放管结合。进一步增强法治、公平、责任意识，强化事中事后监管，优化价格服务。政府定价领域，必须严格规范政府定价行为，坚决管细管好管到位；经营者自主定价领域，要通过健全规则、加强执法，维护市场秩序，保障和促进公平竞争，推进现代市场体系建设。

——坚持改革创新。在价格形成机制、调控体系、监管方式上探索创新，尊重基层和群众的首创精神，推动价格管理由直接定价向规范价格行为、营造良好价格环境、服务宏观调控转变。充分发挥价格杠杆作用，促进经济转型升级和提质增效。

——坚持稳慎推进。价格改革要与财政税收、收入分配、行业管理体制等改革相协调，合理区分基本与非基本需求，统筹兼顾行业上下游、企业发展和民生保障、经济效率和社会公平、经济发展和环境保护等关系，把握好时机、节奏和力度，切实防范各类风险，确保平稳有序。

（三）主要目标。到2017年，竞争性领域和环节价格基本放开，政府定价范围主要限定在重要公用事业、公益性服务、网络型自然垄断环节。到2020年，市场决定价格机制基本完善，科学、规范、透明的价格监管制度和反垄断执法体系基本建立，价格调控机制基本健全。

二、深化重点领域价格改革，充分发挥市场决定价格作用

紧紧围绕使市场在资源配置中起决定性作用，加快价格改革步伐，深入推进简政放权、放管结合、优化服务，尊重企业自主定价权、消费者自由选择权，促进商品和要素自由流动、公平交易。

（四）完善农产品价格形成机制。统筹利用国际国内两个市场，注重发挥市场形成价格作用，农产品价格主要由市场决定。按照“突出重点、有保有放”原则，立足我国国情，对不同品种实行差别化支持政策，调整改进“黄箱”支持政策，逐步扩大“绿箱”支持政策实施规模和范围，保护农民生产积极性，促进农业生产可持续发展，确保谷物基本自给、口粮绝对安全。继续执行并完善稻谷、小麦最低收购价政策，改革完善玉米收储制度，继续实施棉花、大豆目标价格改革试点，完善补贴发放办法。加强农产品成本调查和价格监测，加快建立全球农业数据调查分析系统，为政府制定农产品价格、农业补贴等政策提供重要支撑。

（五）加快推进能源价格市场化。按照“管住中间、放开两头”总体思路，推进电力、天然气等能源价格改革，促进市场主体多元化竞争，稳妥处理和逐步减少交叉补贴，还原能源商品属性。择机放开成品油价格，尽快全面理顺天然气价格，加快放开天然气气源和销售价格，有序放开上网电价和公益性以外的销售电价，建立主要由市场决定能源价格的机制。把输配电价与发售电价在形成机制上分开，单独核定输配电价，分步实现公益性以外的发售电价由市场形成。按照“准许成本加合理收益”原则，合理制定电网、天然气管网输配价格。扩大输配电价改革试点范围，逐步覆盖到各省级电网，科学核定电网企业准许收入和分电压等级输配电价，改变对电网企业的监管模式，逐步形成规则明晰、水平合理、监管有力、科学透明的独立输配电价体系。在放开竞争性环节电价之前，完善煤电价格联动机制和标杆电价体系，使电力价格更好反映市场需求和成本变化。

（六）完善环境服务价格政策。统筹运用环保税收、收费及相关服务价格政策，加大经济杠杆调节力度，逐步使企业排放各类污染物承担的支出高于主动治理成本，提高企业主动治污减排的积极性。按照“污染付费、公平负担、补偿成本、合理盈利”原则，合理提高污水处理收费标准，城镇污水处理收费标准不应低于污水处理和污泥处理处置成本，探索建立政府向污水处理企业拨付的处理服务费用与污水处理效果挂钩调整机制，对污水处理资源化利用实行鼓励性价格政策。积极推进排污权有偿使用和交易试点工作，完善排污权交易价格体系，运用市场手段引导企业主动治污减排。

（七）理顺医疗服务价格。围绕深化医药卫生体制改革目标，按照“总量控制、结构调整、有升有降、逐步到位”原则，积极稳妥推进医疗服务价格改革，合理调整医疗服

务价格，同步强化价格、医保等相关政策衔接，确保医疗机构发展可持续、医保基金可承受、群众负担不增加。建立以成本和收入结构变化为基础的价格动态调整机制，到2020年基本理顺医疗服务比价关系。落实非公立医疗机构医疗服务市场调节价政策。公立医疗机构医疗服务项目价格实行分类管理，对市场竞争比较充分、个性化需求比较强的医疗服务项目价格实行市场调节价，其中医保基金支付的服务项目由医保经办机构与医疗机构谈判合理确定支付标准。进一步完善药品采购机制，发挥医保控费作用，药品实际交易价格主要由市场竞争形成。

（八）健全交通运输价格机制。逐步放开铁路运输竞争性领域价格，扩大由经营者自主定价的范围；完善铁路货运与公路挂钩的价格动态调整机制，简化运价结构；构建以列车运行速度和等级为基础、体现服务质量差异的旅客运输票价体系。逐步扩大道路客运、民航国内航线客运、港口经营等领域由经营者自主定价的范围，适时放开竞争性领域价格，完善价格收费规则。放开邮政竞争性业务资费，理顺邮政业务资费结构和水平。实行有利于促进停车设施建设、有利于缓解城市交通拥堵、有效促进公共交通优先发展与公共道路资源利用的停车收费政策。进一步完善出租汽车运价形成机制，发挥运价调节出租汽车运输市场供求关系的杠杆作用，建立健全出租汽车运价动态调整机制以及运价与燃料价格联动办法。

（九）创新公用事业和公益性服务价格管理。清晰界定政府、企业和用户的权利义务，区分基本和非基本需求，建立健全公用事业和公益性服务财政投入与价格调整相协调机制，促进政府和社会资本合作，保证行业可持续发展，满足多元化需求。全面实行居民用水用电用气阶梯价格制度，推行供热按用热量计价收费制度，并根据实际情况进一步完善。教育、文化、养老、殡葬等公益性服务要结合政府购买服务改革进程，实行分类管理。对义务教育阶段公办学校学生免收学杂费，公办幼儿园、高中（含中职）、高等学校学费作为行政事业性收费管理；营利性民办学校收费实行自主定价，非营利性民办学校收费政策由省级政府按照市场化方向根据当地实际情况确定。政府投资兴办的养老服务机构依法对“三无”老人免费；对其他特殊困难老人提供养老服务，其床位费、护理费实行政府定价管理，其他养老服务价格由经营者自主定价。分类推进旅游景区门票及相关服务价格改革。推动公用事业和公益性服务经营者加大信息公开力度，接受社会监督，保障社会公众知情权、监督权。

三、建立健全政府定价制度，使权力在阳光下运行

对于极少数保留的政府定价项目，要推进定价项目清单化，规范定价程序，加强成本监审，推进成本公开，坚决管细管好管到位，最大限度减少自由裁量权，推进政府定价公开透明。

（十）推进政府定价项目清单化。中央和地方要在加快推进价格改革的基础上，于2016年以前制定发布新的政府定价目录，将政府定价范围主要限定在重要公用事业、公益性服务、网络型自然垄断环节。凡是政府定价项目，一律纳入政府定价目录管理。目录内的定价项目要逐项明确定价内容和定价部门，确保目录之外无定价权，政府定价纳入权力和责任清单。定期评估价格改革成效和市场竞争程度，适时调整具体定价项目。

（十一）规范政府定价程序。对纳入政府定价目录的项目，要制定具体的管理办法、定价机制、成本监审规则，进一步规范定价程序。鼓励和支持第三方提出定调价方案建议、参与价格听证。完善政府定价过程中的公众参与、合法性审查、专家论证等制度，保证工作程序明晰、规范、公开、透明，主动接受社会监督，有效约束政府定价行为。

（十二）加强成本监审和成本信息公开。坚持成本监审原则，将成本监审作为政府制定和调整价格的重要程序，不断完善成本监审机制。对按规定实行成本监审的，要逐步建立健全成本公开制度。公用事业和公益性服务的经营者应当按照政府定价机构的规定公开成本，政府定价机构在制定和调整价格前应当公开成本监审结论。

四、加强市场价格监管和反垄断执法，逐步确立竞争政策的基础性地位

清理和废除妨碍全国统一市场和公平竞争的各种规定和做法，严禁和惩处各类违法实行优惠政策行为，建立公平、开放、透明的市场价格监管规则，大力推进市场价格监管和反垄断执法，反对垄断和不正当竞争。加快建立竞争政策与产业、投资等政策的协调机制，实施公平竞争审查制度，促进统一开放、竞争有序的市场体系建设。

（十三）健全市场价格行为规则。在经营者自主定价领域，对经济社会影响重大特别是与民生紧密相关的商品和服务，要依法制定价格行为规则和监管办法；对存在市场竞争不充分、交易双方地位不对等、市场信息不对称等问题的领域，要研究制定相应议价规则、价格行为规范和指南，完善明码标价、收费公示等制度规定，合理引导经营者价格行为。

（十四）推进宽带网络提速降费。规范电信资费行为，推进宽带网络提速降费，为“互联网+”发展提供有力支撑。指导、推动电信企业简化资费结构，切实提高宽带上网等业务的性价比，并为城乡低收入群体提供更加优惠的资费方案。督促电信企业合理制定互联网接入服务资费标准和计费办法，促进电信网间互联互通。严禁利用不正当定价行为阻碍电信服务竞争，扰乱市场秩序。加强资费行为监管，清理宽带网络建设环节中存在的进场费、协调费、分摊费等不合理费用，严厉打击价格违法行为。

（十五）加强市场价格监管。建立健全机构权威、法律完备、机制完善、执行有力的市场价格监管工作体系，有效预防、及时制止和依法查处各类价格违法行为。坚持日常监管和专项检查相结合，加强民生领域价格监管，着力解决群众反映的突出问题，保护消费者权益。加大监督检查力度，对政府已放开的商品和服务价格，要确保经营者依法享有自主定价权。

（十六）强化反垄断执法。密切关注竞争动态，对涉嫌垄断行为及时启动反垄断调查，着力查处达成实施垄断协议、滥用市场支配地位和滥用行政权力排除限制竞争等垄断行为，依法公布处理决定，维护公平竞争的市场环境。建立健全垄断案件线索收集机制，拓宽案件来源。研究制定反垄断相关指南，完善市场竞争规则。促进经营者加强反垄断合规建设。

（十七）完善价格社会监督体系。充分发挥全国四级联网的 12358 价格举报管理信息系统作用，鼓励消费者和经营者共同参与价格监督。加强举报数据分析，定期发布分析报

告，警示经营者，提醒消费者。建立健全街道、社区、乡镇、村居民价格监督员队伍，完善价格社会监督网络。依托社会信用体系，加快推进价格诚信建设，构建经营者价格信用档案，开展价格诚信单位创建活动，设立价格失信者“黑名单”，对构成价格违法的失信行为予以联合惩戒。鼓励和支持新闻媒体积极参与价格社会监督，完善舆论监督和引导机制。

五、充分发挥价格杠杆作用，更好服务宏观调控

在全面深化改革、强化价格监管的同时，加强和改善宏观调控，保持价格总水平基本稳定；充分发挥价格杠杆作用，促进节能环保和结构调整，推动经济转型升级。

（十八）加强价格总水平调控。加强价格与财政、货币、投资、产业、进出口、物资储备等政策手段的协调配合，合理运用法律手段、经济手段和必要的行政手段，形成政策合力，努力保持价格总水平处于合理区间。加强通缩、通胀预警，制定和完善相应防范治理预案。健全价格监测预警机制和应急处置体系，构建大宗商品价格指数体系，健全重要商品储备制度，提升价格总水平调控能力。

（十九）健全生产领域节能环保价格政策。建立有利于节能减排的价格体系，逐步使能源价格充分反映环境治理成本。继续实施并适时调整脱硫、脱硝、除尘等环保电价政策。鼓励各地根据产业发展实际和结构调整需要，结合电力、水等领域体制改革进程，研究完善对“两高一剩”（高耗能、高污染、产能过剩）行业落后工艺、设备和产品生产的差别电价、水价等价格措施，对电解铝、水泥等行业实行基于单位能耗超定额加价的电价政策，加快淘汰落后产能，促进产业结构转型升级。

（二十）完善资源有偿使用制度和生态补偿制度。加快自然资源及其产品价格和财税制度改革，全面反映市场供求、资源稀缺程度、生态环境损害成本和修复效益。完善涉及水土保持、矿山、草原植被、森林植被、海洋倾倒等资源环境收费基金或有偿使用收费政策。推进水资源费改革，研究征收水资源税，推动在地下水超采地区先行先试。采取综合措施逐步理顺水资源价格，深入推进农业水价综合改革，促进水资源保护和节约使用。

（二十一）创新促进区域发展的价格政策。对具有区域特征的政府和社会资本合作项目，已具备竞争条件的，尽快放开价格管理；仍需要实行价格管理的，探索将定价权限下放到地方，提高价格调整灵活性，调动社会投资积极性。加快制定完善适应自由贸易试验区发展的价格政策，能够下放到区内自主实施的尽快下放，促进各类市场主体公平竞争。

六、保障措施

价格工作涉及面广、政策性强、社会关注度高，牵一发而动全身。必须加强组织落实，科学制定方案，完善配套措施，做好舆论引导，为加快完善主要由市场决定价格机制提供有力保障。

（二十二）加强组织落实。各地区各有关部门要充分认识加快完善主要由市场决定价格机制的重要性、紧迫性和艰巨性，统一思想、形成合力，以敢啃“硬骨头”精神打好攻坚战。要深入调研、科学论证，广泛听取各方面意见，突出重点、分类推进，细化工作

方案，及时总结评估，稳步有序推进，务求取得实效。影响重大、暂不具备全面推开条件的，可先行开展试点，发挥示范引领作用，积累可复制、可推广的经验。要以抓铁有痕、踏石留印的作风，狠抓落实，明确时间表、路线图、责任状，定期督查、强化问责，全力打通政策出台的“最先一公里”、政策实施的“中梗阻”与政策落地的“最后一公里”，确保各项措施落地生根。

（二十三）健全价格法制。紧密结合价格改革、调控和监管工作实际，加快修订价格法等相关法律法规，完善以价格法、反垄断法为核心的价格法律法规，及时制定或修订政府定价行为规则以及成本监审、价格监测、价格听证、规范市场价格行为等规章制度，全面推进依法治价。

（二十四）强化能力建设。在减少政府定价事项的同时，注重做好价格监测预警、成本调查监审、价格调控、市场价格监管和反垄断执法、价格公共服务等工作，并同步加强队伍建设，充实和加强工作力量，夯实工作基础。大力推进价格信息化建设，为增强价格调控监管服务能力提供有力支撑。鼓励高等学校和科研机构建立价格与反垄断研究机构，加强国际交流合作，培养专门人才。整合反垄断执法主体和力量，相对集中执法权。

（二十五）兜住民生底线。牢固树立底线思维，始终把保障和改善民生作为工作的出发点和落脚点。推行涉及民生的价格政策特别是重大价格改革政策时，要充分考虑社会承受能力，特别是政策对低收入群体生活的可能影响，做好风险评估，完善配套措施。落实和完善社会救助、保障标准与物价上涨挂钩的联动机制，完善社会救助制度特别是对特困人群的救助措施，保障困难群众基本生活不受影响。加强民生领域价格监管，做好价格争议纠纷调解处理，维护群众合法价格权益。

（二十六）做好舆论引导。加大对全面深化价格改革、规范政府定价、强化市场价格监管与反垄断执法等方面的宣传报道力度，加强新闻发布，准确阐述价格政策，讲好“价格改革故事”，及时引导舆论，回应社会关切，传递有利于加快完善主要由市场决定价格机制、推动经济转型升级的好声音和正能量，积极营造良好舆论氛围。

第五部分

附　　录

附录一

中国连锁业终身成就奖

中国连锁业终身成就奖是连锁经营领域杰出人士的最高荣誉，获奖者是贡献毕生精力于连锁事业，致力于连锁业发展并对行业发展产生重大影响和推动作用的行业领军人物。

2015 年 11 月 6 日，在第十七届中国连锁业大会上揭晓了 2015 年度中国连锁业终身成就奖，获奖者分别是：

陈念慈　三江购物俱乐部股份有限公司　董事长兼总裁

——获奖理由：他，曾做过百货商店的小学徒，也曾是主事过商业管理的一名政府官员。现如今，陈总是坐拥 30 亿元资产的零售上市公司董事长。四十多载商海弄潮，转变的是角色和岗位，不变的是初心和执着。诚信、自律、勤俭、创新是他坚持的信念和实践的标准。

王培桓　家家悦集团股份有限公司　董事长、总经理

——获奖理由：他，是国内农超对接的探路人，是“超市下乡”的领航员，还是国际化合作的实践者。王总带领企业，多业态并举，在做深做透区域市场上不断创新。他以开放的心态向全国同行敞开观摩学习的大门，他是区域零售的佼佼者，更是行业创新的排头兵。

曾经获过此项奖的有：
郑万河　北京王府井百货（集团）股份有限公司　名誉董事长
姜俊贤　中国全聚德（集团）股份有限公司　董事会顾问
苏敬轼　百胜餐饮集团中国事业部　原主席兼首席执行官
马嘉樑　苏果超市有限公司　董事长

CCFA 2015 中国连锁年度人物

中国连锁年度人物是当年度中国零售业重大经济事件的当事者，在业界引起广泛的反响和关注，其努力和创造性的工作，为中国零售业做出了重要且独到的贡献，其引发的经济事件预示着中国零售业的未来趋势。

“CCFA 2015 中国连锁年度人物”评选，由协会秘书处组织评审委员会推荐参评人选，经评委讨论和投票，提出正式候选人名单并提交协会 2015 年度四届五次理事会审议、表决，洪杰等 7 人得票数过半而当选。获奖者在 2015 年 11 月 6 日召开的第十七届中国连锁业大会上揭晓，分别是：

洪杰　华润万家有限公司　首席执行官

——获奖理由：2015 年 1 月，在华润万家首席执行官洪杰先生的倡导下，协会组织 11 家大型零售商和供应商达成国内零供合作的首个零售行业纲领性文件“深圳湾共识”。“深圳湾共识”是过去十余年来零供双方首次共同寻求新合作的破冰之作，它倡导零供双方建立以消费者为中心的共同价值观和行动计划，为零供双方合作共赢探索出一套新模式，势必为改善国内零供合作关系发挥积极的带动作用，对促进行业健康发展具有里程碑式的意义。

唐嘉年　家乐福（中国）管理咨询服务有限公司　家乐福大中华区总裁

——获奖理由：2015 年，家乐福大中华区总裁唐嘉年先生启动了家乐福入华以来最为重大的战略转变——调整采购和区域架构，包括加强中央集权、开建配送中心、涉足便利店及电子商务上线等“一揽子”计划，将原有 24 个 CCU（城市商品采购中心）归并为 6 个区域采购中心，并构建以供应链为支撑的商品采购和物流。家乐福建立配送中心，不但可以提升门店商品的竞争力、优化门店库存、保障食品安全，还可以与便利店联合开展 O2O，与电商业务进行无缝对接，是具有里程碑意义的举措。家乐福中国启动网上商城，标志着家乐福已迈入线上大军行列，并由传统零售模式向 O2O 全面转型。

高书林　天虹商场股份有限公司　总经理

——获奖理由：面对现今零售传统格局中百货业被电子商务、新消费等势力强势冲击、哀鸿遍野的困境，天虹商场总经理高书林先生不断探求百货业转型之路，带领天虹商场以善“变”之势，赢得多元化布局、转型全渠道零售动作最敏捷的“快手”之称。

2015年，天虹商场实现全渠道多入口引流布局，在线下转型为“百货+购物中心+便利店”多业态联动，在线上完成“网上天虹+微店+微信”端口的构建。天虹商场鼎力打造本地生活服务平台“虹领巾”，将实体店1.5公里内的医院、美容美发、洗衣洗车等纳入平台服务项目，将原本松散的交易、服务集中起来，为商户和消费者提供更好的综合解决方案。天虹商场的全渠道思路是将原来仅做一个中间渠道通路的角色，变为提供并出售生活方式。

张国衡　东莞市糖酒集团美宜佳便利店有限公司　总经理

——获奖理由：2012年起，便利店业态整体销售规模连续三年以两位数的增率高速增长，超过百货店、超市、大型超市等大型零售业态，成为国内实体零售低迷状况下的“一枝独秀”。作为便利店行业的排头兵和先行者，东莞美宜佳总经理张国衡先生一直为探索一条科学、有生命力的新商业模式之路孜孜不倦地思考与践行。他不断突破便利店行业陈规，拓展跨区域发展、便利店+互联网、生活馆新业态、共享商业平台等创新，并以特许加盟模式追求规模化发展，业已成为国内便利店行业的一面旗帜，被誉为“便利店行业的东莞模式”。接下来，美宜佳将组织开展全渠道营销，给消费者提供渠道一致、感觉更好的用户体验。

曲德君　万达商业地产股份有限公司　执行总裁

——获奖理由：万达商业是国内商业地产领域的龙头企业，拥有已开业广场119座，五星及超五星级酒店75家，持有物业面积2157万平方米。2015年，万达商业在执行总裁曲德君先生的带领下，以其独特商业模式，在持续低迷、激烈竞争的市场中取得快速增长的佳绩，并在结构调整和打造新业务方面动作不断：调整了某些传统产业，增加了更多的体验式消费业态，积极打造全方位的智能化消费平台等。如“飞凡网”上线运行后，万达广场不仅实现了全部智能化运营，而且完成与线上平台的对接，使线上线下业务与服务有机融合，打造成全球最大的高科技智慧生活O2O开放式电商平台。未来，万达将摆脱商业地产商的角色，推行轻重并举的轻资产管理模式，形成万达商业、文化产业、金融产业、电子商务四大支柱产业。

侯恩龙　苏宁云商集团股份有限公司　首席运营官

——获奖理由：2015年8月，苏宁与阿里达成战略合作，这是国内电商历史上规模最大的一次投资，更是线上线下两大巨头的资源整合，开启了我国零售业的新篇章，也标志着苏宁已完成从传统零售商向互联网零售企业的转型。苏宁已迈入发展的快车道。苏宁的云计算、大数据、O2O、开放平台等越来越成熟，其物流、客服体验、商品与运营、终端与后台的融合也越来越好、越来越顺畅。苏宁还提出“零售CPU”的概念，旨在打造以供应链、物流和服务为核心竞争力的互联网零售。苏宁正在以“开放”的心态，融合线上线下资源，构建苏宁互联网零售生态圈。

史燕来　北京红黄蓝儿童教育科技发展有限公司　董事长

——获奖理由：2015 年 6 月，北京红黄蓝跨境母婴电商平台——青田优品诞生，标志着国内最大的婴幼儿教育集团红黄蓝“立体教育生态圈”战略目标的形成。红黄蓝董事长史燕来女士的布局创新突出体现在：（一）模式创新。即“一体两翼”，由园所教育为主向平台教育转变，平台吸纳更多外部优秀资源充实原有服务内容，借助资本和互联网展翅飞翔；（二）产品创新。即通过整合外部品牌资源，开发自有品牌和专属产品，丰富平台产品线，使线上线下互动更加融合；（三）用户创新。即客户理念升级不再拘泥于园所，而是通过平台外延到更多年轻家庭，使之成为反哺园所服务的潜在客户。2015 年末，红黄蓝拥有近千家亲子园和 200 多所幼儿园，形成维系百万以上用户，每周 30 万活跃用户的“立体教育生态圈”。

2015 年度零售业员工最喜爱的公司

为表彰中国零售行业卓越管理实践典范，并通过对评选结果进行宣传和经验分享，有效提升获奖企业的美誉度和凝聚力，争取社会的广泛认可和支持，对连锁企业人力资源管理水平提升起到积极的促进作用，中国连锁经营协会每年组织本行业开展“员工最喜爱的公司”（原“最佳雇主”）评选活动，已经连续进行了 9 年。2015 年，协会对入围的参评企业进行了网上投票，由协会人力资源 20 人（Hrvp20）组成专家评审组对入围候选企业材料评审把关，并结合考察参评企业在行业的美誉度来综合评定。2015 年度零售业“员工最喜爱的公司”获奖企业在“第十七届中国连锁业会议”上发布并颁奖，获奖名单如下（13 家）：

序号	企业名称
1	步步高商业连锁股份有限公司
2	国美电器有限公司
3	红星美凯龙家居集团股份有限公司
4	宏图三胞高科技术有限公司
5	华润万家有限公司
6	锦江麦德龙现购自运有限公司
7	如家酒店集团
8	苏宁云商集团股份有限公司
9	天虹商场股份有限公司
10	王品西提（上海）餐饮有限公司
11	兴隆大家庭商业集团有限公司
12	银泰商业（集团）有限公司
13	永和大王餐饮集团

注：按企业名称英文字母排序。

2015 年度中国特许经营系列奖项

为表彰以特许经营模式发展的优秀特许企业，中国连锁经营协会组织专业评审委员会，每年度对特许企业的品牌维护、体系建设、对加盟商支持等多项指标进行考核、评审，评选出年度中国优秀特许加盟品牌。其目的是宣传优秀特许企业及加盟商的创新意识和敬业精神，倡导诚信、自律、合作、双赢的理念，同时为广大投资者选择理想加盟项目提供资讯和借鉴。2015 年度特许经营奖共设三类奖项，包括：优秀特许品牌奖、社会贡献奖和优秀加盟商奖（单店加盟 & 区域加盟）。

经行业专家、协会与企业代表共同组成的特许经营奖评审委员会严格评审、参评特许企业加盟商电话查访、数据核实，2015 年度中国特许经营奖系列奖项在“2016 中国特许加盟展（北京站）”揭晓并颁奖，获奖名单如下：

1. 2015 年度中国优秀特许品牌奖（28 个）

序	品牌	行业/业态	企业名称
1	如家	经济型酒店	上海如家酒店管理有限公司
2	锦江之星	经济型酒店	上海锦江都城酒店管理有限公司
3	CENTURY 21R	房屋中介	北京艾菲特国际特许经营咨询服务有限公司
4	华胜	汽车后市场	广州华胜企业管理服务有限公司
5	博世汽车	汽车后市场	博世汽车技术服务（北京）有限公司
6	红黄蓝	婴幼儿教育	北京红黄蓝儿童教育科技发展有限公司
7	北大青鸟	IT 教育	北京阿博泰克北大青鸟信息技术有限公司
8	东易日盛	房屋装修	东易日盛家居装饰集团股份有限公司
9	福奈特	洗涤服务	北京福奈特洗衣服务有限公司
10	爱君	家政服务	上海爱君家庭服务有限公司
11	唯美度	美容业	深圳唯美度生物科技有限公司
12	英睿健康会	健身业	山东英睿健康管理有限公司
13	57℃湘	中式正餐	长沙五十七度湘餐饮管理有限公司
14	黄记煌	火锅	北京黄记煌餐饮管理有限责任公司
15	嘉和一品	中式快餐	北京嘉和一品企业管理有限公司
16	麦当劳	西式快餐	麦当劳（中国）有限公司
17	汉堡王	西式快餐	汉堡王（上海）餐饮有限公司
18	音乐厨房	休闲餐饮	厦门音乐厨房餐饮有限公司
19	金虎	便利店	山西金虎便利连锁股份有限公司

续表

序	品牌	行业/业态	企业名称
20	绝味	休闲食品	绝味食品股份有限公司
21	摩提工房	烘焙食品	上海摩提工房食品有限公司
22	百花峰	营养品	北京百花蜂业科技发展股份公司
23	百果园	水果	深圳百果园实业发展有限公司
24	富隆	酒类	广州市富隆酒窖酒业有限公司
25	M&G	文具用品	上海晨光文具股份有限公司
26	名创优品	日用品	广东葆扬投资管理有限公司
27	特百惠	日用品	特百惠（中国）有限公司
28	尚品宅配	家具	广州尚品宅配家居股份有限公司

注：排名不分先后。

2. 2015 年度中国特许经营社会贡献奖（10 个）

序	品牌	企业名称
1	东来顺	北京东来顺集团有限责任公司
2	翰皇	北京翰皇伟业皮革清洁养护连锁服务有限公司
3	能动英语	北京能动时代科技教育股份有限公司
4	米其林	驰加（上海）汽车用品贸易有限公司
5	天福	广东天福连锁商业集团有限公司
6	小拇指	杭州小拇指汽车维修科技股份有限公司
7	良品铺子	湖北良品铺子食品工业有限公司
8	植秀堂	青岛植秀堂养生养颜连锁有限公司
9	唐久	山西省太原唐久超市有限公司
10	来伊份	上海来伊份股份有限公司

注：排名不分先后。

3. 2015 年度中国特许经营优秀加盟商（单店加盟，72 个）

序	企业名称	加盟商
1	百胜餐饮集团 中国事业部枫林餐厅	
2	百胜餐饮集团 中国事业部	府城餐厅
3	北京艾菲特国际特许经营咨询服务有限公司	青岛中天人和房地产经纪有限公司
4	北京艾菲特国际特许经营咨询服务有限公司	河南弘业房地产代理咨询有限公司
5	北京比格餐饮管理有限责任公司	呼和浩特凯德餐厅
6	北京超市发连锁股份有限公司	超市发西翠路店
7	北京超市发连锁股份有限公司	北京人家店

续表

序	企业名称	加盟商
8	北京东来顺集团有限责任公司	天津塘沽饭庄
9	北京福奈特洗衣服务有限公司	广州顺德区大良福奈特洗衣店
10	北京翰皇伟业皮革清洁养护连锁服务有限公司	山西太原 1678 店
11	北京翰皇伟业皮革清洁养护连锁服务有限公司	翰皇加盟连锁 3936 店
12	北京红黄蓝儿童教育科技发展一线公司	佳木斯红黄蓝亲子园
13	北京红黄蓝儿童教育科技发展一线公司	红黄蓝亲子园福建龙岩分园
14	北京嘉和一品企业管理有限公司	北京延庆妫水北街店
15	北京能动时代教育科技股份有限公司	能动英语屋（劲松）
16	北京能动时代教育科技股份有限公司	能动英语屋（崇文门）
17	北京伊尔萨洗染有限公司	北京星河俊宏干洗店
18	北京伊尔萨洗染有限公司	北京银雕洗染服务部（伊尔萨广安门店）
19	北京扎西德勒藏文化传播有限公司	扎西德勒吉祥缘店
20	北京扎西德勒藏文化传播有限公司	扎西德勒吉祥缘店
21	大连好月嫂家庭服务有限公司	兰州好月嫂家政服务有限公司
22	大连好月嫂家庭服务有限公司	贵州省贵阳市慧海丹心家政服务有限公司（贵阳好月嫂 2 店）
23	广东天福连锁商业集团有限公司	广州白云豪泉天福店
24	广东天福连锁商业集团有限公司	深圳龙岗南联龙园天福店
25	广州华胜企业管理服务有限公司	广州市荣源汽车维修有限公司
26	广州华胜企业管理服务有限公司	上海华跃汽车服务有限公司
27	广州拉厅餐厅有限公司	月影法式铁板烧台州温邻银泰分店
28	广州市富隆酒窖酒业有限公司	台州经济开发区新荣记大酒店有限公司北京餐饮公司
29	广州汇美舍天然用品连锁有限公司	成都市优品道广场汇美舍专卖店
30	杭州车立方二手车销售有限公司	浙江省杭州市桐庐店
31	杭州车立方二手车销售有限公司	车立方浙江绍兴诸暨暨北路店
32	杭州快点汽车维修技术开发有限公司	快典漆修湖州长兴图影大道连锁中心
33	杭州快点汽车维修技术开发有限公司	快典漆修湖北恩施旗峰大道连锁中心
34	杭州小拇指汽车维修科技股份有限公司	安徽省宣城市绩溪县杨之南路连锁中心
35	江西煌上煌集团食品股份有限公司	沈阳新城子中心店
36	绝味食品股份有限公司	绝味长沙县黄花店
37	绝味食品股份有限公司	绝味南京江宁大学城店
38	马兰拉面快餐连锁有限责任公司	河南信阳中山南路马兰拉面店
39	内蒙古小尾羊餐饮连锁股份有限公司	甘肃省兰州市西固区小尾羊店
40	七色光华（北京）教育科技股份有限公司	聪明树国际早教中心内蒙海拉尔区河西店
41	青岛植秀堂养生养颜连锁有限公司	新乡长垣部玉鹏店
42	青岛植秀堂养生养颜连锁有限公司	北京海淀上地高巍店

续表

序	企业名称	加盟商
43	赛浪汽车科技（北京）股份有限公司	赛浪云景国际汽配城店
44	赛浪汽车科技（北京）股份有限公司	河北安新县赛浪汽修
45	厦门见福连锁管理有限公司	厦门市海沧区萍扬便利店
46	厦门见福连锁管理有限公司	泉州市丰泽区优见便利店
47	厦门山国饮艺茶业有限公司	厦门素和商贸有限公司
48	厦门山国饮艺茶业有限公司	山东烟台栖霞店
49	山东英睿健康管理有限公司	英睿健康会南京戎泰山庄店
50	山东英睿健康管理有限公司	英睿健康会北京凯晨店
51	山西省太原唐久超市有限公司	建设南路狄村街口
52	山西省太原唐久超市有限公司	滨河城小区
53	上海棒约翰餐饮管理有限公司	郴州滨江（浙江）
54	上海棒约翰餐饮管理有限公司	启东餐厅（江苏）
55	上海锦江都城酒店管理有限公司	锦江之星北京长椿街酒店
56	上海锦江都城酒店管理有限公司	锦江之星上海逸仙路酒店
57	上海联华超级市场发展有限公司	联华耀阳店
58	上海联华超级市场发展有限公司	联华青湖店
59	上海如家酒店管理有限公司	大连青泥洼桥地铁站柏威年店
60	上海如家酒店管理有限公司	兰州西站敦煌路店
61	石家庄国大酒店经营有限公司	驿家 365 连锁酒店邯郸联纺东路店
62	四平李连贵饮食服务股份有限公司	李连贵熏肉大饼长春连锁店
63	苏果超市有限公司	南京市江宁汤山苏果加盟店
64	苏果超市有限公司	宿州市灵璧县苏果超市加盟店
65	速伯艾特（北京）国际酒店管理有限公司	速 8 酒店锦州锦华店
66	武汉赛恩小太阳教育科技有限公司	郴州市苏仙区小太阳幼儿园
67	西安每一天便利超市连锁有限公司	万达店
68	西安每一天便利超市连锁有限公司	西大街店
69	长春市若石足道健康技术有限公司	若石足道山东烟台店
70	中国茶叶有限公司	中茶世界茶园惠州华贸天地店
71	中国全聚德（集团）股份有限公司	全聚德北京顺义店
72	中国全聚德（集团）股份有限公司	全聚德西宁店

注：排名不分先后。

4. 2015 年度中国特许经营优秀加盟商（区域加盟，29 个）

序	企业名称	加盟商
1	北京艾菲特国际特许经营咨询服务有限公司	温州英特莱特许经营咨询服务有限公司
2	北京东来顺集团有限责任公司	香港蒂苑酒店
3	北京比格餐饮管理有限责任公司	鄂尔多斯、榆林区域
4	北京福奈特洗衣服务有限公司	安徽铜陵市福奈特洗衣店
5	北京元洲装饰有限公司	黄石三禾装饰有限责任公司
6	北京元洲装饰有限公司	张家港筑品装饰设计工程有限公司
7	布丁酒店浙江股份有限公司	苏州区域
8	布丁酒店浙江股份有限公司	上海区域
9	驰加（上海）汽车用品贸易有限公司	驰加汽车服务中心 保定市瑞祥大街店
10	驰加（上海）汽车用品贸易有限公司	驰加汽车服务中心 广州市广园东路店
11	广州汇美舍天然用品连锁有限公司	石家庄鸣夕商贸有限公司
12	广州市富隆酒窖酒业有限公司	重庆绿藩谷贸易有限公司
13	杭州小拇指汽车维修科技股份有限公司	浙江省嘉兴市海盐县武原镇海兴西路连锁中心
14	湖南益视堂健康科技有限公司	张家界市永定区益视堂视力保健服务部
15	湖南益视堂健康科技有限公司	常德市武陵区益视堂视力保健店
16	内蒙古小尾羊餐饮连锁股份有限公司	河北省承德市平泉县小尾羊店
17	上海来伊份股份有限公司	启动爱味食品有限公司
18	上海来伊份股份有限公司	蚌埠爱伊商贸有限公司
19	上海粮全其美食品有限公司	福建省漳州市粮全其美文昌门手抓饼店
20	上海粮全其美食品有限公司	湖南省长沙市芙蓉区解放东路 56 号
21	四平李连贵饮食服务股份有限公司	李连贵熏肉大饼北京总代理
22	无锡市客必思餐饮管理有限公司	河南郑州区域
23	无锡市客必思餐饮管理有限公司	新疆区域
24	长春市若石足道健康技术有限公司	若石足道毕节店
25	长沙五十七度湘餐饮管理有限公司	57℃湘西安赛格店
26	长沙五十七度湘餐饮管理有限公司	57℃湘成都水货群光店
27	中国茶叶有限公司	中茶世界茶园烟台旗舰店
28	重庆佳永小天鹅餐饮有限公司	临汾向阳路店
29	重庆佳永小天鹅餐饮有限公司	安庆华 MALL 店

注：排名不分先后。

CCFA 2015 年度购物中心金百合奖

为表彰购物中心在与连锁品牌合作发展中的突出表现，树立行业标杆，倡导合作双赢，推进购物中心与连锁企业和谐共荣、携手发展，2011 年中国连锁经营协会（CCFA）依托连锁品牌与购物中心合作委员会推出了“CCFA 购物中心金百合奖”年度推选活动，同时组织品牌、餐饮、零售、地产等业内相关机构的专家组成购物中心金百合奖评委会。2015 年度购物中心金百合奖系列奖项包括：

金百合·购物中心最具创新力奖

金百合·购物中心 O2O 最佳实践奖

金百合·最佳购物中心奖（分都市型、区域型、社区型和奥特莱斯型）

金百合·连锁品牌最佳人气奖（分业态）

金百合·购物中心优秀管理者奖

金百合·连锁品牌店铺拓展优秀经理人奖

金百合·评委会特别奖

经连锁品牌与购物中心合作委员会委员推选，购物中心金百合奖评委会严格评审，“CCFA 2015 年度购物中心金百合奖”获奖名单如下：

1. 2015 年度金百合购物中心最具创新力奖（1 家）

购物中心名称	所属公司
朝阳大悦城	大悦城地产有限公司

2. 2015 年度金百合购物中心 O2O 最佳实践奖（3 家）

购物中心名称	所属公司
南京江宁万达广场	万达商业管理有限公司
杭州城西银泰城	银泰百货（集团）有限公司
无锡苏宁广场	苏宁置业集团商业广场公司

3.1 2015 年度金百合最佳都市型购物中心奖（5 家）

购物中心名称	所属公司
成都王府井购物中心	北京王府井百货（集团）股份有限公司
南京江宁万达广场	万达商业管理有限公司
成都国际金融中心	九龙仓中国置业有限公司
合肥银泰中心	银泰百货（集团）有限公司
沈阳大悦城	大悦城地产有限公司

3.2 2015 年度金百合最佳区域型购物中心奖（5 家）

购物中心名称	所属公司
苏州吴中永旺梦乐城	永旺梦乐城（中国）投资有限公司
北京西直门凯德 MALL	北京凯德嘉茂西直门房地产经营管理有限公司
杭州城西银泰城	银泰百货（集团）有限公司
金源新燕莎 MALL	北京新燕莎商业有限公司
广州正佳广场	正佳广场经营管理有限公司

3.3 2015 年度金百合最佳社区型购物中心奖（7 家）

购物中心名称	所属公司
华冠购物中心	北京华冠商业管理股份有限公司
凤凰汇	北京华润曙光房地产开发有限公司
锦州兴隆大家庭	辽宁兴隆大家庭商业集团
铁岭兴隆生活广场	辽宁兴隆大家庭商业集团
步步高百货常州店	步步高商业连锁股份有限公司
广州嘉裕太阳城	广州嘉裕太阳城广场
南京新一城	印力商用置业有限公司

3.4 2015 年度金百合最佳奥特莱斯型购物中心奖（4 家）

购物中心名称	所属公司
北京奥特莱斯	北京王府井百货（集团）股份有限公司
百联青浦奥莱	百联集团
重庆砂之船	重庆砂之船实业（集团）有限公司
长沙友阿奥特莱斯	湖南友谊阿波罗股份有限公司

4.1 2015 年度金百合连锁品牌最佳人气奖——餐饮（6 家）

品牌名称	所属公司
云南云海肴	心正意诚餐饮管理有限公司
呷哺呷哺	呷哺呷哺餐饮管理有限公司
肯德基	百胜餐饮集团中国事业部
星巴克	星巴克企业管理（中国）有限公司
和合谷	北京和合谷餐饮管理有限公司
海底捞	四川海底捞餐饮股份有限公司

4.2 2015 年度金百合连锁品牌最佳人气奖——专业零售（10 家）

品牌名称	所属公司
I DO	恒信玺利实业股份有限公司
屈臣氏	屈臣氏个人用品商店有限公司
斯凯奇	斯凯奇（中国）有限公司
太平鸟女装	宁波太平鸟时尚女装有限公司
良品铺子	湖北良品铺子食品有限公司
海澜之家	上海浦东海澜之家服饰有限公司
爱慕一家人	北京爱慕内衣有限公司
全棉时代	深圳全棉时代科技有限公司
悦诗风吟 Innisfree	爱茉莉太平洋集团
名创优品	广东葆扬投资管理有限公司

4.3 2015 年度金百合连锁品牌最佳人气奖——服务（3 家）

品牌名称	所属公司
宝岛眼镜	晶华宝岛（北京）眼镜有限公司
福奈特	北京福奈特洗衣服务有限公司
尚品宅配	广州尚品宅配家居用品有限公司

4.4 2015 年度金百合连锁品牌最佳人气奖——儿童业态（2 家）

品牌名称	所属公司
幻贝家	永旺幻想（中国）儿童游乐有限公司
悠游堂	上海悠游堂投资发展股份有限公司

5. 2015 年度金百合购物中心优秀管理者奖（5 人）

姓名	职务	所属公司
陈德力	副总裁兼招商中心总经理	万达商业管理有限公司
周　鹏	大悦城地产北京公司总经理 朝阳大悦城总经理	中粮集团有限公司
乔　宇	奥特莱斯事业部副总经理 赛特奥特莱斯总经理	北京王府井百货（集团）股份有限公司
李　霞	华北区域商场总经理	北京凯德嘉茂西直门房地产经营管理有限公司
王丽华	金源新燕莎 MALL 总经理	北京新燕莎商业有限公司

6. 2015 年度金百合连锁品牌店铺拓展优秀经理人奖（5 人）

姓名	职务	所属公司	品牌名称
曹　炜	高级经理	恒信玺利实业股份有限公司	I DO
洪国英	副总经理	深圳全棉时代科技有限公司	全棉时代
李献忠	开发总监	心正意诚餐饮管理有限公司	云南云海肴
王松林	副总监	湖北良品铺子食品有限公司	良品铺子
蒋永梅	开发总监	晶华宝岛（北京）眼镜有限公司	宝岛眼镜

7. 2015 年 CCFA 金百合评委会特别奖（1 人）

姓名	职务	所属公司
周　政	中粮集团有限公司副总裁 大悦城地产有限公司董事长	中粮集团有限公司

2015 年度中国便利店奖系列奖项

为树立行业标杆，表彰优秀便利店企业在行业发展中的突出表现，2015 年中国连锁经营协会依托便利店专业委员会首次推出“中国便利店奖”评选活动，设置便利店大奖、优秀管理奖、单店销售奖、创新奖、O2O 实践奖和新锐奖等系列奖项，并组织业内专家组成便利店奖评委会对便利店企业在营运管理、商品销售、加盟合作、互联网营销等经营活动中取得的创新与突破进行考核、评审。本年度便利店系列奖项包括便利店大奖、优秀管理者奖、创新奖、优秀自有品牌奖和新锐奖。

经便利店奖评委会严格评审，2015 年度中国便利店奖系列奖项在“2016 中国便利店大会”上揭晓并颁奖，获奖名单如下：

1. 2015 年度中国便利店大奖

获奖企业
山西省太原唐久超市有限公司
上海联华快客便利有限公司

2.1　2015 年度中国便利店优秀管理者（职业经理人）

获奖企业	获奖人	职务
十足集团股份有限公司	欧再福	总经理
哈尔滨中央红超市有限责任公司	张文达	副总经理
西安每一天便利超市连锁有限公司	胡纯生	西安公司总经理
青岛友客便利连锁管理有限公司	李　爽	副总经理
东莞市糖酒集团美宜佳便利店有限公司	姚旭鸿	副总经理
北京港佳好邻居连锁便利店有限责任公司	王　奇	副总经理

2.2　2015 年度中国便利店优秀管理者（创始人）

获奖企业	获奖人	职务
广东天福连锁商业集团有限公司	欧阳华金	董事长
四川哦哦超市连锁管理有限公司	汤耀华	董事长
大连太阳系便利店连锁经营有限公司	佟培新	董事长
惠州市快迪便利店管理有限公司	张小英	总经理
湖南佳宜企业管理有限公司	伍敏谊	董事长

3. 2015 年度中国便利店创新奖

获奖企业	获奖案例
东莞市糖酒集团美宜佳便利店有限公司	数字化转型探索
上海华联罗森有限公司	冰皮月亮蛋糕
苏果超市有限公司	苏果“好的”三代便利店
山西金虎便利连锁股份有限公司	双剑合璧——重塑企业核心竞争力
上海福满家便利有限公司（全家）	集享卡实名制会员——新营销利器
哈尔滨中央红超市有限责任公司	商品陈列模板
天虹商场股份有限公司	微喔便利店智慧管家
中国石油贵州遵义销售分公司	提篮销售
北京全时叁陆伍连锁便利店有限公司	本土化产品制胜
厦门见福连锁管理有限公司	管理移动化
山东潍坊百货集团股份有限公司中百连锁超市	O2M“优品汇”微信预售平台
深圳市中业爱民便利店管理有限公司	“有妈味”手抓饼
宜昌北山商业连锁有限责任公司	供应链创新
承德宽广购便利店有限公司	宽广购全渠道智慧社区生活服务平台

4. 2015 年度中国便利店优秀自有品牌

获奖企业	获奖商品
广东天福连锁商业集团有限公司	高山绿稻有机米
上海联华快客便利有限公司	系列商品
山西省太原唐久超市有限公司	平谷面包
中石化易捷销售有限公司	易捷卓玛泉
北京港佳好邻居连锁便利店有限责任公司	简素柠檬水

5. 2015 年度中国便利店新锐奖

获奖企业
天虹商场股份有限公司
青岛利群便利连锁发展有限公司
内蒙古悦生活商贸有限公司

2015 年度中国连锁餐饮企业系列奖项

为树立行业标杆，推动连锁餐饮企业在经济转型期深化创新、稳定发展，中国连锁经营协会（CCFA）于 2014 年 5 月推出“中国连锁餐饮企业系列奖项”，旨在挖掘餐饮企业成长源动力，提升餐饮行业核心竞争力，促进企业在转型期的健康、快速发展。2015 年度 CCFA 继续开展连锁餐饮企业评优活动，并围绕企业发展创新设置奖项，包括品牌可持续创新奖和“80 后”创业新锐人物奖。获奖名单如下（排名不分先后）：

1. 2015 年度中国连锁餐饮品牌可持续创新奖

	企业	品牌
1	北京西贝餐饮管理有限公司	西贝
2	浙江外婆家餐饮管理有限公司	外婆家
3	黄记煌餐饮管理有限责任公司	黄记煌
4	广州市麦点九毛九餐饮连锁有限公司	九毛九
5	河南巴奴餐饮企业管理有限公司	巴奴毛肚火锅
6	大连喜家德水饺餐饮管理有限公司	喜家德水饺
7	天津鱼酷餐饮连锁管理有限公司	鱼酷
8	北京江边城外餐饮管理有限公司	江边城外
9	上海仙踪林餐饮管理有限公司	仙踪林
10	永和大王（中国）餐饮有限公司	永和大王
11	北京嘉和一品企业管理股份有限公司	嘉和一品
12	北京便宜坊烤鸭集团有限公司	便宜坊
13	王品西提（上海）餐饮有限公司	王品
14	味千（中国）控股有限公司	味千
15	上海一茶一坐餐饮有限公司	一茶一坐
16	四川海底捞餐饮股份有限公司	海底捞
17	北京恒泰丰餐饮有限公司	鼎泰丰

2. 2015 年度中国连锁餐饮 80 后创业新锐人物

	人物	企业	品牌
1	赵晗	北京心正意诚餐饮有限公司	云南云海肴
2	陈宁	深圳乐凯撒比萨餐饮管理有限公司	乐凯撒

续表

	人物	企业	品牌
3	孟兵	奇点同舟餐饮管理（北京）有限公司	西少爷
4	李攀	成都蓉李记餐饮管理有限公司	蓉李记
5	赫畅	黄太吉	黄太吉
6	宋吉	很久以前	很久以前

2015 年度中国汽车后市场优秀连锁品牌

随着中国汽车产销量连续数年快速发展，2015 年中国汽车后市场产值已超过 6000 亿元，成为全球第一大汽车后市场。同时，大气防治污染治理战略规划正在全国各地广泛实施，加之全国性且数量庞大的公务车进入二手车市场，为汽车后市场提供了巨大的市场基数，也形成了巨大而广泛的市场压力。对仍处于初级发展阶段的我国汽车后市场，既是快速、持续扩张发展的历史性机遇，也是汽车后市场构建新格局，并通过服务创新，迎难而上，实现转型突破发展的重大挑战。为共建汽车后市场规范营商环境，宣传后市场优秀品牌，共享先进企业最佳实践，推动汽车后市场连锁化、品牌化、专业化稳健发展，中国连锁经营协会于 2015 年组织开展“中国汽车后市场优秀连锁品牌”推选活动，并在协会主办的“2015 年中国汽车后市场连锁论坛”发布。获奖企业及品牌如下：

序	品牌	所属企业
1	小拇指	杭州小拇指汽车维修科技股份有限公司
2	273	福州车友网络科技有限公司
3	美车堂	上海比邻美车堂汽车美容有限公司
4	中鑫之宝	中鑫之宝汽车服务有限公司
5	驰加 TyrePlus	驰加汽车服务中心
6	康众	江苏康众实业投资有限公司
7	华胜	广州华胜企业管理服务有限公司
8	博世车联	博世汽车技术服务（北京）有限公司

2015 年度中国零售创新奖、创新大奖

零售创新奖获奖者是在当年度中国连锁企业经营活动中取得创新与突破，并成为国内企业可资借鉴的经验和模式，包括模式创新、业态创新、管理创新、技术创新等。零售创新案例采集采取企业申报和业内专家推荐相结合的方式。创新案例评审，由中国连锁经营协会（CCFA）组织专家按评审流程和评分原则进行初评，结合专家对企业的现场深度考察，择优推出“年度零售创新奖”。同时，评审专家根据创新案例对行业发展的引领和启发性，从零售创新奖中择优评出“年度创新大奖”。

零售创新案例将通过《中国零售创新案例集》展现，实现业内最佳实践的有效传播。零售创新大奖将用作中国人民大学商学院 MBA 的教学案例，供未来零售高端管理人才学习和研讨。

2015 年度中国零售创新奖和创新大奖获奖名单如下：

1. 2015 年度中国零售创新大奖（6 个）

	所属公司	案例题目
1	迪卡侬（上海）体育用品有限公司	创新——满意或更满意
2	国美电器有限公司	智享新生活——构建新零售生态圈
3	上海城市超市有限公司	“左手线上，右手线下”——城市超市虚拟与实体店的融合探索
4	苏宁云商集团股份有限公司	苏宁易购云店——互联网思维的创新零售门店
5	天虹商场股份有限公司	天虹全渠道谋变布局移动端（天虹微品、虹领巾）
6	银泰商业（集团）有限公司	第一时间直购全球，为你的家精挑细选 —— 银泰西选创新项目

注：按所属公司英文字母排序。

2. 2015 年度中国零售创新奖（10 个）

	所属公司	案例题目
1	安徽商之都股份有限公司	安徽商之都梯队人才培养创新案例——安徽商之都养虎计划及其实施
2	北京超市发连锁股份有限公司 & 中粮国际（北京）有限公司	超市发 & 中粮大米业合作共赢案例
3	北京乐语世纪科技集团有限公司	管理大胆创新，连锁企业效益大增：经营承包责任制 & 管理七项图助力乐语新发展

续表

	所属公司	案例题目
4	步步高商业连锁股份有限公司	O+O 购物渠道，全球购商品资源
5	好乡亲叁陆伍电子商务有限公司	“好乡亲 365”农村电商综合服务平台
6	合肥百货大楼集团股份有限公司	百大虚拟预付卡（百大 e 卡）全渠道应用技术创新
7	华润万家有限公司 VS 宝洁（中国）营销有限公司	零供合作打造智慧订单
8	顺丰速运深圳分公司共享服务中心 & 捷库动力信息技术有限公司	人才速达，梦想速达——捷库助力顺丰搭建智能化移动招聘平台，引领人才招聘新思路
9	沃尔玛（中国）投资有限公司	沃尔玛“省心新鲜”服务
10	新世界百货投资（中国）集团有限公司	“小平台大作为”移动科技助推业绩提升及能力成长——自营商品产品知识 APP

注：按所属公司英文字母排序。

2015 年度中国连锁业最佳（优秀）全渠道应用场景案例

在中国经济转型期，无论是传统零售企业，还是电子商务企业，都在积极探索新的全渠道发展模式。为鼓励和宣传企业在全渠道应用方面的创新实践和贡献，推动零售和服务业全渠道模式的发展，中国连锁经营协会于 2015 年组织开展了“连锁业最佳全渠道应用场景案例”和“连锁业优秀全渠道应用场景案例”。名单如下：

1. 2015 连锁业最佳全渠道应用场景案例（5 家）

序	案例名称（排名不分先后）	获奖公司
1	打通全渠道，苏宁 O2O 重塑零售业态	苏宁云商
2	全渠道架构规划及实践	利群集团
3	组件化创造 O2O 新模式	大悦城
4	移动互联网时代粉丝经济新探索	呷哺呷哺
5	好邻居便利店的全渠道玩法	好邻居便利店

2. 2015 连锁业优秀全渠道应用场景案例（10 家）

序	案例名称（排名不分先后）	获奖公司
1	云猴网在全渠道商业模式上的探索	步步高
2	因改变而拥有未来	王府井百货
3	家门口的全渠道大卖场	华润万家
4	通程 O2O 试点基地场景应用案例	长沙通程
5	“全渠道区域 O2O”电子商务项目	合肥百大
6	汽车后市场全渠道应用场景	康民电商
7	打造安全健康母婴用品的零售	乐友孕童
8	连卡佛 O2O 项目的创新思路	连卡佛
9	全品类、全渠道战略模式探索之旅	良品铺子
10	宏图三胞全渠道让线上线下更融合	宏图三胞

2015 年度 CCFA 金牌店长

“CCFA 金牌店长”是中国零售行业门店店长的最高荣誉，由中国连锁经营协会（CCFA）组织推选和评定。至 2015 年，该评选活动已连续举办 10 年，累计评出 1291 位“金牌店长”。其中，来自 89 家连锁企业的 171 位店长荣获 2015 年度 CCFA 金牌店长（名单附后）；更有部分“金牌店长”已经走上更高的领导岗位，负责整个企业（区域）更大范围、更重要的工作。

2015 年 11 月 5-7 日，第十七届中国连锁业会议在武汉国际博览中心召开，会上揭晓了 2015 年度 CCFA 金牌店长名单。

序	姓名	企业名称
1	马盼盼	广州百佳超级市场有限公司
2	翁锦鹏	广州百佳超级市场有限公司
3	赵　磊	晶华宝岛（北京）眼镜有限公司
4	沈素梅	江苏新合作常客隆连锁超市有限公司
5	许　艳	江苏新合作常客隆连锁超市有限公司
6	隋　红	大连太阳系便利店连锁经营有限公司
7	李晓健	胜利油田胜大超市
8	洪　琛	阜阳华联集团股份有限公司
9	胡　燕	阜阳华联集团股份有限公司
10	黄亦鸣	广东天福连锁商业集团有限公司
11	郭金花	广东万宁连锁商业有限公司
12	何　敏	广西利客隆超市有限公司
13	穆铁霞	北京市大中家用电器连锁销售有限公司
14	张晓云	北京市大中家用电器连锁销售有限公司
15	李　颖	国美电器有限公司
16	郭聚才	河南永乐生活电器有限公司
17	孙玉娟	国美电器有限公司
18	陈　芬	上海永乐家用电器有限公司
19	刘　斌	孩子王儿童用品（中国）有限公司
20	杨　杰	孩子王儿童用品（中国）有限公司
21	刘卫东	邯郸市阳光超市有限公司
22	饶　俊	亳州百大合家福连锁超市有限责任公司

续表

序	姓名	企业名称
23	万祖荣	安徽百大合家福连锁超市股份有限公司
24	李　军	安徽百大电器连锁有限公司
25	毛　飞	合肥百货大楼集团铜陵合百商厦有限责任公司
26	于金虎	杭州红星美凯龙世博家居有限公司
27	万国富	上海虹欣欧凯家居有限公司
28	刘　洋	宏图三胞科技发展有限公司
29	赵　璧	宏图三胞科技发展有限公司
30	李会宁	北京华冠商业经营股份有限公司
31	周海飞	华润万家有限公司
32	段昌林	华润万家有限公司
33	徐秋菊	蕲春黄商中美购物广场有限公司
34	商　琴	黄冈市黄商贸易股份有限公司
35	喻玲玲	江西煌上煌集团食品股份有限公司
36	王淑芬	家乐园商贸有限公司
37	崔阿红	唐山家万佳超市有限公司
38	方　芳	常熟八佰伴商贸有限公司
39	虞永梅	华地国际控股有限公司—金坛大统华购物中心有限公司
40	柳鹏飞	联盛商业连锁股份有限公司
41	高艳丽	山西金虎便利连锁股份有限公司
42	杨立臣	北京京客隆商业集团股份有限公司
43	李　跃	北京京客隆商业集团股份有限公司
44	田亚珍	北京居然之家投资控股集团有限公司
45	张　宇	北京居然之家投资控股集团有限公司
46	陈　娟	青岛四方新源超市有限公司
47	吴　晶	利群集团宜居商业广场
48	李　莉	青岛利群百货集团股份有限公司
49	赵显富	利群集团青岛海琴购物广场有限公司
50	朱承明	上海联华超市发展有限公司
51	林育勤	上海联华超市发展有限公司
52	胡　鹏	上海世纪联华超市发展有限公司
53	王佳景	上海世纪联华超市发展有限公司
54	吴艳萍	杭州联华华商集团有限公司
55	陈灿华	杭州联华华商集团有限公司
56	赵海燕	华糖洋华堂商业有限公司
57	刘　艳	湖北良品铺子有限公司

续表

序	姓名	企业名称
58	吴文霞	上海良友金伴便利连锁有限公司
59	江学群	江苏零食工坊连锁食品有限公司
60	沈　纲	锦江麦德龙现购自运有限公司
61	孙丽萍	锦江麦德龙现购自运有限公司
62	张　燕	安徽满天星连锁超市有限公司
63	李　鹏	山西美特好连锁超市股份有限公司
64	赵　娟	山西美特好连锁超市股份有限公司
65	邓子辉	东莞市糖酒集团美宜佳便利有限公司
66	王　靖	北京牛街清真超市有限公司
67	龚　喜	欧尚（中国）投资有限公司
68	奚海琴	欧尚（中国）投资有限公司
69	矫辉敏	青岛利客来集团股份有限公司
70	王玉玲	青岛利客来集团股份有限公司
71	伍　军	人人乐连锁商业集团股份有限公司
72	许志勇	人人乐连锁商业集团股份有限公司
73	俞冰峰	三江购物俱乐部股份有限公司
74	苏远梅	厦门佳和乐商贸有限公司
75	李小彬	厦门见福连锁管理有限公司
76	黄伟铿	厦门山国饮艺茶业有限公司
77	陈伟香	山东全福元商业集团有限责任公司
78	张伟良	山东全福元商业集团有限责任公司
79	刘　丽	山东新星集团有限公司
80	王　振	山东新星集团有限公司
81	谌正琴	安徽省徽商红府连锁超市有限责任公司
82	周振东	安徽国生电器有限责任公司
83	李　娟	农工商超市（集团）有限公司
84	张建晶	农工商超市（集团）有限公司
85	房　琴	深圳市顺电连锁股份有限公司
86	范公峰	深圳市顺电连锁股份有限公司
87	黄翠萍	四川 wowo 超市连锁管理有限公司
88	张　勇	华润苏果超市有限公司
89	朱守梅	华润苏果超市有限公司
90	杨春艳	北京港佳好邻居连锁便利店有限责任公司
91	赵桂芬	唐山百货大楼集团八方购物广场有限责任公司
92	程庆艳	山西省太原唐久超市有限公司

续表

序	姓名	企业名称
93	司亚环	西安市唐久便利连锁有限公司
94	任义红	唐山市金客隆超市有限公司
95	杨国艳	天津劝宝超市有限责任公司
96	姚水豹	沃尔玛（中国）投资有限公司
97	段丽霞	沃尔玛（中国）投资有限公司
98	丁　菲	江苏五星电器有限公司
99	王　军	江苏五星电器有限公司
100	潘培莺	福建新华都综合百货有限公司
101	王　金	福建新华都综合百货有限公司
102	刘金莲	辽宁兴隆百货集团有限公司
103	王天罡	沈阳兴隆大奥莱
104	潘劲松	雄风集团有限公司
105	赵　静	雄风集团有限公司
106	林　浩	一丁集团股份有限公司
107	温　冉	一丁集团股份有限公司
108	梁艳荣	成都伊藤洋华堂有限公司
109	丁　丽	永旺华南商业有限公司
110	叶松涛	广东永旺天河城商业有限公司
111	古招娣	广东永旺天河城商业有限公司
112	孟红梅	烟台振华量贩超市有限公司
113	黄　安	中百超市有限公司
114	史劲松	中百超市有限公司
115	蒋冬玲	武汉中商平价超市连锁有限责任公司
116	朱　虹	武汉中商平价超市连锁有限责任公司
117	姜宏辉	中国石油大连销售分公司
118	刘继英	中石油新疆销售公司
119	戴渝霞	重庆商社新世纪百货有限公司
120	董　杰	重庆百货大楼股份有限公司
121	谢　璟	重庆百货大楼股份有限公司
122	卓应玲	重庆百货大楼股份有限公司
123	李　静	重庆商社电器有限公司
124	杨正富	重庆商社电器有限公司
125	段剑扬	银泰商业（集团）有限公司
126	叶晓京	银泰商业（集团）有限公司
127	李瑛瑛	湖北周黑鸭企业发展有限公司

续表

序	姓名	企业名称
128	章　华	西亚和美商业股份有限公司
129	李　红	西亚和美商业股份有限公司
130	吴宣华	安徽省台客隆连锁超市有限责任公司
131	王金川	深圳岁宝百货有限公司
132	李丽华	长春欧亚集团股份有限公司
133	孟　毅	长春欧亚集团股份有限公司
134	韩　杰	中百连锁仓储超市有限公司
135	王　翀	中百连锁仓储超市有限公司
136	李幼珍	中百连锁仓储超市有限公司
137	赖春秀	重庆中百仓储超市有限公司
138	李大基	香港苏宁云商有限公司
139	徐家荣	香港苏宁云商有限公司
140	薛凤翔	四川苏宁云商销售有限公司
141	曾祥琴	四川苏宁云商销售有限公司
142	姜　涛	苏宁云商集团股份有限公司
143	陆　超	乐购仕（中国）商贸有限公司
144	韩　洁	无锡苏宁云商销售有限公司
145	王春艳	河北永辉超市有限公司
146	余深库	北京永辉超市有限公司
147	林小昌	四川永辉超市有限公司
148	甘旺亨	浙江永辉超市有限公司
149	刘广生	河南省新合作商贸有限责任公司
150	周君丽	灵宝市新合作超市有限责任公司
151	费红丽	十堰市新合作超市有限公司
152	金世华	十堰市新合作超市有限公司
153	江　燕	济宁市兖州区新合作百意商贸有限公司
154	马淑青	曲阜新合作百意商贸有限公司
155	陈剑锋	顶新国际集团苏州福满家便利店有限公司
156	谭小宝	顶新国际集团广州市福满家连锁便利店有限公司
157	母祥伟	成都红旗连锁股份有限公司
158	陈晓晨	上海城市超市有限公司
159	师野翔	西安每一天便利超市连锁有限公司
160	何国芳	西安每一天便利超市连锁有限公司
161	陈宝英	北京超市发连锁股份有限公司
162	宋宝强	北京超市发连锁股份有限公司

续表

序	姓名	企业名称
163	耿静芝	天虹商场股份有限公司
164	张亚萍	天虹商场股份有限公司
165	韩梦广	河北国大连锁商业有限公司
166	李晓英	家家悦集团股份有限公司
167	初宏华	家家悦集团股份有限公司
168	徐　娟	武汉武商量贩连锁有限公司
169	肖生明	武汉武商量贩连锁有限公司
170	范　捷	步步高商业连锁股份有限公司
171	唐如意	步步高商业连锁股份有限公司

注：以上排名不分先后。

2015 年度 CCFA 十佳企业大学、金牌内训师

为整合行业教育培训资源，帮助国内连锁企业搭建适合自身发展的培训体系，培养企业实际所需的各类人才，促进行业人才建设，2014 年 7 月中国连锁经营协会（CCFA）牵头组织“中国连锁企业大学（培训中心）联盟”（简称“联盟”）。联盟成立以来得到业内一致好评。截至 2015 年 2 月，联盟已吸纳 92 家连锁企业加入，包括苏宁、华润、家乐福、麦当劳、天虹、麦德龙、红星美凯龙、吉野家、大润发、如家、福奈特、联想等。为更好地聚焦业内企业大学标杆，树立行业人才培育、经营发展航标，并搭建一个持续学习、互相交流的平台，2015 年 CCFA 在“联盟”范围内开展了“CCFA 十佳企业大学”和“CCFA 金牌内训师”评选活动，组成由行业专业人士、学术权威专家参加的评选委员会，并从战略、组织、客户、运营、创新、技术、财务等七个维度及其考评指标严格考量。

2015 年 7 月 9 日，在 CCFA 主办的“2015 年中国连锁企业人力资源峰会暨企业大学联盟年会”上揭晓了 2015 年度“CCFA 十佳企业大学”和“CCFA 金牌内训师”。获奖名单如下：

1. 2015 年度 CCFA 十佳企业大学（按评审得分排序）

序	企业大学名称
1	红星美凯龙集团管理学院
2	天虹商学院
3	苏宁大学
4	国美电器培训中心
5	正大企业大学
6	如家管理大学
7	新世界百货管理学院
8	宏图三胞培训中心
9	家乐福中国培训中心
10	万家学院
	绝味管理学院
	麦德龙大学

2. 2015 年度 CCFA 金牌内训师（64 名）

序	姓名	职务	单位
1	张　岩	南区业务单元大综超营运部助理总监	华润万家有限公司
2	孙　波	苏果业务单元人力资源部助理总经理	
3	华孝峰	培训经理	红星美凯龙家居集团股份有限公司
4	李晓宁	冀北区域总经理助理	红星美凯龙冀北区域
5	王立新	超市事业部营运管理中心营运管理中心总监	步步高商业连锁股份有限公司
6	张湘莲	招商总监	
7	杨朋兵	高级培训经理	人人乐连锁商业集团股份有限公司
8	何　健	客服中心部长	国美电器有限公司
9	白和平	店长	
10	王焱华	高级经理	如家酒店集团
11	邓　鸿	营运总监	合肥百货大楼集团股份有限公司
12	唐　军	总经理助理	安徽百大合家福连锁超市股份有限公司
13	常　音	培训师	锦江麦德龙现购自运有限公司
14	刘　鹏	培训师	
15	罗兴文	人力资源部培训中心主任	北京京客隆商业集团股份有限公司
16	李守贞	店长	北京金源投资管理有限公司
17	张建伶	培训经理	北京超市发连锁股份有限公司
18	贺曼曼	华南区深圳宝安中心区购物中心总经理	天虹商场股份有限公司
19	张龙忠	华南区坪山商场总经理	
20	宋剑锋	高级经理	永辉超市股份有限公司
21	钟　建	高级经理	
22	李　波	中百仓储副总经理	中百仓储超市有限公司
23	刘志红	培训部部长	
24	曾智伟	汉堡大学教授	麦当劳（中国）有限公司
25	张萿暇	汉堡大学教授	
26	李依伟	云商运营总部 O2O 运营管理中心课程开发部部长、讲师	苏宁云商集团股份有限公司
27	秦玉国	苏宁云商 IT 总部营销产品研发中心产品研发经理	
28	徐　康	副总经理	中百超市有限公司
29	边青青	管理总监	三江购物俱乐部股份有限公司
30	项雪梅	副总经理	上海易初莲花连锁超市有限公司
31	冯雪萍	助理副总裁	广州卜蜂莲花连锁超市有限公司
32	徐　强	高级经理	北京华冠商业经营股份有限公司
33	徐　源	APPLE 产品部培训师	宏图三胞高科技术有限公司

续表

序	姓名	职务	单位
34	袁　清	培训高级经理	
35	庞武峰	开发总监	北京吉野家快餐有限公司
36	王　媛	培训主管	联想（北京）有限公司
37	陈　刚	副总裁	联盛商业连锁股份有限公司
38	郭建刚	市场营销主管	商源集团有限公司
39	陆瑞婷	培训部副经理	上海棒约翰餐饮管理有限公司
40	孙　敏	人力资源经理	天津劝宝超市有限责任公司
41	张　艳	分公司部门经理	安徽商之都股份有限公司
42	陈　栋	客户发展总监	中粮国际（北京）有限公司
43	刘璐昉	人事行政副总监	中粮米业（盐城）有限公司
44	黄芳慧	培训经理	武汉武商集团股份有限公司
45	宗习文	营运训练主管	味千（中国）控股有限公司
46	刘开永	营运总监	上海世好餐饮管理有限公司
47	秦宏普	集团公司培训讲师	信誉楼百货集团有限公司
48	刘　剑	营运部经理	江苏华地国际控股集团有限公司
49	谭义龙	总监	
50	孙砚冰	总监	北京红黄蓝儿童教育科技发展有限公司
51	张　锦	总监	
52	石朋飞	苏宁云商北京物流公司副总经理	江苏苏宁物流有限公司北京大区
53	徐向松	苏宁云商人力资源管理总部运营人力资源中心培训部经理	苏宁云商集团股份有限公司
54	刘美慧子	集团培训总监	厦门山国饮艺茶业有限公司
55	董启华	培训部部长	山东全福元商业集团有限责任公司
56	戴少燕	人力资源部经理	烟台振华量贩超市有限公司
57	郑志涛	人力资源部经理	唐山市金客隆超市有限公司
58	高　巍	副院长	辽宁兴隆大家庭商业集团有限公司
59	李剑功	苏宁香港公司运营总监	香港苏宁采购有限公司
60	辛明蕾	总裁助理	北京翰皇伟业皮革清洁养护连锁服务有限公司
61	李　莹	培训中心主任	北京大风车教育科技发展有限公司
62	韩　玉	培训中心总经理	石家庄国大酒店经营有限公司
63	吴纯书	培训部长	杭州小拇指汽车维修科技股份有限公司
64	盛笑华	总经理	浙江凯旋门澳门豆捞控股集团有限公司

2015 年度 CCFA 校企合作优秀案例

为进一步推广开设连锁经营与管理专业的院校开展校企合作的先进模式，提升专业教学水平，中国连锁经营协会（CCFA）于 2015 年在院校及会员企业范围组织开展了连锁经营管理专业（方向）“校企合作优秀案例”推选表彰工作。在 2015 年 11 月 6 日召开的“2015 连锁业校企合作委员会年会”上揭晓了 2015 年度 CCFA 校企合作优秀案例。获奖奖项及案例如下：

序	奖项	案例名称	所属院校
1	一等奖	携手“连锁百强”企业，校企双主体一体化培养“精英”人才	重庆城市管理职业学院
2		企业化培养方式、职业化培养过程，校企一体共育人才	浙江商业职业技术学院
3		“菜百商学院”——校企合作“双主体”育人新典范	北京财贸职业学院
1	二等奖	依托典实学院，打造“实战、典范”人才	福建农业职业技术学院
2		搭建互利平台，实现持续发展	浙江经贸职业技术学院
3		战略化、多元化、立体化的校企合作模式	上海立达职业技术学院
4		真枪实战、以赛促学，实现专项技能与综合素养全面提升	山东经贸职业学院
5		创新合作模式、并轨培育人才，校企合作翻开新篇章	山西省财政税务专科学校
1	三等奖	“内置式”校企协同创新人才培养模式的探索与实践	广东职业技术学院
2		创新探索新型合作模式，校企共建“家家悦工商管理学院”	威海职业学院
3		互利共赢，共生共长	山东外贸职业学院
4		“创新理念，深化机制，校企互惠多赢”	湖南网络工程职业学院
5		全家 Family Mart 校企合作项目	四川商务职业学院
6		缩短输送链，“适销”育人才	无锡商业职业技术学院
7		共建 共享 共赢 ——校企合作办学 工学结合育人	武汉软件工程职业学院
8		人才客制化	黑龙江职业学院
9		深化校企合作，弘扬百年商校	安徽商贸职业技术学院
10		高职连锁专业工学结合，校企合作人才培养模式的实践和思考	哈尔滨职业技术学院

2015 年度 CCFA 零售业
防损之星、防损优秀管理者

为表彰在连锁零售企业中做出突出贡献的优秀防损人员，推进中国零售业防损水平的不断提高，中国连锁经营协会连续 8 年组织开展了“零售业防损之星”、“零售业防损优秀管理者”评选活动。按照评奖程序和原则，由协会资产保护（防损）委员会专家委员审核评分，并结合“2015 年资产保护与防损高峰论坛”参会代表现场投票评选，向欢等 10 人荣获“2015 年度 CCFA 零售业防损之星”，冷清轩等 10 人荣获“2015 年 CCFA 零售业防损优秀管理者”。

1. 2015 年度 CCFA 零售业防损之星

姓名	职务	企业名称
向　欢	稽核经理	步步高商业连锁股份有限公司
卢　同	区域经理	乐天玛特商业有限公司
马迎春	高级经理	华润万家有限公司
郭　猛	防损处长	湖南家润多超市有限公司
杨　斌	调查经理	唯品会（中国）有限公司
邢慧勇	经理	北京华联综合超市股份有限公司
杨　志	区域高级经理	京东商城华南分公司
汤安民	营运防损经理	广州易初莲花连锁超市有限公司
卓应玲	店长	重庆百货大楼股份有限公司
徐清江	西北区防损总监	人人乐连锁商业集团股份有限公司

注：排名不分先后。

2. 2015 年度 CCFA 零售业防损优秀管理者

姓名	职务	企业名称
冷清轩	风险控制部经理	联盛商业连锁股份有限公司
刘树春	经理	天津劝宝超市有限责任公司
饶兴荣	防损处长	贵州合力购物有限责任公司
杨贵忠	主管	华润苏果有限公司
孟春生	防损经理	北京华冠商业经营股份有限公司
陈　晨	防损经理	合肥百货大楼集团股份有限公司
金　辉	副部长	安徽百大合家福连锁超市股份有限公司
王力虎	防损经理	石家庄信誉楼百货有限公司
甄国刚	分公司副总经理	新疆友好（集团）股份有限公司
刁东生	防损部区域经理	北京物美商业集团有限责任公司

注：排名不分先后。

附录二

2015年中国连锁百强名单

（CCFA 2016年5月3日发布）

序号	企业名称	2015年销售（含税万元）	销售增长率（%）	2015年门店总数（个）	门店增长率（%）	备注	
1	苏宁云商集团股份有限公司	* 15860000	24.4%	1577	-4.4%	①	★
2	国美电器有限公司	15368559	4.1%	1932	3.9%		★
3	华润万家有限公司	10940000	5.2%	3397	-17.7%	②	★
4	高鑫零售有限公司	10790644	4.8%	409	9.9%	③	☆
5	沃尔玛（中国）投资有限公司	7354653	1.6%	432	5.1%	④	★
6	山东省商业集团有限公司	6372149	-0.3%	740	7.6%		☆
7	联华超市股份有限公司	6047365	-2.1%	3912	-9.5%	⑤	★
8	重庆商社（集团）有限公司	5943751	-3.3%	340	1.5%	⑥	★
9	百胜餐饮集团 中国事业部	5170000	2.0%	7000	7.7%		★
10	永辉超市股份有限公司	* 4930942	14.8%	394	16.9%		★
11	家乐福（中国）管理咨询服务有限公司	4010221	-12.3%	234	-1.3%		★
12	大商股份有限公司	* 3841351	1.9%	171	-14.5%		
13	长春欧亚集团股份有限公司	3617802	11.9%	97	19.8%		★
14	中百控股集团股份有限公司	3500646	8.7%	1096	5.7%		★
15	武汉武商集团股份有限公司	3460628	1.8%	95	-3.1%		★
16	石家庄北国人百集团有限公司	3280115	2.1%	120	17.6%		
17	宏图三胞高科技术有限公司	3204327	5.6%	589	3.0%		★
18	步步高集团	3101749	14.7%	577	9.9%		★
19	农工商超市（集团）有限公司	2851127	-3.0%	2493	-2.8%		★
20	北京物美商业集团股份有限公司	2625527	19.5%	552	-2.3%		★
21	中石化易捷销售有限公司	2480000	44.8%	25000	4.2%		★
22	天虹商场股份有限公司	2459246	5.1%	231	220.8%		★
23	烟台市振华百货集团股份有限公司	2435082	4.1%	122	9.9%		☆
24	利群集团股份有限公司	2424083	5.0%	580	-3.3%		★
25	山东家家悦投资控股股份有限公司	2297684	9.7%	623	2.5%		★
26	文峰大世界连锁发展股份有限公司	* 2152911	-0.8%	875	-0.5%		★

续表

序号	企业名称	2015 年销售（含税万元）	销售增长率（%）	2015 年门店总数（个）	门店增长率（%）	备注	
27	王府井集团股份有限公司	2086600	-3.7%	31	10.7%		★
28	锦江麦德龙现购自运有限公司	1910000	1.1%	82	1.2%		★
29	银泰商业（集团）有限公司	1864946	1.8%	45	2.3%		★
30	北京迪信通商贸股份有限公司	1860596	10.1%	1605	8.2%		★
31	屈臣氏集团（中国保健及美容产品）	* 1811000	9.0%	2483	18.9%		☆
32	百盛商业集团有限公司	* 1809980	-6.9%	58	1.8%		☆
33	郑州丹尼斯集团	1800000	4.7%	378	67.3%		
34	金鹰国际商贸集团（中国）有限公司	1731623	0.3%	29	7.4%		★
35	山东潍坊百货集团股份有限公司	1671896	2.0%	646	7.7%		★
36	北京华联综合超市股份有限公司	* 1600000	2.6%	180	11.8%		★
37	兴隆大家庭商业集团	1581842	2.4%	39	5.4%		★
38	乐语通讯	1577200	35.0%	2081	0.6%		★
39	合肥百货大楼集团股份有限公司	1557360	-2.7%	175	-0.6%	⑦	★
40	新一佳超市有限公司	1505270	-8.8%	102	-7.3%		★
41	安徽省徽商集团有限公司	1490162	-10.8%	1620	-24.9%		★
42	武汉中商集团股份有限公司	1450000	0.0%	46	-8.0%		★
43	江苏五星电器有限公司	1445000	-31.2%	175	-4.9%		★
44	新华都购物广场股份有限公司	1431713	1.8%	127	4.1%		★
45	北京京客隆商业集团股份有限公司	1419746	1.4%	261	-8.4%		★
46	卜蜂莲花	1369000	-0.7%	82	6.5%		★
47	北京菜市口百货股份有限公司	1346618	11.1%	20	5.3%		
48	宜家（中国）投资有限公司	1307011	27.9%	18	12.5%		★
49	江苏华地国际控股集团有限公司	1287948	-3.1%	55	17.0%		★
50	北京首商集团股份有限公司	1281069	-7.5%	18	0.0%		
51	新世界百货中国有限公司	1280000	-7.2%	43	0.0%		★
52	人人乐连锁商业集团股份有限公司	1180069	-7.8%	114	-2.6%		★
53	广州市广百股份有限公司	1100522	-3.0%	27	0.0%		★
54	茂业国际控股有限公司	* 1083373	-14.0%	41	0.0%		
55	永旺（中国）投资有限公司	1065222	9.1%	54	8.0%		★
56	中国石油销售公司非油品业务	1053000	32.9%	17000	6.3%		★
57	成都红旗连锁股份有限公司	1017494	15.5%	2274	44.2%		★
58	麦当劳（中国）有限公司	* 1000000	-13.0%	2300	9.5%		★
59	山东新星集团有限公司	883590	-3.0%	575	-1.9%		★
60	银川新华百货商业集团股份有限公司	* 866268	8.6%	242	6.1%		☆
61	济南华联商厦集团股份有限公司	839297	5.2%	54	31.7%		☆

续表

序号	企业名称	2015年销售（含税万元）	销售增长率（%）	2015年门店总数（个）	门店增长率（%）	备注
62	东莞市糖酒集团美宜佳便利店有限公司	832506	8.3%	7400	15.8%	★
63	湖南友谊阿波罗商业股份有限公司	781339	2.2%	13	18.2%	★
64	新疆友好（集团）股份有限公司	* 765028	-20.8%	68	11.5%	★
65	南京中央商场（集团）股份有限公司	* 737836	-7.9%	15	0.0%	
66	信誉楼百货集团有限公司	721529	12.7%	20	11.1%	★
67	山西美特好连锁超市股份有限公司	717741	9.4%	129	-0.8%	★
68	海南供销大集控股有限公司	696617	4.4%	277	5.7%	△
69	山东全福元商业集团有限责任公司	671100	3.0%	239	-10.5%	★
70	北京翠微大厦股份有限公司	* 671000	-6.2%	8	0.0%	★
71	伊藤洋华堂（中国）	650000	-10.6%	11	-8.3%	★
72	邯郸市阳光百货集团总公司	612000	0.2%	168	-4.0%	★
73	阜阳华联集团股份有限公司	607728	10.5%	786	-1.1%	★
74	大参林医药集团股份有限公司	605000	17.2%	1921	20.1%	★
75	青岛利客来集团股份有限公司	590403	12.3%	446	3.5%	★
76	青岛维客集团股份有限公司	560178	5.6%	10	0.0%	★
77	北京华冠商业经营股份有限公司	556357	9.5%	289	5.9%	★
78	家乐园商贸有限公司	551943	3.5%	44	0.0%	★
79	广东嘉荣超市有限公司	537842	2.1%	88	6.0%	★
80	长沙通程控股股份有限公司	494761	-1.6%	79	2.6%	★
81	上海福满家便利有限公司（全家便利）	494000	17.1%	1501	17.2%	★
82	浙江人本超市有限公司	491197	0.9%	1771	4.6%	★
83	湖南佳惠百货有限责任公司	491050	-3.8%	240	-2.8%	★
84	三江购物俱乐部股份有限公司	474312	-2.6%	164	6.5%	★
85	雄风集团有限公司	471153	7.4%	123	-8.9%	★
86	北京超市发连锁股份有限公司	436326	-0.2%	155	0.0%	★
87	百安居（中国）投资有限公司	415289	5.0%	38	-2.6%	★
88	江苏新合作常客隆连锁超市有限公司	405100	6.5%	1023	-0.6%	★
89	十堰市新合作超市有限公司	402303	3.0%	332	16.5%	△
90	百佳（中国）	388226	-1.0%	64	-8.6%	☆
91	山西省太原唐久超市有限公司	382000	7.5%	1390	3.7%	★
92	上海来伊份股份有限公司	364999	9.3%	2274	-2.9%	★
93	河北国大连锁商业有限公司	347900	13.6%	1006	4.2%	★
94	心连心集团有限公司	344683	9.5%	52	8.3%	★
95	中国全聚德（集团）股份有限公司	329824	0.7%	103	-1.0%	★
96	广州友谊集团股份有限公司	326284	-16.8%	5	-16.7%	★

续表

序号	企业名称	2015 年销售（含税万元）	销售增长率（%）	2015 年门店总数（个）	门店增长率（%）	备注	
97	呼和浩特利冠商贸有限公司	320000	39.1%	300	34.5%		★
	深圳市百果园实业发展有限公司	320000	39.1%	1300	35.4%		★
99	河北惠友商业连锁有限公司	319796	5.5%	64	3.2%		★
100	真功夫餐饮管理有限公司	309396	1.9%	603	1.9%		★
	合计	206280723	4.3%	111187	4.7%		

注：1. ★ 表示为中国连锁经营协会会员企业，☆ 表示其下属公司为协会会员企业，△ 表示其母公司为协会会员企业。

2. 数字前面带 * 为估计值。

3. 百强排行统计采用销售规模口径，包括门店含税销售额和企业批发含税销售额，其中门店包括直营店、加盟店和以公司品牌输出管理的连锁店。销售规模统计不包括内部交易、企业的批发市场交易额、汽车、加油站及农资等生产资料销售额。

4. 以特许加盟为主的企业（销售规模或门店数量）不列入本表。

5. 部分企业数据说明：

① 苏宁云商集团股份有限公司为苏宁控股集团下属公司。苏宁控股集团 2015 年含税销售规模为 3429.52 亿元。

② 苏果超市有限公司 2015 年销售额为 308 亿元。

③ 康成投资（中国）有限公司 2015 年销售规模为 896.8 亿元，欧尚（中国）投资有限公司 2015 年销售规模为 181 亿元。

④ 沃尔玛（中国）投资有限公司销售额不包含 1 号店的销售额。

⑤ 联华超市股份有限公司销售额中包含家乐福上海地区门店的销售额。

⑥ 重庆百货大楼股份有限公司 2015 年销售规模为 355.3 亿元。

⑦ 合肥百货大楼集团股份有限公司数据不包括批发市场交易额。

2015年中国快速消费品连锁零售百强名单

（CCFA 2016年5月3日发布）

序号	企业名称		2015年销售（含税万元）	销售增长率（%）	2015年门店总数（个）	门店增长率（%）	备注	
1	华润万家有限公司		10940000	5.2%	3397	-17.7%	①	★
2	高鑫零售有限公司		10790644	4.8%	409	9.9%	②	☆
3	沃尔玛（中国）投资有限公司		7354653	1.6%	432	5.1%	③	★
4	联华超市股份有限公司		6047365	-2.1%	3912	-9.5%	④	★
5	永辉超市股份有限公司	*	4930942	14.8%	394	16.9%		★
6	家乐福（中国）管理咨询服务有限公司		4010221	-12.3%	234	-1.3%		★
7	步步高集团		3101749	14.7%	577	9.9%		★
8	农工商超市（集团）有限公司		2851127	-3.0%	2493	-2.8%		★
9	北京物美商业集团股份有限公司		2625527	19.5%	552	-2.3%		★
10	中石化易捷销售有限公司		2480000	44.8%	25000	4.2%		★
11	山东家家悦投资控股股份有限公司		2297684	9.7%	623	2.5%		★
12	文峰大世界连锁发展股份有限公司		2152911	-0.8%	875	-0.5%		★
13	中百仓储超市有限公司		2075392	4.9%	248	-3.1%		★
14	锦江麦德龙现购自运有限公司		1910000	1.1%	82	1.2%		★
15	屈臣氏集团（中国保健及美容产品）	*	1811000	9.0%	2483	18.9%		☆
16	乐天超市有限公司	*	1700000	-5.6%	120	-2.4%		★
17	北京华联综合超市股份有限公司	*	1600000	2.6%	180	11.8%		★
18	新一佳超市有限公司		1505270	-8.8%	102	-7.3%		★
19	新华都购物广场股份有限公司		1431713	1.8%	127	4.1%		★
20	北京京客隆商业集团股份有限公司		1419746	1.4%	261	-8.4%		★
21	山东银座（超市）		1381737	-1.5%	147	11.4%		★
22	武汉武商量贩连锁有限公司		1369930	-3.8%	84	-4.5%		★
23	卜蜂莲花		1369000	-0.7%	82	6.5%		★
24	世纪华联超市连锁（江苏）有限公司		1342010	7.0%	3465	7.4%		★
25	人人乐连锁商业集团股份有限公司		1180069	-7.8%	114	-2.6%		★
26	永旺（中国）投资有限公司		1065222	9.1%	54	8.0%		★
27	中国石油销售公司非油品业务		1053000	32.9%	17000	6.3%		★

续表

序号	企业名称	2015 年销售（含税万元）	销售增长率（%）	2015 年门店总数（个）	门店增长率（%）	备注	
28	成都红旗连锁股份有限公司	1017494	15.5%	2274	44.2%		★
29	山东新星集团有限公司	883590	-3.0%	575	-1.9%		★
30	东莞市糖酒集团美宜佳便利店有限公司	832506	8.3%	7400	15.8%		★
31	石家庄北国人百集团有限公司（超市部分）	782278	6.5%	39	14.7%		
32	重庆百货大楼股份有限公司（超市事业部）	760733	-4.6%	149	-2.6%		★
33	山西美特好连锁超市股份有限公司	717741	9.4%	129	-0.8%		★
34	山东潍坊百货集团股份有限公司超市事业部	715542	0.2%	622	7.8%		△
35	海南供销大集控股有限公司	696617	4.4%	277	5.7%		△
36	山东全福元商业集团有限责任公司	671100	3.0%	239	-10.5%		★
37	伊藤洋华堂（中国）	650000	-10.6%	11	-8.3%		★
38	阜阳华联集团股份有限公司	607728	10.5%	786	-1.1%		★
39	青岛利客来集团股份有限公司	590403	12.3%	446	3.5%		★
40	北京华冠商业经营股份有限公司	556357	9.5%	289	5.9%		★
41	广东嘉荣超市有限公司	537842	2.1%	88	6.0%		★
42	中百超市有限公司	537186	0.7%	796	9.6%		★
43	济南华联超市有限公司	520364	8.7%	24	4.3%		★
44	上海福满家便利有限公司（全家便利）	494000	17.1%	1501	17.2%		★
45	浙江人本超市有限公司	491197	0.9%	1771	4.6%		★
46	湖南佳惠百货有限责任公司	491050	-3.8%	240	-2.8%		★
47	三江购物俱乐部股份有限公司	474312	-2.6%	164	6.5%		★
48	北京超市发连锁股份有限公司	436326	-0.2%	155	0.0%		★
49	江苏新合作常客隆连锁超市有限公司	405100	6.5%	1023	-0.6%		★
50	十堰市新合作超市有限公司	402303	3.0%	332	16.5%		△
51	百佳（中国）	388226	-1.0%	64	-8.6%		☆
52	山西省太原唐久超市有限公司	382000	7.5%	1390	3.7%		★
53	河北国大连锁商业有限公司	347900	13.6%	1006	4.2%		★
54	心连心集团有限公司	344683	9.5%	52	8.3%		★
55	河北惠友商业连锁有限公司	319796	5.5%	64	3.2%		★
56	烟台振华量贩超市有限公司	308850	4.5%	88	1.1%		★
57	浙江华联商厦有限公司	307200	-6.2%	85	9.0%		★
58	加贝物流股份有限公司	305000	-7.6%	342	-2.3%		★
59	安徽百大合家福连锁超市股份有限公司	292169	-0.4%	131	4.0%		△
60	山东贵诚集团购物中心有限公司	280000	-0.2%	254	9.0%		
61	长春欧亚超市连锁经营有限公司	272059	6.9%	68	9.7%		△
62	广东壹加壹商业连锁有限公司	261493	2.7%	46	4.5%		★

续表

序号	企业名称	2015 年销售（含税万元）	销售增长率（%）	2015 年门店总数（个）	门店增长率（%）	备注	
63	大连金玛超市连锁有限公司	259549	11.3%	1717	2.2%		★
64	青岛维客集团股份有限公司（超市部分）	232009	8.0%	7	0.0%		△
65	广东天福连锁商业集团有限公司	222704	11.0%	2830	13.2%		★
66	廊坊市明珠商业企业集团有限公司	220000	4.8%	13	0.0%		★
67	四川舞东风超市连锁股份有限公司	207842	23.1%	907	16.6%		★
68	云南健之佳健康连锁店股份有限公司	203593	4.4%	1229	8.1%		★
69	浙江凯虹集团有限公司	200924	3.0%	18	5.9%		★
70	河北承德宽广超市集团有限公司	199870	3.1%	33	50.0%		★
71	大同市华林有限责任公司	194000	4.9%	11	0.0%		★
72	大庆市庆客隆连锁商贸有限公司	189644	3.6%	42	2.4%		★
73	贵州合力商业投资集团	181430	26.4%	62	14.8%		★
74	包头市永盛成百货有限责任公司	180000	0.1%	74	19.4%		★
75	新疆好家乡超市股份有限公司	171067	8.6%	18	12.5%		★
76	天津劝宝超市有限责任公司	168825	7.5%	518	3.2%		★
77	安徽安德利百货股份有限公司	164806	6.1%	43	16.2%		★
78	江苏欢乐买商贸股份有限公司	153268	-17.5%	126	-2.3%		★
79	安徽省台客隆连锁超市有限责任公司	151494	-8.4%	40	-20.0%		★
80	江西省绿滋肴贸易有限公司	150271	7.8%	97	9.0%		★
81	山东圣豪商业有限公司	150000	25.0%	17	21.4%		★
	冠超市	150000	50.0%	31	63.2%		★
83	安徽省徽商红府连锁超市有限责任公司	149566	-0.3%	52	44.4%		★
84	秦皇岛兴龙广缘商业连锁有限公司	147100	7.0%	39	0.0%		★
85	家乐园商贸有限公司（超市部分）	137919	3.5%	16	0.0%		★
86	柒一拾壹（北京）有限公司	135000	17.4%	192	12.9%		★
87	罗森（中国）投资有限公司	130000	30.0%	652	29.6%		★
	济宁市兖州区新合作百意商贸有限公司	130000	9.3%	78	4.0%		△
89	上海良友金伴便利连锁有限公司	129600	9.2%	458	-7.8%		★
90	胜利油田胜大超市	125554	0.1%	123	-5.4%		★
91	北京首航国力商贸有限公司	113350	12.9%	44	-6.4%		★
92	四川德惠商业股份有限公司	111172	-5.9%	51	-3.8%		★
93	邯郸市阳光百货集团总公司（阳光超市）	110133	-1.8%	21	-8.7%		△
94	山西金虎便利连锁股份有限公司	100642	8.0%	908	6.9%		★
95	唐山瑞莎实业集团有限公司	94647	-2.5%	45	0.0%		★
96	上海捷强烟草糖酒（集团）连锁有限公司	92400	-1.3%	268	-1.1%		
97	湖南佳宜企业管理有限公司	87435	13.9%	1090	27.8%		★

续表

序号	企业名称	2015 年销售（含税万元）	销售增长率（%）	2015 年门店总数（个）	门店增长率（%）	备注	
98	秦皇岛家惠商贸集团有限公司	86000	-8.5%	32	-3.0%		★
99	道里菜市场集团	79800	-27.1%	151	0.0%		★
100	深圳市中业爱民便利店管理有限公司	72000	24.6%	600	12.1%		★
	合计	105661671	4.1%	99020	5.3%		

注：1. ★ 表示为中国连锁经营协会会员企业，☆ 表示其下属公司为协会会员企业，△ 表示其母公司为协会会员企业。

2. 数字前面带 * 为估计值。

3. 百强统计采用销售规模口径，包括门店含税销售额和企业批发含税销售额，其中门店包括直营店、加盟店和以公司品牌输出管理的连锁店。销售规模的统计不包括内部交易、企业的批发市场交易额、汽车、加油站及农资等生产资料销售额。

4. 以特许加盟为主的企业（销售规模或门店数量）不列入本表。

5. 部分企业数据说明：

① 其中，苏果超市有限公司 2015 年销售额为 308 亿元。

② 康成投资（中国）有限公司 2015 年销售规模为 896.8 亿元，欧尚（中国）投资有限公司 2015 年销售规模为 181 亿元。

③ 沃尔玛（中国）投资有限公司销售额不包含 1 号店的销售额。

④ 联华超市股份有限公司销售额中包含家乐福上海地区门店的销售金额。

2015年中国特许经营连锁100强名单

序号	行业	企业名称	品牌	销售额	门店数	加盟店数
1	超市	上海联华超市股份有限公司	联华、华联	6047365	3912	1330
2	超市	苏果超市有限公司	苏果	3080000	2086	639
3	超市	世纪华联超市连锁（江苏）有限公司	世纪华联	1342010	3465	3255
4	便利店	东莞市糖酒集团美宜佳便利店有限公司	美宜佳	832506	7400	7362
5	便利店	上海福满家便利有限公司	全家	494000	1501	1032
6	便利店	浙江人本超市有限公司	十足，之上	491197	1771	176
7	便利店	山西省太原唐久超市有限公司	唐久	382000	1390	1314
8	便利店	河北叁陆伍网络科技集团	国大365	250000	1200	1097
9	便利店	上海联华快客便利店有限公司	快客	245000	1650	800
10	便利店	广东天福连锁商业集团有限公司	天福	222704	2830	2819
11	便利店	罗森（中国）投资有限公司	LAWSON	130000	652	277
12	便利店	山西金虎便利连锁股份有限公司	金虎	100641	908	726
13	便利店	厦门见福连锁管理有限公司	FOOK	65000	550	350
14	食品零售	北大荒营销股份有限公司	北大荒绿野	712715	1138	1128
15	食品零售	湖北良品铺子食品有限公司	良品铺子	416408	1832	713
16	食品零售	上海来伊份股份有限公司	来伊份	364999	2274	156
17	食品零售	绝味食品股份有限公司	绝味	333849	7171	7044
18	食品零售	中国茶叶有限公司	中茶	145871	481	423
19	食品零售	广州市富隆酒窖酒业有限公司	富隆	39966	221	178
20	食品零售	厦门山国饮艺茶业有限公司	山国饮艺	35364	606	599
21	食品零售	上海摩提工房食品有限公司	摩提工房	33928	1008	758
22	食品零售	南京桂花鸭（集团）有限公司	桂花鸭	33431	350	345
23	食品零售	北京百花蜂业科技发展股份公司	百花	22300	485	397
24	食品零售	爱帝宝（北京）食品有限公司	爱蒂宝	6300	29	26
25	非食品零售	中国黄金集团黄金珠宝有限公司	中国黄金	4330000	1785	1705
26	非食品零售	北京迪信通商贸股份有限公司	迪信通	1860596	1605	674
27	非食品零售	上海晨光文具股份有限公司	M&G	631053	5445	5345
28	非食品零售	广东葆扬投资管理有限公司	名创优品	515310	1479	693

续表

序号	行业	企业名称	品牌	销售额	门店数	加盟店数
29	非食品零售	广州尚品宅配家居股份有限公司	尚品宅配	359537	1073	994
30	非食品零售	吉峰农机连锁股份有限公司★	吉峰	335996	1439	1225
31	非食品零售	重庆谭木匠工艺品有限公司★	谭木匠	276062	1384	1379
32	非食品零售	安徽徽商农家福有限公司	农家福	255565	1531	1421
33	非食品零售	特百惠（中国）有限公司	特百惠	190000	5400	5291
34	非食品零售	北京明弘科贸有限责任公司	植物医生 DR PLANT	122025	1980	1890
35	非食品零售	琪雅集团有限公司	琪雅	70070	5185	5162
36	非食品零售	深圳唯美度生物科技有限公司	唯美度	57000	4805	4800
37	中式正餐	中国全聚德（集团）股份有限公司	全聚德	329824	103	73
38	中式正餐	陕西阿瓦山寨品牌投资有限公司	阿瓦山寨	158923	225	220
39	中式正餐	湖南韶山毛家饭店发展有限公司	毛家饭店	135000	246	238
40	中式正餐	江西毛家湾餐饮连锁发展有限公司	毛家湾	125360	83	76
41	中式正餐	长沙五十七度湘餐饮管理有限公司	57℃湘	88868	198	157
42	中式正餐	北京便宜坊烤鸭集团有限公司	便宜坊 都一处 天兴居	62561	56	28
43	中式快餐	永和大王餐饮集团	永和大王	176537	303	27
44	中式快餐	上海世好餐饮管理有限公司	吉祥	118709	2729	2407
45	中式快餐	北京庆丰包子铺	庆丰	113000	340	276
46	中式快餐	四平李连贵饮食服务股份有限公司	李连贵	67656	286	268
47	中式快餐	北京嘉和一品企业管理有限公司	嘉和一品	27405	117	62
48	中式快餐	马兰拉面快餐连锁有限责任公司	马兰拉面	24922	100	35
49	火锅	内蒙古小尾羊餐饮连锁股份有限公司	小尾羊	351712	280	253
50	火锅	北京黄记煌餐饮管理有限责任公司	黄记煌	350022	609	71
51	火锅	重庆朝天门餐饮控股集团有限公司	朝天门	308133	540	489
52	火锅	浙江凯旋门澳门豆捞控股集团有限公司	澳门豆捞	304308	343	97
53	火锅	重庆德庄实业（集团）有限公司	德庄	258016	525	491
54	火锅	北京东来顺集团有限责任公司	东来顺	131200	153	130
55	火锅	重庆佳永小天鹅餐饮有限公司	小天鹅	105845	326	258
56	西式快餐	百胜餐饮集团 中国事业部	肯德基	5170000	5000	4600
57	西式快餐	天津顶巧餐饮服务咨询有限公司	德克士	1030000	2355	2094
58	西式快餐	汉堡王（上海）餐饮有限公司	汉堡王	156564	491	106
59	西式快餐	北京比格餐饮管理有限责任公司	比格比萨	69348	150	106
60	西式快餐	上海棒约翰餐饮管理有限公司	Papa john’s	47375	175	66

续表

序号	行业	企业名称	品牌	销售额	门店数	加盟店数
61	休闲饮品	迪欧餐饮管理有限公司	迪欧	138197	636	609
62	休闲饮品	沈阳碰碰凉连锁企业管理有限公司	碰碰凉	80730	775	720
63	休闲饮品	上海平之宴餐饮有限公司	上岛及图	77000	1336	1271
64	休闲饮品	上海快乐柠檬餐饮管理有限公司	快乐柠檬 happy lemon	51165	568	482
65	休闲饮品	迪孚时代（北京）国际商业连锁有限公司	DF 冰淇淋	20000	524	519
66	休闲饮品	厦门音乐厨房餐饮有限公司	音乐厨房	10440	65	27
67	经济型酒店	上海如家酒店管理有限公司	如家	2463783	2922	1993
68	经济型酒店	七天四季酒店（广州）有限公司	7 天酒店	980000	2400	2000
69	经济型酒店	上海锦江都城酒店管理有限公司	锦江之星	677249	1306	998
70	经济型酒店	华住酒店集团	华住酒店集团	611085	2763	2147
71	经济型酒店	格林豪泰酒店（中国）有限公司★	格林豪泰	430000	1340	1280
72	经济型酒店	速伯艾特（北京）国际酒店管理有限公司	速 8 酒店	321182	882	869
73	教育培训	北京新东方教育科技（集团）有限公司	优能教育	350000	650	NA
74	教育培训	北京红黄蓝儿童教育科技发展有限公司	红黄蓝亲子园 红黄蓝幼儿园	260888	1361	1245
75	教育培训	北京阿博泰克北大青鸟信息技术有限公司	北大青鸟	203300	175	173
76	教育培训	北京市东方爱婴咨询有限公司	东方爱婴	47906	615	603
77	洗衣护理	北京福奈特洗衣服务有限公司	FORNET 福奈特	78000	1268	1114
78	洗衣护理	北京翰皇伟业皮革清洁养护连锁服务有限公司	翰皇	58738	2932	2910
79	洗衣护理	四川布兰奇洗业有限公司	布兰奇 BONNYCH	52816	1175	1169
80	洗衣护理	北京伊尔萨洗染有限公司	伊尔萨	37100	716	575
81	洗衣护理	上海象王洗衣有限公司	象王	23200	580	554
82	房屋中介 & 装修	北京埃菲特国际特许经营咨询服务有限公司	CENTURY 21	125036	880	816
83	房屋中介 & 装修	东易日盛家居装饰集团股份有限公司	东易日盛	230030	225	98
84	房屋中介 & 装修	北京业之峰诺华装饰股份有限公司	业之峰	140300	277	150
85	房屋中介 & 装修	北京元洲装饰有限责任公司	元洲装饰	129800	252	174
86	汽车后市场	驰加（上海）汽车用品贸易有限公司	驰加 Tyreplus	529607	1311	1304
87	汽车后市场	博世汽车技术服务（北京）有限公司	博世	93000	155	153
88	汽车后市场	广州华胜企业管理服务有限公司	华胜	90000	108	NA
89	汽车后市场	杭州小拇指汽车维修科技股份有限公司	小拇指 suremoov	68880	680	674

续表

序号	行业	企业名称	品牌	销售额	门店数	加盟店数
90	汽车后市场	福州车友网络科技有限公司	273二手车交易网	62891	925	907
91	美容休闲健身	南京足生堂企业管理有限公司	足生堂	211491	634	625
92	美容休闲健身	青岛英派斯健康管理有限公司	英派斯健身	27000	220	212
93	美容休闲健身	青岛植秀堂养生养颜连锁有限公司	植秀堂	21281	246	239
94	美容休闲健身	长沙盘子教育咨询有限公司	盘子女人坊	19912	321	300
95	美容休闲健身	上海汉甲美甲艺术有限公司	妮欧甲艺	11520	604	600
96	家政服务	北京华夏中青家政服务有限公司	华夏中青	16425	365	338
97	家政服务	上海爱君家庭服务有限公司	爱君	12889	524	484
98	家政服务	大连好月嫂家庭服务有限公司	好月嫂	10192	208	203
99	商务服务	北京亿邦联合广告有限公司	亿邦	122911	1346	1346
100	商务服务	北京特卫保安服务有限公司	特卫	12000	15	NA

注：企业名称加★为估计值或上市企业年报。

2015年中国主要连锁百货企业经营情况

（CCFA 2016年5月3日发布）

序号	企业名称	2015年销售（含税万元）	销售增长率（%）	2015年百货及购物中心门店数（个）	门店增长率（%）	备注
1	上海百联集团	* 5943600	-0.7%	40	0.0%	
2	长春欧亚集团股份有限公司（百货购物中心）	3345743	12.4%	34	9.7%	△
3	山东银座（百货购物中心）	2297759	-0.9%	73	1.4%	★
4	大商股份有限公司（百货部分）	* 2145132	-5.2%	92	12.2%	
5	烟台市振华百货集团股份有限公司（百货部分）	2126232	4.0%	34	3.0%	
6	武汉武商集团股份有限公司（百货购物中心）	2090698	5.8%	11	10.0%	★
7	王府井集团股份有限公司	2086600	-3.7%	31	10.7%	★
8	重庆百货大楼股份有限公司（百货购物中心）	1988730	-5.3%	56	3.7%	★
9	银泰商业（集团）有限公司	1864946	1.8%	45	2.3%	★
10	天虹商场股份有限公司（百货购物中心）	1812846	6.2%	65	-3.0%	★
11	百盛商业集团有限公司	* 1809980	-6.9%	58	1.8%	☆
12	金鹰国际商贸集团（中国）有限公司	1731623	0.3%	29	7.4%	★
13	兴隆大家庭商业集团	1581842	2.4%	39	5.4%	★
14	利群集团股份有限公司（百货部分）	1352675	0.4%	43	0.0%	★
15	北京菜市口百货股份有限公司	1346618	11.1%	20	5.3%	
16	江苏华地国际控股集团有限公司	1287948	-3.1%	55	17.0%	★
17	北京首商集团股份有限公司	1281069	-7.5%	18	0.0%	
18	新世界百货中国有限公司	1280000	-7.2%	43	0.0%	★
19	石家庄北国人百集团有限公司（百货部分）	1184977	-1.7%	18	12.5%	
20	广州市广百股份有限公司	1100522	-3.0%	27	0.0%	★
21	合肥百货大楼集团股份有限公司（百货部分）	1091607	-1.2%	23	9.5%	★
22	茂业国际控股有限公司	* 1083373	-14.0%	41	0.0%	
23	安徽商之都股份有限公司	1023912	-6.2%	86	21.1%	★
24	文峰大世界连锁发展股份有限公司（百货部分）	955374	-1.0%	13	-7.1%	★
25	济南华联商厦集团股份有限公司	839297	5.2%	54	31.7%	☆

续表

序号	企业名称	2015年销售（含税万元）	销售增长率（%）	2015年门店总数（个）	门店增长率（%）	备注
26	湖南友谊阿波罗商业股份有限公司	781339	2.2%	13	18.2%	★
27	南京中央商场（集团）股份有限公司	* 737836	-7.9%	15	0.0%	
28	信誉楼百货集团有限公司	721529	12.7%	20	11.1%	★
29	北京翠微大厦股份有限公司	* 671000	-6.2%	8	0.0%	★
30	杭州解百集团股份有限公司	* 627835	-11.6%	4	0.0%	
31	邯郸市阳光百货集团总公司（百货部分）	501867	0.6%	11	0.0%	★
32	南京新街口百货商店股份有限公司	* 380361	-5.6%	4	33.3%	①
33	家乐园商贸有限公司（百货部分）	358590	3.5%	21	0.0%	★
34	广州友谊集团股份有限公司	326284	-16.8%	5	-16.7%	★
35	中兴—沈阳商业大厦（集团）股份有限公司	* 324047	-11.6%	3	0.0%	★
36	武汉中百百货有限责任公司	312324	45.6%	11	0.0%	★
37	银川新华百货商业集团股份有限公司（百货部分）	* 300525	1.6%	10	11.1%	☆
38	南宁百货大楼股份有限公司	* 276887	-5.2%	22	29.4%	
39	上海徐家汇商城股份有限公司	* 233495	-3.2%	8	0.0%	
40	北京城乡贸易中心股份有限公司	* 229676	-11.5%	4	0.0%	
41	唐山百货大楼集团八方购物广场有限责任公司	220922	-5.0%	10	11.1%	★
42	深圳岁宝百货有限公司	217569	-1.3%	19	0.0%	★
43	山东潍坊百货集团股份有限公司中百大厦	201765	0.2%	12	0.0%	△
44	青岛维客集团股份有限公司（百货部分）	198012	7.1%	3	0.0%	★
45	大连友谊（集团）股份有限公司（百货部分）	* 194104	-2.0%	6	0.0%	
46	福建东百集团股份有限公司	* 190265	-1.9%	7	40.0%	
47	昆明百货大楼（集团）股份有限公司	* 156603	-18.4%	5	0.0%	★
48	宁波中百股份有限公司	* 126151	-8.6%	3	0.0%	
49	广州摩登百货股份有限公司	* 100765	-15.8%	6	0.0%	★
	合计	53042854	-0.7%	1278	6.6%	

注：1. ★ 表示为中国连锁经营协会会员企业，☆ 表示其下属公司为协会会员企业，△ 表示其母公司为协会会员企业。

2. 数字前面带 * 为估计值。

3. 百强统计采用销售规模口径，包括门店含税销售额和企业批发含税销售额，其中门店包括直营店、加盟店和以公司品牌输出管理的连锁店。销售规模的统计不包括内部交易、企业的批发市场交易额、汽车、加油站及农资等生产资料销售额。

4. 本表是以百货经营为主的企业排名，购物中心被归入百货部分。百货部分的销售额和门店数有直接取自企业填报的数据，也有从年报中按照主营业务分类取其中比例进行的分拆。

5. 部分企业数据说明：

① 此处销售规模为年报营业收入 1585294.5 万元减去 HOF2015 年全年营业收入 126.02 亿元，是国内市场营业收入的含税估计值。

2015年中国主要连锁便利店企业发展情况

（CCFA 2016年5月3日发布）

序号	企业名称	品牌	2015年门店数（个）	门店增长率（%）	备注
1	中石化易捷销售有限公司	易捷	25000	5.4%	★
2	中国石油销售公司非油品业务	昆仑好客	17000	13.3%	★
3	东莞市糖酒集团美宜佳便利店有限公司	美宜佳	7400	15.8%	★
4	广东天福连锁商业集团有限公司	天福	2830	10.2%	★
5	成都红旗连锁股份有限公司	红旗连锁	2274	44.2%	★
6	广东上好便利店有限公司	上好	2200	6.3%	★
7	上海联华快客便利店有限公司	快客	1650	-4.0%	★
8	十足集团股份有限公司	十足，之上	1633	4.9%	△
9	上海福满家便利有限公司（全家便利）	全家	1501	17.2%	★
10	农工商超市（集团）有限公司	可的，好德	* 1500	-9.5%	★
11	山西省太原唐久超市有限公司	唐久便利	1390	3.7%	★
12	河北叁陆伍网络科技集团	36524	1200	9.8%	△
13	苏果超市有限公司	苏果，好的	1123	-16.3%	★
14	湖南佳宜企业管理有限公司	佳宜	1090	27.8%	★
15	四川舞东风超市连锁股份有限公司	舞东风	907	26.0%	★
16	山西金虎便利连锁股份有限公司	金虎便利、早早便利、语果生鲜便利	816	6.3%	★
17	文峰大世界连锁发展股份有限公司	文峰超市	806	0.0%	★
18	中百控股集团股份有限公司	中百	796	9.6%	★
19	罗森（中国）投资有限公司	LAWSON	652	28.3%	★
20	深圳市中业爱民便利店管理有限公司	中业爱民	600	13.2%	★
21	山东新星集团有限公司	新星	557	0.0%	★
22	厦门见福连锁管理有限公司	FOOK 见福便利	550	37.5%	★
23	山东潍坊百货集团股份有限公司	中百	536	9.2%	★
24	中山市及时便利连锁有限公司	及时	530	17.0%	★
25	西安每一天便利超市连锁有限公司	everyday	468	31.1%	★
26	上海良友金伴便利连锁有限公司	良友金伴 IANGYOU	458	-7.8%	★

续表

序号	企业名称	品牌	2015 年门店数（个）	门店增长率（%）	备注	
27	重庆可购商贸有限公司	可购	420	20.0%		
28	长春新天地超市有限公司	新天地	400	20.0%		
29	青岛利客来集团股份有限公司	利客来	384	0.0%		★
30	中央红小月亮超市有限责任公司	中央红小月亮	312	-3.7%		★
31	呼和浩特利冠商贸有限公司	利客	300	29.3%		★
	四川哦哦超市连锁管理有限公司	WOWO	300	-14.3%		★
33	深圳市友琪便利店有限公司	友琪	302	43.8%		
34	北京物美商业集团股份有限公司	物美便利店	293	12.7%		★
35	郑州丹尼斯集团	丹尼斯 全日鲜	280	69.7%		
36	江苏新合作常客隆连锁超市有限公司	常客隆	264	0.0%		★
37	湖南千惠商贸连锁有限公司	千惠	263	21.8%		★
38	北京港佳好邻居连锁便利店有限责任公司	Hi-24 好邻居	260	4.0%		★
39	步步高集团	汇米巴	253	17.1%		★
40	云南之佳便利店有限公司	之佳便利	236	8.8%		★
41	加贝物流股份有限公司	加贝	206	-1.4%		★
42	山东统一银座商业有限公司	统一银座	200	2.6%		★
	北京全时叁陆伍连锁便利店有限公司	全时	200	100.0%		★
44	柒一拾壹（北京）有限公司	7-Eleven	192	12.9%		★
45	新疆乌鲁木齐好幸福超市有限公司	每日每夜	190	13.1%		★
46	阜阳华联集团股份有限公司	阜阳华联	186	0.0%		★
47	哈尔滨乐买连锁超市有限责任公司	乐买	178	23.6%		★
48	惠州市快迪便利店管理有限公司	快迪	174	-10.3%		★
49	山东全福元商业集团有限责任公司	全福元	168	-16.8%		★
50	天虹商场股份有限公司	微喔	166	2271.4%	①	★
51	新疆八点半贸易有限公司	八点半	161	43.8%		★
52	福建易太便利连锁有限公司	易太便利店	160	23.1%		★
53	北京京客隆商业集团股份有限公司	京客隆	151	-1.3%		★
54	山东家家悦投资控股股份有限公司	家家悦	138	17.9%		★
55	苏州怡家乐超市有限公司	怡家乐	130	30.0%		
56	青岛利群便利连锁发展有限公司	利群	125	7.8%		△
57	十堰市新合作超市有限公司	新合作、酷铺	120	17.6%		
58	北山商业连锁有限公司	北山便利	110	-3.5%		
59	雄风集团有限公司	雄风超市连锁	106	-8.6%		★
60	徐州悦客企业管理有限公司	悦客便利	105	-0.9%		△

续表

序号	企业名称	品牌	2015年门店数（个）	门店增长率（%）	备注	
61	胜利油田胜大超市	胜大	104	-2.8%		★
62	武汉东翼今天—TODAY便利店	TODAY	100	66.7%		★
	合计		83004	9.8%		

注：1. ★ 表示为中国连锁经营协会会员企业，☆ 表示其下属公司为协会会员企业，△ 表示其母公司为协会会员企业。

2. 数字前面带 * 为估计值。

3. 本表中包含了部分与便利店业态相近的其他小型零售店，如小型社区超市。

4. 部分企业数据说明：

① 天虹商场门店数量上升是因为收购了深圳万店通。

5. 本表数据来源为企业自报。

2015 年主要外资连锁企业经营情况

（CCFA 2016 年 5 月 3 日发布）

序号	企业名称	2015 年销售（含税万元）	销售增长率（%）	2015 年门店总数（个）	门店增长率（%）	备注	
1	高鑫零售有限公司	10790644	4.8%	409	9.9%	①	☆
2	沃尔玛（中国）投资有限公司	7354653	1.6%	432	5.1%	②	★
3	百胜餐饮集团 中国事业部	5170000	2.0%	7000	7.7%		★
4	家乐福（中国）管理咨询服务有限公司	4010221	-12.3%	234	-1.3%		★
5	锦江麦德龙现购自运有限公司	1910000	1.1%	82	1.2%		★
6	屈臣氏集团（中国保健及美容产品）	* 1811000	9.0%	2483	18.9%		☆
7	百盛商业集团有限公司	* 1809980	-6.9%	58	1.8%		☆
8	郑州丹尼斯集团	1800000	4.7%	378	67.3%		
9	乐天超市有限公司	* 1700000	-5.6%	120	-2.4%		★
10	卜蜂莲花	1369000	-0.7%	82	6.5%		★
11	宜家（中国）投资有限公司	1307011	27.9%	18	12.5%		★
12	新世界百货中国有限公司	1280000	-7.2%	43	0.0%		★
13	永旺（中国）投资有限公司	1065222	9.1%	54	8.0%		★
14	麦当劳（中国）有限公司	* 1000000	-13.0%	2300	9.5%		★
15	伊藤洋华堂（中国）	650000	-10.6%	11	-8.3%		★
16	上海福满家便利有限公司（全家便利）	494000	17.1%	1501	17.2%		★
17	百佳（中国）	388226	-1.0%	64	-8.6%		☆
18	上海市易买得超市有限公司	* 125000	-30.6%	8	-20.0%		
	合计	44034957	0.5%	15277	11.1%		

注：1. ★ 表示为中国连锁经营协会会员企业，☆ 表示其下属公司为协会会员企业，△ 表示其母公司为协会会员企业。

2. 数字前面带 * 为估计值。

3. 百强统计采用销售规模口径，包括门店含税销售额和企业批发含税销售额，其中门店包括直营店、加盟店和以公司品牌输出管理的连锁店。销售规模的统计不包括内部交易、企业的批发市场交易额、汽车、加油站及农资等生产资料销售额。

4. 部分企业数据说明：

① 康成投资（中国）有限公司 2015 年销售规模为 896.8 亿元，欧尚（中国）投资有限公司 2015 年销售规模为 181 亿元。

② 沃尔玛（中国）投资有限公司销售额不包含 1 号店的销售额。

2015年中国网络零售百强名单

（CCFA 2016年5月3日发布）

序号	企业名称	2015年商品交易总额（万元）
1	北京京东世纪贸易有限公司	46270000
2	苏宁云商集团股份有限公司（苏宁易购）	6700000
3	广州唯品会信息科技有限公司	4020000
4	小米科技有限责任公司	* 3429540
5	亚马逊卓越有限公司（亚马逊中国）	* 2896275
6	纽海电子商务（上海）有限公司（1号店）	* 2600000
7	北京国美在线电子商务有限公司	2541902
8	北京当当网信息技术有限公司	1709160
9	杭州时趣信息技术有限公司（蘑菇街）	1300000
10	北京迪信通商贸股份有限公司	1263926
11	苹果电子产品商贸（北京）有限公司	* 872168
12	北京创锐文化传媒有限公司（聚美优品）	* 742000
13	美丽说（北京）网络科技有限公司	700000
14	中粮集团有限公司（中粮我买网）	* 350000
15	酒仙网电子商务股份有限公司	219200
16	宏图三胞高科技术有限公司	218000
17	乐视控股（北京）有限公司（乐视商城）	* 201480
18	上海洋码头网络技术有限公司	200000
19	北京京客隆商业集团股份有限公司（含朝批）	187745
20	上海易迅电子商务发展有限公司	* 187464
21	深圳走秀网络科技有限公司	* 175912
22	耐克商业（中国）有限公司	* 173382
23	行吟信息科技（上海）有限公司（小红书）	160000
24	上海新蛋电子商务有限公司	* 157680
25	百丽国际投资控股（优购网）	* 141071
26	北京乐语世纪科技集团有限公司	135887
27	南京新与力文化传播有限公司（YOHO！有货）	120000
28	乐天游乐购咨询（北京）有限公司（乐天免税店官网）	* 116070
29	联想（北京）有限公司	* 114756

续表

序号	企业名称	2015 年商品交易总额（万元）
30	上海飞牛集达电子商务有限公司	106097
31	广州新居网家居科技有限公司	* 90338
32	广东壹号大药房连锁有限公司（壹药网）	90000
33	上海艾琛网络技术有限公司（55 海淘）	* 88914
34	广州网易计算机系统有限公司（考拉海购）	* 84534
35	安徽商之都股份有限公司	72497
36	广州市万表科技股份有限公司	* 72270
37	华为技术有限公司	* 66226
38	农工商超市（集团）有限公司	66100
39	北京寺库商贸有限公司	* 65700
40	盖璞（上海）商业有限公司（GAP）	* 63072
41	宏达国际电子股份有限公司（HTC）	* 60225
42	上海智桓市场营销策划有限公司（时尚起义）	* 57159
43	武汉中百云电子商务有限公司	56827
44	深圳市华强北在线商务有限公司（华强北商城）	* 48180
45	武汉奇米网络科技有限公司（卷皮网）	* 46428
46	阿迪达斯体育（中国）有限公司	* 42924
47	魅族科技有限公司	* 40515
48	杭州嘉楠耘智信息科技有限公司（麦乐购）	40000
49	北京好乐买信息技术有限公司	* 39420
50	步步高电子商务有限责任公司（云猴网）	30500
51	上海来伊份电子商务有限公司	30000
52	无印良品（上海）商业有限公司	* 29784
53	莎莎化妆品（中国）有限公司	* 27594
54	芒果服饰（中国）有限公司	* 27364
55	北京古城堡图书有限公司（孔夫子旧书网）	* 26359
56	迅销（中国）商贸有限公司（优衣库）	* 23652
	北京本来工坊科技有限公司（本来生活网）	* 23652
	杭州贝购科技有限公司（贝贝网）	* 23652
59	广东欧珀移动通信有限公司	* 22338
60	顺丰速运（集团）有限公司（顺丰优选有限公司）	* 21462
61	北京花旺在线商贸有限公司（蜜芽宝贝）	20000
62	名鞋库网络科技有限公司	* 19710
63	青岛利群百货集团股份有限公司	19000
64	深圳市品尚汇电子商务股份有限公司	16000

续表

序号	企业名称	2015年商品交易总额（万元）
65	广州摩拉网络科技有限公司（梦芭莎）	* 15768
66	长沙通程控股股份有限公司	14650
67	广州友谊集团股份有限公司	13500
68	海恩斯莫里斯（上海）商业有限公司	* 12737
69	上海好丽家电子商务有限公司（母婴之家）	* 12483
70	凡客诚品（北京）科技有限公司	* 11353
71	武汉中商集团股份有限公司	11320
72	北京王府井百货集团北京网尚电子商务有限责任公司	10781
73	上海铂利德钻石有限公司（钻石小鸟）	9500
74	上海天天鲜果电子商务有限公司	* 9154
75	上海易果电子商务公司（易果生鲜）	* 8541
76	珠海格力电器股份有限公司	* 7227
77	北京普缇客科技有限公司（达令）	* 7008
78	北京英典电子商务有限责任公司（中国图书网）	* 6977
79	上海伊邦医药信息科技有限公司（药房网）	* 6833
80	上海盈实信息技术有限公司（易趣网）	* 6570
81	深圳市人人乐购电子商务有限公司	6377
82	江苏五星电器有限公司	6100
83	联华电子商务有限公司	6000
84	爱特思电子商务（上海）有限公司（ZARA）	* 5957
85	山西省太原唐久超市有限公司	5751
86	山东家家悦投资控股股份有限公司	5352
87	北京市上品商业发展有限责任公司（上品折扣）	* 5256
	上海跨境通国际贸易有限公司	* 5256
89	大参林医药集团股份有限公司	4991
90	北京奥维博世图书发行有限公司（China-pub 网上书店）	* 4910
91	合肥百货大楼集团股份有限公司百大易商城	4828
92	北京大朴至向家居设计有限公司（大朴网）	* 4380
	日日顺物联网有限公司（海尔集团下属）	* 4380
94	上海宝尊电子商务有限公司（三星网上商城）	* 3942
95	北京乐村淘网络科技股份公司	* 3504
96	北京口袋时尚科技有限公司（口袋购物）	* 3329
97	北京华冠商业经营股份有限公司	3100
98	驰加（上海）汽车用品贸易有限公司	3000
99	海尔集团电子商务有限公司	* 2957

续表

序号	企业名称	2015 年商品交易总额（万元）
100	北京九城天时生态农业有限公司（沱沱工社）	* 2738
	合计	79818621

注：

1. 2015 中国网络零售平台百强名单由中国连锁经营协会编排，排名依据网络零售平台 2015 年商品交易总额（GMV）。数据主要来源于中国连锁经营协会调查问卷、上市公司年报（实际公布数据）、网络公开信息等，部分数据是专家根据网络零售平台的浏览量、转换率、客单价以及其他重要指标估算而成。

2. 参与本次排名的 B2C 的网络零售企业以自营为主，因此 2015 年销售额为 114100000 万元的平台型网络企业浙江天猫网络有限公司并不在此榜单中。

3. 数字前面带 * 为估计值。

免责声明：中国经营连锁协会力求此信息内容的客观公正，但不保证其内容的准确性、完整性，也不保证未来内容不会发生变更。此信息仅供参考之用，中国经营连锁协会对企业信息不承担任何保证责任。

中国连锁零售行业报告相关指标说明

经营指标

◇ 客单价（元）$=\frac{\text{销售额}}{\text{交易次数}}$

◇ 单品销售额$=\frac{\text{销售总额}}{\text{单品数}}$

◇ 地均交易次数$=\frac{\text{年交易次数}}{\text{营业面积}}$

◇ 地均费用额$=\frac{\text{可控费用+不可控费用}}{\text{营业面积}}$

◇ 人均营业面积$=\frac{\text{营业面积}}{\text{员工人数}}$

效率指标

◇ 人均劳效（人效、劳效）$=\frac{\text{销售总额}}{\text{员工总数}}$

◇ 地效或平效$=\frac{\text{销售总额}}{\text{营业面积}}$

◇ 存货周转次数$=\frac{\text{总销售额}}{\left(\frac{\text{期初库存+期末库存}}{2}\right)}$

◇ 毛利存货周转回报率 = 毛利率×存货周转次数

$=\frac{\text{毛利额}}{\text{平均存货}}$

◇ 地均单品数$=\frac{\text{单品总数}}{\text{营业面积}}$

费用指标

◇ 费用率（%）$=\frac{\text{店铺费用总额}}{\text{销售总额}}$

◇ 费用总额 = 人工成本总额+可控费用总额+不可控费用总额

◇ 平均人工成本（万元）$=\frac{\text{人工成本总额}}{\text{员工总数}}$

人工成本包括：员工工资、福利费。

◇ 人工费用率（%）$=\frac{\text{人工成本总额}}{\text{销售总额}}$

◇ 可控费用率（%）$=\frac{\text{可控费用总额}}{\text{销售总额}}$

可控费用包括：水电、包装、办公、差旅、保安、所有经营费用。

◇ 不可控费用率（%）$=\frac{\text{不可控费用总额}}{\text{销售总额}}$

不可控费用包括：租金、折旧、利息、开办费摊销。

其中，销售额均为含税销售额，人均相关指标均以企业正式员工数为基数。

附录三

中国连锁经营协会简介

中国连锁经营协会于1997年在民政部注册成立，是连锁经营领域唯一的全国性行业组织。目前，协会拥有企业会员1000多家，连锁店铺超过34万个，包括本土和跨国零售商、特许加盟企业、供应商等。其中，零售会员企业2015年销售额超过3万亿元人民币，约占社会消费品零售总额的10.0%。

协会的团体会员涵盖了零售、餐饮、服务等行业中的70多个业态、业种，企业主要为国内知名和在华外资连锁公司、重要供应商及相关中介组织。

协会以推动连锁经营事业在中国的发展为己任，本着**“引导行业、服务会员、回报社会、提升自我”**的理念，以会员服务为核心，代表行业利益，参与政策制定与协调，维护行业和会员合法权益，搭建业内交流与合作平台，提供各项促进企业发展的服务内容。主要包括：

政策协调。为企业与政府之间沟通搭建平台，通过政策建议、标准制定、信用体系建设等为行业发展创造良好环境。

企业合作。以中国连锁业大会、中国零售业博览会CHINA SHOP、中国特许加盟大会、中国特许加盟展CHINA FRANCHINISE EXPO等活动为平台，推动行业合作交流与发展。

行业培训。整合行业企业优质培训资源，通过连锁企业大学联盟交流平台、从业人员认证培训体系，以及实操技能大赛等，帮助企业提升管理人员业务水平，培养和选拔企业适用的各类专业人才。

资讯整合。通过协会网站、新媒体电子通讯和《连锁》会刊、《便利店》季刊等传递各行业资讯，使企业及时把握行业发展脉搏。同时，保持与中央、地方媒体的紧密合作。

国际交流。作为WFC、APFC成员国，与世界50多个国家在零售连锁和特许经营等方面建立了紧密联系，积极推动国际化交流。

行业研究。通过行业统计和专项调查，适时发布多项行业发展指数和调研报告，为政府和企业提供涉及行业发展现状和趋势等方面的调研服务，为企业决策提供依据。

行业自律。以《中国连锁经营协会章程》《连锁超市行业道德规范》《商业特许经营管理条例》为准则，规范企业经营行为，促进行业健康发展。

网络平台

中国连锁经营协会网站 www. ccfa. org. cn

中国连锁经营行业专业资讯平台。主要内容包括海内外行业热点及重要事件、会员动态、协会活动资讯，政策法规与标准、行业数据与调研报告，连锁零售百强及特许连锁百强排名，行业荣誉，连锁零售及特许加盟展览、连锁各类专业会议，连锁品牌展示、特许体系评定、加盟投资项目推介及专家咨询服务，连锁专业书刊资料、连锁零售与管理精品课程、校企合作，以及零供合作信息平台、会员查询等。

中国连锁经营协会英文网站 www. chinaretail. org

中国连锁经营行业对外交流的全英文专业资讯平台。主要内容包括国内最新零售及特许经营热点信息及重要事件、相关专业活动资讯，政策与法规、行业数据与调研报告，连锁专业书刊资料等。

中国特许加盟公示网站 www. chinafranchiseexpo. com

推广、宣传中国特许加盟品牌，发布中国特许加盟展（China Franchise Expo）相关信息，指导特许加盟企业规范发展的公益展示平台。中国特许加盟公示网与中国特许加盟展览会为特许加盟品牌一同打造线上线下齐动招商、推广平台，是创业者了解特许品牌信息、掌握品牌动态、约见特许总部的最佳渠道。

中国零售业博览会网站 www. chinashop. cc

中国零售业博览会（The China Retail Trade Fair）相关信息的展示平台。中国零售业博览会由中国连锁店展览会 CHINA SHOP 提升形成，是国际零售业界最具影响和规模的专业展会之一，是海内外零售商、IT 技术供应商、商用设备供应商、商品供应商、地产商、品牌商等各类展商了解 CHINA SHOP 最新信息、展商动态，以及产品展示等交流、推广的平台。

中国零售可持续消费平台 www. crscp. cn

该平台（China Retail Sustainable Consumption Platform，简称 CRSCP）由联合国环境规划署（UNEP）和中国连锁经营协会（CCFA）合作发起，旨在以零售业为示范，形成中国零售企业可持续发展的助推工具，提高市场对可持续产品的认可度，引领中国零售业实施可持续发展策略，打造成为助力联合国中国可持续消费伙伴计划落地的示范平台，推动联合国“可持续消费和生产十年框架计划”在中国的贯彻和落实，最终实现可持续长久发展的目标。

中国连锁经营协会网上培训平台 www. ccfaedu. com

中国连锁企业大学（培训中心）联盟是基于行业及企业需求，为更好挖掘和利用现有培训资源，由中国连锁经营协会于 2014 年 5 月搭建上线的全新网上行业培训平台。该平台区别于其他仅提供通用类课程的网站，其特征是深耕连锁零售领域内的通用课和专业课，同时结合协会自身优势的专业会议和专业委员会资源所构架的零售和特许行业优质课程，为业内企业提供高效、可选择、可共同使用的课程平台，以利推动行业人才体系的建立。

零售商供应商公平合作信息平台 www. lgpt. ccfa. org. cn

零供信息平台是基于维护零售商、供应商公平交易和有序竞争，更好地履行社会责任，由中国连锁经营协会于 2009 年 7 月联合中国水产流通与加工协会、中国果品流通协会、中国蔬菜流通协会、中国调味品协会、中国电子视像行业协会等五家相关行业协会发起《零售商供应商公平合作促销倡议书》，并在商务部主管司局支持下，为贯彻实施《倡议书》，由中国连锁经营协会组织搭建的零供公平合作交流信息平台，以期形成更广泛的行业自律及其影响。

超市商品证照核验平台 www. ccvs. com. cn

2014 年 10 月，在国家食品药品监督管理总局和商务部的指导和支持下，中国连锁经营协会组织建立了超市商品证照核验平台，以期简化超市商品索票验照流程，共享商品证照核验及高危商品预警信息，建立商品质量检测制度和供应商信息等级评价机制。

超市食品安全网 www. food-safety. cn

超市食品安全网是目前国内唯一针对超市食品安全工作开办的非赢利性网站，内容包括零售企业中高层管理人员关注重点、消费者关注、行业动态及政策信息等，是业内人士交流互动的良好平台。

电子刊物

微信订阅号：CCFA 2014
（零售精彩观点、连锁先进理念、行业最新资讯、业界鲜活经验）
行业动态（周讯）
CCFA English Brief（半月刊）
CIO 通讯（周刊）
行业要情（不定期）
食品安全简讯（不定期）
标准化通讯（不定期）
展会动态 EDM（不定期）

固定刊物

《连锁》双月刊，是中国连锁经营协会的会刊，自 1998 年创刊以来，陪伴和记录了中国连锁业成长全过程。《连锁》旨在报道业内动态，传递和解读国家相关政策，剖析业内热点，发布权威分析报告，刊登富有实用性的管理与新技术前沿知识，讲述连锁精英的财富故事，介绍优秀企业的成功之道，及时传递海外讯息……《连锁》已成为业界人士和企业管理人员了解行业动态，获取相关知识的首选刊物。

《中国连锁经营年鉴》，首次出版于 2000 年，由中国连锁经营协会编撰，是记录中国连锁业年度发展脉络和轨迹，汇集行业相关数据、调研报告和案例的重要载体。它涵盖了国内超级市场、便利店、专业店、专卖店、百货店、购物中心、家居中心、特许经营等各种零售业态和营销方式的发展状况以及国际连锁业发展概况，既有国内以及各地区连锁业发展总体水平的纵向比较资料，也有与国际同行业发展的横向比较信息，还包括了相关的政策法规，是反映中国连锁业发展全貌的编年体调研报告型工具书。

《便利店》季刊，2013 年创刊，由中国连锁经营协会编撰，是国内便利店业态唯一的专业性刊物。《便利店》采用活泼时尚的卡通插图和漫画排版，通过简单、简短、易懂的文字编排，讲述国内外领先便利店企业的先进管理理念和成熟运营技术；《便利店》内容丰富、坚持原创，对便利店企业管理者具有很强的指导性和实操性，也是门店培训学习的补充教材。

《特许经营》季刊，是中国连锁经营协会为帮助企业及时了解特许经营相关政策，掌握国内外特许经营最新发展动态，分享特许经营先进经验和典型案例精编而成，自 2011 年 2 月发行，发送对象为国家和地方商务主管部门、特许会员及特许经营备案企业、院校、媒体、其他相关部门和机构。

会员服务

信息及宣传服务

1. 获赠《连锁》月刊。
2. 获取《行业电子简讯》，第一时间了解业内动态。
3. 获取协会官网 www. ccfa. org. cn 登录密码，浏览会员专属信息。
4. 每年获赠数份专题调研报告。
5. 获得协会官网 www. ccfa. org. cn 品牌展示、招募加盟的机会。
6. 获得协会行业荣誉、排行等相关证明及品牌推荐的机会。

交流研讨

1. 组织会员间交流，为会员提供同业及异业合作的机会。
2. 获得协会多项专业研讨活动优惠或免费参加名额（以活动通知为准）。
3. 获得协会大型综合性会议主会场优惠或免费参加名额（以大会通知为准）。
4. 特许企业可为加盟商指导并免费获得加盟商网上培训。

政府关系与政策协调服务

地区连锁协会名录

协会名称	电话	传真	地址	邮编
北京市连锁经营协会	010-62262236	010-62262236	北京市海淀区北三环西路明光北里2号	100088
天津市连锁经营协会	022-23023836	022-23023836	天津市河西区永安道越秀路德恩里7号楼1门504	300204
山西省连锁经营协会	0351-3085385	0351-3085385	山西省太原市杏花岭区北大街128号安金丽园小区1号楼2单元1803室	030002
秦皇岛连锁经营协会	0335-3980067	0335-7070707	河北省秦皇岛市海港区红旗路97号	
黑龙江省连锁经营协会	0451-55533610	0451-55533610	黑龙江省哈尔滨市南岗区汉广街41号310	150080
辽宁省连锁经营协会	024-31078878		辽宁省沈阳市和平区太原南街16号2518室	110005
沈阳市连锁经营协会	024-22722104	024-31871201	辽宁省沈阳市沈河区市府大路260号（沈阳市服务业委员会消费促进处）	110013
大连市连锁经营协会	0411-84600529	0411-84600509	辽宁省大连市沙河口区联合路联兴巷21号301-302室	116021
上海连锁商业协会	021-62717620	021-62717621	上海市静安区新闸路945号3楼309A	200041
济南市连锁经营协会	0531-87082902	0531-87082929	山东省济南市经二路571号济南华联商厦10楼	250021
浙江省连锁经营协会	0571-85118056	0571-85211055	浙江省杭州市马塍路3号5楼526室	310007
绍兴市连锁经营行业协会	0575-88617766	0575-5250308	浙江省绍兴市延安东路173号	312000
温州市超市经济促进会	0577-88353730	0577-88353730	浙江省温州市鹿城区下吕浦锦园1幢903室	325000
金华市连锁经营协会	0579-82302508	0579-82302508	浙江省金华市胜利北街530号1#211室	321017
安徽商业联合会零售商业委员会	0551-62658284	0551-62658284	安徽省合肥市长江中路136号青云楼6楼	230001
安徽省连锁经营协会	0551-62621143	0551-62620755	安徽省合肥市庐江路70号二楼西	230001
合肥市连锁协会	0551-2687015	0551-2679680	安徽省合肥市长江中路150号合肥百货大楼	230001

续表

协会名称	电话	传真	地址	邮编
福建省连锁经营协会	0591-87278835	0591-88070518	福建省福州市中山路23号建发大厦1楼	350003
厦门市商业联合会连锁经营同业公会	0592-2281107	0592-2220084	福建省厦门市思明区厦禾路839号汇成商业中心1401室	361012
泉州市连锁经营协会	0595-22775444	0595-22777449	福建省泉州市鲤城区崇福路71号	362000
河南省商业行业协会	0371-65529655	0371-65529655	河南省郑州市文化路任寨北街2号	450012
湖南省连锁经营协会	0731-84131132	0731-84131132	湖南省长沙市五一大道98号省商务厅3号办公楼213室	410011
长沙市零售商业行业协会	0731-89988777	0731-89988777	湖南省长沙市岳麓区银杉路382号（千君醉柴房旁）	410013
武汉连锁经营协会	027-85778278	027-85550086	湖北省武汉市江汉区香江路11号	430015
广东省连锁经营协会	020-38483951	020-38483953	广东省广州市天河区龙口东路363号宝供大厦15楼	510630
广州连锁经营协会	020-86474182	020-86474182	广东省广州市环市西路68号广州市社会组织培育基地901室	510160
深圳市零售商业行业协会	0755-83593275	0755-82945078	广东省深圳市南山区东滨路南油文化广场三楼24#	518054
东莞市零售行业协会	0769-22303198	0769-22477265	广东省东莞市东城中路美新家居中心六楼F603	523129
珠海市商业连锁经营行业协会	0756-2639169	0756-8621979	广东省珠海市新香洲旺角百货B区58号铺	519070
柳州连锁经营协会	0772-3605353	0772-2836800	广西柳州市解放北路26号一楼	545001
重庆市连锁经营协会	023-63896999	023-63631119	重庆市中山四路83号附2号市委机关文印中心7楼	400015
四川省连锁商业协会	028-89688800	028-84365978	四川省成都市成华区玉双路7号F楼207室	610056
昆明市连锁经营协会	0871-65716625	0871-65711330	云南省昆明市一二一大街298号	650092
西安连锁经营协会	029-86786543	029-86786543	陕西省西安市经开凤城九路白桦林居沁园A305室	710007

部分开设连锁经营相关专业高等院校名录

序号	院校名称	电话	地址	邮编
1	北京财贸职业学院	010-51675589	北京市通州区北关大街 88 号	101101
2	首钢工学院	010-59805931	北京市石景山区晋元庄路 6 号	100041
3	北京城市学院	010-62322636	北京市海淀区北四环中路 269 号	100083
4	北京开放大学	010-82192060	北京市海淀区皂君庙甲 4 号	100081
5	北京市商业学校	010-81761644	北京市昌平区北七家镇曹八西路 28 号	102209
6	北京市昌平职业学校	010-69732142	北京市昌平区沙河镇松兰堡	102206
7	北京商贸学校	010-60222670	北京市大兴区西红门路 14 号	100162
8	天津滨海职业学院	022-25217659	天津市塘沽区庐山道 1101 号	300451
9	天津交通职业学院	022-87912745	天津市西青区西青道 269 号	300110
10	天津青年职业学院	022-23627638	天津市南开区水上公园西路 43 号	300191
11	天津市第一商业学校	022-84941344	天津市河东区津塘路 129 号	300180
12	天津市劳动经济学校	022-87973324	天津市西青区杨柳青镇青沙路 6 号	300380
13	石家庄职业技术学院	0311-85333898	河北省石家庄市中山西路长兴街 12 号	500081
14	河北商贸学校	0311-66570159	河北省石家庄市开发区湘江道 58 号	315175
15	石家庄信息工程职业学院	0311-85327378	河北省石家庄市裕华区信工路 18 号	500035
16	秦皇岛职业技术学院	0335-5926633	河北省秦皇岛市北戴河区联峰北路 90 号	66100
17	唐山职业技术学院	0315-8738317	河北省唐山市新华西道 120 号	63004
18	邢台现代职业学校	0319-7336727	河北省邢台市桥西区文苑北路 999 号	54099
19	山西财贸职业技术学院	0351-7975099	山西省太原市武宿民航南路 26 号	030031
20	山西职业技术学院	0351-7015378	山西省太原市龙堡街 15 号	30032
21	山西省财政税务专科学校	0351-6580827	山西省太原市万柏林区千峰南路 25 号	300024
22	山西青年职业学院	0351-8378417	山西省太原市小店区大昌南路 17 号	030032
23	内蒙古商贸职业学院	0471-5225590	内蒙古呼和浩特市赛罕区巴彦镇大学城	10070
24	牡丹江大学	0453-6596446	黑龙江省牡丹江市爱民区西地明街 60 号	157011
25	黑龙江商业职业学院	0453-6575157	黑龙江省牡丹江市爱民区西圣林街 15 号	157011
26	黑龙江职业学院	0451-87502072	黑龙江省哈尔滨市南岗区学府路 7 号	150080
27	黑龙江生态工程职业学院	0451-82470086	黑龙江省哈尔滨市利民经济开发区学院路 77 号经济贸易系	150025
28	黑龙江农垦科技职业学院	0451-53980677	黑龙江省哈尔滨市宾西经济开发区大学城 1 号	150431
29	哈尔滨职业技术学院	0451-86636834	黑龙江省哈尔滨市香坊区哈平路 217 号	150081

续表

序号	院校名称	电话	地址	邮编
30	大庆职业学院	0459-5874463	黑龙江省大庆市萨尔图区火炬北二路（职院 C 区）	163255
31	哈尔滨市第一职业高级中学	0451-88364903	黑龙江省哈尔滨市道外区南极街 76 号	150020
32	辽宁商贸职业学院	024-88496645	辽宁省沈阳市东陵区东大营街 11 号	110161
33	辽宁轻工职业学院	0411-87667331	辽宁省大连市金州新区城南路 15 号	116100
34	大连职业技术学院	0411-82140029	辽宁省大连市甘井子区夏泊路 100 号	116035
35	上海商学院	021-67105449	上海市徐汇区中山西路 2271 号	200235
36	上海立达职业技术学院	021-57800842	上海市松江区车亭公路 1788 号	201609
37	上海工会管理职业学院	021-57468110	上海市奉贤区南亭公路	201415
38	上海市商业学校	021-36030767	上海市闸北区共和新路 1458 号	200072
39	上海商贸旅游学校	021-63527646	上海市贵州路 189 号	200001
40	上海思博职业技术学院	021-68029255	上海市浦东新区惠南城南路 1408 号	201300
41	上海建桥学院	021-58137870	上海市浦东新区沪城环路 1111 号	201306
42	江苏经贸职业技术学院	025-52710763	江苏省南京市江宁区江宁大学城龙眠大道 180 号	211168
43	南京城市职业学院	025-85395037	江苏省南京市江宁区武夷花园 71-203	211100
44	南京铁道职业技术学院	025-68533085	江苏省南京市浦口区珍珠南路 65 号经贸学院	210031
45	南京旅游职业学院	025-68576873	江苏省南京市江宁区月华西路 1 号	211100
46	无锡商业职业技术学院	0510-83273632	江苏省无锡市钱胡公路 809 号	214153
47	无锡职业技术学院	0510-68753059	江苏省无锡市中南路 258 号	214024
48	苏州农业职业技术学院	0512-65518086	江苏省苏州市姑苏区西园路 279 号	215008
49	苏州经贸职业技术学院	0512-62910690	江苏省苏州市国际教育园北区学府路 287 号	215009
50	山东商业职业技术学院	0531-86335457	山东省济南市历城区旅游路 4516 号	250103
51	山东经贸职业学院	0536-2600150	山东省潍坊市青年路 2798 号	261011
52	山东女子学院	0531-86526882	山东省济南市长清大学科技园大学路 2399 号	250300
53	山东商务职业学院	0535-5925013	山东省烟台市莱山区金海路 1001 号	264670
54	济南职业学院	0531-88792021	山东省济南市历下区舜耕路 12 号	250103
55	青岛酒店管理学院	0532-86051595	山东省青岛市李沧区九水东路 599 号	266100
56	威海职业学院	0631-5700799	山东省威海初村北海科技新城	264210
57	潍坊职业学院	0536-8527166	山东省潍坊市东风东街 243 号	261041
58	山东省潍坊商业学校	0536-8903782	山东省潍坊市潍城区仓南街 69 号	261011
59	临沂市兰山区职业中等专业学校	0539-3597006	山东省临沂市兰山区成才路 16 号	276000
60	日照职业技术学院	0633-8172606	山东省日照市烟台北路 16 号	276826
61	浙江商业职业技术学院	0571-58108201	浙江省杭州市滨江区滨文路 471 号	310053、
62	浙江经贸职业技术学院	0571-86929741	浙江省杭州市下沙高教园东区学林街 280 号	310018

续表

序号	院校名称	电话	地址	邮编
63	杭州市开元商贸职业学校	0571-85378375	浙江省杭州市下城区朝晖路169号开元商贸施家桥校区	310004
64	杭州科技职业技术学院	0571-88935118	浙江省杭州市富阳高科路198号工商学院	311402
65	杭州万向职业技术学院	0571-87171816	浙江省杭州市西湖区花坞路3号	310023
66	杭州市萧山区第二中等职业学校	0571-83869663	浙江省杭州市萧山区蜀山街道潘水璐588号	311227
67	浙江工业大学之江学院	0575-81112501	浙江省杭州市西湖区留下街道和家园紫园6-1-402室	311100
68	杭州市临平职业高级中学	0571-89367714	浙江省杭州市余杭临平南苑街道政法街141号	311100
69	临安市中等职业技术学校	0571-63717384	浙江省杭州市临安市苕溪北路1号	311300
70	浙江东方职业技术学院	0577-86536790	浙江省温州市经济技术开发区甬江路1号	325000
71	温州科技职业学院	0577-88412868	浙江省温州市瓯海区六虹桥路1000号	325006
72	浙江工商职业技术学院	0574-87422633	浙江省宁波市机场路1988号	315012
73	浙江纺织服装职业技术学院	0574-86329137	浙江省宁波市江北区风华路495号	315211
74	宁波大红鹰学院	0574-88052204	浙江省宁波市鄞州区学院路899号	315175
75	湖州职业技术学院	0572-2363631	浙江省湖州市现代教育园区学府路299号	313000
76	临海市中等职业技术学校	0576-89115857	浙江省临海市大洋西路305号	317000
77	安徽财贸职业技术学院	0551-63865013	安徽省合肥市翡翠路900号	230601
78	安徽工商职业学院	0551-5658130	安徽省合肥市庐阳区北二环砀山路233号	230041
79	安徽国际商务职业学院	0551-5664601	安徽省合肥市双凤工业园（凤麟大道与工业大道交口）	231131
80	徽商职业学院	0551-8580973	安徽省合肥市紫蓬山风景区徽商职业学院紫蓬校区	230022
81	安徽城市管理职业学院	0551-62526261	安徽省合肥市新站区磨店职教城淮海大道1号	231635
82	亳州职业技术学院	0558-5587007	安徽省亳州市药都路1625号	236800
83	马鞍山职业技术学院	0555-2765031	安徽省马鞍山市霍里山中路328号	243031
84	安徽省阜阳商业学校	0558-2210908	安徽省阜阳市颍州区沙河路34号	236000
85	安徽省桐城望溪高级职业技术学校	0556-6699574	安徽省桐城市区同安北路171号	231400
86	芜湖市职业教育中心	0553-3832626	安徽省芜湖市康复路1号	241000
87	安徽商贸职业技术学院	0553-5971077	安徽省芜湖市弋江区文昌西路24号工商系	241002
88	岳西县职业技术教育中心	0556-2186037	安徽省岳西县天堂镇天堂西路123号	246604
89	宣城市机械电子工程学校	0563-6050866	安徽省广德县	242200
90	安徽材料工程学校	0563-4183966	安徽省宁国市环城南路314号	242300
91	安徽国防科技职业学院	0564-3383152	安徽省六安市新河东路2号	237011

续表

序号	院校名称	电话	地址	邮编
92	江西旅游商贸职业学院	0791-83771925	江西省南昌市经济开发区丁香路1号	330100
93	福建信息职业技术学院	0591-83505900	福建省福州市仓山区螺洲镇杜园118号	350000
94	福建农业职业技术学院	0591-83114062	福建省福州市仓山区上三路190号	350007
95	福建船政交通职业学院	0591-83896320	福建省福州市仓山区首山路116号	350007
96	福建商业高等专科学校	0591-87863295	福建省福州市鼓楼区黄埔19号	350012
97	福建经济学校	0591-83125865	福建省福州市鼓楼区梅亭路17号	350007
98	福建省福州财政金融职业中专学校	0591-83258700	福建省福州市台江区苍霞路35号	350009
99	厦门东海职业技术学院	0592-7269211	福建省厦门市同安区五显镇五显中路280号	263000
100	漳州职业技术学院	5962660579	福建省漳州市大学路1号	363000
101	漳州科技职业学院	0596-3921815	福建省漳州市漳浦县盘陀镇	363202
102	福建经贸学校	0595-22792785	福建省泉州市丰泽区北峰拒洪社区马家坡	362000
103	福建省南平市农业学校	0599-5627861	福建省建阳市东桥东路78号	354200
104	南平市武夷旅游商贸学校	0599-5622835	福建省建阳市曼头山路29号	354200
105	福建省龙岩华侨职业中专学校	0595-22797569	福建省龙岩市新罗区龙川北路9号	350009
106	河南经贸职业学院	0371-86661262	河南省郑州市龙子湖北路与博学路交叉口	450000
107	河南化工职业学院	0377-64350216	河南省郑州市中原区郑上路548号	450000
108	郑州信息科技职业学院	0371-69301007	河南省郑州市郑东新区龙子湖高校园区	450046
109	河南商业高等专科学校	0371-63515836	河南省郑州市文化路英才街2号工商系	450045
110	河南省轻工业学校	0371-65319717	河南省郑州市二七区嵩山路南段	450006
111	河南省工业学校	0371-63399090	河南省郑州市文化路78号	450002
112	漯河职业技术学院	0395-5983550	河南省漯河市汇源区长江路中段经管系	462000
113	开封大学	0378-3655668	河南省开封市大梁路	475004
114	河南机电高等专科学校	0373-3392891	河南省新乡市红旗区平原路东段	453000
115	河南工业职业技术学院	0377-63270168	河南省南阳市孔明路666号	473000
116	武汉商贸职业学院	027-81627276	湖北省武汉市东湖新技术开发区光谷二路225号	430205
117	武汉信息传播职业技术学院	027-81801004	湖北省武汉市江夏庙山经济开发区江夏大道33号	430223
118	武汉软件工程职业学院	027-81655809	湖北省武汉市东湖新技术开发区光谷大道117号	430205
119	湖北轻工职业技术学院	027-87156382	湖北省武汉市洪山区石牌岭轻校路	430070
120	武昌职业学院	027-81335020	湖北省武汉市江夏区五里界中洲大道特1号	430202
121	武汉市第一商业学校	027-85792891	湖北省武汉市江岸区江汉北路106号	430022
122	武汉市供销商业学校	027-87284979	湖北省武汉市武昌南湖周家湾特1号	430064
123	湖南商学院	0731-88688195	湖南省长沙市岳麓大道569号	410205
124	湖南科技职业学院	0731-85603802	湖南省长沙市雨花区井湾路784号	410004
125	湖南商务职业技术学院	0731-88116092	湖南省长沙市雷锋大道335号	410205

续表

序号	院校名称	电话	地址	邮编
126	湖南网络工程职业学院	0731-82821936	湖南省长沙市青园路 168 号湖南广播电视大学	410007
127	长沙职业技术学院	0731-82434621	湖南省长沙市岳麓区雷锋镇正兴路 157	410217
128	长沙商贸旅游职业技术学院	0731-89768695	湖南省长沙市韶山南路 578	410004
129	广东农工商职业技术学院	020-82346283	广东省广州市天河区粤垦路 198 号	510507
130	广州工程技术职业学院	020-87610212	广东省广州市越秀区环市东路 465 号	510075
131	广东机电职业技术学院	020-61362193	广东省广州市白云区同和蟾蜍石东路 2 号	510515
132	广东岭南职业技术学院	020-22305130	广东省广州市天河区大观路 492 号（科学城入口）	510663
133	广州市商贸职业学校	020-34347127	广东省广州市荔湾区珠江桥中东海北路 21 号	510163
134	广州市旅游商务职业学校	020-84302391	广东省广州市海珠区新滘西路 9 号	510280
135	广东交通职业技术学院	020-87025889	广东省广州市天源路 790 号	510650
136	广州番禺职业技术学院	0755-26019101	广东省广州市番禺区市良路 1342 号	511483
137	广东科学技术职业学院	0756-7796215	广东省广州市大学城外环西路 168 号广州美术学院	519090
138	深圳职业技术学院	0755-26019596	广东省深圳市南山区西丽留仙大道管理学院	518055
139	北京师范大学珠海分校	0756-6126393	广东省珠海市香州区	519000
140	东莞市纺织服装学校	0769-85511227	广东省东莞市虎门镇威远环岛大道西 91 号	523909
141	广东省财经职业技术学校	0757-85525374	广东省佛山市西海区大沥镇金贸大道 25 号	528231
142	广西经贸职业技术学院	0771-5713761	广西南宁市青山路 14 号	530021
143	广西职业技术学院	0771-4213851	广西南宁市江南区明阳工业园	530226
144	广西工商职业技术学院	0771-3182092	广西南宁市鹏飞路 15 号	530007
145	广西国际商务职业技术学院	0771-3276906	广西南宁市大学东路 168 号	530007
146	南宁职业技术学院	0771-2029337	广西南宁市大学西路 169 号	530008
147	南宁学院	0771-5900955	广西南宁市龙亭路 8 号	530000
148	柳州职业技术学院	0772-3155106	广西柳州市社湾路 28 号	545006
149	广西商业学校	0772-3979917	广西柳州市柳石路 412 号	545005
150	海南省商业学校	0898-68621790	海南省海口市秀英区秀英大道 6 号	570311
151	海南经贸职业技术学院	0898-65730107	海南省海口市桂林洋高校区	571127
152	重庆工商职业学院	023-42860125	重庆市合川区高校园区思源路 15 号	400052
153	重庆商务职业学院	023-61691053	重庆市沙坪坝区大学城中路 81 号	400036
154	重庆城市管理职业学院	023-86968805	重庆市沙坪坝区虎溪重庆大学城	401331
155	重庆工业职业技术学院	023-61879019	重庆市渝北区（空港）桃源大道 100 号	401120
156	重庆财经职业学院	023-49835476	重庆市永川区昌州大道西段 2 号	402160
157	四川商务职业学院	028-61935332	四川省成都市温江区和盛镇和盛大道 88 号	611131
158	成都工业学院	028-87747485	四川省成都市金牛区抚琴西路	610031
159	成都职业技术学院	028-85321186	四川省成都市高新区益州大道北段 15 号	610041
160	成都纺织高等专科学校	028-87846429	四川省成都市犀浦泰山南街 186 号	611731

续表

序号	院校名称	电话	地址	邮编
161	四川省成都市财贸职业高级中学	028-87770327	四川省成都市金牛区西安路枣子巷 26 号	610072
162	四川信息职业技术学院	0839-3352503	四川省广元市利州区学府路 265 号	608040
163	四川工商职业技术学院	028-89706293	四川省都江堰市天府大道聚青路口	611837
164	宜宾县柳加职业中学校	0831-6730166	四川省宜宾县柳加镇职中街 50 号	644605
165	贵州省商业学校	0851-5975503	贵州省贵阳市南明区花果园沙坡路 124 号	550003
166	贵州商业高等专科学校	0851-8128050	贵州省贵阳市盐务街 55 号	550004
167	贵州省财政学校	0851-86807901	贵州省贵阳市云岩区南垭路 1 号	550004
168	云南交通职业技术学院	0871-63350021	云南省昆明市呈贡大学城	650101
169	昆明冶金高等专科学校	0871-6050723	云南省昆明市学府路 388 号	650033
170	云南省邮电学校	0871-67354363	云南省昆明市小板桥义路村	650214
171	陕西财经职业技术学院	029-33732188	陕西省咸阳市文林路 1 号	712000
172	陕西工业职业技术学院	029-33152154	陕西省咸阳市文汇西路 12 号	712000
173	陕西国防工业职业技术学院	029-81480091	陕西省西安市户县人民路 8 号	710300
174	杨凌职业技术学院	029-87073075	陕西省杨凌佑仁路 5 号	712100
175	甘肃交通职业技术学院	0931-7666911	甘肃省兰州市安宁区邱家湾 128 号	730070
176	兰州职业技术学院	0931-7658812	甘肃省兰州市城关区雁儿湾路 191 号	730070
177	乌鲁木齐职业大学	0991-2608271	新疆乌鲁木齐市幸福路 273 号	830002